Gustav Heider

Mittelalterliche Kunstdenkmale des österreichischen Kaiserstaates

Kaiserstaates

Zweiter Band: mittelalterliche Kunstdenkmale

Gustav Heider

Mittelalterliche Kunstdenkmale des österreichischen Kaiserstaates
Zweiter Band: mittelalterliche Kunstdenkmale

ISBN/EAN: 9783742896124

Hergestellt in Europa, USA, Kanada, Australien, Japan

Cover: Foto ©ninafisch / pixelio.de

Manufactured and distributed by brebook publishing software
(www.brebook.com)

Gustav Heider

Mittelalterliche Kunstdenkmale des österreichischen Kaiserstaates

MITTELALTERLICHE KUNSTDENKMALE.

ZWEITER BAND.

MITTELALTERLICHE

KUNSTDENKMALE

DES

ÖSTERREICHISCHEN KAISERSTAATES.

HERAUSGEGEBEN

VON

D^R· GUSTAV HEIDER UND PROFESSOR RUDOLPH v. EITELBERGER.

ZWEITER BAND.

Mit 36 Tafeln in Stahlstich oder Farbendruck und 153 in den Text gedruckten Holzschnitten.

STUTTGART.

VERLAG VON EBNER & SEUBERT.

1860.

Vorrede.

Als die Gefertigten vor vier Jahren an die Herausgabe dieses Werkes gingen, legten sie den Gedanken, von welchem sie sich hiebei leiten liessen, in bestimmter Weise dar. Die „mittelalterlichen Kunstdenkmale des österreichischen Kaiserstaates" sollten ein Bild geben der Kunstthätigkeit, welche sich innerhalb des Umfanges der ganzen Monarchie in dem erwähnten Zeitraume entfaltete, und den Freunden der Kunst innerhalb und ausserhalb Oesterreich jene Monumente näher rücken, von denen sie entweder gar keine, oder nur eine sehr ungenügende Vorstellung hatten.

Dieser Gedanke wurde seit dem Beginne des Werkes bis nun festgehalten, und die Gefertigten glauben durch die Vorführung einer Reihe von Kunstdenkmalen aus allen Stylen des Mittelalters und aus fast allen Gebietstheilen des Kaiserstaates der Kunstforschung einen nicht unwesentlichen Dienst geleistet zu haben. Wenn sie aber trotz der Fülle des Stoffes, welcher noch zur Verarbeitung vorliegt, obgleich in dem bisher Gebotenen fast jede Gruppe der Kunstthätigkeit bereits durch ein bezeichnendes und hervorragendes Object vertreten sein dürfte, nunmehr ihr Werk zum Abschlusse bringen, so sind sie zu diesem Entschlusse ebenso sehr durch äussere Umstände gedrängt worden, wie auch durch den Gang, welchen die Erforschung der Kunstdenkmale des Mittelalters in Oesterreich genommen hat.

Als die „mittelalterlichen Kunstdenkmale" im Entstehen begriffen waren, lag die Erforschung derselben in Oesterreich gänzlich darnieder. Das kleine Häuflein von Freunden der Kunst hatte keine Mittel, Zeichnungen zu veröffentlichen, ihre Ansichten und Studien in entsprechenden Organen niederzulegen. Gegenwärtig ist es anders geworden: die Zahl der Kunstfreunde und Kunstforscher hat sich vermehrt, die k. k. Centralkommission zur Erforschung und Erhaltung der Baudenkmale hat in den „Mittheilungen" und in dem „Jahrbuche" Organe geschaffen, die im hohen Grade geeignet sind, die Werke der Kunst des Mittelalters in würdiger Weise zur Oeffentlichkeit zu bringen und auf diesem Gebiete eine Bewegung der Geister hervorzurufen, wie sie nöthig ist, wenn die Ueberreste der Kunst unserer Vorältern nicht blos erhalten, sondern auch dem Genusse und dem Studium zugänglich gemacht werden sollen. Für periodische Publicationen, für das schnelle Bekanntmachen neuer Funde, für grössere und kleinere archäologische Mittheilungen sind diese von der Staatsverwaltung geschaffenen Organe vollkommen hinreichend. Für anderweitige Zwecke aber wird weiterhin die Form selbstständiger Monographien empfehlenswerther erscheinen.

Zu dieser aus der inneren Natur der Sache hervorgehenden Betrachtung gesellt sich noch eine andere, welche nicht minder zum Abschlusse drängt. Die dankenswerthe und überraschend zahlreiche Theilnahme des österreichischen Publikums an diesem Werke erfolgte auf Grundlage einer Preisbestimmung, die dermalen eine wesentliche Aenderung zum Nachtheile der Abnehmer erfahren hat. Es scheint aber den Herausgebern nicht gerechtfertiget, von dem Publikum Opfer in Anspruch zu nehmen, die nicht gleichzeitig durch eine erhöhte Leistung von ihrer Seite begründet erscheinen.

Indem die Unterzeichneten mit dem Bewusstsein von diesem Werke scheiden, mit der grössten Aufopferung Alles gethan zu haben, um die Kunstdenkmale ihres Vaterlandes in würdiger Weise bekannt zu machen, bleibt ihnen schliesslich nur noch übrig, Worte des Dankes für die Unterstützung, welche das Publikum diesem Werke hat angedeihen lassen, Worte des Dankes ihren Mitarbeitern und dem unermüdlich thätigen Verleger auszusprechen; insbesondere aber fühlen sie sich verpflichtet, mit dem Ausdrucke des wärmsten Dankes der Unterstützung zu gedenken, welche S. Excellenz der Herr Minister des Cultus und Unterrichts, Graf Leo Thun, ihrem Werke ununterbrochen zu Theil werden liess.

Wien, am 25. October 1859.

Dr. G. Heider.   Prof. R. v. Eitelberger.

INHALTS-VERZEICHNISS DES ZWEITEN BANDES.

VERZEICHNISS DER TAFELN.

Die Kirche des heil. Ambrosius zu Mailand

von

Prof. R. v. Eitelberger.

Taf. I - V

(nach dem Aufnehmen des Architekten W. Zimmermann).

A. Das Leben des heil. Ambrosius.

Die Kirche in Mailand, die wir unseren Lesern vorführen, trägt den Namen eines Heiligen, der nicht bloss in der Geschichte der Stadt sondern in der der gesammten Christenheit eine hervorragende Stelle einnimmt. Sein Name gehört in die Reihe jener Heroen des Christenthums des 4. Jahrhunderts, in der Eusebius, Hilarius, Aurelius, Augustinus, Eusebius Hieronymus glänzen. Unter den vielen heiligen Männern, welche die Mailänder Kirche verherrlicht haben, ist, selbst der h. Carolus Borromaeus nicht ausgenommen, keiner, der sich mit Ambrosius, sei es im Umfange seiner Thätigkeit, sei es im Ruhme unter den christlichen Völkern messen könnte.

Es ist daher begreiflich, dass schon aus diesen Gründen die dem Heiligen geweihte Kirche Mailand's Gegenstand besonderer Verehrung bis auf unsere Tage herab geworden ist, wo auf Befehl des Kaisers Franz Joseph die Kirche selbst einer tiefgreifenden umfassenden Restauration unterzogen werden soll. Aus eben dem Grunde aber können wir die Beschreibung dieser Kirche nicht unternehmen, ohne des Lebens jenes Mannes zu gedenken, dem die Kirche ihren Namen und ihren Ruhm verdankt.[1]

Ambrosius war[1] in Gallien geboren, wo sein Vater praefectus praetorio gewesen ist. Der Geburtsort selbst ist unbekannt, die Angaben schwanken zwischen Arles, Trier und Lyon. Er verlor seinen Vater in früher Jugend, die schon von den ersten Tagen mit Vorzeichen einer glänzenden Zukunft erfüllt war. Als Ambrosius als Kind im Hofe des Praetoriums in der Wiege liegend mit offenem Munde schlief, umschwärmten ihn Bienen, die aus dem Munde aus und ein zu fliegen schienen. Sein Vater sah der Erscheinung zu, ohne ihren Verlauf zu stören. Als sich aber der Bienenschwarm so hoch in die Luft erhob, dass er mit den Augen nicht mehr wahrgenommen werden konnte, ahnte er „dass das Kindlein dereinst etwas Grosses werden würde, wenn es am Leben bleiben würde." Paulinus aber, der älteste Biograph des h. Ambrosius, erkannte darin die Wirksamkeit Gottes in dem Kinde, damit das Wort Salomon's erfüllt werde, „favi mellis sermones boni". (Prov. 16, 24.)

Nach des Vaters Tode ging die Mutter mit ihrer Tochter Marcellina nach Rom. Wie es in jenen Zeiten häufig war, dass durch Frauen der Same des Christenthumes fortgepflanzt wurde, so war es auch in der Familie des Ambrosius. Seine Schwester hat schon damals sich jungfräulichem Leben im Vereine mit anderen Jungfrauen gewidmet, von denen Eine, Candida, uns genannt wird, und es liegt nahe, dass der Einfluss der Frauen seinem Gemüthe das Christenthum besonders nahe gerückt hat. Doch wandte er sich, wie sein Bruder Satyrus, dem Lebensberufe seines Vaters zu.

---

[1] Als Hauptquellen dienten mir die biographischen Aufzeichnung des Zeitgenossen und Notars des Ambrosius, Paulinus, seine Briefe (nach der ed. Maur.), und die in der Gesammtausgabe seiner Werke von den Benedictinern gearbeitete ausführliche Biographie.

Seine juridische Laufbahn begann er unter den glücklichsten Auspicien. Er pladirte in Gerichtsverhandlungen so vortrefflich, dass der praefectus praetorio Probus ihn bald auszeichnete und ihm die Leitung der Provinzen Liguria und Aemilia mit Consularrang mit den prophetischen Worten: „vade, age non ut judex, sed ut episcopus" übertragen wurde.

Auf diese Weise kam Ambrosius nach Mailand, das im Mittelpunkte mehrerer Hauptstrassen gelegen, damals ein blühender Ort gewesen, als Sitz der Künste und Wissenschaften den Beinamen Neu-Athen sich erworben hat, und kaiserliche Residenz gewesen ist. Die Bevölkerung Mailands war in jener Zeit theils katholisch theils arianisch und in besonderer Aufregung gewesen, als eine neue Bischofswahl nach Vertreibung des katholischen Bischofs Dionysius vorgenommen werden sollte. Die Wahl wurde in der Kirche vollzogen, und die Partheiungen waren so heftig, dass ein Aufstand drohte. Dieser Umstand rief den Ambrosius in die Kirche, und er sprach so eindringlich zum Volke, dass nach dem wunderbaren Zurufe eines Kindes ihn sowohl Katholiken als Arianer zum Bischof begehrten. Ambrosius weigerte sich lange, den Bischofsstuhl zu besteigen; er floh aus Mailand, kehrte aber bald wieder dahin zurück. Kaiser Valentinian sah es gerne, dass ein Gerichtsbeamter zum Bischof durch das Volk berufen wurde, und das Volk selbst, insbesondere die Katholischgesinnten hatten Ursache, mit der Wahl zufrieden zu sein.

Er empfing nach seiner Wahl die Taufe aus den Händen eines unbekannten katholischen Bischofs, wie uns sein Notar Paulinus erzählt, und wurde acht Tage darauf zur Freude Aller zum Bischofe ordinirt. Es geschah dies wahrscheinlich im December des Jahres 374, im 34. Jahre seines Alters. Ein Jahr vor dem Tode Valentinian I. Das arianische Interregnum dauerte zwanzig Jahre. Ambrosius verfolgte die Ueberreste des Arianismus mit dem Feuereifer eines Bischofs, mit der Schärfe eines gewandten Juristen. Der Arianismus fand nach dem Tode Valentinians I. eine mächtige Stütze in der Justina, der Mutter und Vormünderin der jungen Valentinian II. Diesem fiel in sehr jungen Jahren nach dem Tode Valentinian I. Italien, Illyrien und Afrika zu, während dem älteren Prinzen Gratian, dem Zöglinge des Dichters Ausonius, Gallien und Hispanien zufiel. Die Kämpfe, welche Ambrosius gegen den andrängenden Arianismus zu bestehen hatte, drehten sich um den Besitz einer Basilika, die in den Händen der Katholiken sich befand und auf Andringen der Hofes den Arianern hätte übergeben werden sollen. Sie fielen in das Jahr 385. Ambrosius beschreibt sie in einem Briefe an seine Schwester Marcellina. Die Arianer verlangten nicht die basilica Portiana, die ausserhalb der Stadtmauern Mailands lag, sondern die basilica nova, die innerhalb derselben gelegen auch die grössere war. Dem drängenden Beamten antwortet Ambrosius mit einem Worte, welches als Programm für die Haltung der gesammten katholischen Geistlichkeit des Mittelalters gelten könnte: „templum Dei a sacerdote tradi non posse." — Wir kennen diese Antwort aus den Schriften des Ambrosius selbst. „Respondi, so schreibt er weiter seiner Schwester, si a me peteret, quod meum esset, id est, fundum meum, argentum meum, quidvis hujusmodi meum, me non refragaturum; quanquam omnia quae mea sunt, essent pauperum: rerum ea, quae sunt divina, imperatoriae potestati non essent subjecta. Si patrimonium petitur, invadite: si corpus securum. Vultis in vincula rapere? vultis in mortem? voluptati est mihi. Non ego vallabor circumfusione populorum, nec altaria tenebo vitam obsecrans, sed pro altaribus gratius immolabor." Es wurden Soldaten beordert, die Basilika zu besetzen. — vergebens. Er verweilte den ganzen Tag über in der Kirche, und verliess das Haus Gottes nicht in den Gefahren; er vertheidigte sie, wie ein Krieger seine Festung, ein Rechtsgelehrter die Sache seines Klienten. Von den Arianern, die nicht unter dem Bürgerstande, sondern den Gothen in der königl. Hofhaltung und Familie Vertreter fanden, wagte keiner mehr auf die Strasse zu gehen. Ein arianischer Presbyter Castulus war in Gefahr, auf dem Platze vom Volke misshandelt zu werden. Mit Mühe gelang es den Presbytern und Diakonen, die Ambrosius zu seiner Rettung ausschickte, ihn den Händen des aufgeregten Volkes zu entreissen. Die Behörden wurden über die Stimmung der Massen unruhig und Ambrosius aufgefordert, das Volk im Zaume zu halten, er antwortete: „in meo jure esse, ut non excitarem, in Dei manu, uti mitigaret." Er wisse zwar, dass er herrschsüchtig, ein Tyrann genannt werde; aber die Tyrannis eines Priesters ist die Schwäche (infirmitas). Valentinian schickte einen Hofbeamten, den praepositus cubiculi Calligonus, zu Ambrosius. Die heftige Art dieses Hofmannes, welche Antworten ähnlicher Art hervorrief, verhinderte jede Unterhandlung: „me vivo, rief Calligonus dem Ambrosius zu, tu contemnis Valentinianum? caput tibi tollo." „Deus permittat tibi, ut impleas quod minaris," entgegnete darauf Ambrosius, fügte mit Anspielung auf den Mörder des Pompejus, den Aegypter Achilles, hinzu: „ego enim patiar quod episcopi, tu facies quod paulones." Darauf versucht Valentinian die Angelegenheit vor das Consistorium zu bringen, einer aus den höchsten Mitgliedern des Staates zusammengesetzten Behörde, die in Sachen der Verwaltung und Justiz zu berathen hatte, und zu der als ausserordentliche Mitglieder Ambrosius und Arianer eingeladen wurden. Der Notar und Tribun Dalmatius wurde beauftragt, den Ambrosius zum Beitritte zu einem solchen Consistorium zu bewegen. Er verweigerte denselben. Die Motive legen in einem Briefe des Bischofs an Valentinian vor, welcher unter dem Titel „libellus Ambrosii ad Valentinianum imperatorem contra Auxentium" bekannt ist. „Wann hast du gehört — so schreibt Ambrosius an den Kaiser — dass in Glaubenssachen Laien über den Bischof urtheilen? Sollen wir durch Schmeichelei so tief schon gesunken sein, dass ich des Priesterrechtes uneingedenk das, was Gott mir geschenkt hat, für ein Geschenk eines anderen halten soll? Ambrosius sei nicht so weit gekommen, dass er sein sacerdotium von sich werfe; das Leben eines einzelnen nicht so viel werth, als die Würde aller Priester. Nehme es also gnädig, o Kaiser, auf, dass ich in das Consistorium nicht kommen konnte; ich habe in demselben nur für dich zu stehen gelernt; innerhalb des Pallastes zu streiten habe ich nicht gelernt, der ich die Geheimnisse des Pallastes weder aufsuche noch kenne." Die Kaiserin gab nach: die Soldaten wurden aus der Basilika entfernt. Ambrosius siegte. Mit grosser Kühnheit und hoher Gesinnung entwickelt er seine Ideen in der Rede gegen den Auxentius, die er zur Beruhigung an die aufgeregte Gemeinde hielt. „Ich werde euch mit meinem Willen nie verlassen; aber gewaltsam Widerstand zu leisten, vermag ich nicht. Ich werde den Schmerz empfinden, werde weinen und wehklagen können; Thränen werden meine Waffen gegen Soldaten und Gothen sein: denn das Art sind die Schutzmittel (munimenta) des Priesters. Anders darf und kann ich nicht Widerstand leisten; zu fliehen und die Kirche zu verlassen, ist nicht meine Gewohnheit. Wäre ich doch sicher, dass die Kirche Häretikern nicht übergeben würde! Gerne würde ich in des Kaisers Pallast gehen, wenn es mit dem Geschäfte des Priesters übereinstimmen würde, mehr im Pallaste zu kämpfen, als in der Kirche. Aber im Consistorium pflegt Christus nicht Angeklagter, sondern Richter zu sein (sed in consistoriis non reus solet esse Christus, sed judex). Als mir der Vorschlag gemacht wurde, die Kirchengefässe zu übergeben, gab ich zur Antwort, wenn ihr von meinem Eigenen etwas verlangt, biete ich es gerne dar; vom Tempel Gottes kann ich nichts abreissen und das nicht übergeben, was mir zu bewahren, nicht zum wegeben anvertraut wurde. Ich weiss auch des Kaisers Wohl zu überlegen; denn mir nützte es nichts, zu übergeben, ihm nichts, es anzunehmen. er nehme die Worte eines freien Priesters an, wenn er einen Rath haben will und lasse ab vom Unrechte gegen Christus. Diese Handlungsweise scheint mir voll Ehrerbietung (humilitas) und voll jenes Wohlwollen, welches der Priester dem Kaiser schuldet. — Christus duldete nicht die Wechsler im Tempel, er duldete nicht, dass jene im Tempel sich aufhalten, welche die Cathedren verkaufen. Was sind aber diese anders, als Ehren? was sind die Tauben anders, als Bilder einfacher Gemüther, die einen reinen Glauben suchen? Ich aber sollte in den Tempel einführen, den Christus ausgeschlossen hat? Man befiehlt, dass der emporkomme, der die Ehren, die einfachen Gemüther der Gläubigen verkauft. Es werde also Auxentius herausgeworfen, Mercurius ausgeschlossen; zwei Namen, aber nur Ein Ungeheuer." — Sehr schön entwickelt Ambrosius die Aufgabe der Kirche gegenüber den Armen. „In den Gebeten der Armen liegt meine Vertheidigung. Stärker, als die gewaltigen Krieger werden die Blinden und Lahmen, die Schwachen und Greise sein. Die Zahren der Armen verpflichten Gott, weil es geschrieben steht: qui largitur pauperi, Deo foenerat. Man klagt mich ferner an, dass das Volk durch die Gesänge meiner Hymnen bethört werde. Ich laugne dies gar nicht ab. Gewaltig ist jener Gesang, und nichts mächtiger, als er. Was kann gewaltiger sein, als die Bekenntnisse der Dreieinigkeit, die täglich aus dem Munde des ganzen Volkes gepriesen wird? Um die Wette bemüht es sich, den Glauben zu bekennen, sie wissen es, den Vater, Sohn und h. Geist in Versen zu predigen. Alle sind daher dadurch Meister geworden, die kaum Schüler sein könnten. — Geben wir Gott was Gottes, dem Kaiser was des Kaisers ist. Die Steuer (tributum) ist des Kaisers, das ist nicht zu verneinen; die Kirche Gottes aber, kann daher dem Kaiser nicht zuerkannt werden. Ein guter Kaiser sucht die Hülfe der Kirche und wirft sie nicht zurück, und ehrenvoller kann für ihn nichts sein als der Sohn der Kirche genannt zu werden." — Die Basilika des h. Ambrosius war der Schauplatz wichtiger Ereignisse und der Ausgangspunkt gewaltiger Ideen. Valentinian und der Hof waren gedemüthigt; im Gefühl seiner Schwäche sagte der Kaiser zu seinen Officieren: „Wenn Ambrosius es anordnen würde, würdet ihr mich mit gebundenen Händen, ihm überliefern." Der Versuch, Ambrosius zu exiliren, scheiterte an dem Widerstande des Volkes. Auch an einer anderen Stelle finden wir eine Basilika erwähnt, die vom Volke die Ambrosiana — auch Paulinus bedient sich (l. e. c. 48) des Ausdruckes basilica Ambrosiana — schon damals genannt wurde, in jenem Briefe nämlich an seine Schwester, wo er die Auffindung der Leichname der hh. Gervasius und Protasius erzählt. Um die Basilika einzuweihen, wünschte er nach römischer Sitte Gebeine von Märtyrern zur Einweihung zu besitzen, und machte zu diesem Zwecke an jener Stelle Nachgrabungen, wo sich die Cancellen des Felix und Narbo befanden und fand passende Zeichen, bald darauf Gebeine zweier Männer von wunderbarer Grösse, wie die alte Zeit sie hervorbrachte. Die Gebeine wurden ganz und mit vielen Blutspuren gefunden. Durch zwei Tage strömte das Volk zusammen. Abends brachte er sie in die Basilica Faustina, am folgenden Tag in die Ambrosianische Basilika. Während dem Uebertragen der Gebeine wurde ein Blinder, der Fleischer Severus, geheilt. Die gefundenen Gebeine wurden den Märtyrern Gervasius und Protasius zugeschrieben. Die Arianer bestritten zwar den Fund, aber das Volk fand im erwähnten Wunder eine unzweifelhafte Bestätigung. Die mit der Uebertragung der Gebeine der Heiligen verbundene Consecration der Kirche fand am 19. Jun. 386 (v. 387) in Gegenwart des h. Augustin statt. Es ist diess die einzige Funktion gewesen, die Ambrosius in seiner Basilika vornahm. [1]

Nicht lange Zeit nach diesen Kämpfen starb Auxentius, der durch 20 Jahre den Bischofstuhl als Arianer inne hatte. Mit ihm war zwar eine Hauptstütze des Arianismus am Hofe gebrochen, aber noch viele und gewaltige Gegner hatte Ambrosius auf diesem Felde zu bekämpfen. Der vertriebene katholische Bischof Dionysius starb schon früher um 374 im Exile.

Während dieser Kämpfe in den ersten Jahren seines Hirtenamtes (377 und 378) verfasste Ambrosius die drei Abhandlungen, de Virginibus (in 3 Büchern) de Viduis, und de Virginitate. Sie bilden offenbar ein zusammenhängendes Ganze, und verdanken ihre Entstehung ganz besonderen Anlässen. Die erstgenannte ist an seine Schwester Marcellina gerichtet, das Buch über die Wittwen an eine Wittwe Opilia, die herangewachsene und theilweise schon verheirathete Töchter besass, und Ambrosius um Rath frug, ob sie zu einer zweiten Ehe schreiten solle. Diese Bücher sind für die Einsicht in das geistige und gesellschaftliche Leben jener Zeit von grosser Wichtigkeit. Ambrosius übte grossen Einfluss auf die Frauen seiner Zeit. Von allen Seiten strömten ihm jene zu, die den Schleier nehmen wollten, aus Mutina, Bononia, Mauretania u. s. f. An vielen Orten Italiens bildeten sich klösterliche Frauenvereine, oder sie bestanden schon. Um 378 starb Satyrus, dem Ambrosius in seinen 2 Büchern de excessu fratris sui Satyri ein schönes Denkmal brüderlicher Liebe setzte, in Mailand in Folge der Anstrengungen, die er auf einer Seereise nach Afrika, wohin ihn Familienangelegenheiten riefen, erduldete. Satyrus, Marcellina und Ambrosius lebten im innigsten und vertraulichsten Verkehr. Besonders bei Kirchenbauten [2] scheute es Ambrosius, seinem Bruder zu missfallen. Die Grundsätze, die er bei Bauten und dem Kirchenschmuck festhielt, hat er selbst an mehreren Stellen in seinen Schriften ausgesprochen. Bei seinem strengen, auf Einfachheit und Wohlthun gerichteten Sinne hielt er daran fest, dass dem Tempel Gottes der passende Schmuck nicht fehle, ohne dass durch ihn dem Vergnügen gefröhnt würde. [3]

Eine der glänzendsten Seiten im Leben des Heiligen ist sein Kampf mit Symmachus. Dieser ist ein Theil jenes grossen Vertilgungskrieges gegen das Heidenthum, den Theodosius begann, nachdem er das Ostreich vor den Gothen sichergestellt hat, und dem sich die beiden Imperatoren des Occidentes Gratian († 383) und Valentinian II. angeschlossen haben.

Rom war damals noch ein wenig christianisirter Theil des römischen Reiches. Die Macht der

[1] Fumagalli Antichità Lombardico-Milanesi. Mailand. 1793. T. IV. p. 15.

[2] Bei den Kirchenbauten werden ausser den erwähnten nicht bloss einige Baptisteria angeführt, sondern auch die von Bischof Felix zu Como gegründete Basilika.

[3] Maxime sacerdoti hoc convenit, ornare Dei templum decore congruo, ut etiam hoc cultu aula Dei resplendeat: impensas silenti ordine convenientes frequentare: quantum oportet largiri peregrinis, non asperdas ad competentia: non redundantia, sed eas gross humanitatis, ne sumpta pauperum alienum sibi quaerat gratiam, nec restrictiorem erga clericos aut indolgentiorem se praebeat. Alterum enim inhumanum, alterum prodigum: si aut sumtus desit necessitati certum quos a sordidis negociatoris inceptis retrahere debeas: aut voluptati superfluat. De off. ministr. II. 21.

historischen Traditionen, der angeborne Aberglaube der Römer — Romani omnium superstitionum sentina [1] — die Neigung patrizischer Familien zum Heidenthum, zu denen Symmachus, Praetextatus, Flavianus, Caecina, Albinus u. s. f. gehörten, trugen das ihrige dazu bei, den Kampf um Christenthum und Heidenthum dort hartnäckiger zu machen, als an einem anderen Punkte. Der Anlass zu dem Kampfe zwischen Symmachus und Ambrosius war der Befehl Gratians, den Altar der Victoria aus der Curie des Senates hinwegzuräumen. Diese Maassregel Gratians war keine vereinzelte. Im Jahre 382 vollendete Gratian den Bruch mit dem Heidenthum, er entsagte der Würde und dem Titel eines Pontifex maximus, den bis dahin die römischen Imperatoren geführt hatten, hob die Vorrechte der vestalischen Jungfrauen, die Immunität des Sacerdotiums, auf, liess die den Tempeln zugehörigen Grundstücke vom Fiskus einziehen, entzog den Vestalinnen und Priestern den Lebensunterhalt und ihre Priestlegien. [4] Der Befehl zur Entfernung des Altares der Victoria war nur ein konsequenter aber bedeutsamer Schritt der Vorgänge und Traditionen wegen, die sich an ihn anknüpften. Schon Constantius liess ihn wegschaffen; Julian stellte ihn wieder her. Valentinian bestätigte 384 das zwei Jahre früher von Gratian ausgesprochene Urtheil der Removirung. Symmachus und die römische Senatspartei waren dadurch auf das empfindlichste getroffen. Q. Aurelius Symmachus, seit 384 praefectus urbis, eine Würde, die sein Vater L. Aurelius Symmachus, auch als Epigrammatist bekannt, seit 364 bekleidet hatte. Der begeisterte Vertheidiger des Heidenthums stand auch bei den Christen in Ansehen. Gemässigt in seiner Anschauung zählt er zu den gebildetesten Geistern seiner Zeit. Diese Bildung führte ihn auf die historischen Wurzeln des römischen Staates, und im Kampfe des Fortschrittes mit dem Bestehenden, der höhern Vernunft mit dem Aberglauben stellte er sich, dem Zuge seiner Geistesbildung folgend, auf Seite des bestehenden Heidenthums gegen das jüngere Christenthum. Er wurde mit Cicero, der, wie der jüngere Plinius, sein Vorbild war, verglichen und galt als orator disertissimus, selbst Aurelius Prudentius nennt ihn:

> Linguam aries verborum fonte Quintum,
> Romani decus eloquii?
> Os dignum aeterno rictu quod folgent aura.

Als Princeps senatus, Pontifex, Proconsul von Afrika und Praefectus urbi war er auch ganz der Mann, mit den höchsten Personen zu verkehren, und Missionen zu leiten, die zu den schwierigsten und hacklichsten seiner Zeit gezählt werden müssen. Im Jahr 382 war er in dieser Angelegenheit an der Spitze einer Gesandtschaft an Gratian, im Jahr 384 einer zweiten an Valentinian II. Eine dritte ging im Jahr 388 an Theodosius, und eine vierte im Jahr 392 an Valentinian; alle vier vergebens. Die Akten des Kampfes zwischen Symmachus und Ambrosius liegen vollständig vor. Von diesem besitzen wir Briefe, Staatsschriften und Reden, wie von jenem; die Zahl der Reden des Symmachus ist vor wenigen Jahrzehnten durch einen Fund Angelo Mai's vermehrt worden, Reste von acht Panegyriken, die in der Ambrosianischen Bibliothek zu Mailand entdeckt wurden. In den Schriften des Symmachus für das Heidenthum erhebt sich der Ton zu einer der Bedeutung des Gegenstandes angemessenen Höhe; die schalen Höflichkeitsbezeugungen seiner Panegyriken an die Imperatoren haben heut zu Tage keinen Werth mehr und kontrastiren stark mit dem Freimuthe des Ambrosius. Ambrosius fand in Aurelius Prudentius, einem nüchternen aber lehrreichen Dichter des 4. und 5. Jahrhunderts, einen Kampfgenossen, der um das Jahr 403 ein Gedicht in zwei Büchern adversus Symmachum V. C. et Urbi Praef. verfasste. Der Bischof von Mailand war aber seinem Gegner sowohl an seinem Freunde an Geist, Charakter und Festigkeit des Willens weit überlegen.

Symmachus, von der Unterscheidung einer religio urbis und religio imperatoris ausgehend, die nun und für sich zu spitzfindig war, um als Maxime des Handelns für einen christlichen Kaiser zu gelten, empfiehlt in seiner relatio zuerst den Schutz der Ara der Viktoria. „An diesem Schmuck der Curie knüpft sich, so spricht er dem Kaiser gegenüber, die Macht der Gewohnheit. Wir wünschen als Greise das den Nachkommen zu erhalten, was wir als Knaben schon empfangen haben. Niemand wird leugnen, dass man das verehren müsse, was man zu wünschen gestehen muss. Man sollte dem Namen wenigstens die Ehre geben, die

---

[1] Hieronymus in epist. ad Gal. 4, 5.
[4] Fieke Gieseler, Kirchengeschichte, II, 1, p. 24, Note 3.

man der Gottheit weigert. An diesem Altar sind des Kaisers Gesetze und Befehle beschworen worden. Durch welche Scheu soll nun der Sinn eines Bösen abgeschreckt werden? Zwar ist alles der Gottheit voll und kein Ort für Ruchlose sicher. Aber zur Aufrechthaltung der Furcht dient sehr die Gegenwart der Religion. Von Constantius ist er wiederhergestellt worden, der, als er im Festzuge Rom betrat, die alten Tempel sah, ihre Gründer bewunderte, auch die Ursprünge, Traditionen und religiösen Gebräuche dem Reiche erhalten hat, während er selbst andern Religionsanschauungen folgte. Jeder hat seine eigene Gewohnheit, jeder seinen eigenen Ritus. Die göttliche Einsicht hat den Städten verschiedene Hüter und verschiedene Kulte gegeben; des Nutzens tritt noch hinzu, der am Meisten die Menschen an Götter knüpft. Wenn das Alter den Religionen Ansehen giebt, so soll der Glaube so vieler Jahrhunderte erhalten werden, und wir müssen unsern Eltern folgen, wie diese den ihrigen gefolgt sind. Dieser Kultus hat dem Erdkreis Gesetze gegeben, diese Heiligthümer haben den Hannibal von den Mauern, die Sennonen vom Kapitol vertrieben. — Sollte ich deswegen alt geworden sein, um Langbestehendes zu verwerfen? Wir wünschen Frieden für die eingebornen Gottheiten, die vaterländischen Götter. Es ist billig, dass, was auch Alle sonst verehren, Eines geglaubt werde. Dieselben Gestirne betrachten wir, der Himmel ist Allen gemeinschaftlich, dieselbe Welt umschliesst uns. Was liegt daran, in welchem Verstande ein Jeder das Wahre sucht? Auf Einer Strasse kann man nicht zu einem so grossen Geheimniss kommen. Doch darüber zu streiten ist müssig. Nicht des Redestreites, der Bitten wegen sind wir gekommen." Mit ähnlichen Gründen trat er für die Privilegien der Vestalinnen in die Schranken. Doch bei ihnen tritt noch das formelle Recht hinzu, das durch die kaiserliche Maassregel verletzt schien: „Omnia negatis, sed unum unicuique servatis: plusque apud vos justitia quam licentia valet". In der Beredtsamkeit des Symmachus mischen sich Aberglaube und Verstand, Desanus und Polytheismus, und Niemand wird im Zweifel sein, ob Symmachus mehr von jenen als von diesen wirklich überzeugt war. Dieser Art der Vertretung des Heidenthums fehlt die Kraft der moralischen Ueberzeugung. „Man erschrickt", sagt Villemain mit Recht, über die Schwäche, bis zu welcher der Glaube der Heiden herabgekommen war, den die christlichen Imperatoren nicht haben ruhig sterben lassen."

Ambrosius antwortet eingehend auf diese Staatsschrift des Symmachus. Dem ausführlichen Schreiben an Valentinian geht ein mehr vertraulicher Brief voran, worin er den jungen Imperator zur Festigkeit aufmuntert. „Es giebt kein anderes Heil, so spricht er in demselben, als in der aufrichtigen Verehrung des Christengottes, von dem alles regiert wird; er allein ist der wahre Gott, der in tiefster Seele verehrt werden soll; die Götter der Heiden sind nach dem Psalmisten (95, 5) Dämonen. Diesem Gott gegenüber giebt es keine Vorstellung, keine Connivenz, sondern blos eifrigen Glauben und Hingebung. Ihn täuscht Niemand; das Verborgenste des Herzens ist ihm offenbar. Die Heiden beklagen sich über Verluste, sie, die niemals unser Blut geschont und die Gebäude der Kirche umgestürzt haben. Sie verlangen Schonung ihrer Privilegien, die sehr viel Christen schon verführt haben, da nicht alle stark genug befunden worden und sehr viele auch unter christlichen Kaisern gefallen sind. Wären sie nicht schon aufgehoben, so würde ich es billigen, dass es unter deiner Herrschaft geschähe. Niemand darf dein jugendliches Alter täuschen; jener, der ein Heide ist und dies Alles verlangt, darf deinen Geist nicht in die Fesseln des Aberglaubens schmieden, sondern er sollte dich belehren, wie sehr du dich dem wahren Glauben hinzugeben hast, der selbst Eitles mit solcher Ueberzeugung für Wahres vertheidigt. Auch ich rathe dir, den Verdiensten berühmter Männer Rechnung zu tragen; aber Gott muss ohne Zweifel Allem vorgezogen werden." Damasus, welcher damals der römischen Kirche vorstand, hat gleich bei Anfang des Streites mit Symmachus ein Schreiben christlicher Senatoren an Ambrosius geschickt, welche verlangten, dem Begehren der heidnischen Senatorenpartei kein Gehör zu geben. Aus einem späteren Schreiben an Eugenius [1] ersehen wir, dass die Berichte des Ambrosius an Valentinian im Consistorium in Gegenwart zweier hochgestellter Heiden, des comes Bauto und Rumoridus, beide magistri militum, die von Jugend auf dem Heidenthume zugethan waren, vorgetragen worden. In dem grösseren Berichte, der wahrscheinlich für den Vortrag im Consistorium bestimmt war, tritt Ambrosius systematisch den Gründen seines Gegners gegenüber und widerlegt sie mit der Schärfe eines Sachwalters Punkt für Punkt. Drei Dinge wären es vorzugsweise, so heisst es in dem ausführlicheren Berichte, welche Symmachus vorschlägt und die er begründet: Rom bedürfe seines alten Kultus; den Priesterthümern und

---

[1] Epist. LVII. geschrieben um 392. 393.

Vestalinnen seien die alten Emolumente zuzuweisen, — wenn nicht, so würde Hungersnoth auf dem Fusse folgen. Mit scharfer Ironie behandelt Ambrosius alle diese Punkte. Er beleuchtet die Sophistik, die in dem Nachweise der Hülfe der heidnischen Gottheiten zum Aufbaue des römischen Staates liegt. Diese Beleuchtung ist eben so schlagend als nüchtern. Hannibal und die Sennonen, so sagt Ambrosius, haben nicht die alten Götter besiegt. Hannibal habe ja dieselben Götter verehrt, als die Römer, und hatten sie mit den Römern gesiegt, so wären sie mit den Karthagern unterlegen. Hat nicht die Victoria jene Kaiser getäuscht, ihre Ceremonien verrathen, die als Gefangene vor einen anderen Kaiser geführt wurde? oder war damals noch nicht der Altar der Victoria? — Kein Alter ist zum Lernen zu spät und keine Schande ist es, zum Besseren überzugehen. Nicht das Alter der Jahre ist zu loben, sondern das der Sitten. Das allein habe ich mit den Barbaren gemein, dass auch ich früher Gott nicht kannte. Euer Gottesdienst besteht in Besprengung mit Thierblut, und ihr sucht in todten Thieren die Stimme Gottes. Kommt und lernet auf Erden den himmlischen Dienst. Gott selbst lehrt mich das Geheimniss des Himmels, den er geschaffen hat, nicht der Mensch, der sich selbst nicht kennt. Wem soll ich über Gott mehr glauben, als Gott selbst? wie kann ich euch glauben, die ihr selbst gesteht, dass nicht zu kennen, was ihr verehrt? Symmachus sagt, auf Einem Wege kann man nicht zu einem so grossen Geheimniss gelangen. Was ihr nicht wisst, das können wir durch Gottes Stimme. Euere und unsere Ansicht stimmen nicht überein. Ihr fleht bei den Kaisern um Frieden für euere Götter; wir bitten bei Christus um Frieden für die Kaiser selbst. Ihr betet die Werke euerer Hände an; wir halten es für Unrecht, das als Gott zu glauben, was gemacht werden kann. Gott will nicht in Steinen verehrt werden. Darüber haben selbst euere Philosophen gelacht. — Man verlangt, dass den Altären ihre Bilder, den Hainen ihr Schmuck gegeben werden. Ein christlicher Kaiser hat aber nur Christi Altar zu ehren gelernt. Man verlangt, dass den vestalischen Jungfrauen ihre Immunität gegeben werde. Du verlangen jene, die nicht zu glauben vermögen, dass es eine freiwillige Jungfräulichkeit gebe. Kaum sieben vestalische Jungfrauen werden gefunden — das ist die ganze Schaar, die mit Infuln geschmückt, mit Purpur bekleidet, mit Luxus und Privilegien ausgestattet, die vorgeschriebenen Jahre der Schamhaftigkeit bezwungen hat. Sie mögen Auge und Geist auf das Volk voll Reinheit, die Versammlung voll Jungfräulichkeit richten, die, geschmückt mit den einfachen Schleier, nicht Luxus, nicht Gewinn, nicht Privilegien sucht. Das ist keine Jungfräulichkeit mehr, die mit Geld gekauft und nicht durch Streben nach Tugend erworben wird, und das keine Reinheit mehr, die in einer Versteigerung um Geldentschädigung für eine bestimmte Zeit ausgeboten wird. Der erste Sieg der Keuschheit besteht in der Besiegung der Begierde nach Besitz, weil das Streben nach Gewinn die Versuchung der Scham ist. Die Klage, es den Priestern und ihren Dienern aus öffentlichen Fonden keine Subsistenzmittel gegeben werden, ist erstens falsch als es unrichtig ist, dass eine Hungersnoth der Entziehung der Subsidien auf dem Fusse folgen müsse. Aber, man sagt, die alten Gebräuche müssen aufrecht erhalten werden? Wie, wenn alles später zum besseren sich wenden würde? — Der Tag leuchtet nicht beim Beginne; im Fortschritt der Zeit glänzt er und erwärmt durch verstärktes Licht. Sie mögen sagen, dass alles bei seinen Anfängen bleiben müsse; die mit Finsterniss bedeckte Welt missfalle ihnen, weil sie durch den Glanz der Sonne erleuchtet ist. Und doch, wie viel dunklarer ist es, die Finsterniss der Seele vertrieben zu haben, als die des Körpers, das strahlende Licht des Glaubens hervorgerufen zu haben, als das der Sonne? Das Anfänge der Welt, wie die aller Dinge, sind schwankend, dem kahlen Glauben folgt ein ehrwürdiges Alter. Die dieses rührt, mögen die Ernte tadeln, weil sie spät ist; sie mögen die Weinlese tadeln, weil sie am Jahresende ist, und die Olive, weil sie die letzte Frucht ist. Wenn die Römer sich an alten Gebräuchen ergötzen, warum sind sie zu andern übergegangen? Kann ein Christ bei einem Opfer gegenwärtig sein, wo ein Heide opfert? Und doch verlangt man, dass der Altar der Victoria in der Kurie aufgestellt werde, die auch Christen besuchen. Dich aber, o Kaiser, mache den Bericht der Heiden vorsichtig, um an dem festzuhalten, was von dir das Band der Verwandtschaft und dein Glaube verlangen." —

Die Gesandtschaft des Symmachus blieb, wie bereits erwähnt, erfolglos, und das Standbild der Victoria in der Senatskurie wurde nicht wieder aufgerichtet. Die Ehre des Sieges, den das Christenthum in Rom erfochten hatte, gebührt in erster Linie dem Ambrosius. In derselben Zeit trat der Bischof von Mailand zum ersten Male in Korrespondenz mit Theodosius dem Grossen. Der Eifer, mit dem man im Orient gegen das Heidenthum auftrat, setzte dort Schaaren von Mönche in Bewegung, Tempel zu zerstören. Es blieb aber nicht bloss bei den Tempeln, die zu Kultuszwecken dienten, es wurden auch Synagogen, obwohl diese einer secta nulla lege prohibita angehörten, und zu Edessa ein Tempel der Valentinianer zerstört. Der dortige Bischof forderte zu solchen Gewaltthaten auf, und Theodosius, in dessen Seele sich mehrmals das Gefühl der Gerechtigkeit gegen Andersgläubige regte, verordnete, dass die Synagoge durch den Bischof wiederhergestellt würde. Ambrosius wendete sich an den Kaiser in einem von Aquileja aus datirten Schreiben (ep. 40.), das, wie Villemain sich ausdrückt, „ein sonderbares Gemisch von Respekt und Heftigkeit ist, und dessen Sprache in einem Jahrhundert nicht mehr begriffen wird, wo die Achtung für die Ausübung eines jeden Kultus eine religiöse Wahrheit ist." Auch in einem Schreiben an seine Schwester (ep. 41.) behandelt er dieselbe Angelegenheit, doch weniger klar, als in dem Schreiben an Theodosius. Die Motive treten in letzterem klar heraus, sie sind rein ihrer Natur nach. Er erblickt in der Wiederherstellung der Synagoge einen Triumph der Juden über die Kirche Gottes, und billigte ihre Zerstörung als eine Art Wiedervergeltung gegen die Zerstörung der Kirchen durch die Juden zur Zeit Julians. Theodosius gab nicht ohne inneres Widerstreben nach; und erst als er nach Aquileja zurückkehrte und Ambrosius ihn von der Kanzel aufforderte, von der Bestrafung der Mönche und des Bischofs abzustehen. [1]

Eine Sendung schwieriger Art führte Ambrosius mehrmals nach Trier an den Hof des Maximus. Bekanntlich hatte sich Maximus nach Ermordung Gratians, des Bruders Valentinians, durch seine Soldaten zu Lyon gewaltsam in den Besitz des ganzen westlichen Reiches gesetzt, und bedrohte Italien, obwohl er sich Theodosius gegenüber verpflichtete, seine Herrschaft auf die Länder jenseits der Alpen zu beschränken. Valentinian wendete sich an Ambrosius, um den gewaltthätigen und rohen Maximus von seinem Zuge nach Italien abzuhalten. Die Mission des Ambrosius misslückte, aber die Denkschrift, welche er darüber an Valentinian im Jahr 387 schickte (ep. 24.) ist für Ambrosius selbst von hoher Bedeutung. Maximus verweigerte durch einen Eunuchen dem Ambrosius eine persönliche Unterredung, und vernahm ihn in seinem Consistorium. Er weigerte sich, Maximus den Kuss der Begrüssung zu geben, verlangte Frieden und in beredten Worten die Rückstellung des Leichnams des Gratian; — vergebens. Ambrosius, empört über die Entführung des alten Bischofs Hyginus, der alles Nothdürftigen entblösst wurde, ward vom Hofe verwiesen, theilweise auf Antrieb jener Bischöfe, die in der Verfolgung der Priscillianisten den Maximus zur Hinrichtung derselben getrieben haben. Ambrosius selbst enthielt sich, — um seine eigenen Worte zu gebrauchen — vom Umgange mit jenen Bischöfen, die Maximus umgaben und verlangten, dass einige vom Glauben Abgefallene getödtet werden. Er verglich diese in einem Briefe an Irenäus mit den Pharisäern, welche auf die Bestrafung der Ehebrecherin nach dem bürgerlichen Rechte bei Christus angetragen haben. Die milde Denkungsweise gegen Andersgläubige, die zu allen Zeiten ein Kennzeichen wahrer christlicher Bildung ist, theilte Ambrosius mit Bischof von Tours, Martinus. Die Hinrichtung Priscillians im Jahr 385, des Dichters Latronian, der edlen Matrone von Bordeaux Euchrocia, das gewaltthätige und ungerechte Verfahren der weltlichen Gewalt, wie die Grausamkeit des Bischofs Ithacius von Sossuba hat damals die ganze Welt empört, und machen es begreiflich, warum Ambrosius die Gemeinschaft mit den ruchlosen Rathgebern des Maximus abgebrochen hatte. [2]

Ambrosius kehrte unverrichteter Dinge nach Mailand zurück. Maximus überschritt die Alpen, zog in Mailand ein. Die kais. Familie floh zu Theodosius noch im J. 387, der vermählt mit Galla, der Schwester Valentinians II., den Krieg gegen Maximus unternahm. Maximus stellte im Senate die Bildsäule der Victoria her. Nachdem aber das von seinem Bruder Marcellinus geführte Heer an der Save geschlagen wurde, verliessen ihn Volk und Heer, er wurde vor Theodosius gebracht und von dessen Soldaten erschlagen. Ambrosius und Valentinian wurden so von diesem gefährlichen Feinde befreit. — Nach der Besiegung des Maximus und dem Tode Gratians war Theodosius der eigentliche Beherrscher der west- wie oströmischen Reiches. Die Flucht des Mailänder Hofes zu Theodosius war für den Arianismus verhängnissvoll. Seit dem Religionsedikte von Rimini hatten die Arianer eine volle Religionsfreiheit. Julian Valentinian I., Gratian und Valentinian II. übten allgemeine Duldung. Die arianische Mutter des Letzteren, Justina, hatte, wie bereits früher erwähnt wurde, einen Kreis von Arianern um sich versammelt, und übte Einfluss auf Valentinian.

---

[1] Der Vorgang ist ganz drastisch am Ende des 41. Briefes erzählt.

[2] Ritter, Kirchengeschichte. I. 210. Neander, Geschichte der christlichen Religion N. A. I. 414. Giesseler, Kirchengeschichte. I. 2. p. 99.

Als dieser aber mit Theodosius in Berührung kam, wurde er umgestimmt, und es folgte die Verfolgung der Arianer.[1] Im Jahr 390 lebte Theodosius mit Ausnahme Augusts und Septembers in Mailand. In dasselbe Jahr fällt das Blutbad zu Thessalonika,[2] ein nicht wegzutilgender Flecken im Leben des Theodosius, der aber für Ambrosius zu einem Ehrenmale Veranlassung werden sollte. Der Vorgang wird verschieden erzählt, sowohl seinem Ursprunge, als seinem Umfange nach. Für unseren Zweck ist es ziemlich gleichgültig, ob Rache wegen persönlicher Beleidigung oder ein anderes Motiv Theodosius zu dem Befehle, die Einwohner bei einem circensischen Spiele unvorbereitet niederzumetzeln, der Anlass gewesen ist, ob bei dem Blutbade siebentausend oder fünfzehntausend Menschen umgekommen sind, und ob der Offizier, der den Befehl zu vollziehen hatte, seine Ordre überschritten hat. Trotz des Schweigens des Zosimus, Orosius, und Pacatus ist die That unzweifelhaft, und ebenso gross ist es, dass sie eine praemeditirte gewesen. Wir wissen aus den Worten des Ambrosius in seinem Briefe an Theodosius,[3] dass er bestrebt war sie zu hindern oder zu mildern: „factum est, so heisst es dort, in urbe Thessalonicensium quod nulla memoria habet, quod revocare non potui, ne fieret: imo quod ante atrocissimum fore dixi, cum toties rogarem: et quod ipse sero revocando grave factum putans, hoc factum extenuare non potui.“ Das Schreiben des Ambrosius an den Kaiser, worin er ihn zur Busse und Sühne auffordert, ist voll Mässigung und zugleich voll Entschiedenheit. Gibbons Urtheil über diesen Brief, den er eine elende Rhapsodie über einen edlen Gegenstand nennt, ist ungerecht, und ohne Berücksichtigung der Umstände ausgesprochen, unter denen er geschrieben wurde. Ambrosius wusste wohl, was Theodosius für die Kirche gethan hat, er kannte den heftigen, leicht entzündlichen Charakter des Spaniers. „Der Priester würde schuldbeladen sterben, wenn er einem Irrenden nicht gesagt haben würde, dass er irre, und ihn nicht zur Reue ermahnen würde. Du hast, so spricht er weiter zum Kaiser, eine Heftigkeit in deiner Natur, die du leicht, wenn sie jemand mildern wollte, zum Mitleide verkehrst, wenn sie jemand reizt, zu solcher Höhe steigerst, dass du sie nicht mehr im Zaume halten kannst. Thue, was David der büssende König gethan, und erinnere dich der Worte des Hiob: peccatum meum non abscondi, sed coram plebe omni annuntivi. Ich sage dir das, nicht um dich zu verwirren, sondern um durch das Beispiel der Könige dich zu bewegen, die Sünde von deinem Reiche hinwegzunehmen, und deine Seele zu erheben, indem du dich vor Gott demüthigst. Ich schreibe dir mit meiner eigenen Hand, damit du es allein lesest. So mag Gott mich von allen Gewissensbissen befreien. Als ich in Besorgniss war, so schienst du in jener Nacht, in der ich abzureisen mich anschickte, in die Kirche gekommen zu sein; aber mir war es nicht gestattet, das Opfer zu verrichten. Gott gebe, dass Alles in Ruhe vor sich gehe. Vielfach ermahnt uns Gott durch himmlische Zeichen, durch die Vorschriften der Propheten; auch durch Visionen der Sünder will er sich erkennen geben. Hätten wir ihn, dass er die Beklemmung hebe, euch Regierenden Friede, der Kirche Ruhe und Treue erhalte, die christlichen und frommen Kaisern von Nutzen ist.“

Theodosius weigerte sich einige Zeit, öffentlich Busse zu thun, und stellte vor, David habe nicht bloss des Todes, sondern auch des Ehebruchs sich schuldig gemacht. „Du hast David im Verbrechen nachgeahmt, antwortete Ambrosius, ahme ihm auch in der Reue nach.“ Ambrosius aber weigerte ihm den Eintritt in die Kirche und die Theilnahme an den Sakramenten, bis er öffentlich seine That bereut hat. Theodosius that diess, wenn im Gott durch himmlische Zeichen in der nuota, intramurana, und nicht in der extramurana. Die vollgültigsten Zeugen dieser Busse sind Paulinus[4] und Ambrosius selbst in der Rede über den Tod des Kaisers „Dilexi virum, qui magis arguentem, quam adulantem probaret. Stravit omne, quo utebatur insigne regium deflevit in ecclesia publice peccatum suum, quod ei fraude obrepserat: gemitu et lacrimis oravit veniam. Quod

---

[1] S. Gieseler l. c.

[2] Ich folge in der Darstellung dieses Theiles Tafel, der die einschlägigen Nachrichten kritisch beleuchtet hat in der Schrift „de Thessalonica ejusque agro.“ Berolini 1839 p. XLVIII. et seqq.

[3] l. c. epist. LI. p. 1019.

[4] Vita S. A. c. 24. „Quod factum ubi cognovit sacerdos roplam imperatori ingrediendi ecclesiam denegavit: nec prius dignam judicavit coetu ecclesiae, vel sacramentorum communione, quam publice ageret poenitentiam.“ Sehe schön erzählt den Vorgang Uchben, der mit Recht zur Vorsicht in der Aufnahme von Theodorets Erzählung mahnet.

privati erubescunt, non erubuit imperator, publice agere poenitentiam: neque ullus postea dies fuit, quo non illum doleret errorem. Quid, quod praeclaram adeptus victoriam, tamen quia bustes in acie prostrati sunt, abstinuit a consortio sacramentorum, donec Domini erga se gratiam filiorum experiretur adventu.« Von dem Schliessen der Thüren im Angesichte des Kaisers spricht von älteren Autoren niemand als Theodoret, und dieser nur in figürlicher Weise. Nach der sehr kurzen Frist von acht Monaten wurde der Kaiser wieder in die Kirchengemeinschaft aufgenommen. In späteren Zeiten hat man den ganzen Vorgang romanhaft ausgeschmückt, ihn in die Ambrosiuskirche versetzt, und die barbarischen Bronzethüren, die aus dem neunten Jahrhundert stammen, für jene gehalten, welche Ambrosius dem Theodosius einst hat öffnen wollen.[1] Die schönste Frucht der Zeit, die dem Theodosius zum Eingehen in sich selbst und zur Reue gegeben war, war das Edikt, welches von nun an zwischen dem Urtheil und dessen Vollziehung einen Zwischenraum von 30 Tagen setzte.[2] Das Verfahren des Ambrosius und das Beispiel der Demuth des Theodosius war für die Gegenwart heilsam, für die Nachwelt Vorbild. Noch im Mittelalter kam man darauf zurück, und Gregor VII. vertheidigte sein Verfahren gegen Heinrich IV. mit dem Beispiele des Ambrosius dem Bischof Hermann von Metz gegenüber, der den Unterschied des Verfahrens des römischen Papstes und des Mailänder Bischofs schlagend und scharf hervorhob.

Valentinian II. starb, bevor er getauft wurde,[3] am 15. Mai 392 im neunzehnten Jahre seines Lebens. Ambrosius hielt die Leichenrede. Unter den Umständen, die seinen Tod herbeiführten und ein gewaltsames Ende wahrscheinlich machten, war es keine leichte Aufgabe, die Ambrosius zu erfüllen hatte. Die Leichenrede ist in einer dunklen Sprache abgefasst, voll Anspielungen aus der h. Schrift des alten Testamentes, voll Lob auf die Frömmigkeit des Kaisers. Deutlicher spricht Ambrosius in seinen Briefen.

Der fränkische comes Arbogast, ein kluger und entschlossener Mann, hat den Magister officiorum und Grammatiker Eugenius zum Imperator erhoben, einen Christen, dessen heimliche Anhänglichkeit an das Heidenthum bekannt war. Die heidnische Parthei trat in Rom bald wieder hervor; sie erhielt ihre Tempeln und Privilegien wieder. Vergebens that Ambrosius in einem freimüthigen Schreiben (dem 57. Briefe in der Sammlung der Ambrosianischen Briefe) an Eugenius Einsprache, dem gegenüber er von seiner Erhebung an eine zurückhaltende Stellung eingenommen hat. Die Herrschaft des Eugenius dauerte nicht lange. Theodosius brachte dem Menschelmörder seines Verwandten eine entscheidende Niederlage in der Nähe Aquileja's im Jahr 394 bei. Eugenius wurde von den Soldaten ermordet. Den wiederholten Bitten des Ambrosius[4] ist die Milde zuzuschreiben, mit der Theodosius gegen die gefangenen Christen verfuhr. Nach der Besiegung des Eugenius zog Theodosius in Rom ein, nahm den Heiden alles, was Eugenius bewilligt hatte, und forderte in einer an den Senat gehaltenen Rede denselben auf, vom Heidenthum abzustehen, und zur christlichen Religion überzutreten.

Nicht lange Zeit nach der Besiegung des Eugenius starb auch Theodosius der Grosse (17. Jan. 395). Seine Verdienste um die Kirche waren gross, und der Schmerz des Ambrosius an gerechter. Er gab ihm einen Ausdruck in der Rede, die er in der Fastenzeit »de obitu Theodosii« gehalten hat. Diessmal konnte Ambrosius freier sprechen, als er es nach dem Tode Valentinians II. thun konnte. »Ich habe den Mann geliebt, konnte Ambrosius offen gestehen, welcher den Tadler dem Schmeichler vorzog, der nachdem die Bande des Körpers schon gelöst waren, mehr Sorge für den Zustand der Kirche als für seine eigenen Gefahren trug. Ich fühle den Schmerz in meinem ganzen Körper, und dachte, ihm in der Rede umfangreicheren Ausdruck zu geben. Ich habe ihn geliebt, und bitte Gott, dass er die Stimme meines Gebetes gnädig aufnehme, mit der ich seine fromme Seele beklage.« Diese Worte, welche ihre Erläuterung in der ganzen Rede finden, beleuchten auch das Verhalten des Ambrosius nach dem Blutbade von Thessalonika und lassen es verständiger, leidenschaftsloser und ruhiger erscheinen, als es nach den Schilderungen älterer und neuerer Schriftsteller vermuthet werden kann. Ambrosius starb im Jahr 397 am zweiten April in früher Morgenstunde, etwas über 2 Jahre nach dem Tode des Theodosius. Er starb an einer längeren Krankheit. Als er am Ende einer

---

[1] Auch die Taufe des hl. Augustinus in der Ambrosianischen Basilika ist ohne historisches Fundament. s. Fumagalli l. c. p. 53.

[2] Rufinus 41. E. 2. 18. Cod. Theod. l. IX. 3. 35. l. 13.

[3] c. 51 der Leichenrede „de obitu Valentiniani consolatio."

[4] Paulinus l. c. 31. 32. Das Schreiben des A. an Theodosius ist das 62 der Sammlung.

Halle, die wahrscheinlicher Weise in der Nähe der Basilika major war, dem Tode schon nahe lag, kamen die Diakonen Castus, Polemius, Venerius und Felix zu ihm und frugen ihn, wer nach seinem Tode als Bischof zu bezeichnen sei. Er antwortete: Senex, sed bonus, hindeutend auf Simplicius. Simplician wurde Bischof; Diakon Felix übernahm die Leitung der Kirche von Bononia. Castus und Polemius blieben Diakone in Mailand. Sein Leichnam wurde in der Ecclesia major — nicht weit entfernt davon war die Wohnung des Ambrosius — aufgestellt, und dann in die Basilika Ambrosiana feierlich übertragen, wo er zur Erde bestattet wurde. Ueber den Ort, an dem es sich ziemt, den Bischof zu begraben, spricht er sich im 51. Briefe (an seine Schwester) aus: „Succedant victimae triumphales in locum, ubi Christus hostia est. Sed ille super altare, qui pro nobis passus est, illi sub altari, qui illius redemti sunt passione. Hunc ego locum praedestinaveram mihi: dignum est enim, ut ibi requiescat sacerdos, ubi offerre consuevit. Sed ordo sacris victimis dexteram portionem: locus iste martyribus debebatur." Er ruhte neben den Leichnamen der Heiligen Gervasius und Portasius, wie er seinen Bruder den h. Satyrus neben den Leichnam des h. Victor beisetzte, ein Gebrauch, der in altchristlichen Zeiten nicht ungewöhnlich war, und mit der Verehrung der Märtyrer zusammenhängt. Zu seiner Leichenfeier strömten Christen aller Stände und Geschlechter, Juden und Heiden hinzu — alle fühlten, dass ein heiliger und grosser Mann von der Welt geschieden sei.

Ihr Skizze des Lebens dieses Mannes würde unvollkommen sein, wenn wir, die wir die theologisch-dogmatische Seite seiner Wirksamkeit Theologen vom Fache überlassen müssen, uns nicht jener Seite seines Wirkens zuwenden würden, in der seine humanitäre Wirksamkeit hervortritt. Dem Sorg, den das Christenthum in jenen Tagen des Kampfens verfocht, verdankt es theilweise auch der liebenvollen Sorge für jene Klassen der Gesellschaft, für die das Heidenthum kein Herz und keine Mittel zur Linderung ihrer Leiden hatte. Arme und Nothleidende, Wittwen und Waisen, Verbrecher und Richter bedürfen eine reinere Moral und die Anerkennung derselben im Leben, um durch einen Strahl reineren Liebes Muth zum Leben, Hoffnung in Momenten der Verzweiflung, Milde in den Tagen der Herrschaft unbeugsamer Gesetze zu erhalten. Die heidnische Gesellschaft nach Unten zu wie nach Oben aufgelöst, entbehrte jenes unsichtbare Band, das alle Menschen auf Eine Bahn leitet, und durch Unterordnung unter einen höheren Willen verbindet. Gerade dadurch, dass das Christenthum mit Einem Schlage und durch alle Glieder seiner Gesellschaft sich dieses vom Heidenthume unkultivirten Bodens bemächtigt hat, versicherte es der Mitwirkung der wichtigsten Klassen der Gesellschaft, und begründete seine Herrschaft nicht auf einzelne Stände, nicht auf aristokratischer Basis, sondern auf der der Gesammtheit. Die Aufgabe des Christenthums nach dieser Seite hin hat Ambrosius vollkommen erkannt. Er verkaufte ohne Anstand kostbare Kirchengeräthe, um Gefangene zu befreien. Es ist schon früher der Schriften gedacht worden, die er über den Wittwenstand und Jungfräulichkeit schrieb und des lebhaften Verkehres, den er mit Frauen unterhielt. In seiner Schrift de officiis ministrorum spricht er vielfach von den Aufgaben der Priester, die sie Wittwen und Jungfrauen, Armen und Hülflosen gegenüber zu erfüllen haben. Er legt ihnen besonders die Güter der Wittwen ans Herz, verlangt Gastfreundlichkeit gegen Reisende und Schwache zu üben. Er nennt es eine publica species humanitatis, den Fremden in der Herberge zu empfangen, und ihn freigebig zu bewirthen, und hebt unter den Tugenden die fortitudo hervor, die darin besteht, Unrecht vom Schwächeren abzuwehren. [1] Er hielt desswegen das Asylrecht der Kirche mit aller Entschiedenheit aufrecht, er empfahl desswegen Richtern Milde. Ein merkwürdiges Beispiel liegt in dem Schreiben an den Richter Studius vor (ep. 25), der sich in einer Angelegenheit, wo es sich um Ausführung der Todesstrafe handelte, an den Mailänder Bischof wendete. „Du wirst eine Entschuldigung haben, wenn du es thust, und Lob, wenn du es unterlässt. — Du hast an dem Verfahren Christi mit der Ehebrecherin ein Vorbild, dem du folgen sollst. Es könnte sein, dass der Verbrecher auf Besserung hoffen könnte; wenn er ohne Taufe ist, dass er Nachlass seiner Sünden erhalt, wenn er getauft ist, dass er Reue empfindet, und seinen Körper Christus darbietet. Wie viele Wege zum Heile giebt es doch?!" — Ambrosius hatte strenge Anschauungen von Keuschheit, Schamhaftigkeit und Ehe. Die zerstörte Sitte der damaligen Zeit forderte ein schroffes Anziehen der Zügel, und Kirchenfürsten von seiner Festigkeit waren eine Wohlthat für ihre Zeit. Bei seiner Anschauung, die übrigens gegenüber gewissen Tendenzen seiner Zeit, die selbst dem Gebrauch der Bäder entgegentraten, eine gemässigte war, versteht es sich von selbst, dass er ein Beförderer des

---

[1] Siehe l. c. L. l. c. 29 l. II. 21, 27 u. a. f.

Mönchthums, und ein Vertheidiger des ehelosen Lebens der Geistlichen und Mönche gewesen ist. Er gehört mit Athanasius, Basilius d. Gr., Gregor von Nazianz, Chrysostomus, Hieronymus und Augustinus zu den Vertheidigern der ἀγγελικὴ δωγωγή und war, wie wir aus Augustin erfahren, Gründer „eines Klosters zu Mailand ausserhalb der Mauern der Stadt.“ [1] In der Angelegenheit des Jovinian war er daher auch auf Seite des Syriacus, und diess um so mehr, als seine eigene Diöcese von derselben lebhaft berührt wurde, und zwei Mailänder Mönche, Sarmatio und Barbatianus, wie Jovinian die Verdienstlichkeit des ehelosen Lebens bekämpften. Die beiden Mönche wurden aus Mailand vertrieben und Ambrosius war so mit mehreren Bischöfen, Eventius, Maximus u. s. f., in der Lage, den Wünschen des Syriacus zu entsprechen. [2]

Was Ambrosius durch Einführung und Hebung des Kirchengesanges für die christliche Gemeinde nicht bloss seiner Zeit gethan hat, ist schon einmal erwähnt worden. Schlosser führt in seinem Werke „die Kirche in ihren Liedern durch alle Jahrhunderte“ 41 Hymnen als Ambrosianische auf, von denen eilf mit grösserer Sicherheit auf ihn zurückgeführt werden u. z. die Hymnen: Aeterne rerum conditor, Consors paterni luminis, Aeterna Christi munera, Summae parens clementiae, Tu trinitatis unitas, Nunc Sancte nobis spiritus, Rector potens verax Deus, Rerum Deus tenax vigor, Rerum creator optime, Nox atra rerum contegit, Jam lucis orta sidere. [3] Die Wirkungen des verbesserten Kirchengesanges schildert Augustin (confess. IX. 7.), aber der künstlerische Charakter des Gesanges ist noch nicht festgestellt. In diesem Theile so wie in der Geschichte der Hymnologie ist noch vieles unsicher, und späteren Forschungen vorbehalten. Wie viel diese auch Ambrosius zuerkennen wird, immer wird sein Antheil ein sehr bedeutender und nachhaltiger bleiben. Es war die Zeit der Kämpfe mit den Arianern, wo sich dieser Gesang besonders wirksam herausstellte. „Damals wurde der Gesang der Hymnen und Psalmen nach orientalischer Sitte eingeführt, damit das Volk nicht in Trauer sich verzehre,“ sagt der h. Augustin. [4] Es war ein Wechselgesang. Ambrosius erwähnt mehrmals der Responsorien, die von Männern, Weibern, Jungfrauen und Kindern gesungen wurden. Die Sitte der Mailänder Kirche verbreitete sich rasch in den ganzen Occident.

Die Mailänder Kirche verdankt Ambrosius den sog. Ambrosianischen Ritus. Wie Ambrosius über diesen Punkt dachte, zeigt am besten die Stelle de sacram. lit. III. c. 1. „in omnibus cupio regni ecclesiam Romanam. Sed tamen et nos homines sensus habemus. Ideo quod alibi rectius servatur, et nos recte custodimus.“ Schon in frühen Zeiten, den Karl des Grossen und Hadrians, wurden Versuche gemacht, diesen Ritus aus Mailand zu verdrängen. [5] Dieser Versuch, so wie die späteren, Nikolaus II., Alexander III., Eugen IV., scheiterten an dem Widerstande der Mailänder Bischöfe. Alexander VI. bestätigte ihn endlich, doch gehört die Ambrosiana Missa in ihrer heutigen Gestalt nicht der Zeit des Ambrosius an, obwohl sie viele alte Elemente in sich hält. Eine Reihe von wichtigen und interessanten Daten aus dem Leben der Kirche erfahren wir aus den Schriften des hl. Ambrosius. Wie wir bei seiner Wahl das Volk einen lebhaften und unbestrittenen Antheil nehmen sehen, so war es auch bei der Wahl des Eusebius für Vercelli „Eusebium, quem nunquam ante cognoverunt, posthabitis civibus, simul ut viderunt et probaverunt.“ Die Diakonen standen dem Bischof am nächsten, die wichtigsten Missionen und Angelegenheiten legte er in ihre Kirche. Das Vorlesen und Erklären von Stellen des alten und neuen Testamentes geschah oft und bei verschiedenen Anlässen. In der Fastenzeit las man in Mailand Hiob und Jonas. Zur Taufe und dem vorbereitenden Unterrichte gab es mehrere Baptisterien; den Taufkandidaten (competentes) wurde das Symbolum

---

[1] Gieseler l. c. II. 2. 249. „Erat monasterium Mediolani plenum fratribus extra urbis moenia sub Ambrosio nutritore“. Aug. confess. VIII. 6. ...vis ... deteriorum Mediolani neo paucorum hominum, quibus usus presbyter praeerrat, vir optimus et doctissimus.“

[2] Das Schreiben des Syriacus, die Antwort des Ambrosius in den Briefen Nr. 42, und die Angelegenheiten der häretischen Mönche ist in Bezug an den Bischof von Vercelli (ep. 64) ausführlich erörtert. Neander behandelt die Lehren des Jovinian ausführlich. Kirchengeschichte. II. p. 563 et seqq.

[3] Die ächten Hymnen sind in der Ausg. d. Amb. Werke der Bened. Bd. XIX. Der sog. Ambrosianische Lobgesang wird zuerst in der angeln. Benedicti c. 11 erwähnt „post quartam autem Responsorium incipiat Hymnum: Te Deum laudamus.“

[4] l. IX. c. 7. confess. — laid in ehren. prop. 18 „Ambrosius episcopus ritum canendi antiphonas in ecclesia primus ad latinos transtulit a graecis, apud quos hic ritus jam fuolaverat ex instituto s. Antiocheni episcopi.“

[5] S. Muratori ner. ect. Ital. IV. p. 75.

mündlich mitgetheilt. [1] Das Fest der Epiphanie kommt ausdrücklich erwähnt vor; die Verschleierung der Braut bei der Eheschliessung war, wie die priesterliche Benediktion bereits eingeführt. Der Geist der Unabhängigkeit der Kirche von der weltlichen Gewalt, der im byzantinischen Reiche getrübt, bei Ambrosius zur vollen Geltung kam, zeigt sich auch in dem Orte, welcher dem Kaiser in der Kirche angewiesen wurde. Im Oriente war dieser innerhalb der Schranken, Ambrosius wies ihm ausserhalb der Schranken (πρὸ τῶν δρυφάκτων) die erste Stelle in der Gemeinde zu. [2] In der Sabbathfeier schloss er sich mit Hieronymus und Augustinus einer freieren Auffassung an. „Wenn ich zu Rom bin, sagte er, pflege ich zu fasten, in Mailand faste ich nicht."

Ambrosius ist eine in sich fertige nach allen Seiten hin abgeschlossene Gestalt. Der Grundton seines Geistes, seines Handelns und Schreibens geht aus der Festigkeit seines Willens hervor. Wenn eine Ueberzeugung in seinem Innern festen Fuss gefasst hatte, so war sie unerschütterlich. Gegen Tyrannen und Usurpatoren wie Maximus und Eugenius, gegen Fürstinnen wie Eugenia und Häretiker wie Auxentius und Jovinian, gegen Bischöfe, wie er die Rathgeber zum blutigen Verfolgen der Priscillianisten waren, entwickelte er dieselbe Consequenz, wie gegen die Schwächlinge Gratian und Valentinian, und gegen den gewaltigen Theodosius. Die Strenge und Gemessenheit seines Verfahrens paarte sich gleichwohl den Umständen mit seltenem Takte. Seine herben Worte gegen Maximus und Eugenius sind weder leidenschaftlich noch gewöhnlich, und sein Verfahren gegen Theodosius voll Milde und Sicherheit. Letzteres ist oft und vielfach missverstanden worden, besonders von jenen, die späteren Autoren mehr trauten, als den eigenen Worten des Ambrosius, der Darstellung seines Notars Paulinus. Das beste Zeugniss für die Richtigkeit seines Verfahrens ist die Achtung, die er bei Theodosius ohne Unterbrechung genoss. Bei der Besteigung des Bischofsstuhls schon vom hl. Hilarius begrüsst, war er während seines Lebens der geistige Mittelpunkt der katholischen Kirche in Italien. An geistiger Begabung, Gelehrsamkeit und Rednergabe war ihm mancher seiner Zeitgenossen, wie Gregor von Nazianz oder sein Schüler Augustinus überlegen, aber das, was einen Kirchenfürsten im eigentlichen Sinn des Wortes, einen Staatsmann in Priestergewand macht, war Ambrosius vorzugsweise eigen, darin hatte er keinen Nebenbuhler. In der Festigkeit seines Willens, der Heiligkeit seines Lebenswandels, der Liebe zu seiner Gemeinde sind auch die Gründe zu suchen, die ihm die Dankbarkeit seiner Zeit und die Anhänglichkeit Mailands sicherten. Bis auf den heutigen Tag ist er, wenn der Ausdruck erlaubt ist, der christliche Nationalheros von Mailand. Die Amalgamirung Mailands in seinen historisch-kirchlichen Traditionen, wie sie in dem mit Zähigkeit festgehaltenen Ambrosianischen Ritus hervortritt, ist vielleicht in den Worten: „seien wir lieber Ambrosianer als Petriner" bis zur äussersten Gränze gegangen, nichtsdestoweniger war es der Ambrosianismus in Mailand eben so sehr als es der Gallicanismus in Frankreich gewesen, der dem Fortschreiten antikatholischer Propaganda in den historisch-kirchlichen Traditionen und in der Verbindung der Landesgeschichte mit der kirchlichen Entwickelung eine feste Schranke gezogen hat.

Mit Recht verehren ihn die Mailänder als ihren hervorragendsten Landesheiligen. Mailand feiert den Heiligen am vierten April. Die älteste Abbildung des Heiligen ist in der heut zu Tage S. Satiro genannten Kapelle (Taf. I. D.). Dort ist auf einem alten Mosaikbilde der Heilige zu sehen, eine untersetzte männliche, ächt römische Gestalt mit Bart, einem kräftigen Kopfe, breiten Schultern, bekleidet mit einer Tunika und einer weiten Casula. Die linke Hand ist verdeckt, die rechte an die Brust gedrückt. Er ist ohne Nimbus, Mitra oder Pastorale dargestellt, seine Füsse sind mit einfachen Sandalen bedeckt. La huc erkennt in seiner Haltung die eines Redners, wie ihn Quintilian schildert, „brachium, sicut Graecorum, veste exstinehatur," und wie Solon „ἐπὶ τῆς γῆσς τὼν χεῖρε ἔχων" dargestellt wurde. Ein Brustbild aus dem 12. Jahrhundert in Hautrelief ist in der Kirche selbst. Es ist mit dem Nimbus, dem Namen und der Inschrift bezeichnet:

Effigies Sancti haec tracta est ab imagine viri
Ambrosii, pia, clara, humilis, venerandaque cunctis.
Ergo gemuflexo dicas: o Maxime Doctor,
Alme patrone, Deum pro nobis jugiter ora.

[1] ep. 20 ad. Marcellinam sororem.
[2] S. Neander l. c. l. 2, p. 568. A

Mittelalterl. Denkm. des österr. Kaiserstaates II.   4

Auf Siegeln und Münzen des Mittelalters ist er sitzend oder stehend abgebildet, mit den gewöhnlichen bischöflichen Insignien. Die Silbermünzen, die mit seinem Bildnisse geschlagen wurden, führen den Namen Ambrosani schon im Mittelalter, in der Schrift wie in der Volkssprache.

Seit der Schlacht bei Parabiago, die Azzo und Lodrisio Visconti gegen die Deutschen im Jahr 1329 geliefert haben, wurde eine andere Auffassung des h. Ambrosius populär.[1] Die Deutschen fochten damals unter Anrufung des h. Georg, die Mailänder als milites Ambrosiani[1] unter Anrufung des h. Ambrosius. Der Heilige soll ihnen in der Schlacht erschienen sein und mit der Geissel in der Hand sie zur Ausdauer im Kampfe aufgefordert haben. Die Mailänder siegten,[1] und bildeten seit der Zeit den Heiligen mit grimmiger Geberde und der Geissel (staffile, scucita, flagellum in der Hand in reiner, künstlerischer Form ab. Später hat man den Heiligen sogar auf das Ross gesetzt, die Armee wie ein Rasender mit der Geissel vor sich treibend, und die Soldaten vor seinen Füssen stürzend. Die Mailänder Kirche feiert diesen Sieg über die Deutschen am 21. Febr. In den ambrosianischen Missalen und Breviarien ist er Victoria oder Apparitio s. Ambrosii ad Vicum Parabiacum bezeichnet. Die Visconti und die Sforza (auch Franz I. von Frankreich) behielten auf Münzen diese Auffassung des Heiligen bei. Die Münzen mit dem hl. Ambrosius und der Geissel beginnen mit Barnabo und Galeazzo Visconti. — Diese Vorstellung, die, wie erwähnt, seit 1329 populär wurde, reicht in eine ältere Zeit hinein. Schon im 12. Jahrh. war die seutira des hl. Ambrosius bekannt, und als Austreiber der Juden und Arianer ist er auf einem Relief abgebildet worden, das sich einst auf der Porta romana befand.

B. Beschreibung der Kirche San Ambrogio zu Mailand.

a) Baugeschichte.

Die Kirche San Ambrogio zu Mailand nimmt in der Geschichte der Architektur der Lombardei eine hervorragende Stellung ein. Normand, der mit der Entwicklung der Architektur und dem heutigen Stand der Forschung vertraut ist, wird sie in die Zeit des heiligen Ambrosius selbst oder in die der Longobarden setzen.

In der Zeit des hl. Ambrosius war die Bauform der altchristlichen Basilika die übliche, und zwar in jener Weise, wie sie sich auf Grundlage des römischen Bau-styles entwickelt hat. Auch die Baptisterien, Portiken und ähnliche Gebäude, wie sie theilweise in den Schriften des Heiligen erwähnt werden, haben wir uns innerhalb der Gränzen dieses Bau-systemes stehend vorzustellen. Die Bauthätigkeit der Longobarden in der Lombardei bewegt sich ebenfalls unter dem vorwiegend römischen Einflusse. Was sie aus eigenem Antriebe und für ihre eigenen Bedürfnisse gebaut haben, wird mehr für Kultur- als Kunstgeschichte wichtig sein. Man hat sich in Italien lange Zeit eine falsche Vorstellung von der Bauthätigkeit dieses germanischen Stammes gemacht, und macht sie sich gegenwärtig noch, trotzdem, dass Q. Cordero[3] die herrschenden Vorurtheile mit grosser Einsicht bekämpft hat. Der Erfolg seiner Schrift ist aber mehr diesseits als jenseits der Alpen ein durchgreifender, weil jenseits der Alpen selbst unter Archäologen eine unklare Vorstellung von der Entwicklung der Architektur im Mittelalter im Allgemeinen vorherrscht, und man nur zu sehr bestrebt ist, die Entwicklung der Architektur aus der Baugeschichte kleiner engbegrenzter Länder zu erklären. Allerdings giebt es in der longobardischen Zeit noch manche Lücken auszufüllen, und selbst in Cordero's Schrift zu berichtigen oder zu ergänzen; aber so sehr auch einzelne Punkte eine tiefgehende Untersuchung verlangen, das steht fest, dass jene Gebäude, die von Alters her in der Lombardei als byzantinische oder longobardische Bauten angesehen wurden, in eine viel spätere Zeit zu setzen sind.

---

[1] Die milites s. Ambrosii oder milites Ambrosiani kommen im ganzen Mittelalter vor, und waren, wie Amos, der Sohn Herisemboldus um J. 1045; nach Gerhard Anselm Vassallen der Erzbischöfe; später und zwar mit 1160 wurde der Titel miles Ambr. ein Ehrentitel, der von Fürsten verliehen wurde.

[2] Azzo Visconti, (duplibratix in potentia Mediolanum) liegt unter einem schönen Grabmale zu S. Eustorgio in Mailand.

[3] Dell' Italiana architettura durante la dominazione longobarda. Brescia 1829. — Die Schrift des Defendente Sacchi über denselben Gegenstand ist eine fleissige und wohlgemeinte Compilation, aber ohne Kritik, ohne Kenntniss der einschlägigen Literatur des Auslandes.

Das Verdienst, in die Baugeschichte der Lombardei Licht und Zusammenhang gebracht zu haben, gebührt nächst Cordero in erster Linie Kugler und Schnaase. Sehr unterstützt wurden die deutschen Forscher durch das durch den Tod des Architekten Fr. Osten leider unterbrochene Werk: „Die Bauwerke in der Lombardei vom 7. bis 14. Jahrhundert." Diese Forscher haben es ausser allen Zweifel gestellt, dass die Kirchenbauten in der oberen Poebene und in den benachbarten Gebirg-ländern, die Bauten in Bergamo, Brescia, Chiaravalle, Mailand, Modena, Parma, Pavia, Trient, Vercelli u. s. f. Ein Ganzes bilden, Einer Gruppe des romanischen Baustyles angehören, die sich wesentlich von den toskanischen Bauten und denen der östlichen Poebene unterscheiden, wo der Einfluss Venedigs immer mächtiger hervortritt.

Aus der romanischen Periode sind in der Lombardei verhältnissmässig nur wenige Bauten übrig geblieben. Die grossen Dome lassen allerdings einen Blick in die hauptsächlichsten Richtungen der architektonischen Bewegung in diesem Lande thun. Um aber die Baugeschichte genauer verfolgen zu können, dazu fehlen uns noch Detailforschungen, sowohl historische als archäologische. Die Generation von Männern, wie Fumagalli, Caffi, Giulini, ist gegenwärtig ausgestorben, und das Interesse dafür erst in der letzten Zeit wieder durch die gesteigerte Thätigkeit Oesterreichs, Deutschlands und Frankreichs auf diesem Felde angeregt worden. Es liegt in der gesammten Lombardei ein reiches unbearbeitetes Material vor, das weder Cordero noch die deutschen und französischen Forscher haben benützen können. Keine von den genannten grösseren Kirchen steht vereinzelt in der Stadt, und wie sich in Pavia um San Michele die Kirche S. Teodoro u. s. gruppirt, so zeigen in Mailand die Kirchen S. Babila, S. Celso, S. Satiro u. s. f. Spuren jenes Bau-systemes, von dem S. Ambrogio ein sehr bedeutendes und wohlerhaltenes Glied ist. Die Denkmäler der frühromanischen Zeit sind in den genannten Kirchen Mailands mit einziger Ausnahme von S. Celso sehr geringe, da an wenigen Orten so systematisch gegen alte Bauwerke vorgegangen wurde, als in Mailand: aber nichts desto weniger sind sie deutlich erkennbar und in Uebereinstimmung mit den ununterbrochen frühromanischen Bauten der Lombardei. Sie haben grosses historisches Interesse, da sie eine Zeit charakterisiren, die bisher in der Geschichte der Kunst eine wenig beachtete Stelle einnimmt, die Zeit der Karolinger. Die zahlreichen Dokumente, die sich aus dieser Epoche erhalten haben, beweisen deutlich den lebhaften Zusammenhang Oberitaliens mit den Karolingern, den nachhaltigen Einfluss, den diese auf die Geschicke des Landes genommen haben, das Einverständniss der Kirchengewalt mit der des Staates, und die Achtung, mit der die Bischöfe und Aebte ihrem karolingischen Landesherrn gegenüberstunden, und endlich das Vorhandensein mächtiger germanischer Elemente im Lande selbst, neben den altrömischen und celtischen Elementen der Bevölkerung. In allen Urkunden aus jener Periode begegnen uns zahllose Namen germanischen Klanges, und diese in viel grösserer Menge als die römischen Ursprungs. Bei dem Vorkommen derselben darf man durchaus nicht an Fremde und Eingewanderte denken, die oft ausdrücklich in den Urkunden als solche bezeichnet werden, sondern an einheimische Geschlechter longobardischen, fränkischen oder sonst germanischen Ursprunges. Ich führe nur beispielsweise aus einigen in Puricelli gedruckten Urkunden Namen entschieden germanischen Sprachstammes in der chronologischen Folge der Urkunden an, die sich leicht vermehren liessen, wenn wir auf Urkunden von anderen Kirchen Mailands, von anderen Städten der Lombardei (Bergamo, Pavia u. s. f.) Rücksicht nehmen würden: als: vom J. 740, Ansemundus, Theopertus, Bonipertus; 784, Argauzus; 790, Olfredus, Rofredus, Lorchertus, Ottelinus, Oldebertus, Antuerius, Lampertus, Igulfus, Theofredus, Antbertus; 832, Angilbertus, Adoaldus, Ermengildus, Wolzinus, Gisulfus; 840, Rachibertus; 875, Guidulfus; 806, Adelbertus, Ermenaldus; 866, Egilmarus, Valbertus, Thado, Adelmanni, Oddo, Tenzo, Walo, Wilielmus, Gisilbertus, Witelmus, Andacher; Anselmus, Adelprandus, Lanfrancus, Romaldus, Garibaldus, Petribertus, Udelbertus, Gisebertus, Andreves u. s. f. Das zahlreiche Vorkommen von Namen ist von grossem Gewichte, wenn wir uns derjenigen erinnern, die zu Ambrosius Zeiten und in den Schriften des h. Ambrosius erhalten sind. Welcher Wechsel der Bevölkerung während dieser drei Jahrhunderte vor sich gegangen ist, geht aus dem Vergleiche derselben schlagend hervor. Und diese genannten Männer waren im 8. und 9. Jahrhunderte nicht als Fremde, sondern als Einheimische betrachtet worden, und meist mit schon bedeutenden kirchlichen Würden bekleidet. Erzbischöfe, Bischöfe, Presbyter, Diakone u. s. f. Es kann gar keinem Zweifel unterliegen, dass diese einheimisch-germanischen Elemente viele Erscheinungen auf dem Gebiete der Kunst erklären. In allen frühromanischen Bauten aus diesen Gegenden bis tief hinein in Mittelitalien, Parma, Modena, Lucca u. s. f. treten phantastische Elemente, fremdartige Formen auf, die nichts zu thun haben mit den byzantinisch-maurischen im Osten und Süden Italiens und mit den geklärteren ruhigeren Formen der späteren Zeiten des romanischen Styles. Die neuere Forschung, die im Communal- und gesellschaftlichen Leben so viel germanische Elemente nachgewiesen hat, hat ihre Ergänzung durch archäologisch-linguistische Studien erhalten, die sich die Lösung dieser Fragen zur Aufgabe setzen. Es kann dies geschehen, ohne moderne Nationalitätsbestrebungen in die Anschauung von Perioden hineinzusehen, die mit jenen nichts zu thun haben, und die nichts dazu beitragen, das Werden und Entstehen der italienischen Nation, die ersten Anfänge ihrer Kunst und Literatur zu erklären. Das Fremdartige, das in der ganzen Architektur des frühen Mittelalters Italiens liegt, und den Italienern selbst auffällt, ist nicht aus äusseren Gründen, Einflüssen des Byzantinismus zu erklären, sondern aus den Vorhandensein compakter Massen fremder fast durchweg germanischer Nationen, die sich mit den Ueberresten der Römer und Celten (erstere in sehr zahlreicher Weise) zu dem eigentlichen italienischen Volke verschmolzen haben. Dieser Assimilationsprocess ist erst in späterer Zeit, der nachkarolingischen, vor sich gegangen, und auf dem Gebiete der Kunst keinesfalls früher, als auf dem der Sprache und Literatur. Die italienischen Forscher thun sehr recht, wenn sie diese älteren Kunstwerke meist einheimischen im Lande selbst wohnenden Künstlern zuschreiben, und wenn sie sich dagegen wehren, dass einzelne Künstler die Kunst erst importirt haben; aber eben so recht sie in diesem Falle handeln, ebenso unrecht thun sie, diese Künstler so rundweg Italiener zu nennen, d. h. in dem nationalen Sinn, wie er mit dem 12., 13. Jahrhunderte angewendet werden muss. Es ist nicht unsere Aufgabe, das Eintreten der eigentlichen italienischen Geistes in der bildenden Kunst, Architektur, Skulptur und Malerei, und diesen ebenso bedeutungsvollen als interessanten Bildungsprocess im Detail zu untersuchen; so viel ist gewiss, dass die Kirche S. Ambrogio vor der Zeit liegt, in der die italienische Nationalität mit Bewusstsein in die Kunst eingetreten ist.

Die älteste Geschichte der Kirche, bevor sie die Formen des romanischen Baustyls erhielt, liegt sehr im Dunkeln. Die einzigen Thatsachen, die wir von ihr wissen, ist die schon erwähnte Uebertragung der Leichname der hlh. Gervasius und Portasius durch Ambrosius und die Leichenfeier des Ambrosius selbst. Seit der Zeit bis zur Einführung der Mönche im achten Jahrhundert, also beinahe durch vier Jahrhunderte sind wir, wie der ehrliche Fumagalli sagt, ohne alle Nachrichten über sie selbst. Im achten Jahrhundert kommen zwei Diakone als Kustoden der Basilika vor, und zwar im J. 749 ein Annemundus, Diaconus custos, und i. J. 776 ein Diaconus Fortis. Letzterer heisst in den Urkunden vor den J. 776 und 781 Diaconus custos basilicæ sancti Ambrosii, in den Urkunden von den J. 787 und 789 Diaconus sanctæ mediolanensis ecclesiæ. Im J. 784 führte Erzbischof Petrus Mönche unter dem Abte Benedikt in S. Ambrogio ein. Im J. 789 erweiterte und befestigte derselbe Erzbischof diese erste Klosteranlage in einer Urkunde, die uns noch erhalten ist. [1] Sie beginnt mit folgenden Worten: Petrus per Dei gratiam sanctæ Mediolanensis ecclesiæ archiepiscopus Monasterio quod Deo jubente instituimus juxta ecclesiam sancti Christi confessoris Ambrosii in ejus honore et sanctorum martyrum Protaxii et Gervaxii ubi eorum sacra corpora venerabiliter requiescunt conditum seu Benedicto abbati successoribusque ejus cunctoque cœtui ipsius in perpetuum. Darauf folgen die eigentlichen Bestimmungen der Gründung: Concedimus tibi (Benedicto) tuisque successoribus, qui pro tempore fuerint nunc et deinceps omnibus sub ea regulariter viventibus locum habitationis ampliorem et honestiorem scilicet ad habitandum et regulariter vivendum. Et ipsam ecclesiam quæ usque nunc cella vocabatur quatenus cum oratione solummodo secret ... continentissimam habeant. Eandem vero quam superius diximus in honore supradictorum sanctorum martyrum Protaxii et Gervaxii atque confessoris Chrysti Ambrosii constructam sub sua cura et providentia tam ipse Benedictus abbas, quam quicumque successores ejus abbates qui ibidem ordinandi sunt perpetuo. Die in dieser Urkunde erwähnte Cella war ein kleineres Gebäude, neben der Ambrosianischen Basilika, wahrscheinlich jenes Kirchlein, das auch S. Vittore ad cœlum aureum (h. S. Satyro) genannt wird. Diese Urkunde wurde feierlich mit Uebereinstimmung aller geistlichen und weltlichen Gewalten ausgestellt; eo modo consensuum præbentibus sacerdotibus ac levitis cunctisque ordinis nostri ut diximus gradus spiritualibus filiis confirmantibus quoque Dominis nostris regibus Carolo et Pipino in eternum verturis una et populo pleno favente animo. Von der Zeit an, als die Mönche, — es waren diess Benediktiner — die Kirche übernahmen, wurden ihr Ehren von vielen Seiten zu Theil. Otto I. liess sich 961 in derselben krönen (seinem Beispiele

[1] Puricelli l. c. n. 17. Fumagalli l. c. IV. p. 51 sq qq.

folgten viele), Erzbischof Angilbert (seit 822 erwählt) baute den goldenen Altar. Anspert (Erzbischof seit 881) baute das Atrium und errichtete die bronzenen Thüren; der Abt Gaudentius zu derselben Zeit das Mosaikgemälde, derselbe Gaudentius wurde vom Kloster S. Vincentius zur Leitung des Klosters des h. Ambrosius berufen, wie sein Nachfolger Rachibert aus dem Metropolitankloster. Erzbischof Arnolf II. (seit 998 in dieser Würde) richtete die Bronzeschlange auf.

Karl der Grosse bestätigte 794 das Diplom seiner Vorgänger. Von Lothar sind drei Urkunden vom J. 835 erhalten, welche neue Schenkungen dem Kloster bestätigten. Ebenso gehörten Ludwig II. und Karl der Dicke zu den Begünstigern dieses Klosters. Es war so recht eigentlich eine karolingische Stiftung geworden. Auch die Erzbischöfe, die wir in jener Zeit Hand in Hand mit der Staatsgewalt gehen sehen, folgten dem Beispiele des Fundators Peter und der Fürsten aus dem karolingischen Geschlechte. In späterer Zeit treten auch Päbste als Begünstiger des Klosters ein, Pabst Paschalis II. stattete im J. 1103 das Kloster mit vielen Privilegien aus, er gestattete ihnen den „usus sandalium, nec non chirothecarum, et licentiam ferendi tintinabulum expelli." — Auf den Bau der Kirche hat aber neben der Klostergeistlichkeit auch ein anderes Institut, das der Canonici Einfluss genommen. Ihre Entstehung reicht in das achte und neunte Jahrhundert zurück. Vor der Einführung der Benediktiner hat es wie bereits erwähnt Diakone gegeben, die als Kustoden der Kirche fungirten. Im neunten Jahrhundert wurden von dem Abte Petrus sacerdotes decumani berufen, „pro sua utilitate ad celebrandum missarum solemnia in eandem ecclesiam." Sie wurden vom Erzbischof Tado in die Kirche der Weltpriester gestellt, unter der Bedingung „quatenus abbas successoresque ejus perpetualiter ipsorum obsequium possideant." Diese Priester lebten neben dem Kloster in einem besonderen Verbande unter einem besonderen Vorstande. Aus ihnen bildete sich das Kanonikat heraus, das neben dem Kloster stehend, mit demselben sehr bald in heftige Streitigkeiten kam, die mit aller Hitze geführt, auch in die gelehrte Welt übergegangen sind, die lange Zeit die Publikation der Monumenta Ambrosiana verhindert haben, in denen Puricelli eine Reihe von Urkunden publicirte, und Fälschungen aufdeckte, die zur Vermehrung der Rechte der Canonici begangen wurden. Fumagalli hat sich später der armen Mönche mit voller Energie wieder angenommen. Die 31. Dissertation dieses gelehrten Klostergeistlichen ist ausschliesslich der Widerlegung Sormanis, des Vertreters der Rechte der Canonici gewidmet. Für unseren Zweck hat die Erörterung dieser Streitigkeiten einen sehr untergeordneten Werth. Die Mönche und die Canonici bestanden gesondert, letztere geschützt durch grosse Privilegien; beide hatten verschiedene Gebäude, besondere Thürme, besondere kirchliche Vorrechte. Das heut zu Tage existirende Canonicat ist ein Werk des Kardinals Ascanio Maria Sforza, des Bruders Ludwig des Mohren, welches nach einer Zeichnung Bramantes errichtet worden sein soll. Von demselben Kardinal wurde auch das Kloster reorganisirt; an die Stelle der wenigen Benediktiner, die noch in jener Zeit vorhanden waren, wurden Cistercienser von dem Kloster Chiaravalle bei Mailand eingeführt und ein neuer prachtvoller Klosterbau vorgenommen; den Grundstein legte Ludwig der Mohr 1498. Auch ein Theil dieses Gebäudes wird Bramante zugeschrieben. Unter französischer Herrschaft aufgehoben, dient es heut zu Tage militärischen Zwecken. Doch kehren wir zur Kirche selbst zurück.

Ein wichtiges Dokument hat sich aus dem Anfange des dreizehnten Jahrhunderts erhalten, aus den Zeiten der Erzbischöfe Obertus und Philipp. Der eigentliche Gegenstand dieser Dokumente sind Zeugenaussagen, die bei Gelegenheit eines Processes über den Besitzstand des Klosters und der Kirche unter dem Erzbischofe Philipp aufgenommen wurden.

Guido, ein Mönch von S. Ambrogio, erzählt, oft von den Mönchen dieses Klosters gehört zu haben, dass ein Dominus Aribertus de Paxiliano die Stühle (sie werden sedilia, auch stadia genannt) gemacht hat, die sich im Chor der Kirche befanden. Diese Stühle wurden später ausgebessert, und ein Theil derselben in der Kirche des h. Satyrus, ein anderer in die Nähe des Altares gebracht, als die Kirche des h. Ambrosius theilweise baufällig wurde (quando ecclesia beati Ambrosii cecidit in parte.) Nach Vollendung der Arbeit (der Restauration der Kirche) wurden die Chorstühle wieder in die Kirche zurückgebracht, um auf ihren alten Platz gestellt werden zu können. Aus der Aussage eines anderen Zeugen geht hervor, dass dieser Dominus Aribertus beiläufig um die Mitte des 12. Jahrhunderts (1140—60) gelebt hat und Mönch im Kloster des h. Ambrosius [1] gewesen ist. Auch dieser bestätigt den „ruinam et laborem ecclesiae." Ein dritter

---

[1] Dieser Mönch aus Paxiliano wird schon um 1141 bei Gelegenheit des Baues einer kleineren Kirche (la turbida) vor der porta Vercellina erwähnt.

Zeuge fügt hinzu, dass der Erzbischof den Vorstand des Klosters ersetzt und daher auch, wenn dieser die Kirche nicht wiederherstellen kann, für die Wiederherstellung zu sorgen hat. Deswegen habe Erzbischof Obert die Kirche restaurirt. Erzbischof Philipp die Restauration vollendet: „et vidi — sagt er — quod archiepiscopus Obertus ipsam ecclesiam fecit aptare, et quod dominus Philippus fecit opus inceptum perfici." dann weiter gefragt, ob viele Steine (natürlich kunstvoll gearbeitete) der Kirche des h. Ambrosius in die Kirche des h. Satyrus in der Zeit des Wiederaufbaues der Kirche gebracht wurden, antwortete derselbe Zeuge: „Ja, auf den Befehl des Erzbischofs." — Aus diesen Zeugenaussagen geht deutlich hervor, dass in jener Zeit die Kirche in hohem Grad baufällig war. Der Umbau scheint sich nicht bloss auf den Chor und den Thurm (tiburius, den einer dieser Zeugen erwähnt), sondern auf die ganze innere Kirche erstreckt und längere Zeit gedauert zu haben. Es scheint daher die Annahme jener Schriftsteller, die einen grossen Theil der inneren Kirche in diese Zeit setzen, eine wohlbegründete zu sein. Das 12. und 13. Jahrhundert, wo die Mönche und Canonici in besseren Häuservorkommen standen, gab der Kirche ihre gegenwärtige Form. Später wurden Zubauten aller Art gemacht; die Seitenmauern der Kirche durchbrochen und in Kapellen verwandelt. Die Geschichte erklärt deutlich die Ursache des Verfalls, der Um- und Einbauten. Im Anfange des 15. Jahrhunderts [1] gab es nur mehr wenige Mönche, und diese untereinander uneinig kümmerten sich wenig um die Kirche. Das Kloster wurde um dieselbe Zeit in eine Kommenthurei verwandelt, Kardinal Mehorato, der nachmalige Papst Innocenz VII., nahm die erste Investitur vor. Die Zeit der Kommendatare dauerte bis 1497, wo der Kardinal Ascanio Maria Sforza, Bruder des Herzog Ludwig des Mohren, wieder Mönche berief, und zwar Cistercienser aus dem Kloster Chiaravalle. Das Kloster wurde ganz umgebaut, angeblich nach einer Zeichnung Bramantes; im J. 1497 (1498 nach einer anderen Angabe) legte Ludovico Moro selbst den Grundstein. Derselbe Kardinal Ascanio Sforza baute auch das Kanonikat, wie einige neben der Zeichnung Bramantes, wie Vasari angiebt nach der Bramantino. Doch blieb es unvollendet bis auf unsere Tage. Mit der Einführung der Cistercienser begannen wieder die alten Streitigkeiten zwischen Kloster und Kanonikat. Urban VIII. legte sie bei mit der Bulle Gregis Dominici cura. Von der Zeit an lebten beide Körperschaften in Frieden, bis am 19. Mai 1796 ein Dekret des Exekutiv-Direktoriums der Cisalpinischen Republik dem Kanonikat, wie ähnlichen Instituten an der Metropolitankirche von S. Nazaro u. s. f. und am 20. März 1799 dem Kloster ein Ende machte. Unter Kaiser Franz II. (1799) wurde das Kanonikat wieder hergestellt, später (1816) mit Vorrechten geehrt, unter dem regierenden Kaiser eine vollständige Restauration der Kirche angeordnet, und ausreichende Mittel aus dem Staatsschatze zu diesem Zwecke angewiesen. Der Kirche wird, wenn diese Restauration in kundige Künstlerhände gelegt ist, ihre ursprüngliche Schönheit zurückgegeben, und mit der Restauration selbst ein grosses Exempel in einem Lande statuirt werden, das bisher eben so unglücklich in Restaurationen als gleichgültig gegen die mittelalterlichen Kunsttraditionen in der Architektur gewesen ist.

Die Kirche San Ambrogio hat aber nicht bloss ein architektonisches, künstlerisches Interesse, sondern auch ein grosses historisches. In der Kirchengeschichte nimmt die in der Kirche abgehaltene Synode eine hervorragende Stellung ein, welche durch die reformatorischen Bewegungen des Geistlichen Ariald (aus dem zwischen Mailand und Como gelegenen Cuzago stammend) im J. 1056 in Mailand hervorgerufen wurde, und mit der Demüthigung des ambrosianischen Clerus in der Mailänder Geistlichkeit Rom gegenüber endete. [1] Die Bedeutung dieser Kirche für die Geschichte der Lombardei überlassen wir den Geschichtschreibern des Landes. Aber wir müssen uns erinnern, dass das Kloster S. Ambrogio wie viele andere Klöster das ganze Mittelalter hindurch auf Seite der kaiserlichen Parthei gestanden, während Bischöfe und Domherrnkapitel sich der päbstlichen Parthei zuwendeten. Zu San Ambrogio wurden viele Erzbischöfe begraben; in der wurde 824 Berengar beigesetzt. Ludwig der Deutsche († 875), Bertha († 942) die Gemahlin König Hugo's und Lothar der Sohn Hugo's († 950). Kaiser Heinrich II. besuchte Mailand im J. 1004, wie Thietmar erzählt „dem hochheiligen Bischof Ambrosius zu Liebe." Kaiser Friedrich Barbarossa, der mit den Mönchen von S. Ambrogio auf gutem Fusse stand, nahm im J. 1162 am Palmsonntage den Olivenzweig in der Kirche

---

[1] Siehe Ferraris a. a. O. S. 78.
[2] Ueber diese Angelegenheit s. Puricelli, Monumenta Ambrosiana und Neander, Allg. Gesch. d. christl. Religion. Gotha 1845. II. 1. S. 213 et seqq.

S. Ambrogio, und in dem Kloster der Kirche kehrte derselbe grosse Kaiser ein, als er im Jahr 1186 die Vermählung seines Sohnes Heinrich mit Konstanze, der Tochter König Rogers zu Pavia feierte, mit der Vermählten dann nach Mailand zog. Bei beiden feierlichen Gelegenheiten wurden Kloster und Kirche prachtvoll geschmückt, insbesondere am 27. Jänner 1186. Eine Reihe von Krönungen wurde dort vorgenommen: Otto I., Konrad I., Heinrich IV. u. s. f. erhielten dort die longobardische Krone.

Kirche und Kloster lagen vor der Stadtmauer, die nach den Zeiten Friedrich Barbarossa's erbaut wurde; gegenwärtig ist sie innerhalb derselben, doch noch immer an der äussersten Seite (Westseite) der Stadt.

Die Kirche selbst, ihrem gegenwärtigen Hauptcharakter nach ein romanischer Pfeilerbau, so ziemlich genau orientirt (eigentlich nach Südwest mit dem Eingange gelegen), zerfällt, wie ein Blick auf Tafel I. zeigt, in zwei wesentliche Bautheile, das Atrium (A) und die dreischiffige Kirche (B) mit dem Chore (C); unterhalb desselben ist die Krypta gelegen. Um die Deutlichkeit der ursprünglichen Anlage hervortreten zu lassen, wurden alle Seitenkapellen weggelassen, die später in die Seitenmauern eingebrochen wurden, ingleichen die Kampanilen, die mit der Kirche in keinem organischen Zusammenhange stehen und an dieselben nur angelehnt sind, so wie eine Reihe späterer Anbauten; nur einige Nebenkapellen wurden aufgenommen und zwar wegen der Kapelle des h. Satyrus (D), die schon früher erwähnt wurde, und ursprünglich basilica Faustina auch S. Vittore in ciel d'oro genannt, in einigen ihrer Theile über die Zeit der heutigen Ambrosiuskirche hinausragt.

b) Das Atrium (Taf. II.)

Eine der seltensten Erscheinungen im christlichen Kirchenbau ist ein Atrium im romanischen Style, wie es die Kirche S. Ambrogio besitzt. Die meisten Atrien, welche sich erhalten haben, gehören der antikchristlichen Basilika an, so die S. Clemente, S. Prassede in Rom, vor dem Dome zu Parenzo in Istrien u. s. f. Der erste Bau des Atriums von S. Ambrogio fällt in die Zeit der Karolinger, und ist ein Werk des Erzbischofs Anspert, eines Mannes, der eng befreundet mit dem fränkischen Hofe (als Archidiakon bekleidete er unter Ludwig II. die Stelle eines vicedominus und missus regius) als Beschützer der Armen, und Gründer von Kirchen und Klöstern sich einen guten Namen gesichert, und mit grosser Festigkeit die Rechte der Mailänder Kirche gewahrt hat, ohne es zu einem Bruche mit Rom kommen zu lassen. Er leitete die Mailänder Kirche von 868 bis zu seinem Tode im J. 881, und wurde zu S. Ambrogio bestattet, wie sein Gönner Kaiser Ludwig II. († 12. Aug. 875). Des Erzbischofs Grabschrift rühmt, er habe die Mauern der Stadt hergestellt, er habe viele Kirchen restaurirt „atria vicina struxit et ante fores, tum sancto Satyro templum domum que donavit, dans sua sacrato praedia cuncta loco, ut monachos pascant aeternis octo diebus. Ambro-

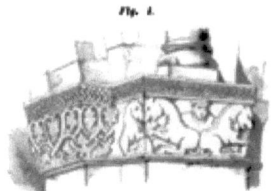

Fig. 1.

Fig. 2.

sius pro se qui Satyrumque regot." Das Atrium (Taf. I. A.) ist ein regelmässiges Parallelogramm, umgeben von einer Pfeilerhalle. Die Pfeiler sind aus Stein gearbeitet, die Gewölbe aus Ziegel. Die Anlage der viereckigen Pfeiler ist mit Rücksicht auf den Gewölbebau vorgenommen. Nach den Seiten, wo sich die Gewölbe befinden, sind Halbsäulen vorgelegt, nach dem inneren Raume des Atriums ein viereckiger Pfeiler.

Der Pfeiler scheinen schon im früheren Mittelalter restaurirt worden zu sein; der ganze Ziegelbau scheint derselben Zeit anzugehören. Von jedem Pfeiler in der Hofseite steigt eine kleinere Halbsäule zum steinernen Dachgesimse auf (*Fig. 1. 2.*), das mit einem einfachen Rundbogenfriese (*Fig. 3*) gekrönt ist. Diese Gliederung des Ziegelbaues giebt der Innenansicht ein harmonisches Gepräge. Die Gewölbe werden von breiten Quergurten getragen (*Fig. 4*); sie sind aus Ziegeln gemauert. Diagonalrippen fehlen. Gegenwärtig verputzt, scheinen sie, wie wir aus einigen ziemlich gut erhaltenen Gewölbefeldern in der Nähe der Kirche schliessen,

Fig. 3.   Fig. 4.

bemalt gewesen zu sein. Ein ganz eigenthümliches höchst malerisch wirkendes Glied ist die Loggia mit dem Dachgiebel vor dem Eingange zur Kirche. Sie ist über der Halle des Atriums aufgebaut. Die Verbindung des Loggiabaues mit dem Portale ist eine systematische; sie steht mit der ganzen Anlage des Atriums in innerem Zusammenhange. Gegenwärtig ist dieser Theil durch Restaurationen und Zuthaten aller Art auf eine unheilvolle Weise verunstaltet, so dass seine künstlerische Wirkung keine so bedeutende und originelle ist, als es seiner Grundidee nach sein könnte. Dieser Theil wird bei einer künstlerisch gelungenen Restauration des Gebäudes sicher eine der interessantesten Parthien der ganzen Kirche sein. Die Loggia ist ursprünglich aus einer nach der Atriumseite offenen, nach der Kirche hin theilweise geschlossenen Halle gebildet, die mit fünf hohen nach der Giebelfläche des Daches laufenden Arkaden gegen das Atrium zu sich wendet. Diese Arkaden heben in der Linie des Atriumgesimses an, zwischen den Pfeilern sind dünne Halbsäulen, die zu dem Giebeldache aufsteigen, das in ähnlicher Weise wie das Innere des Atriums mit einem Steingesimse und einem Rundbogenfriese aus Ziegeln verziert ist. In der Verlängerung der Frontpfeiler des Atriums begenden Pfeiler der Halle sind verstärkt, vor der Stirnseite steigen statt der Halbsäulen breite Steinpfeiler zum unteren Gesimse auf. Der innere Gewölbebau der Loggia beruht auf demselben Systeme, wie der des Atriums. In späteren Zeiten waren Loggien der Art nicht mehr üblich, in früheren Zeiten und sie sowohl bei Kirchen- als weltlichen Bauten vorgekommen. Sie waren bei Feierlichkeiten sicher mit Vorhängen geschlossen, wie wir es noch an dem Mosaik in S. Apollinare zu Ravenna beim Palaste des Theodorich sehen. Aus ihnen sind die Loggien über den Portalen romanischer Kirchen hervorgegangen, wie wir sie an den Domen von Verona, Cremona u. a. f. erblicken. Der ornamentale Theil des Atriums ist durch seine bizarren Ornamente ausgezeichnet. Sie gehören verschiedenen Epochen an, und es scheinen mehrere aus der frühesten karolingischen Zeit zu stammen. Wir theilen hier (*Fig. 5, 6, 7, 8, 9, 10*) Proben dieser karolingischen Ornamentik mit. Der Stein ist verschieden und theilweise stark verwittert. Die Form des Kreuzes (*Fig. 7*) kommt auch in der longobardischen Zeit vor, und ist später auch in den Kirchen angeordnet worden. Die Kirchenfaçade (Taf. II.) zeigt oberhalb der Loggia ein solches gleichschenkliches Kreuz. — *Fig. 11* giebt das Profil einer Halbsäule. Seine ausgebildete Formenschönheit weist auf die nachkarolingische Zeit. — Die Wandflächen scheinen zu verschiedenen Zeiten im 13. und 14. Jahrhundert mit Fresken überdeckt worden zu sein. Es haben sich nur geringe aber ganz interessante Ueberreste davon erhalten.

Die letzte Restauration, die im Atrium vorgenommen wurde, stammt aus den Zeiten des h. Carl Borromaeus; sie wurde um das Jahr 1631 durch den Architekten Fr. Ricchini vorgenommen und so viel es gieng, der Charakter der alten Architektur gewahrt. Gegenwärtig dient die Halle als eine Art von Museum von Inschriften, die theils seit alten Zeiten dort aufgestellt, theils bei der Herstellung des Bodens im J. 1813 gefunden wurden. Diese Inschriften sind von Labus und Ferrario gesammelt und beschrieben, wir heben nur jene heraus, die ihrer Zeitbestimmung wegen von besonderem Interesse sind. Die altchristlichen Inschriften, die einem Friedhofe angehört haben mögen, sind in der Regel mit B(onae) M(emoriae) bezeichnet.

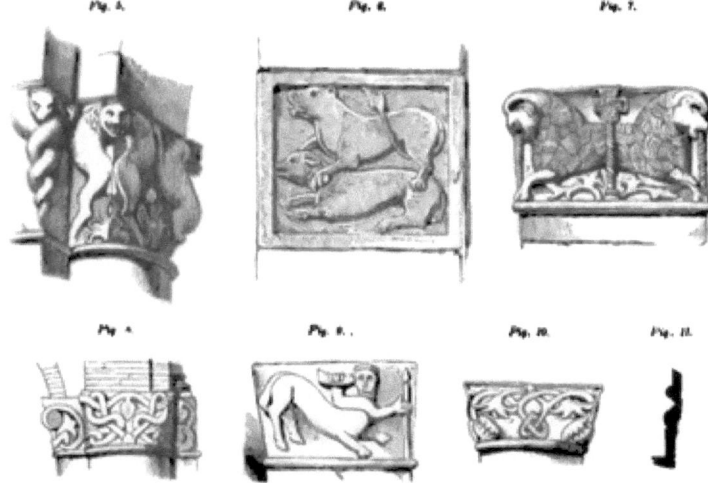

Fig. 5.   Fig. 6.   Fig. 7.

Fig. 8.   Fig. 9.   Fig. 10.   Fig. 11.

mit und ohne Christusmonogramm, das in verschiedener Weise vorkommt. Zum Schlusse sind öfter Tauben oder Gefässe angebracht.

1) B. XP. M.
  DEPOSITA MARTIA
  DIE. XV. KALendas OCTOBRES. CONsulibus
  VALENTINIANO. AVGusto. III. ET (387 n. Ch. G.)
  EVTROPIO. QVaE. VIXIT. ANnos. LX.
  DEPOSITA. EST. MATRONA
  RESTVTA. Decessit. III. KALendas. IVLIAS
  die ioVIS. CONSule Domino. Nostro. MAgno (?)

2) B. XP. M.
  HIC. IACET. FELICIANVS. N. eo
  phyTVS. QVI. VIXIT. ANNOS. II. Menses.
  VI. DIES XXII. PATER. FELICIA
  NVS. ET. MATER. EIVS. GERON
  TIA. CONTRA. VOTUM. POSVE
  RVNT. DEPOSITVS. KALendis. SEPtembribus
  CONSVLATV. Dominorum. Nostrorum. ARCA
  DIO. ET. HONORIO. AVGVSTIS. V. (402 n. Ch.)
  HIC. POSITA. GERONTIA. QVaE. VIXIT
  ANnos. XXXV. DePosita VIII. KAL. JANVARIAS.

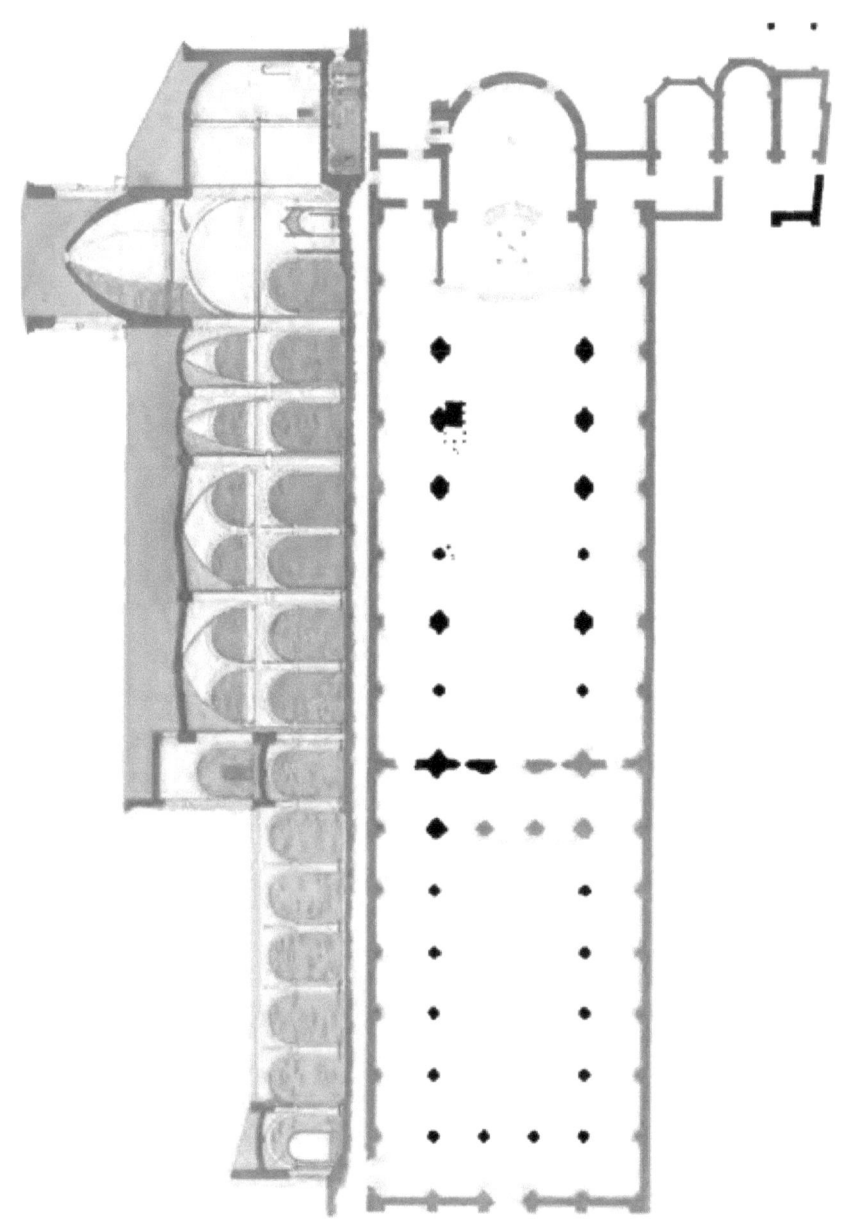

3) B. M.

.ONSITA. QVI. VIXIT. IN. SEculo. ANnos. XL. PLu-
MINus QVI. VIXit. CVM. VIRGINIVM. SVVM. ANnos
XVLIII. ET. MENses. III. DIES. X. SATVRVS. EXOR-
CISTA. MARITVS. SE. VIVVM. CONTra. VOTum. POSuit
DEPosita. DIE. XVII. KALendas. IAA.

      B. XP. M.

MAVRA. SIVE. CAIANE. FILIA. EORVM. QVI. VIX.
IN. SECulo. ANnos. XXVI. Menses. VII. DIES. XVI. Et. VIXIT.
CVM. VIRGINEO. SVO. ANnos. VI. Menses. XIII. Dies. XV.
PECORIVS. VIRGINIVS. EIVS. SE. VIVVM. CONTra
          VOTum. POsuit.

Diese Grabschrift wurde zuerst von Ferrario veröffentlicht. Der Ausdruck virginius wird entweder so erklärt, qui virginem duxit, oder: qui aut sponte aut invite virginitatem etiam in conjugio servarunt.

4) ENΘAΔE. KITE. EN. EPINE. O. KAAO
KYMHTOC. BACCOC. ΑΠΟ. K. ΦEI
NAK-N. ΠIOC. ΘEOΔOROY. ETE
ΛEYΘICEN. MΠ. IOYΛOY. TPITH. AMa
TETRAΛI. ZHCAC. EH. EЬIKONTA.
HIC. REQVIESCIT. IN. PACE. BASSVS. FILIVS.
THEODORI. QVI. VIXIT. IN. HOC. SAECVLO. AN. PL.
M. LX. DEP. IIII. NONAS. IVL. D. N. THEODOSO. XGII.
         ET. ALBINO. CONS.

Diese bisglotte Inschrift ist vom J. 444 n. Ch.

5) B. XP. M.

HIC. POSITVS. EPOLITVS. QVI.
VIXIT. ANnos. Plus. Minus. LXXXV. Menses. V. Dies. XV.
FILIVS. EIVS. RECENTARIVS. DOLE
NS. POSVIT. CONTRA. VOTVM. DEPositus
X. KALendas. DECemBRIS.

Ausser den zahlreichen altchristlichen Inschriften befinden sich mehrere, welche einer neueren Zeit oder der vorchristlich-antiken angehören. Eine von ihnen aus dem J. 1098, worin bestimmt wird, dass es an den Festtagen der Martyrer Gervasius und Protasius und drei Tage darauf nicht erlaubt sei, die curtadia einzutreiben, d. h. der Zoll der Kaufleute, die denen, welche zu Markte fuhren, abgenommen wurde. Auf einem anderen Sarkophag ist eine sehr auffällige und unächte Inschrift des Paganus Petronata angebracht mit einer eben so falschen Jahreszahl (800). In der Nähe des Hauptportales befindet sich das zierliche bramantische Grabmal des Pietro Candido Decembrio, geb. zu Pavia 1399, gest. zu Mailand 1477. 12. Novbr., der unter Philipp Maria Visconti und Franz Sforza eine Rolle spielte, und zu den Förderern der klassischen Literatur gehörte. Die Grabschrift seines Vaters Uberto Decembrio, geb. zu Vigevano, gest. zu Treviglio 1427, in lateinischer und griechischer Sprache abgefasst, befindet sich in der Nähe des erwähnten Sarkophages. Unter den spätrömischen Monumenten fallen zwei Marmor-Reliefs am meisten auf, die Genien und Weinreben und einen Bacchant mit einem Löwen darstellen. Sie sind sicher Werke spät-römischer Zeit und von sehr untergeordnetem Kunst-Werthe.

e) Die Glockenthürme.

Zu beiden Seiten des Atriums befinden sich die Glockenthürme, und zwar an der Ostseite der Campanile de' Monaci, an der Westseite der der Canonici. Ihre beste Ansicht der Glockenthürme hat man vom Inneren des Atriums. Sie spielten in der Geschichte der Streitigkeiten zwischen den Mönchen und Kanonici eine grosse Rolle, wo es sich um das Recht des Begräbnisses und Läutens handelt. In einer Urkunde vom J. 1123 wird einer gebrochenen Glocke, die skella oder tintinnabulum genannt wird, erwähnt; die Glocken-

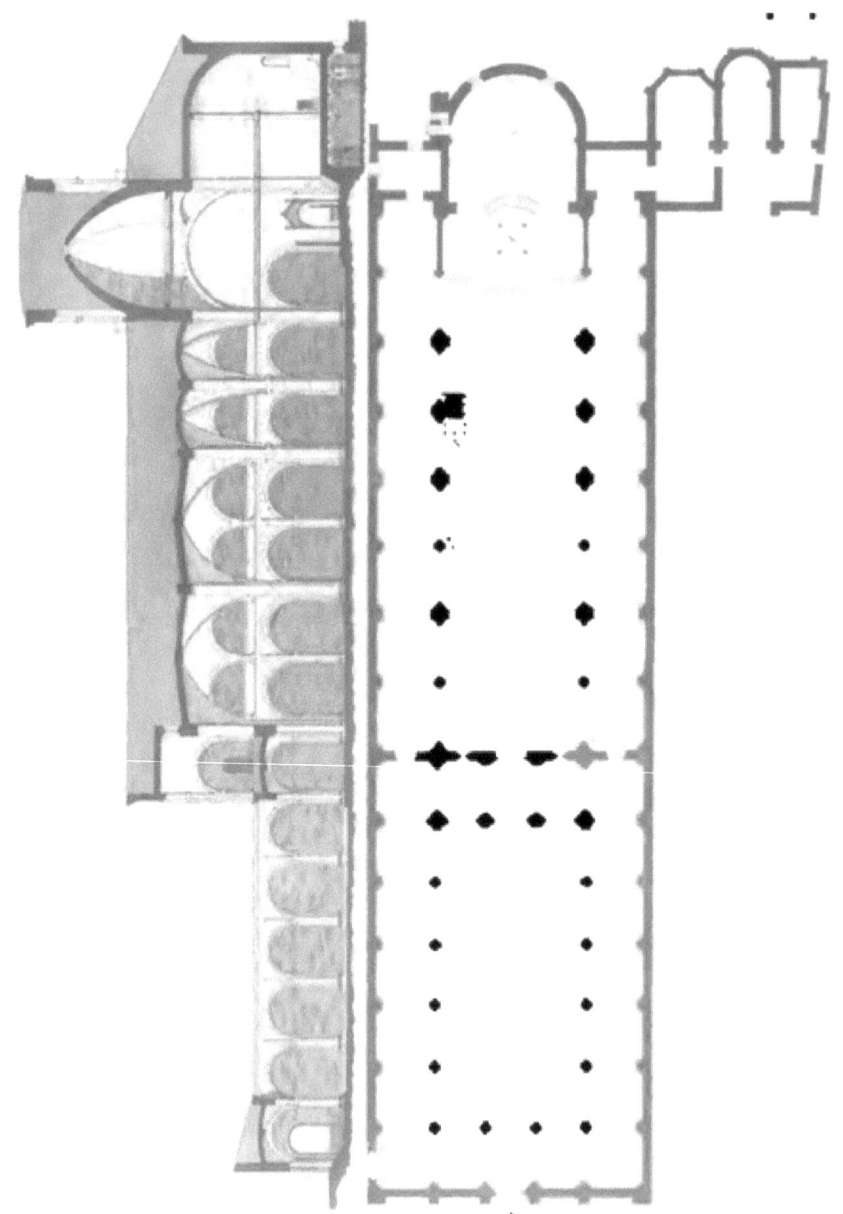

thürme selbst heissen in den Urkunden von 1143 elocaria, die Glocken clocae (it. Cinché und la ciocha im älteren Dialekte). Glocken kommen in der Mailänderkirche schon sehr frühe vor; Paulinus in seiner vita S. Ambrosii c. 25 erwähnt ihrer: „quando aere campano coeperint fideli ad missam caeterasque ecclesiastici cultus officia congregari" — Von diesen beiden Glockenthürmen ist der der Mönche der ältere, der der Kanonici der jüngere, letzterer aus der ersten Hälfte des 12. Jahrhunderts. Puricelli hat die Zeichnung des älteren gefunden, und giebt davon eine ziemlich rohe Abbildung. Wir sehen auf derselben einen viereckigen Quaderbau in der unteren Etage, und auf derselben zwei mit andern Stockwerken mit Rundbogenfries und Lisenen, wie wir sie bei allen romanischen Thurmbauten finden. Die Abbildung bei Puricelli zeigt eine förmliche vollendete Thurmspitze, mit dem hohen Spitze, und kleinere Erkthürmchen an den vier Ecken des Thurmes. Von dem älteren Thurme existirt heut zu Tage nichts mehr; der mit den charakteristischen aber gewöhnlichen Formen des romanischen Styles erbaute Thurm der Canonici ist hingegen (wie aus Tafel II. hervorgeht), noch ganz wohl erhalten.

d) Das Innere der Kirche. (Taf. I.)

Aus dem Atrium führen drei Thüren in das Innere der Kirche; eine mittlere grössere, die ins Hauptschiff führt, und zwei kleinere an den Seitenschiffen. Alle diese drei Thüren sind strenge in den Formen des romanischen Styles durchgeführt. Trotz der mannigfaltigen Restaurationen haben sich insbesondere an der mittleren Portalhalle, dem Thürsturze der Säulenschäften eine Reihe charakteristischer Ornamente erhalten, die theils aus fratzenhaften Thiergestalten, theils aus einer Art von Bandverschlingungen bestehen, in allen karolingischen Bauten der Lombardei wiederkehren und schon in longobardischen kleineren Reliefs, wenn auch noch viel roher, vorfinden. Diese Art von Ornamenten, die wir (Fig. 12—16) mittheilen, sind bei

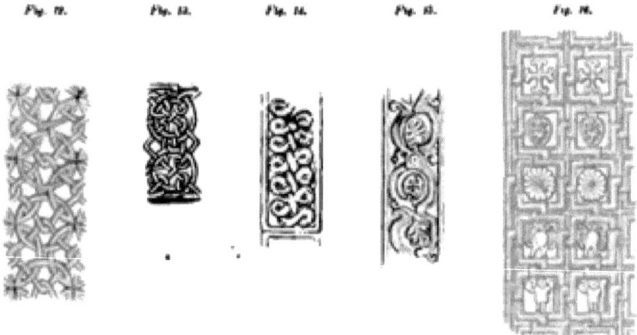

Fig. 12.   Fig. 13.   Fig. 14.   Fig. 15.   Fig. 16.

weitem das interessanteste an den Portalen; die vereinzelten Thiergestalten haben zwar in Italien vielfach zu Untersuchungen angeregt, insbesondere Allegranza hat sich in seinen „spiegazioni e riflessioni, sopra alcuni sacri monumenti antichi di Milano. Milano 1757 in 4." ausführlich mit der Erklärung derselben beschäftigt, aber ihre Bedeutung überschätzt. Gegenwärtig, wo man ganze Systeme von symbolischen Ornamenten kennen gelernt, und ihre Erklärung auf andere Grundlagen zurückgeführt hat, als es im verflossenen Jahrhundert der Fall war, haben sie ihre Bedeutung verloren.

In dem mittleren Portale sind (Taf. 1. d.) die Broncethüren erhalten, die einst auf Grundlage eines metaphorischen Ausdruckes des Theodoret für jene gehalten wurden, welche Ambrosius dem Theodosius verschlossen hat. Die Zeit und der Kirchenfürst dem sie zugehören, sind bereits erwähnt worden; Erzbischof Anspert, der „atria vicina struxit, et ante foras." Sie sind im verflossenen Jahrhundert (1750) auf Kosten der Kanonici restaurirt, und mit einem Schutzgitter versehen worden, das eine genauere Betrachtung derselben fast unmöglich macht. Die Gegenstände, welche in den viereckigen Feldern dargestellt sind, scheinen dem alten Testament anzugehören, die Arbeit selbst ist ausserordentlich roh und unvollkommen.

Das Innere der Kirche zeigt einen dreischiffigen romanischen Pfeilerbau mit Emporen ohne Querschiff. Die gedrückten mit massigen Gurten versehenen Gewölbe, die starken Pfeiler, die unregelmässige Anordnung der Travées, in deren Hintergrund der Eintretende die Chornische mit den Mosaiken und dem schönen Altar Angilbert erblickt, machen einen feierlichen Eindruck, und würden noch bedeutsamer wirken, würde nicht die moderne Tünche, das Vermauern der Fenster, die barocke Zubauten in den Seitenkapellen mit höchst geschmacklosen Altären, die modernere Kuppel diesen Eindruck abschwächen. Diese Umstände mögen auf das Urtheil Messmers [1] Einfluss genommen haben, der meint „das Innere der Kirche halte kaum, was das Aeussere verspricht, es habe wenig Majestät." Möglich auch, dass moderne Dinge, die in italienischen Kirchen häufig vorkommen, theatralische Dekorationen, lärmende, opernartige Musik, auf dieses Urtheil miteingewirkt haben; aber gewiss scheint mir, dass ein ernster bedeutsamer Eindruck dieser Kirche nicht abgesprochen werden darf, so wenig sie sich mit den grossen deutschen romanischen Kirchen zu Worms, Speier, Mainz, Bamberg, u. s. f. messen kann. Für die lombardische Baugruppe aber aus der romanischen Stylperiode hat die Kirche S. Ambrogio dieselbe Bedeutung, die für die Mark Verona die Kirche S. Zeno, für Toskana die Kirche S. Miniato bei Florenz hat, nur mit dem Unterschiede, dass diese beiden Kirchen im Mittelschiffe flache Decken haben, der ganze Pfeilerbau aber freier, kühner und harmonischer ist, als es bei S. Ambrogio der Fall ist. Nun Ambrogio ist entschieden archaistisch. Doch waren die Architekten des Baues erfahrener und gewandter, ihre Bautechnik vorgeschrittener, als man sie bei manchen Bauten in Pavia, Brescia, oder in der sehr kleinlichen und ängstlichen Anlage von S. Tommaso in Limine bei Bergamo findet. Das gedrückte Verhältniss der Höhe zur Breite von der altchristlichen Basilika aber abzuleiten, wie es Messmer am angeführten Orte thut, scheint mir ebenso unrichtig, als die fünf Bogen der Loggia im Atrium aus den fünf Schiffen der Basilika, von der wir ja gar nichts wissen, zu erklären. Der Architekt, der zu S. Ambrogio den Pfeilerbau in dem Atrium und der Kirche vorgenommen hat, hat sichtbar mit den Traditionen der altchristlichen Basilika entschieden gebrochen, und es weder gewollt noch gemocht, ihre Verhältnisse und Formen später festzuhalten.

Das Hauptschiff hat bis zum Scheidebogen der Altarnische zwei ziemlich quadratische Travées, von denen die zwei ersten durch kleinere Pfeiler, welche die Gewölberippen der Seitenschiffe aufnehmen, geschieden und gleichmässig construirt sind, das dritte Travée aber an der Stelle des kleineren Pfeilers einen grösseren verstärkten hat, und das vierte gegen die Altarnische zu gelegene mit einer Kuppel versehen ist. Die Anordnung der Pfeiler und der Gewölbe in den verschiedenen Travées macht, wie die der Emporen der Querschnitt der Tafel I deutlich. Doch dürften einige Bemerkungen wohl an ihrem Platze sein. Der Pfeilerbau hat nach den Arkadenseiten Halbsäulen, nach der Schiffseite hin Halbpfeiler vorgelegt, jene zur Aufnahme der Arkadenbögen, diese zur Aufnahme der Quergurten. In den Ecken erheben sich Halbsäulen zur Aufnahme der Diagonalrippen. Die Anordnung der Gewölberippen ist die ältere; ohne selbstständig gegliederte Profile, und sehr massig. Sie stehen nicht überall regelrecht auf den Halbsäulen auf, sondern scheinen wie

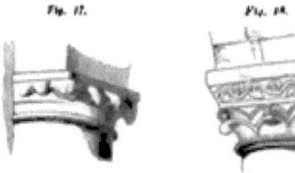

Fig. 17.   Fig. 18.

verschoben. Taf. IV. B. und C. gibt ein Bild von der Anordnung der Kapitäle und Pfeiler B. das Kapitäl des Mittelpfeilers im I. Travée rechts im Mittelschiffe, und C, ein Kapitäl der Vorhalle, im Travée des Kirchenportales, dem, wie vielen anderen die Deckplatte fehlt. Fig. 17 gibt das Kapitäl der vorgeschobenen runden Halbsäulen im Travée I. und Fig. 18 das Kapitäl der Längsgurte des ersten Hauptpfeilers links.

Mit Ausnahme der Quergurte, die im stumpfen Spitzbogen geht, sind alle anderen Bögen im Rundbogen.

Einen ebenso charakteristischen, als interessanten Theil der Kirche bilden die Emporen (Taf. I. Durchschnitt). Die Emporen, die schon im frühen Mittelalter oft zu keinen kirchlichen Zwecken, zu Zeiten des Friedrich Barbarossa z. B. als Getreidespeicher für die Kanonici gedient haben, bilden nach dem Innern

[1] Mittheilungen der k. k. Central-Commission zur Erhaltung der Baudenkmale. Wien Jahrgang 1856. S. 99.

der Kirche Arkaden, die auf kurzen über den Zwischenpfeilern errichteten Pfeilern ruhen, zwischen welchen gemauerte Brüstungen angebracht sind. Fig. 19. 20. 21. geben ein Bild von den Kapitälformen der Hauptpfeiler und zwar Fig. 19 vom ersten Hauptpfeiler links nach der Linie und Figur 20 nach der entgegengesetzten Seite. Im Innern bilden die Emporen romanische Kreuzgewölbe; die Quergurten sind wie im Hauptschiffe so auch in den Emporen im stumpfen Spitzbogen. Die Höhenverhältnisse der Emporen sind sehr gedrückt. Die Höhe der Pfeiler bis zu dem Punkte, wo sich die Gewölbrippen ansetzen, ist 4 Fuss 9½ Zoll

Fig. 19.   Fig. 20.   Fig. 21.

hoch. Die Füllungen sind sämmtlich Ziegelmauern, nach einigen Spuren zu schliessen, die sich in den Emporen über dem rechten Seitenschiffe finden, war die Farbe der Ziegel sehr licht, fast weisslich. Jetzt ist alles übertüncht.

Die Emporen rechts haben einen niederen Fussboden, da die Gewölbkappen hie und da durchbrochen.

Die Beleuchtung der Kirche wird lediglich durch die drei Fenster in der Vorderfaçade vermittelt. In der Apsis befinden sich zwei kleine Fenster. Die Emporen hatten wohl Fenster, doch sind sie gegenwärtig vermauert; ein einziges ist offen und dieses ist wohl später in ein grösseres ebenfalls vermauertes eingebrochen.

Die Wände der Seitenschiffe sind jetzt durchweg ausgebrochen, und öffnen sich in Kapellen.

c) Die eherne Schlange.

Im Hauptschiffe der Kirche zur linken Hand des Eintretenden (Taf. I. a.) steht auf einer antiken Säule von Granit aus Elba, wie Sachkundige behaupten, eine eherne Schlange mit offenem Munde, einer beweglichen Zunge, eingesetzten Augen; ein wahrscheinlich spätrömisches oder byzantinisches Werk mit einer schönen Patina. Würde sie nicht so auffallig in der Kirche aufgestellt, sondern in einer Schatzkammer oder einem Museum aufbewahrt sein, so würde sie weniger beachtet, und nicht so früh schon Gegenstand abergläubiger

Fig. 22.

Verehrung gewesen sein. Ihre Provenienz ist unsicher. Die wahrscheinlichste Erzählung ist jene, die sie von der Gesandtschaft herleitet, welche Erzbischof Arnult im J. 1002 im Auftrage Kaiser Otto III. nach Mailand geführt hat, um dort um die Hand der Tochter des byzantinischen Autokrator zu werben. Sie soll dem Erzbischofe aus dem kais. Schatze verehrt und für jene Schlange gehalten worden sein, die Moyses in der Wüste aufrichtete.

Seit alten Zeiten her waren Mailänder Schriftsteller bemüht, Hypothesen der verschiedensten Art über ihren Ursprung und ihre Bedeutung aufzustellen. Einige bemühten sich dieselbe mit einem angeblichen Aeskulaptempel in Verbindung zu bringen, wieder andere citirten Stellen aus Ambrosius, um die symbolisch-christliche Bedeutung der Schlange darzulegen. Viele Schriftsteller zerstörten den gewöhnlichen Aberglauben, um einen neuen an seine Stelle zu setzen. Jetzt ist wohl keiner mehr geneigt, sie für des Moyses eherne Schlange zu halten, und unter den Gebildeten sind die Vorurtheile aller Art wohl verschwunden. Unter dem gemeinen Volke war aber von Altersher der Aberglaube gewöhnlich.

dass der Anblick oder die Berührung der Schlange Kinder von Krankheiten, insbesondere der Wurmkrankheit heile. Schon der h. Carolus Borromäus hat gegen diesen Aberglauben gegriffen, wie aus den Akten bei der von ihm veranstalteten Kirchenvisitation erhellt. Das wirksamste Mittel, gegen solchen besonders in Italien schwer zu vertilgenden Aberglauben ist aber bis heutzutage nicht ergriffen worden, diese eherne Schlange in irgend ein Mailänder Museum, oder an die Ambrosianische Bibliothek zu bringen und sie den Augen des Volks zu entziehen. [1]

f) Das Pulpitum des Guillelmus de Pomo. (Taf. IV. A.)

Eines der am meisten in die Augen fallenden alterthümlichen Werke im Innern der Kirche ist das Pulpitum des Guillelmus de Pomo, gewöhnlich genannt das Grabmal des Stilicho. Es steht am fünften Pfeiler auf der linken Seite des Mittelschiffes (s. Grundriss, Taf. I. β.), und ruht mit seinen Fundamenten au dem älteren Fussboden, während der neuere etwas höher liegt.

Dieser Kanzelbau besteht aus zwei von einander ganz geschiedenen Theilen, und zwar 1) der eigentlichen auf acht Säulen ruhenden Kanzel und 2) aus dem innerhalb des Raumes unter der Kanzel zwischen den Säulen stehenden Sarkophages. Wir betrachten beide Theile, die eigentliche Kanzel und den Sarkophag, gesondert.

Die Kanzel ist ihrem gegenwärtigen Zustande nach ein Werk der ersten Jahre des dreizehnten Jahrhunderts, und erbaut von dem Kirchenvorstande Guillelmus de Pomo, wie aus folgender Inschrift hervorgeht:
† GVLLELMVS DE POMO SVPERSTES HVIVS ECCLESIAE HOC OPVS MVLTAQVE ALIA FIERI FECIT.

Das Pulpitum, wie es gegenwärtig besteht, ist aus verschiedenen Epochen angehörigen Stücken zusammengesetzt. Es ist schon früher erzählt worden, dass bei Gelegenheit der grossen Restauration am Ende des zwölften Jahrhunderts das ältere Pulpitum theilweise zerstört, und die einzelnen Steine in die Kirche S. Satiro gebracht wurden. Von Guillelmo de Pomo in den ersten Jahren des dreizehnten Jahrhunderts wiederhergestellt, ist es nicht zu wundern, dass man an denselben Säulenschäfte wie Kapitäle, Reliefs wie Figuren findet, die einer älteren Periode angehören. Der ganze Bau hat daher nicht den Charakter eines einheitlichen Neubaues sondern einer Restaurationsarbeit aus der romanischen Stylperiode, sein Werth ist daher in künstlerischer Beziehung ein relativer, und abhängig von dem Werth der einzelnen Fragmente, welche benützt wurden.

Der obere Theil der Kanzel bietet wenig besonders hervorragende Theile. Ein Adler aus Bronze diente einst als Stütze des Lesepultes; doch ist der Adler, wie der Engel unterhalb demselben — wahrscheinlich ein Rest von den ehemals vollständigen Evangelistensymbolen — von keinem erheblichen Kunstwerthe. Von grösserem Interesse sind die Reliefs und Kapitäle an den Arkaden und unteren Theilen der Kanzel. Styl

Fig. 24.

und Richtung sind in der Abbildung (Taf. IV. A.) deutlich angegeben, wo die der Kirchenthüre zugewendete Schmalseite abgebildet ist. Sie stimmen ihrem Charakter nach zu allen jenen Ornamenten, die wir früher schon bei der Thürverkleidung kennen gelernt haben; sie gehören der romanischen Stylperiode an, wie sie sich, anlehnend an die schon in der Longobardenzeit eintretenden bizarren und bewegten Ornamente und Thiergestalten, durch die ganze Zeit der Karolinger und Hohenstaufen in der Lombardei zeigt. Das interessanteste Relief ist das Fig. 23 dargestellte, das ohne Zweifel von dem älteren Bau genommen bei der Herstellung der Kirche und des Altares wieder benützt wurde. Die italienischen und französischen Forscher Allegranza,
Millin, Ferrario erblicken in denselben die Darstellung einer altchristlichen Agape, — mir scheint es hingegen einfach die sehr rohe Vorstellung eines Abendmahles zu sein, und nicht jener Zeit anzugehören.

A.

wo Liebesmahle noch in Uebung waren. Wer weiss, wie der h. Ambrosius selbst über jene Liebesmahle geurtheilt hat, der wird sich schwer überzeugen können, dass man solche Agapen in einer Kirche und zu einer Zeit dargestellt haben wird, wo sie nicht mehr in der Kirche geduldet wurden.

Der Sarkophag unter der Kanzel aus weissem Marmor, ein Werk des 4. oder 5. Jahrhunderts, ist nach allen vier Seiten mit Relief geschmückt, von denen einige an der Fläche des Deckels einer andern Hand und einer späteren Zeit anzugehören scheinen. Die Versuche diesen Sarkophag auf eine bestimmte historische Persönlichkeit zurückzuführen sind bis jetzt gescheitert. Einige dachten an Gratian, den Bruder Valentinians II. und seine Gemahlin Leta, andere an Stilicho, den Feldhauptmann des Theodosius und seine Gemahlin Serena soviel ist gewiss, dass weder die Provenienz des Sarkophages noch die Persönlichkeiten, denen zu Ehren er errichtet wurde, sichergestellt sind.

Die auf dem Sarkophage vorgestellten Gegenstände sind folgende.

1) Vorderseite. (*Fig. 24*) und zwar auf dem Sarkophagrande: Christus sitzend auf einem Throne zwischen zwei Palmen, den Aposteln erklärend das Wort des Heiles, zu seinen Füssen das Lamm und zwei

Fig. 24.

Personen, die entweder die Stifter des Sarkophages oder die in denselben begrabenen Personen darstellen. In dem Relief am Sarkophagdeckel sind in der Mitte in einer von Genien gehaltenen Lunette die zwei im Sarkophage begrabenen Personen und auf der einen Seite die Anbetung der h. drei Könige, auf der andern die drei Jünglinge Sidrac, Misach und Abdenago vor Nebukadonosor.

2) Der linken Schmalseite (*Fig. 25*) sind auf der unteren Fläche Jesu mit einigen seiner Jünger aus den Thoren Jerusalems gehend (vielleicht der Gang nach Emaus) und das Opfer Isaaks durch Abraham, auf der anderen Fläche das Christusmonogramm im Kranz mit Tauben und Vögeln, welche Früchte picken, und das bekannte A und Ω dargestellt.

3) Auf der rechten Schmalseite (*Fig. 26*) sieht man Elias und Elisäus, Moses in der Arche, und die Empfangen der Gesetzestafeln des Moses, tiefer unten Adam und Eva am Baume der Erkenntniss an der unteren Fläche, und an der oberen das Kind in der Wiege zwischen Kuh und Esel und in den Ecken zwei Vögel bei Früchten dargestellt.

4) Die Rückseite (*Fig. 27*) stellt Christus auf einem Felsen vor einem Tempel stehend dar, umgeben von den zwölf Aposteln; zu seinen Füssen zwei knieende Gestalten. Unter dieser Darstellung sind in kleinern Dimensionen Christus mit den Aposteln als Schafe dargestellt. — Alle Gestalten, in Haltung und Gewand so wie die Ornamente zeigen eine freiere Bewegung, wie sie nach dem 4. und 5. Jahrhundert in Form und Schrift eigen war. Nach dieser Seite hin hat der Sarkophag ein grosses Interesse. Leider ist der Sarkophag so aufgestellt, dass er nicht vollkommen gesehen werden kann. Bei einer Restauration der Kirche, die dem

Fussboden ihre besondere Aufmerksamkeit wird zuwenden müssen, wird auch ohne Zweifel die Wegräumung aller Hindernisse erfolgen, welche der zweckmässigen Aufstellung eines Sarkophages in dem Wege stehen.

Fig. 25.

Fig. 26.

Fig. 27.

Ausser diesen christlich-römischen Darstellungen finden sich über dem Sarkophage einige sehr frühmittelalterliche Reliefs (der Sündenfall, zwei Pfaue bei einem Kelche u. s. f.) in der Mauer angebracht.

g) Der Hochaltar (Altare aureum. Taf. III.)

Der Hochaltar ist nach allen Seiten hin eines der interessantesten und bedeutsamsten Monumente der Kirche. Er ist heutzutage durch ein metallenes Gitter aus sehr jungem Datum von dem Schiffe der Kirche geschieden, das in seiner dem Style der Kirche entschieden widersprechenden Zeichnung die volle Wirkung des Altarbaues verhindert, und bei einer mit künstlerischer Konsequenz durchgeführten Restauration ganz entfernt werden müsste. Der Altar (im 12. Jahrhundert bestro, brustato gewöhnlich altare aureum genannt) ist ein s. g. Ciborienaltar; seine beiden Theile, das Ciborium selbst (vulgo Baldachin) und der Altartisch selbst mit dem prachtvollen Antipendium, müssen gesondert betrachtet werden.

Das Ciborium ruht auf vier starken Porphyrsäulen, die unter einander mit Eisenstangen verbunden sind. Auf diesen Säulen steht das innere Gewölbe, aus überhöhten breiten Diagonalgurten bestehend, zwischen welchen die Kappen mit Mosaik (goldene Sterne auf blauem Grunde) sich befinden. Die äusseren Flächen sind giebelförmig abgeschlossen, versehen mit figuralischem und ornamentalem Schmucke.

Der ganze Bau ist in seiner ersten wesentlich unveränderten Gestalt ein Werk der karolingischen Styl-

periode, theilweise restaurt, wahrscheinlich im dreizehnten Jahrhundert, und später vielfach übermalt, da beide Perioden eine gleiche Berechtigung bei Festellung der Zeit haben.

Die vier Porphyrsäulen mit ihren Kapitälen gehören der älteren Periode an. Ihre Basis ist nicht bekannt; Ausgrabungen, die zu Biancons Zeit zu diesem Behufe projektirt wurden, sind unterlassen worden. Die Kapitäle zeigen eine rohe Arbeit, im Vergleiche zu den schönen Korbkapitälen aus der ravennatisch-byzantinischen Zeit, wie sie in Ravenna, Parenzo, Venedig u. s. O. vorkommen. Es ist nicht unmöglich, dass sie mit den Schäften im 9. oder 10. Jahrhundert gearbeitet worden sind, da die in späteren Zeiten nicht mehr geübte Technik der Porphyrarbeit in jener Zeit sich noch erhalten haben mag.

Die vier Felder an den äusseren Flächen des Baldachines sind mit Relief- und Ornamenten verziert, von denen einige, z. B. die gewundenen Eck-säulchen, das obere Blattornament offenbar einer späteren Zeit, etwa der des 13. Jahrhunderts angehören. Das untere an der Arkade laufende Blattornament hat offenbar eine Verwandtschaft mit ähnlichen Ornamenten aus der longobardisch-fränkischen Periode. Auf den vier Reliefs sind folgende Objekte dargestellt. Auf der Kirche zugewandten Seite ist Christus sitzend; mit seiner linken Hand gibt er dem h. Petrus die Schlüssel, mit der Rechten hält er das Buch mit der Inschrift: ACCIPE LIBRVM SAPIETIAE, dem h. Paulus entgegen. Alle drei Figuren haben einen Nimbus, Christus einen mit einem Kreuze versehenen. Die Form der Schlüssel ist eine ältere. Auf der entgegengesetzten Seite (Fig. 28.) steht nach der gewöhnlichen, aber nicht ganz begründeten Ansicht der heil. Ambrosius segnend, ein Buch in seiner Linken. Oberhalb seinem Haupte eine kleine mit dem Nimbus versehene Christusgestalt, und ausgebreiteten Händen — eine seltene Vorstellung — rechts und links zwei Mönche in der alten Mönchstracht, in gebeugter Stellung, von denen Einer das Modell des Ciboriums in seiner Hand hält. Hinter jedem von diesen Mönchen stehen zwei mit Nimben versehene h. Schutzgestalten, die von einigen als die hh. Gervasius und Protasius, von anderen als die hh. Castus und Polimius, die Diakone des h. Ambrosius angesehen werden. Da der Tradition zu Folge die Körper der beiden erstgenannten unter dem Hochaltare ruhen, so ist die erstere Ansicht wohl die wahrscheinlichere. Auf der Epistelseite (Fig. 29.) ist unzweifelhaft der h. Ambrosius dargestellt, segnend, mit einem Buche in der linken Hand und einem Nimbus; oberhalb seines Haupte hält eine Hand eine Krone von einer Form, wie sie auf dem Antipendium, dem Tympanon im Portale des Domes zu Monza und der Schatzkammer daselbst vorkommt. Er ist mit der Tunika, der Casula und Stola bekleidet. Zu beiden Seiten in devoter Stellung zwei männliche Gestalten, Mailänder mit dem Barette und dem langen Barte, die von Kostümkennern Mailands — wie mir scheint, nicht ohne dass sich begründete Bedenken gegen ihre Ansicht erheben liessen — für Einwohner aus der Zeit der longobardischen und nicht der fränkischen Herrschaft gehalten werden. — Auf der Evangelienseite (Fig. 30.) sind im Relief eine h. Frau, nach der Meinung Puriccllis die h. Marcellina, die Schwester des h. Ambrosius,

Fig. 28.   Fig. 29.   Fig. 30.

nach der Meinung Ferrarios die h. Mama, die Patronin des Mailänder Domes und Mailands selbst, — ebenfalls segnend, und ein Buch in der linken Hand haltend, und zu beiden Seiten zwei gebeugte Frauengestalten vorgestellt. Eine von letztern hat eine Krone auf dem Haupte, wie sie verheirathete Mailänderinnen bis ins 13. Jahrhundert zu tragen pflegten. Sie tragen lange Gewänder; auffallend sind die weiten Aermel. Auch das Kostüme und die Schuhform der Männer hat besondere Eigenthümlichkeiten.

An jedem der vier äussersten Ecken sind je eine Taube angebracht.

Eines der interessantesten Werke ist das Antipendium, welches den Altartisch umgiebt. Bei dem Zwecke unseres Werkes, welches die Architektur in den Vordergrund stellt, mussten wir darauf verzichten, dieses kostbare Denkmal der Goldschmied-Emailkunst der Lombardei vollständig wiederzugeben, da wir auf das Werk von Ferrario [1] hinweisen können, wo dasselbe durch eine grosse Anzahl von Tafeln illustrirt ist. Dieses Antipendium umgiebt den Altar nach allen vier Seiten, die vordere dem Schiffe zugewandte Seite ist in drei grössere Felder abgetheilt, die wieder in kleinere zerfallen. Diese Hauptfelder, so wie die Nebenfelder sind durch breite mit emaillirten Ornamenten und kostbaren Edelsteinen versehene Bänder so getrennt, dass die Felderabtheilung auf den ersten Blick klar und deutlich hervortritt. Das mittlere grössere Feld enthält in Form des Kreuzes fünf kleinere im Centrum des Kreuzes und in den vier Armen Felder. In der Mitte des Kreuzes in einem eiförmigen Felde ist Christus in ganzer Gestalt sitzend auf dem Throne, in der rechten Hand hält er einen Kreuzesstab, in der linken das Buch. Unter dem Schemel liegt ebenfalls ein Buch, im Felde selbst sind Sterne angebracht. In den Kreuzesarmen sind die vier Evangelistensymbole angebracht, der Adler fliegend, in den Krallen das Buch haltend mit der Inschrift I O, der Löwe mit dem Buche und den Buchstaben M R, der geflügelte Ochs mit dem Buche und L V, und der geflügelte Engel mit dem Buche und den Buchstaben M A. In den vier Eckfeldern sind zu je drei Personen die zwölf Apostel angebracht. Petrus hält Schlüssel, die andern Rollen, oder Bücher. Die zwölf Felder auf beiden Seiten stellen Scenen aus dem Leben Jesu dar; mehrere von diesen sind Restaurationen aus der barokken Zeit. Der bei weitem wichtigste Theil des Antipendiums gegen die Apsis zugewandte. Er ist ebenfalls in drei Hauptfelder getheilt, die wieder in besondere kleinere gegliedert sind. Das mittlere Hauptfeld enthält vier runde Felder, wovon die zwei oberen die hh. Michael und Gabriel (S. MICHAEL, S. GABRI) darstellen in einer bordurten Tunika, Mantel, einen Stab in der Hand. Sie sind geflügelt und mit einem Nimbus verziert. Die zwei unteren runden Felder stellen die Uebergabe des Altares an Ambrosius durch Angilbertus, und die Krönung des Meisters des Antipendiums Wolvinius durch Ambrosius dar. Auf dem ersteren Felde steht der h. Ambrosius auf einer Stufe, und setzt dem Angilbert, der ohne Stufe steht, eine Krone auf. Angilbert ist gebeugt, mit Tunika, Stola, und Casula, wie Ambrosius. Beide sind bartlos. Das Haupt des Ambrosius umgiebt ein Nimbus, das des Angilbert ein viereckiges Feld, wie es zum Kennzeichen einer erhöhten Stellung bei lebenden Personen üblich ist. Die Inschrift lautet: SCS AMBROSIVS, DOMNVS ANGILBERTVS. Auf dem anderen der beiden unteren Felder ist der h. Ambrosius ebenfalls auf einer Stufe, suppedanum stehend, abgebildet, er hält ein Buch in seiner linken Hand, und setzt mit der rechten eine Krone auf das Haupt des Künstlers. Dieser ist gebeugt, mit einer Tunika und einer Alba gekleidet, und scheint dem geistlichen Stande anzugehören. Neben Ambrosius ist eine Rolle, die Inschrift lautet: SCS AMBROSIVS, VVOLVINIS MAGIST PHABER.

Auf den zwölf kleineren Feldern der beiden grösseren Seitenfelder sind Scenen aus dem Leben des h. Ambrosius dargestellt, und zwar 1) wie der Bienenschwarm aus dem Munde des Knäbleins hervorkömmt. — Inschrift VBI EXAMEN APVM PVERI OS COMPLEVIT AMBROSII; 2) seine Abreise nach der Provinz Aemilia und Liguria. — VBI AMBROSIS EMILIAM PETIT AC LIGVRIAM; 3) seine Rückkunft aus Ligurien, erleuchtet vom h. Geiste, VBI FVGIENS SPIRITV SANCTE FLANTE REVERTITVR; 4) seine Taufe durch einen Bischof VBI CATHOLICO BABTIZATVR EPISCOPO; 5) wie er acht Tage nach seiner Bischofswahl durch das Volk von einem Bischofe ordinirt wird; — Inschrift: VBI OCTAVO DIE ORDINATVR EPISCOPVS; 6) wie er nach Tours gebracht wird, während er auf einem Altar schläft; — VBI SVPER ALTARE DORMIENS TVRONIAM PETIT; 7) Er begräbt den h. Martinus; — VBI SEPELIVIT CORPVS BEATI MARTINI; 8) seine Predigt; ein Engel bläst ihm die Worte ein. — VBI PRAEDICAT ANGELO LOQVENTE AMBROSIVS; 9) die Heilung eines Hinkenden am Altar — Inschrift: VBI PEDEM AMBROSIVS CALCAT DOLENTI; 10) wie er Jesus zu sich im Bette kommen sieht; — Inschrift: VBI IHESVM AD SE VIDET VENIENTEM; 11) der h. Bischof Honoratus giebt ihm die h. Wegzehrung — VBI AMMONITVS HONORATVS DOMINI OFFERT CORPVS; 12) Er liegt am Todtenbette, seine Seele führt ein Engel gegen den Himmel. — VBI ANIMA IN CELVM DVCITVR CORPORE IN LECTO POSITO.

[1] l. c. p. 115 etc. sequ.

Diese ganze hintere Fläche ist mit folgender Inschrift umrahmt:

EMICAT ALMA FORIS RVTILOQVE DECORE VENVSTA
ARCA METALLORVM GEMMISQVE COMPTA CORVSCAT
THESAVRO TAMEN HAEC CVNCTO POTIORE METALLO
OSSIBVS INTERIVS POLLET DONATA SACRATIS
EGREGIVS QVOD PRAESVL OPVS SVB HONORE BEATI
INCLITVS AMBROSII TEMPLO RECVBANTIS IN ISTO
OPTVLIT ANGILBERTVS OVANS DOMINOQVE DICAVIT
TEMPORE QVO NITIDAE SERVABAT CVLMINA SEDIS
ASPICE SVMME PATER FAMVLO MISERERE BENIGNO
TE MISERANTE DEVS DONVM SVBLIME RE PORTET.

Die beiden Schmalseiten haben eine gleiche Anordnung. In dem quadraten über Eck gestellten Mittelfelde befindet sich auf jeder Seite ein gleichschenkliches Kreuz, umgeben von vier anbetenden Heiligen. Bei Zweien sind Thürme angebracht; in der Verlängerung des Kreuzes in kleinen Lunetten sind die hll. Ambrosius, Simplicianus, Protasius, Gervasius, Martinus, Maternus, Nabor und Nazarus, (die heil. Bischöfe in der Langenrichtung, die h. Märtyrer in der Breitenfortsetzung.) In den Ecken über dem Mittelfelde sind je acht geflügelte Engel mit Stäben und Rollen.

Sämmtliche vier Seiten des Antipendiums sind mit Gemmen und Edelsteinen reich geschmückt. Unter letzteren hat ein Stein, genannt il carbonchio, eine historische Bedeutung erhalten. Er war Veranlassung zur Herrschaft der Viscontis. Cardinal Oktavian degli Ubaldini wünschte ihn 1261 zu sehen; da ihm dies aber von der herrschenden Parthei der delle Torre (Torriani) verweigert wurde, so rächte er sich, indem er dem Pabst den herrschsüchtigen Ottone Visconti zum Erzbischof vorschlug, und dadurch den Sturz der alten Volksparthei und den Beginn der Herrschaft der Viscontis einleitete. Das Nähere hierüber findet man in den Werken über Mailänder Geschichte (Verri, Giulini und in Ferrario) ausführlich erzählt. Ferrario bringt auch eine ausführliche Abhandlung über die Frage, ob dieser carbonchio noch gegenwärtig am Antipendium existire. Für unseren Zweck haben andere Fragen eine grössere Bedeutung. Dieses Antipendium, das wie wenig andere Monumente eine selbstständige, dem gegenwärtigen Stande künstlerischer Reproduction entsprechende Publikation verlangt, hat vorerst deswegen eine grosse Bedeutung, dass wir eine genaue Zeitbestimmung vernehmen können. Angilbert war Erzbischof in Mailand zwischen 827—860. Er war bemüht, die Ordnung in dem wie es scheint etwas verfallenen Kloster wiederherzustellen, nachdem er den Abt des Klosters St. Vincenz Gaudentius zum Abte des Klosters S. Ambrogio eingesetzt hat, um den Wortausdruck der von Puricelli [1] angeführten Urkunde zu erwähnen „Altare, quod inibi noviter mirifice aedificari ob minium amorem confessoris Christi Ambrosii". Der Magister Faber Wolvinus, der auf dem Werke selbst abgebildet ist, muss eine hervorragende Persönlichkeit seiner Zeit gewesen sein. Es ist viel von mailänder Schriftstellern vielfach erörtert worden, ob er ein Einheimischer oder ein Fremder gewesen, und es ist dabei vorzüglich auf die Buchstaben W und PII Gewicht gelegt worden. Jedoch ist dieses von untergeordneterem Werthe. Unzweifelhaft ist es, dass der Name Wolvinus, wie Angilbert (Angelbert) dem germanischen Sprachstamme angehört, was bei der stark gemischten Bevölkerung Mailands Niemand Wunder nehmen kann. Nur eine vollkommene Unkenntniss germanischer Philologie, wie es bei dem trefflichen Labus zu entschuldigen ist, kann einen Zweifel darüber aufkommen lassen. Der Name Wolvinus, wie der weibliche kömmt in deutschen Urkunden häufig vor. Ich verdanke der Freundlichkeit des Germanisten Dr. Starck, der umfassende Studien über deutsche Namen gemacht hat, eine Reihe von Beispielen, aus denen ich einige hervorhebe: Vuolvin (J. 866 Lehann. Cod. trad. Fuld. no. 499). Wolvinus (J. 745. Par depus no. 594.). Wulfinus (J. 755 Cod. Lauresh II., 262), Ulfinus (Notar, 661, Mireus I. p. g. a.). Uvolvin (J. 776 Kauler 17.), Ulfinus (Polyps. Irm. 110. 267. 221, 54.), Vulfinus (ibid. 73, 30), Gulfinus (ibid. 239, 93), Ulfina (femin. ibid. 81, 28), Uvolvin. (J. 927. Lawrbl. 87), Wolfinus (J. 1287. monum. boic. VI. no. 58) u. s. f.

Ein Monument, wie unser Antipendium und Altarbau, das im Ganzen so wohl erhalten ist, und eine ziemlich genaue Zeitbestimmung zulässt, ist für die ziemlich dunkle Kunstgeschichte jener Zeit von erheb-

---

[1] Monumenta Ambrosiana. p. 50.

lieber Bedeutung. Es ist mit nicht wegzuleugnendem Talente gearbeitet, sowohl im Detail, als in der Disposition des Raumes. Der Künstler entwickelt in letzterem Sinn für symmetrische Anordnung viel Klarheit
und Einfachheit im Relief. Es ist weder ein unorganisches Zerfliessen der Formen, wie im späteren Byzantinismus, noch etwas Rohes und Phantastisches, wie es das frühromanische Relief zeigt. Wir sehen in den
Ornamenten antike Traditionen, die sich an das, was die christliche Basilika im Architektonischen und Ornamentalen entwickelt hat, anschliesst. Die Palla d'oro entging nicht der Aufmerksamkeit fleissiger Forscher.
Lanzi erwähnt ihrer mit grossem Lobe und Cicognara spricht sich folgender Massen aus: „Abbiamo a
confronto delle arti nostre anche in questo genere di lavori la bellissima palla d'oro in S. Ambrogio, la quale
appunto nel X. secolo fu opera di Volvino italiano, e tale riuscì, che non saprei se fra i bisantini lavori ne
esista alcuno, che la superi in merito d'arti." [1]

Die Kunst des Emailes, die Goldschmiedekunst scheinen im neunten Jahrhundert in Mailand in voller
Uebung gewesen zu sein. Es darf das Niemand Wunder nehmen, da Mailand Mittelpunkt einer grossen röm.
Provinz, lange Zeit ein Sitz des Hofes und ununterbrochen der Sitz eines Erzbischofes gewesen ist. Es war
eine Grosstadt im eigentlichen Sinne gewesen.

Auch für kirchliche Archäologie bietet das Antipendium manche Belehrung. Die Taufe des Ambrosiu-
s in einem achteckigen Baptisterium, seine Ordination durch zwei Bischöfe, die Grablegung des Martinus, dessen
Kopf mit einem Schleier bedeckt, dessen Körper mit Binden eingehüllt ist, die Altäre mit ihrem mannigfachen
Schmucke und Gefässen, den rotolus statt den Codices, die Kelche mit zwei Handhaben, die hängende
Krone mit drei Sternen, sind charakteristisch. Auffallend ist, dass bei den Altaren nie ein Ueberbau vorkömmt, sondern nur ein einfacher Tisch, dessen Seitenflächen geschmückt sind. Auch für kirchliches Kostume
ist dieses Antipendium lehrreich. Doch dies sind Dinge, die sich ohne Abbildung nicht recht erklären lassen.

Unter dem Altare sollen die Gebeine der hl. Ambrosius, Gervasius und Protasius ruhen. Ueber ihr
Vorhandensein sind lange theologische Kontroversen geschrieben worden. Die Sagen und Erzählungen, die
sich an dieselben knüpfen, sind nicht ohne Interesse für das Gebäude selbst. Es wird erzählt, dass, wie der
h. Ambrosius begraben wurde — Paulinus weiss nichts von einem Begraben unter dem Altar, — die beiden
anderen Heiligen von selbst Platz gesucht hätten. Eine andere dem Mittelalter, wie es scheint sehr geläufige
Erzählung erklärt das Verschwinden des Leichnames des h. Ambrosius. Erzbischof Angilbert liess aus dem
Leichnam einen Zahn nehmen, und trug ihn, in Gold gefasst aus Devotion für den Heiligen als Ring. Al-
er an einem Palmsonntage die Procession führte, verlor er plötzlich, ohne es zu bemerken, den Ring, und
wurde erst nach der Procession den Verlust gewahr. Er suchte ihn vergebens, bis ihm eine alte Frau aufmerksam machte, dass er den Zahn dort finden werde, woher er ihn genommen hat. Und so fand er auch
den Zahn im Munde des Heiligen wieder. Er erkannte daraus, dass der Heilige ungestört ruhen wolle, und
fasste deshalb den Entschluss, den Leichnam tiefer zu begraben, und darüber den Altar zu bauen.

Der Altarbau war im J. 835 schon vollendet, es ist dies das Jahr, aus welchem die Urkunde stammt,
aus der wir vordem eine Stelle citirten.

b) Die Apsis. (Taf. V.)

In der rundabgeschlossenen Apsis befindet sich ein Mosaik, der wenn er gleich durch spätere Restaurationen vielfach gelitten hat, doch noch ein ziemlich deutliches Bild der carolingischen Kunst giebt. Er wird
der Zeit des Abtes Gaudentius zugeschrieben (832), desselben Abtes, den Erzbischof Angilbert aus dem Kloster
des h. Vincentius nach S. Ambrogio übersetzt hat. Gegen diese Zeitbestimmung haben Giulini und Fuma-
gelli mehrere Einwendungen erhoben, die nicht unbegründet sind. Das Vorkommen der ieromischen Verse,
einige Abweichungen vom alten ambrosianischen Ritus, das Kostume des h. Ambrosius u. s. f. haben bei ihm
Bedenken erregt, die nicht zu beseitigen sind. Doch ist Giulini selbst zu keiner anderen Ansicht gekommen,
als der schon allgemeinen, dass die Zeit-Differenz zwischen dem Altarbau und dem Mosaike keine sehr bedeutende ist; Fumagalli setzt ihn ins 9. und 10. Jahrhundert. Der Kunstwerth dieses Mosaiks ist untergeordnet.
„Die Gesichtszüge, sagt Burckhardt, [2] sind schon in rohen Umrissen, die Gewänder in einem schroffen

[1] Storia della scultura. Venezia 1816, 6d. T. I. p. 14.
[2] „Cicerone." Basel 1855, S. 785.

Changement (von grün, weiss und roth) gegeben, die Vertheilung der an Grösse sehr ungleichen Gestalten im Raum schon ganz ungeschickt, und doch ist noch viel mehr Leben darin, als in den gleichzeitigen römischen Arbeiten." In der Mitte des Mosaikes sitzt Christus thronend, das Buch des Lebens: "EGO SVM LVX MVNDI" in der linken Hand, und segnend mit der Rechten. Sein Haupt ist mit einem Nimbus umgeben. Der Thron ist mit Edelsteinen geschmückt, zu seinen Füssen sind in Lunetten die hh. Satyrus, Marcellina und Candida angebracht. Rechts und links vom Throne stehen die hh. Gervasius und Protasius, und ober ihnen fliegend mit Kronen und Stäben in der Hand die Erzengel Michael (X. O. AP. MIXAHΛ) und Gabriel X (αρχ) O. AP. ΓΑΒΡΙΗΛ.) In der Glorie oberhalb Christus stehen die griechischen Worte: ΙΗΣΟΥΣ ΧΡΙΣΤΟΣ Ο ΒΑΣΙΛΕΥΣ ΤΗΣ ΛΟΞΗΣ. Diese Vorstellungen bilden die Mittelgruppe.

Die beiden Seitengruppen, die durch je zwei Palmbäume eingeschlossen sind, stellen Scenen aus dem Leben des h. Ambrosius dar. Es ist diese nämlich die bekannte Traumgeschichte, die Wolvinus auf der Palla d'oro ebenfalls darstellte, der h. Ambrosius ist nämlich während der Messe eingeschlafen, nach Tours versetzt worden, und hat dort die Leichenfeier des h. Martinus begangen. Auf der einen Seite sehen wir MEDIOLANIVM, den h. Ambrosius bei der Messe an dem mit dem Baldachin verscherten Altare, die Ambrosiuskirche und die ECCLESIA FAVSTAE; auf der anderen Seite ist Tours TORONICA, und die Grablegung des h. Martin durch Ambrosius, welcher im Pallium dargestellt und von zwei Geistlichen, die Fackeln und das Kreuz tragen, umgeben ist. Unterhalb dieses Mosaikes liest man die folgenden Verse (die auf der entgegengesetzten Seite waren schon zu Puricellis Zeiten unleserlich):

† MARTINVS MORITVR SED VITE DONA MERETVR
TRISTATVR MVNDVS ADIVBILATQVE POLVS
MORS SVA DIGNA BONAFERTVR CELEBRATA PATRONO
SPIRITVS AMBROSII DVM FAMVLATVR IBI.

In den Ecken befinden sich die Symbole der hh. Lukas und Markus und unter ersterem einige Monogramme mit halb griechischen halb lateinischen Buchstaben, welche Puricelli mit den Worten Angilberto Karolio (filio) Ludovico fecit frater Gaudentius, entziffert zu haben glaubt.

Unter diesem Mosaike befand sich einst ein anderer, das eine Versammlung von achtzehn Bischöfen (im Pallium ohne Mitra darstellte. Sie stellen die Suffraganbischöfe der Mailänder Erzdiöcese dar. Aus der Anführung oder der Weglassung einzelner Bischöfe könnte man einen Schluss auf die Zeitperiode machen, in welche der Mosaik gehört, aber es werden uns zwei verschiedene Reihen von Bischöfe angeführt. Ich gebe beide wieder, da sie für die Kirchengeschichte Mailand nicht ohne Wichtigkeit sind. In der von Puricelli angeführten Liste erscheinen folgende Bischöfe: Vercellensis, Laudensis, Novariensis, Derthonensis, Astensis, Taurinensis, Augustanus, Aquensis, Jamnensis, Brixiensis, Bergamensis, Cremonensis, Intimiliensis, Savonensis, Albiganensis, Papiensis, Placentinus, Comanus. Auf der von Muratori veröffentlichten Liste lauten die sechs letzten anders und zwar: Curiensis, Vporiensis, Albensis, Jamnensis, Vigintimiliensis, und Albengensis.

Unter den in der vielfach restaurirten Apsis befindlichen Gegenständen heben wir besonders zwei heraus: erstens ein interessantes hölzernes Le-epult im italienisch-gothischen Style, wovon wir (Tafel V) eine Abbildung gegeben haben, und zweitens eine alte Cattedra, ein marmorner Bischof-sitz, der seinem Ursprunge nach in die erste Zeit der ursprünglichen Kirche des h. Ambrosius gehört und im Mittelalter als Tribunal sancti Ambrosii verehrt wurde. Wir wissen von der Ambrosianischen Basilika aber so wenig, dass eben so viel Grund vorhanden ist, diess zu behaupten, als es zu verneinen. — Im Mittelalter war diese Cattedra ein Gegenstand des Volksaberglaubens, der so stark war, dass ihn kaum der h. Karl Borromeo zu zerstören vermochte. Schwangere Weiber setzten sich nämlich auf denselben in der Meinung, dadurch die Schmerzen der Geburt zu mildern,

l) Die Krypta, die Kuppel und die Kapelle des h. Satyrus.

Unter dem Chore befindet sich die Krypta. Sie ist fünfschiffig; ihre Gewölbe ruhen auf Säulen. Sie wird in Mailand die Confession, im Dialekt Scurolo genannt, und in ihr wird die Grabstätte der h. Marcellina, der Schwester des h. Ambrosius, verehrt. Sie war um 328 geboren, und starb im J. 398 oder 399, also nach dem Tode ihrer beiden Brüder Ambrosius und Satyrus. Ersterer hat ihr in seinen Briefen ein schönes Denkmal des Vertrauens und brüderlicher Zuneigung gesetzt. In ihrer gegenwärtigen Form ist sie ein Werk des dreizehnten Jahrhunderts, doch in allen ihren Theilen fürchterlich verunstaltet durch eine am Ende des verflossenen Jahrhunderts vorgenommene Restauration, durch welche auch eine Reihe von alten Wandgemälden zerstört wurde.

Eben solchen späten Restaurationen verdankt die **Kuppel** von S. Ambrogio ihre heutige Gestalt. Sie ist (siehe Taf. I. Grundriss und Durchschnitt) achteckig und ihrer ursprünglichen Conception nach ein Werk des Erzbischofs Philipp de Lampugnano vom Ende des 12. Jahrhunderts, der diese Kuppel baute, nachdem die alte baufällig geworden ist. [1] Doch scheinen alle Elemente vorhanden zu sein, um sie wiederherzustellen, und mit dem Charakter des ganzen Baues in Einklang zu bringen.

Unter den vielen Seitenkapellen und Anbauten zur Ambrosiuskirche ist keine merkwürdiger als die s. g. **Kapelle des h. Satyrus** (Taf. I. D.) Sie ist gegenwärtig, nachdem sie durch den Venetianer J. B. Tiepolo im J. 1737 restaurirt wurde, in einem sehr vernachlässigten Zustande, und hat ihren Werth einzig und allein in den historischen Erinnerungen und den Mosaiken, die sich in denselben und zwar an der Seitenwand und der kleinen Flachkuppel vor dem Altare befinden. Diese Kapelle wird von Vielen für die Basilika Faustina gehalten, deren schon der h. Ambrosius erwähnt, die später zu Ehren des h. Viktor S. Vittore ad coelum aureum, und dem h. Satyrus, dem Bruder des heil. Ambrosius zu Ehren S. Satiro genannt wird, der ebenfalls wie der h. Victor in der Kirche bestattet worden sein soll. Aus diesen Gründen ist auch diese Kirchlein Gegenstand vieler theologischer Kontroversen gewesen, an denen sich vorzugsweise Puricelli, Giulini, und die Herausgeber der „Antichità Longobardico-Milanesi" aus dem Orden der Cistercienser betheiligt haben. Uns interessiren vorzugsweise die Mosaiken, sie stellen in der Kuppel den h. Viktor, welcher in den Pendentifs von den Symbolen der vier Evangelisten umgeben ist, und an den zwei Mosaiken die Bildnisse der sechs Heiligen Ambrosius, Protasius, Gervasius, Felix, Maternus und Nazor dar. Es sind diese sämmtlich bärtige römische Gestalten mit der Toga und dem Pallium, ohne weitere Symbole, oder sonstige Kennzeichen als Heiligenscheine u. s. w. Felix und Nazor tragen ein Buch in ihren Händen; alle anderen haben ihre linken Hände verhüllt, und ihre rechten Hände entweder an die Brust gedrückt oder in dem Akt des Segnens. Ihre Füsse sind mit einfachen Sandalen bekleidet, ihre Kleider tragen das Zeichen ⊤. Der h. Viktor in der Kuppel ist nur als Brustbild dargestellt; er hält in der rechten Hand ein Kreuz, mit der Linken ein Buch, mit dem Namen Viktor, an derselben Seite und der Nähe des Buches ist wieder ein Kreuz angebracht. Die Inschriften auf diesen beiden Kreuzen FAVSTINI und P (ΧΡΙΣΤΟΣ) PANAGHIAE lassen viele Zweifel übrig, und sind wahrscheinlich durch die letzte Restauration sehr corrumpirt. Ihn umgiebt ein Lorbeer- und Epheukranz.

Schliesslich machen wir noch auf ein sehr schönes Fresko aus der Schule des **Bernardino** Luini aufmerksam, das sich im rechten Seitenschiffe auf der Wand in der Nähe des Presbyteriums befindet.

---

[1] Puricelli M. Ambr. 642. Giulini l. c. Tom. IV, pag. 89. 91.

Der romanische Krummstab in der Schatzkammer des Benediktiner-Nonnenstiftes auf dem Nonnberge zu Salzburg

von

Dr. G. Heider.

Taf. VI.

Der vorliegende romanische Krummstab, welchen wir in stilgetreuer Abbildung vorführen, bildet einen werthvollen Bestandtheil der Schatzkammer des Benediktiner-Nonnenstiftes auf dem Nonnberge zu Salzburg.

Die Zeit seiner Anfertigung ergiebt sich annäherungsweise aus der geschichtlichen Thatsache, dass zuerst im Jahre 1242 der Aebtissin Gertraud II. (1235–1252) und allen ihren Nachfolgerinnen von dem damaligen Erzbischofe Eberhard II. das Recht eingeräumt wurde, sich des Faltstuhles (faldistorium) und des Pastorales zu bedienen (utatur sella sive cathedra et virga sive baculo pastorali).[1] Seine Anfertigung fällt daher, da diese Aebtissin bereits 1252 starb und ohne Zweifel sich beeilt haben wird, das äussere Zeichen der ihrem Stifte gewordenen Begünstigung beizuschaffen, in die erste Hälfte des dreizehnten Jahrhunderts, womit auch der Stilcharakter der Ornamente und des übrigen Beiwerkes übereinstimmt.

In formeller Ausbildung nimmt dieser Krummstab in der Reihe gleichartiger Muster, wie wir solchen in Oesterreich, Deutschland und Frankreich aus gleicher Zeit ziemlich häufig begegnen,[2] eine hervorragende Stellung ein und dürfte in dieser Beziehung kaum übertroffen werden.

Sowohl der Stab wie die Krümmung sind aus Elfenbein gefertigt, letztere erhebt sich aus dem Rachen eines Ungethüms und endet mit dem Kopfe eines solchen. Längs der Rundung steigen, und zwar radial, Blätter auf, wovon das zu oberst angebrachte breiter ist und in eine Spitze ausläuft. Dieselben sind ohne Relief silhouettenartig geschnitten. Innerhalb der Rundung erblickt man im flachen Relief die Gestalt eines Lammes in typischer Auffassung mit dem Nimbus über dem Haupte und die Kreuzesfahne, nach welcher der Kopf zurückgewendet ist, mit dem Vorderfusse haltend. Der offene Rachen des Ungethüms und die aus demselben vorragende spitze Zunge sind gegen das Kreuz zu gerichtet. Sowohl zu Füssen der Lammesgestalt wie auch vor denselben sind aus Elfenbein geschnitzte Ornamente angebracht. In ersteren bemerkt man eine Dreipass-Oeffnung. Auf der vordern und rückwärtigen breiten Fläche der Krümmung sind Aufschriften angebracht, und zwar auf einer Seite die Worte des englischen Grusses:

AVE MARIA GRACIA PLENA DOMINUS TECUM,

auf der andern Seite die Worte des Kirchenhymnus:

SALVE REGINA (MATER) MISERICORDIE.

Die romanische Lapidarschrift hat einen durchaus dekorativen Charakter und stimmt mit der ganzen Ornamentation des Krummstabes so vollkommen zusammen, dass sie gleichsam einen Theil derselben zu bilden scheint. Die Buchstaben sind in Gold mit wechselnder Einfassung von Schwarz und Roth und werden

---

[1] Jahrbuch der k. k. Central-Commission Band II. S. 17.

[2] Eine Abbildung des Salzburger Krummstabes findet sich auch in den Schätzen mittelalterlicher Kunst in Salzburg. Romanische Krummstäbe treffen wir ausserdem in Oesterreich in den Klöstern Altenburg, Göttweih, Klosterneuburg, St. Peter in Salzburg u. s. w. Vergl. Heider im Archive der k. k. Akademie der Wissenschaften 1850. Sacken: Jahrb. d. k. k. Centralcomm. I. S. 146. u. A. v. Wolfskron: Mittheilungen der k. k. Centralcomm. II. S. 156.

ohne Rücksicht auf die Abtheilung der einzelnen Worte in ziemlich gleichen Abständen durch ornamentirte Grünstreifen unterbrochen. Auch das Blattwerk an der Krümmung zeigt auf dem flachen Grunde mit Roth und Schwarz eingefasste Goldverzierungen einfacher Art. Einen reichen ornamentalen Goldschmuck endlich zeigt die innere Darstellung der Krümmung. Die ganze Fläche des Lammes wie auch das Ornament unterhalb sind mit sehr geschmackvollen Verzierungen bedeckt, deren Motive dem entwickelten Romanismus angehören und in gleicher Weise an der über dem Nodus des Stabes aufsteigenden Ornamente nachzuweisen sind. Wir erkennen in dieser ornamentalen Behandlung der Körperfläche des Lammes eine bezeichnende Nachahmung von jenen Verzierungen, die auf arabischen Stoffen aus dem 12. Jahrhundert in ganz ähnlicher Weise und eben so auf den Körpertheilen von verschiedenen Thieren angebracht erscheinen. Wir erinnern beispielsweise nur an den in der k. k. Schatzkammer zu Wien aufbewahrten Krönungsmantel, [1] eines der bedeutendsten Werke der Stickerei und Goldschmiedekunst aus dem 12. Jahrhunderte, dessen Anfertigung durch den Kunstfleiss der Muslimen in der „glücklichen Stadt Palermo" im J. 1133 durch die Lesung der auf diesem Krönungsmantel angebrachten kufischen Inschriften über jeden Zweifel erhaben ist. Wir erblicken auf demselben den Kampf eines Löwen mit einem Kamele als symbolische Darstellung des Sieges des christlichen Königs von Sicilien Robert Guiscard über das Maurenthum. Die auf den Körpertheilen beider Thiere angebrachten Verzierungen aber sind jenen, welchen wir auf unserem Krummstabe begegnen, so ganz und gar ähnlich, dass wohl an einem inneren Zusammenhange beider Kunstweisen kaum gezweifelt werden darf.

Wir können bei diesem Anlasse nicht unterlassen, darauf hinzuweisen, dass eine eingehende Untersuchung des ganzen Gebietes romanischer Ornamentik, wie wir sie als eine glückliche Erfindung der auf dem Occidente schwunghaften Kunstentwicklung anzusehen gewohnt sind, unzweifelhaft in vielen Fällen dessen Herüberkommen aus dem Oriente nachweisen würde, wie auch andererseits der späte Romanismus in seiner überwuchernden Fülle ornamentaler Gestaltungen häufig auf die Antike zurückgreift und die derselben entlehnten Motive so glanzvoll hinstellt, dass wir dabei unwillkürlich an das Wiederaufleben der Antike erinnert werden, wie dasselbe einige Jahrhunderte später eintrat.

Der symbolische Inhalt der auf dem Salzburger Pastorale vorgeführten Darstellung reiht sich jenen Vorstellungskreisen vollkommen an, welche wir als der romanischen Kunstperiode eigenthümlich anerkennen müssen und deren Erforschung, Deutung und geschichtliche Entwicklung eben in neuester Zeit wiederholt Gegenstand eindringlicher Untersuchung geworden ist, welche nach keiner Seite hin eine Frage unberücksichtigt gelassen hat. [2] Indem wir daher jene Leser, welche sich für diesen Gegenstand näher interessiren, hierauf mit Beruhigung verweisen können, begnügen wir uns nur zu erwähnen, dass in der Darstellung des Schlangenungeheuers als der Krümme des Stabes, und in jener des Lammes mit dem Kreuze innerhalb der Krümmung, der das ganze Christenthum durchdringende Gedanke der Sünde und Erlösung und des fruchtlosen Ankämpfens der ersteren gegen die Segnungen des Heiles zum Ausdrucke gebracht ist. Damit stimmt auch die Aufschrift der Rundung zusammen, welche die erhabenen Worte der Verkündigung an die Gottesmutter enthält, und hiermit gleichsam aus der typologischen Zeit des alten Bundes in die Zeit der Erfüllung hinüberleitet. Wir sehen daher in dem Salzburger Krummstabe mit wenigen Zügen den tiefsten Glaubensinhalt des Christenthums angedeutet, wie wir ihn in weiterer Entwicklung und bildlicher Darlegung auf einer Reihe mittelalterlicher Kunstwerke wiederfinden.

[1] Mittheilungen der k. k. Central-Commission II. 124 u. ff.

[2] Vergl. den erschöpfenden Aufsatz von Barraud und Martin im 4. Bande der „Mélanges d'Archéologie" S. 145—256 „de Crosses pastorales" und „Le bâton pastoral" überschrieben; 134 Holzschnittzeichnungen und fünf Tafeln geben an der Hand dieser kundigen Archäologen eine genaue Übersicht der formalen Entwicklung der Bischofsstäbe von ihrer frühesten Zeit bis in die Renaissance herauf, während der Text uns in den symbolischen Inhalt der Darstellungen mit grosser Sachkenntniss und Gelehrsamkeit einführt. Es wäre zu wünschen, dass auch die übrigen Objekte des christlichen Cultus nach und nach in ähnlichen ikonographischen Bearbeitungen behandelt würden.

Die Cistercienserabtei Zwetl in Niederösterreich.

Von

Dr. Ed. Freiherrn von Sacken.

Taf. VII—XI.

(Nach den Aufnahmen des Architekten J. Lippert).

I. Geschichtliche Uebersicht mit besonderer Rücksicht auf die Baugeschichte.

Der fromme Sinn der österreichischen Fürsten aus dem Babenbergischen Stamme bethätigte sich durch zahlreiche Stiftungen von Klöstern, in welchen man neben den Pflanzstätten der Geistesbildung zugleich ein wichtiges Mittel zur Hebung der Civilisation und zu lebenskräftiger, segensreicher Einwirkung auf das Volk erkannte. Auffallend viele entstanden im Laufe des XII. Jahrhunderts; das Beispiel des heiligen Markgrafen Leopolds III., der 1106 das Chorherrnstift Klosterneuburg, 1135 die erste Cistercienserabtei in Oesterreich Heiligenkreuz am Sattelbache gegründet hatte, fand unter den Edlen des Landes vielfach Nachahmung. So entstand durch Udalchalk von Stille und Heffi 1109 das Stift der regulirten Chorherren zu St. Veit in der Au, 1112 in die Benediktinerabtei Seitenstetten verwandelt, — im selben Jahre durch einen Sprossen derselben Familie Bischof Ulrich von Passau Herzogenburg; ebenso die Benediktinerklöster Klein-Mariazell. 1136 von den Gebrüdern von Schwarzenburg und Altenburg, 1144 von Hildburg Gräfin von Buige gegründet; gegen 1160 führten die Grafen von Pernegg Prämonstratenser zu Geras, bald darauf Prämonstratenserinnen in Pernegg ein.

Insbesondere schien der Orden der Cistercienser, der die Lage der Klöster in abgeschiedenen Waldthälern liebte, dessen Mönche bei strengem Lebenswandel sich auch die Förderung der Bodencultur angelegen sein liessen, für diese Zeit und die bestehenden Verhältnisse ganz geeignet. In der That gingen von der ersten Abtei Heiligenkreuz in dem kurzen Zeitraume von sieben Jahren drei Filiale (Zwetl, Baumgartenberg und Cicador in Ungarn) aus. Die erste ist das im Viertel ob dem Manhartsberge Niederösterreichs am Kampflusse in einem reizenden Thale höchst malerisch gelegene Kloster Zwetl.[1] Hadmar von Chuoffarn (Kuelarn), ein Enkel jenes berühmten Azzo von Gebhartsburg, der unter Leopold II. die Böhmen bei Thern und Eggenburg besiegt (1083) und dadurch dem Markgrafen den Besitz seines Landes gesichert hatte,[2] beschloss, da er mit seiner Gattin Gertrud in kinderloser Ehe lebte, Christum und

---

[1] Die Cistercienser benannten ihre Klöster häufig nach der Eigenthümlichkeit des Ortes, wie Claravallis, Aqua, bella u. s. v. oder mit Beziehung auf die Schutzpatronin, die h. Maria: Portus S. Mariae, Locus S. Mariae. Bei Zwetl traf der besprochene Name mit dieser Eigenthümlichkeit zusammen; er ist slavischen Ursprunges und bedeutet so viel als Licht. Zwetl wurde sonach Austriae Claravallis genannt.

[2] Leopold, von König Heinrich IV. wegen Wohlredlichkeit seiner Reichsboten verleumderisch erklärt, die an Herzog Wradslaw II. übergeben sollten, hatte das Jahr vorher gegen diesen die grosse Schlacht bei Mailberg verloren und befand sich in grosser Drangsal. Ueber die erwähnte Abstammung Hadmars von Kuelarn von Azzo u. das Stiftungen Buch des Klosters Zwetl, herausgeg. von Frast S. 11, 50 und Pez, Script. rer. austriae I. 524.

die heilige Jungfrau zu seinen Erben einzusetzen und sein Andenken durch Gründung eines Klosters zu
verewigen. Die künftigen Bewohner desselben sollten Brüder aus dem Orden von Citeaux sein, der sich
wegen des grossen Mannes, den er unter seinen Gliedern zählte — des heiligen Bernhard — wegen seiner
schönen Bestimmung und der erbaulichen Lebensweise seiner Glieder eines grossen Rufes erfreute. Hadmar
bat daher den Abt Gottschalk von Heiligenkreuz ihm Ordensbrüder zu senden, welche auch, zwölf an der
Zahl, den Abt Hermann an der Spitze zu Ende des Jahres 1138 auf dem Gute (herren gesetze, praedium)
Hadmars zu Zwetl anlangten und am Sylvestertag in das am Oberenhof interimistisch aus Holz erbaute
Klostergebäude eingeführt wurden.

Solche Fälle von Berufung der Mönche vor dem Bau des Klosters kommen in dieser Zeit nicht selten
vor, da diese die Aufsicht über den Bau führen mussten, damit er den Satzungen des Ordens und den speziellen Bedürfnissen entspreche.

Vor allem handelte es sich nun um die Bestimmung des Platzes für die neue Stiftung, welcher einer
im früheren Mittelalter in verschiedenen Variationen häufig vorkommenden Sage zufolge, vom Himmel angedeutet wurde. Die Mutter Gottes soll dem Stifter und dem Abte im Traume erschienen sein und den Ort,
wo sie im beschneiten Walde einen grünen Baum finden würden (es war die Neujahrsnacht von 1139) als die
Stelle des Hochaltares der Kirche bezeichnet haben. Gleich am folgenden Tag ritten beide aus und fanden
den grünenden Baum, bei dem im Sommer desselben Jahres der Grundstein zur Stiftskirche gelegt wurde.
Noch im J. 1139 wurde die Stiftung von Papst Innocenz II. und die vom Stifter gemachte Schenkung seiner
Grundstücke, die er auf einem Ritte dem Abt gezeigt hatte, von Kaiser Konrad III. bestätigt. [1] Hadmar
hatte nämlich sein Besitzthum im Nordwalde (in nortica silva) von Markgraf Leopold, jetzt Herzog von
Baiern, dieser wieder seine Länder von Kaiser Konrad zu Lehen, daher die Schenkung nach erhaltener
Einwilligung Leopolds der kaiserlichen Bestätigung bedurfte. Von grossem Belange für das neue Kloster
war der Umstand, dass es der Kaiser gleich in der Bestätigungsurkunde von aller weltlichen Vogtei befreite.

Der vorläufige Bauplan umfasste ausser der Stiftskirche noch das Kapitelhaus, das gemeinschaftliche
Dormitorium und das Refectorium. Aber obwohl der Stifter zur Ehre Gottes sein Möglichstes that und sein
ganzes Besitzthum daran wandte, so waren die Einkünfte doch so gering, dass der Bau nur langsam fortschritt. Hadmar starb 1148 und wurde seinem Willen gemäss wegen des noch unvollendeten Baues zu
Güttweih begraben; [2] er vermachte seiner Stiftung 300 Mark Silber. Abt Adam von Ebrach hatte schon
früher bei einem Besuche des Klosters Zwetl einen elfenbeinernen Krummstab verehrt, der noch gezeigt wird
und von einer späteren Tradition irrthümlich dem heil. Bernhard zugeschrieben wurde. Hadmars Bruder,
Pilgrin, Pfarrer zu Zwetl, hatte sich dem Kloster wenig günstig gezeigt, ja dessen Einkünfte auf verschiedene
Weise beeinträchtigt; einen um so eifrigeren Gönner fand das Stift an Hadmars Vetter Albero von Chuenring, der sich die Weiterführung des Baues so angelegen sein liess, dass i. J. 1159 die Stiftskirche sammt
den nöthigen Klostergebäuden fertig dastand; [3] den 18. September dieses Jahres wurde sie von Bischof Konrad
von Passau, einem Sohne Leopolds des Heiligen nach Ordensgebrauch zu Ehren der heiligen Maria eingeweiht. Der Abt Rapoto verliess mit seinem Convente die kleine Wohnung in Oberuhof und bezog das Kloster.
Von nun an beginnt die schönste Periode Zwetls und seine Güter und Einkünfte vermehrten sich rasch, denn
der unbescholtene Lebenswandel der Mönche, die Strenge, mit der sie den Satzungen ihres Ordens nach-
kamen und der günstige Einfluss, den sie in verschiedenen Richtungen ausübten, erwarben ihnen die allgemeine Achtung, welche manche Edle zur Schenkung von Grundstücken, Giebigkeiten und verschiedenen
kleinen Einkünften bewog. Die Schenkung geschah zuweilen, indem der Geber dem Abte über einem Reliquienkästchen die Hand reichte, oder auch in der Kirche am Altare in der Gegenwart von Zeugen. Albero
ging mit dem Beispiele voran. Häufig bedung man sich dafür das Begräbniss im Kloster, so Herbord Burg-

---

[1] Er nennt sich in der Urkunde Chuenradus secundus romanorum rex. Sie ist noch im Zwetler Archive vorhanden. Abgedr.
bei Link, Annales Austrio-claravallensis I, 154. Liber fundationum von Frast, S. 31. Kirchliche Topographie des Erzherzogth.
Oesterreich, XVI, S. 6.

[2] Chronicon anonymi Zwetl recentius bei Pez, script I, 531. — Lib. fundat. p 30.

[3] Von ihm sagt der Anonymus zwetlens. (bei Pez, l. c. p. 522): Albero, qui locum nostrum quasi pater serena filium unice
diligebat, quod multis operibus comprobabat.

graf von Gars 1171, Albero der für seine Gruft einen Meierhof schenkte u. A. Sie erhielten gewöhnlich ihre Ruhestätte im Kreuzgange, z. B. Otto von Hippeltsdorf 1290, Hadmar von Sonnberg, die Stalecker; selbst Frauen wurden hier (in lectione monachorum) bei der Klosterpforte begraben, so Gisla von Valkenberg † 1221. Die Nachkommen des Stifters kamen in die unter dem Kapitelsaale befindliche Gruft; in der Kirche begraben zu werden war ein Vorrecht der hohen Geistlichkeit, solcher Personen, die einem königlichen Stamme entsprossen waren und des Stifters. So wurde Bischof Heinrich von Seckau, † 1244 in der Abseite der Kirche beim Petrus-Altare bestattet. Rudger, Titular-Erzbischof von Antivari in der Kirche vor der Sakristei; Agnes, die Gemahlin Leutolds von Chuenring, eine Gräfin von Habsburg, † 1300, durfte ihre Grabstätte unter den Stufen des Chores wählen, da sie, mit dem römischen König Albrecht verwandt, von königlichem Geblüte war. [1] Graf Ludwig von Oettingen, welcher den Grundstein zur neuen Kirche gelegt hatte, wurde gewissermaassen als fundator im Chore derselben begraben (1346). — 1305 machte Heinrich Caplan in Leubs eine Schenkung mit dem Beding, dass er an einem Orte mit den Brüdern in Zwetl begraben werde. Einige Edle erbauten sich bei der Kirche besondere Grabkapellen, wie Heinrich von Chuenring, † 1287, und die Ritter von Falkenberg (1299), welche eine Schenkung an das Kloster machten, um die Erlaubniss hierzu zu erlangen und eine tägliche Messe in der Kapelle zu stiften.

Kehren wir nach dieser Abschweifung, welche zeigt, dass die Verhältnisse häufig ein Abgehen von den ursprünglichen strengen Satzungen [2] bewirkten, wieder zur Geschichte Zwetl's zurück. Obwohl die Mönche noch körperliche Arbeiten verrichten mussten, vernachlässigten sie doch die Wissenschaften nicht; es wurden viele theologische und historische Handschriften im Hause geschrieben, was aus der Angabe gewisser Feste in den Calendarien und die von derselben Hand beigefügten Schenkungen erhellt. Besonders hatte Zwetl immer seine Chronisten; einer derselben, der sein Werk mit dem Jahre 1075 beginnt, bemerkt, dass er 1140 in den Orden getreten, 1143 Diacon, 1147 Priester geworden sei. Seine bis 1159 geführte Chronik setzte ein anderer Mönch, der 1169 das Subdiaconat erhielt, fort. [3] Wenige Klöster können eine so detaillirte und verlässliche Geschichte seit ihrer Gründungszeit aufweisen, wie Zwetl. Das geordnete Wirthschaftssystem der Cistercienser diente in dieser Zeit zum Muster und trug viel zur Beliebtheit des Ordens bei. In den entfernteren Besitzungen legten sie Meierhöfe (grangiae) an, wo die Laienbrüder oder Conversen unter der Leitung eines geistlichen Mönches (Professen) als den magister conversorum die Wirthschaft, Ackerbau und Viehzucht betrieben. Bei dieser Theilung und Regelung der Geschäfte, bei diesem systematischen Betriebe mussten sie die weltlichen Grundbesitzer überflügeln.

Bei dem Streite zwischen den Päpsten Alexander III. und Victor VI. (1161) war die Haltung der Geistlichen vortrefflich. Denn da der Generalabt der Cistercienser Lambert dem ganzen Orden befohlen hatte, Alexander als rechtmässigen Papst anzuerkennen, gehorchten sie und blieben unerschütterlich, selbst als Kaiser Friedrich I., der die Wahl Victors bewerkstelligt hatte, befahl, sie ihres Widerstandes wegen zu vertreiben. Zuletzt wurde ihre Treue doch belohnt, von Papst Alexander III. durch eine Bulle (1179), welche dem Stifte den Schutz seiner Rechte sichert und ihm gewisse Vorrechte gegenüber den Bischöfen einräumt und von Herzog Heinrich II. durch Bestätigung aller Schenkungen und Zehentbefreiungen (1171). Den 15. August 1182 starb der Wohlthäter des Klosters, Albero von Chuenring und wurde im Kapitelhause unter der Matte, dem Orte, wo die Brüder sich demüthigen und das Bekenntniss ihrer Sünden ablegen mussten, der daher geheiligt und gegen alle Macht des Teufels besonders gesichert war, begraben. Sein Sohn Hadmar II. nahm sich des Stifters eifrig an; von ihm heisst es, er habe vollendet, was der erste Stifter begonnen, daher ihn auch der Chronist nennt: „in re non primus, sed alter fundator loci nostri piissimus". [4]

[1] Liber fundationum p. 297.
[2] Vgl. Band 1, S. 9 dieses Werkes.
[3] Abgedr. bei Pez, script. I, 299. Das Original befindet sich in der Stiftsbibliothek.
[4] In der deutschen Reimchronik, welche den Eingang des Stiftungen Buches bildet (Fuast, S. 1 und Hormayrs Archiv, Jahrg. 1818, S. 250) heisst es.

Das ist von der Ander hadermar gewesen,
Von dem wir haben hören lesen;
Der das closter Zwetl hat volbracht,
Als sein der erst hadermar het gedacht.

Er baute drei Seiten des Kreuzganges; eine — der Lesegang — war noch unter seinem Vater gebaut worden; ferner eine Wohnung für den Abt neben der inneren Pforte, wie es die Ordensregel und das Herkommen erforderte, damit die ihn besuchenden Gäste, die einem Kloster nie fehlen, den Convent und die Kranken nicht störten, dann ein eigenes Haus für die Gäste, damit diese die Mönche in ihren Andachtsübungen in keiner Weise beirrten, endlich ein Spital mit einer Kapelle Johannes des Täufers, welches er reich dotirte (1204).[1] Er stiftete dreissig Arme nebst zehn Personen zur Bedienung derselben; in der Kapelle sollte einmal die Woche Messe gelesen werden und ein ewiges Licht brennen; gegen diejenigen, welche die Einkünfte des Spitales schmälern würden, wird ein fürchterlicher Fluch ausgesprochen. Dieses Spital verlegte um 1217 Hadmar's Gemahlin Euphemia vor die äussere Klosterpforte, um die Kranken und Armen besuchen zu können, was bei der früheren Lage des Verpflegshauses nicht so leicht möglich war, da ihr als Frau der Eintritt in die inneren Räume des Klosters nicht offen stand. Im J. 1218 weihte Bischof Ulrich II. von Passau die neue Spitalkirche ein.[2] Schon früher (1211) hatte Ulrichs Vorgänger Bischof Mangold in der Kirche einen wahrscheinlich auch von Hadmar gestifteten Altar zu Ehren der bl. Maria und der Apostel Simon und Juda geweiht.[3]

Der fromme Hadmar, der als der Vollender des Klosterbaues angesehen wird, und von Herzog Leopold wegen seines Eifers und seiner Andacht, die er gegen das ehrwürdige Stift Zwettl an den Tag legte, besonders belobt wurde, starb auf dem Kreuzzuge, den er im Gefolge Herzog Leopold's VI. mitmachte, den 21. Juli 1217. Seinem Wunsche gemäss wurde die rechte Hand und das Herz einbalsamirt, die Gebeine ausgesotten, von seinen Dienern nach Zwettl gebracht und im Kapitelhause beigesetzt. Mit Bewilligung des Generalkapitels bestimmte man Hadmar's Sterbetag als Anniversarium für alle Stifter.

Verschiedene Eingriffe in die Rechte des Klosters veranlassten den Abt Marquard um die päpstliche Bestätigung der Privilegien und Besitzungen anzusuchen, welche Innocenz III. 1209 in einer Bulle ertheilte, die besondere Begünstigungen und Vorrechte gegenüber den Bischöfen enthält und die Puncte der Exemtion festsetzt. Abt Heinrich I. erhielt 1227 von Kaiser Friedrich II. eine Urkunde, durch welche das Stift unter den Schutz des Reiches genommen wird und der jeweilige Abt das Recht erhält, einen Vogt zu wählen, der an des Kaisers Statt die Güter und Gerechtsamen des Klosters vertheidigen und schützen solle. Herzog Friedrich II. erneuerte 1234 die Befreiung des Stiftes von aller weltlichen Vogtei und jeder Mauth-Abgabe; obwohl er durch seine unglücklichen Verhältnisse die Stiftseinkünfte stark in Anspruch nehmen musste, war er doch den Zwettlern gewogen und verschiedene Schenkungen gaben ihnen Ersatz. Freilich waren alle Bullen und Freiheitsbriefe nicht vermögend, Befehdungen und Angriffe von raublustigen Rittern abzuwehren; besonders wurden die zerstreut liegenden Besitzungen häufig mit mitgenommen. So litt Zwettl durch die Empörung und Raubsucht Heinrich's von Chuenring, der die Gegend von Weitra bis Krems verwüstend durchzog, grossen Schaden. Dessen Bruder Hadmar, von Herzog Friedrich II. durch die bekannte List überwunden, starb im Exil auf einer Reise nach Passau (1233) und wurde zum Begräbnis nach Zwettl gebracht, wo er, weil excommunicirt, vier Jahre unbeerdigt blieb, dann aber im Kapitelhause in die Gruft seiner Ahnen gesenkt wurde.

————————

Allen seinen claines er brit dannne
Beid abent ande fene.
Win er es vollbracht
Dau man wie immer gedacht.
        Und weiter:
— — — der hadmar
Der es vast mit deinne gar
Itas chloster zwetl hat vollbraht
Als sein i der was gedaht.
Der chrenzegang, gasthaus das beneunet
Spital eigen und ander genut
Waimahr das beweng wil —

[1] Stiftungen Buch glaber handel. S. 56.
[2] Hanaus, German s sacra I. 361.
[3] Ib. I. 356.

Noch unheilbringender war die Periode der Herrenlosigkeit des Landes nach Friedrich's des Streitbaren unglücklichem Ende (1246): die sich befehdenden Herren und Ritter entrissen und verwüsteten dem Stifte manche Güter und erlaubten sich die härtesten Erpressungen. König Ottokar war den Zwetlern wegen der Gastlichkeit, mit der sie seine böhmischen Reiter aufnahmen, wohl gewogen und nahm die Unterthanen des Stiftes gegen ungerechte Forderungen der Städte Krems und Eggenburg in Schutz; seine Gemahlin, die unglückliche Margaretha, schenkte der Kirche einige schöne Paramente, nemlich einen rothseidenen Messornat (Casula und Dalmatika) nebst einem schwarzen Pluviale, welches mit goldenen Ornamenten, dazwischen Adler und Löwen bestickt war. Wie übermüthig sich die Ritter benahmen und wie nothwendig es erschien, ihnen mit Energie und Festigkeit entgegen zu treten, geht aus dem Umstande hervor, dass bei der Klostervisitation 1267 [1] Abt Konrad vom Abte zu Heiligenkreuz als dem pater immediatus Zwetls seiner Würde entsetzt wurde, weil er die Gerechtsame seines Klosters dem Adel gegenüber nicht genug zu wahren wusste. [2]

Mit dem Stammkloster Citeaux blieb Zwetl stets in unmittelbarer Verbindung; [3] Abt Bohuslaus (1248 bis 1259) reiste fast alljährlich zu den Generalkapiteln hin und brachte jedes Mal Reliquien, kostbare Kirchengeräthe u. dgl. mit. Auf dem Altare der Leopoldskapelle in der Stiftskirche sieht man noch einige kleine Elfenbeinfiguren, welche dieser Abt in Citeaux, angeblich von König Ludwig IX., dem Heiligen, zum Geschenk erhielt. Es ist eine vortrefflich geschnitzte Maria, das Kind auf dem Arme, zu beiden Seiten in kleineren, getrennten Figuren die Verkündigung, weiter unten auf dem Postamente vier kleine Halbfiguren, welche Kronen auf den Händen tragen. Dem Kunstcharakter nach sind sie sehr gute Arbeiten aus der Mitte des 13. Jahrhunderts. Diese Statuetten, welche Reliquien der Jungfrau Maria und vieler Heiligen enthalten, wurden an den hohen Festen auf dem Hochaltar aufgestellt. Bohuslaus liess für die Reliquien kostbare Fassungen machen; das Stiftungen-Buch des Abtes Ebro zählt alle gewissenhaft auf sammt den eingeschlossenen Reliquien. Es sind sechs Plenarien, versilbert, theilweise vergoldet, 9 Krystallgefässe, 7 schön gearbeitete Kästchen von Holz, und 3 von Bronce, ferner 9 Köpfe und drei ganze Körper der eilftausend Jungfrauen, endlich drei silberne Kreuze. Ein grosses Kreuz von Silber mit Fuss aus übersilberter Bronce soll Peter, Custos des Klosters, angefertigt haben; es enthielt 348 Reliquien; ein kleineres, goldenes Reliquienkreuz schenkte der Laienbruder Leo von Hedreinsdorf, früher Diener Herzog Friedrichs, dem Stifte. Abt Bohuslaus schenkte auch der Kirche einige Ministerialkelche, da bei den Cisterziensern die Uebung herrschte, den Mönchen, die keine Priester waren, das Abendmahl unter beiden Gestalten zu reichen. Der Custos der Kirche erhielt die Hälfte der Mohnte, welchen das Stift durch Abgaben erhielt, um die Altäre und das Kloster mit Mohnöl zu beleuchten. Kirchenstoffe bezog man bisweilen aus fremden Ländern; so wurden einmal dreissig Pfund Wiener-Pfennige (circa 80 Gulden) nach Venedig geschickt zum Ankauf von Seiden- und Leinstoffen auf kirchliche Gewänder, Antependien, Alben, Corporalien an Festen.

Durch die treffliche Verwaltung des Abtes Ebro (1273—1305), der als ein Mann von starkem, edlem Charakter geschildert wird und durch seine Biederkeit und Frömmigkeit sich alle Herzen zu gewinnen, selbst den Adel geneigt zu machen wusste, hob sich das Ansehen und der Wohlstand des Stiftes. Der verhängnissvolle Krieg zwischen König Rudolf von Habsburg und Ottokar von Böhmen schlug dem Besitzungen des Klosters manche Wunde und bedrohte dieses selbst. Ottokar, dem sich Heinrich von Kuenring angeschlossen hatte, war gesonnen, die Stadt Zwetl, welche sich im Besitze der kaiserlich gesinnten Kuenringer'schen Linie befand, in einen Schutthaufen zu verwandeln; nur die Fürbitte des Abtes und des Conventes retteten sie vor der Zerstörung. Die folgende ruhigere Zeit ist die Blütheperiode Zwetls; viele Edle, die sich an der Andacht der Brüder erbauten und von deren erbaulichem Lebenswandel hörten, machten verschiedene Schenkungen. Besonders erwiesen sich die Brüder Heinrich und Leutold von Kuenring aus der Dürrenstein'schen Linie, dem Geiste ihrer Vorfahren getreu, als freigebige Donatoren. Sie schenkten dem Stifte die Pfarre Zösterndorf (1285) mit dem Beding, dass 60 Mönche und 50 Laienbrüder erhalten werden, nur in der Zeit

---

[1] Auf dem Provinzial-Concil zu Wien, welches der Cardinal Guido, ein Cisterzienser hielt (1267), wurde die Bestimmung getroffen, dass die Klöster der Regel Benedicts von einem Bischofe in Begleitung zweier Aebte visitirt werden sollten; die übrigen erhielten andere Visitationen. Conc. Vien. apud Harduin VII, 564.

[2] Hanais, Germania sacra I, 412.

[3] Dieses lag in der Verfassung des Ordens, denn Citeaux blieb der Sitz der obersten Leitung.

der grossten Noth sollte diese Zahl vermindert werden. Heinrich baute an der Stiftskirche die Allerheiligenkapelle (die gegenwärtige Chorkapelle) mit seinem Grabmal, in welchem er 1287 beigesetzt wurde.

Das Stift besass seit 1256 ein Haus in Wien, am Stephansfreithof gelegen; als nun, — wahrscheinlich in Folge des grossen Brandes 1258 — der Chor der Stephanskirche erweitert werden sollte, musste es dieses Haus, das gerade dem Chore gegenüberlag, den Bürgern um 50 Mark reinen Silbers verkaufen; dagegen erwarb es im Jahr 1300 von Gundacker von Passau das sogenannte Greifensteinerhaus, in dem sich die Katharinenkapelle befand, um 340 Mark. Auch dieses wurde später (um 1356) auf Wunsch Herzog Rudolph's IV., der es zu Wohnungen der Canoniker zu verwenden wünschte, gegen das Arbeth'sche Haus auf dem Graben umgetauscht. — Abt Ebro stellte den Leichenhof der Mönche bei dem Spitale her und ein gewisser Paltram, Bürger Wiens, schenkte Geld zur Erbauung einer Todtenkapelle (carnarium) daselbst mit einem dem heil. Andreas zu weihenden Altare ober der Gruft, bei dem täglich eine Seelenmesse gelesen werden sollte (1274); [1] letzterer wurde erst 1294 von Bischof Bernhard von Passau geweiht.

Gleich zu Anfang seines Regimentes fing Ebro das Liber fundationum an, eine Sammlung aller Schenkungen und Urkunden, welche Zwetl betreffen, nebst einer Erzählung der vorzüglichsten Begebenheiten, besonders seiner Zeit und der Schicksale des Gründer-Hauses der Kuenringer. Sein Nachfolger setzte das „Stiftungs-Buch" noch fort. Von seinem Einbande wird es die Bärenhaut genannt; nicht minder als durch seinen Inhalt ist es durch die künstlerische Ausstattung interessant. Es enthält 194 Pergamentblatter, sehr schön geschrieben und mit vielen Miniaturen und Zeichnungen (besonders am Anfange des Werkes), meist Stammbäumen der Stifter-Familie geziert. 1288 verfasste der Abt auch ein Rentbuch (Rationarium), welches eine Aufzählung aller Besitzungen und Einkünfte des Klosters enthält. Er liess von den Mönchen viele Bücher schreiben; in einem derselben hat sich der Schreiber genannt: Anno mcclxxxj XIII. Kal. Decemb. intravit frater Chunradus scriptor huius libri cellam noviciorum in Zwetl. Scripsit libr. ja florum divi Bernardi.

Für die Besitzungen Zwetls waren wegen deren Lage alle Kriege mit Böhmen sehr nachtheilig; so fügten ihnen die rohen Cumanen (Krieger der mit Wenzel von Böhmen um die Krone Ungarns kämpfenden Carl Robert von Sicilien) grossen Schaden zu, und die beiden Einfälle der Könige Johann, der das erste Mal (1328) Eggenburg nahm, Waidhofen niederbrannte und Drosendorf bezwang, das zweite Mal, wegen der Vergabung von Kärnten und Tirol wuthentbrannt, die Gegend von Weickersberg und Seefeld verwüstete und nur mit Mühe vom Abte dahin gebracht wurde, gegen Natural-Lieferungen dem Ausplündern der Stiftsbesitzungen Schranken zu setzen. Wir finden aus dieser Zeit zahlreiche Aufzeichnungen von kleinen Schenkungen adeliger Familien, welche dazu bestimmt waren, dass die Mönche an gewissen Tagen bessere Kost erhielten, die in einem Frohmahl (pitantia, servicium plenum), oder doch in Verabreichung eines besseren Weines und weissen Brodes bestand. Unter den Speisen finden wir Eier, Fische, Fleischpasteten (artorreas, wahrscheinlich aus Geflügel bereitet, da nach der Ordensregel nur der Genuss des Fleisches von vierfüssigen Thieren verboten war), und Krapfen aufgeführt, welche den üblichen zwei Gerichten beigegeben werden sollten. [2]

Der zu Ende des 13. Jahrhunderts so grossartig aufblühende gothische Baustyl rief bei den Aebten den Wunsch hervor, die Stiftskirche in der Herrlichkeit dieser Bauart aufgeführt zu sehen; aber die Zeitverhältnisse schoben die Erfüllung immer wieder hinaus. Endlich war es dem thätigen Abte Otto Grill (seit 1335) gegönnt, das lang gefasste Project in Ausführung zu bringen. Herzog Albrecht II. besuchte mit seiner Gemahlin im Juli 1341 das Stift; er kam gerade an einem Sonnabend, als die Fusswaschung an den Mönchen mit den üblichen Ceremonien vorgenommen wurde. Alle Einrichtungen und gute Sitten, die im Kloster herrschte, gefielen dem Fürsten so wohl, dass er der Bitte des Abtes Gehör gab und behufs des Neubaues der Kirche reichliche Unterstützung versprach. [3] Des Herzogs Schwager Graf Ludwig von Oettingen, der die benachbarte Herrschaft Weitra besass und Leutold von Kuenring legten in Albrechts Namen am 3. April 1343 den Grundstein zum neuen Chore. Das Schiff der alten Kirche blieb einstweilen stehen und wurde

---

[1] Lib. fundat. p. 125, a.

[2] S. Archiv f. Kunde österreich. Geschichtsquellen. 1849, S. 371 ff.

[3] Rauch, script. rer. austriac. II, 511.

abgeschlossen, damit der Gottesdienst nicht unterbrochen würde. Bald flossen dem neuen Baue reichliche Schenkungen zu: Herzog Albrecht gab zu wiederholten Malen Beiträge, einmal 300 Pfund Pfennige (circa 900 fl.); Johann von Klingenberg und dessen Sohn schenkten 350 Talente (circa 1000 fl.) mit dem Beding, dass eine Kapelle zu Ehren der Apostelfürsten erbaut werde, in der sie ihr Familienbegräbniss anlegen könnten. [1] Diesem Beispiele folgten viele andere Familien, wie die Grafen von Hardeck, die Dachsberg, Liechteneck, Neudeck u. a., wobei meistens die Erlaubniss zur Anlegung einer Familiengruft in der Kirche ausbedungen wurde, ein Beweis, dass man um diese Zeit von der älteren, strengen Norm in Bezug auf das Begräbniss in der Kirche schon vielfach abging. Ulrich, ein Diener des Klosters, gab zum Bau der Ulrichskapelle (der ersten Seitenkapelle an der Nordseite des Chores) 60 Talente. Johann von Paris, Kaplan in Hüflein, 100 Talente, [2] Elisabeth, Wittwe des Grafen Paul von Mertesdorf, vermachte einen goldenen Kelch, Seidenstoffe, Perlen und Edelsteine, Gold- und Silberstickereien zu Ornaten, und die Wittwe Conrads des Schwarzen, Margaretha, erwarb sich durch Abtretung eines Hofes und Weingartens das Begräbniss im Stifte.

Als Baumeister der Kirche wird ein Magister Johannes genannt; [3] der Bau wurde so energisch geführt, dass schon nach fünf Jahren am 13. November 1348 Bischof Gottfried von Passau die feierliche Einweihung des Chores mit den vierzehn ihn umgebenden Kapellen vornehmen konnte. [4] Ein grosser Theil des benachbarten Adels war bei der Feierlichkeit zugegen; die hohe Schönheit des grossartigen Bauwerkes fand allgemeine Bewunderung und es wurde als der Triumph der Baukunst in Oesterreich erkannt. Das Sakramentshäuschen aus Stein erregte besondere Aufmerksamkeit; ebenso die Glasmalereien der Fenster, welche der in der Stadt Zwetl ansässige Meister Michael gefertigt hatte. Der Hochaltar wurde wahrscheinlich besonders schön ausgestattet, denn er war um diese Zeit noch nicht fertig (vermuthlich hatte man interimistisch einen einfacheren errichtet); erst 1383 wurde er von Simon, Weihbischof von Passau, consecrirt. Trotz der mancherlei Geldzuflüsse hatte der kostspielige Bau die Stiftskasse erschöpft und nicht nur kleine Schulden, sondern auch, wie es scheint, die Veräusserung mancher Einkünfte oder Gründe veranlasst, da Abt Johann von Heiligenkreuz bei der Visitation Zwetls im Jahr 1346 durch eine Urkunde verordnete, dass ohne seine Zustimmung nichts von den Stiftsgütern verkauft oder vertauscht werden dürfe. [5] Wahrscheinlich wegen Mangel an Geld und wegen der nun folgenden, ungünstigen Zeitverhältnisse unterblieb der ohne Zweifel ursprünglich projectirte Umbau des Schiffes, von dem nur ein kleiner Theil um diese Zeit ausgeführt worden zu sein scheint, während der grösste Theil des alten Schiffes stehen blieb.

Abt Otto II. baute auch das Prälatenhaus mit der darin befindlichen Marienkapelle und andere Theile des Stiftes, in dem damals 72 Mönche und 27 Laienbrüder lebten. [6] Er sorgte auch für Vergrösserung der Bibliothek, welche durch das Vermächtniss des an der grossen Pest im J. 1349 verstorbenen Otto Gnembertl den für diese Zeit ansehnlichen Zuwachs von vierzig Bänden erhielt.

Nun begannen für das Kloster schwere, traurige Zeiten; die drückenden Abgaben, welche der kostspielige Krieg Albrechts II. mit den Schweizern erheischte, der Uebermuth der allzuhäufig im Stifte einsprechenden Kriegsschaaren, die Gewaltthätigkeit der benachbarten Adelsfamilien, häufiger Wechsel der Stiftsvorstände und schlechte Wirthschaft brachten es dahin, dass sich Abt Albert 1393 genöthigt sah, von den 31 Conventualen, auf die der Stand herabgeschmolzen war, 18 in andere Klöster zu schicken, weil er sie wegen drückender Armuth nicht zu erhalten im Stande war. Aber noch grösseres Unglück brachten die Hussiten über das bedrängte Stift; plündernd, mordend und verwüstend überall wohin sie kamen nahten sie heran und standen am 31. Dezember 1426 mit viertausend Mann vor Zwetl; die Mönche flüchteten und zerstreuten sich in die umliegende Gegend, die Kirchenschätze wurden glücklich in die feste Burg Liechtenfels gebracht. Vergeblich berannten die Feinde die Stadt, unverrichteter Sache kehrten sie in's Kloster zurück, an dem sie

[1] Es ist die fünfte Kapelle an der Südseite des Chores zwischen der Dreifaltigkeits- und Andreaskapelle. Vgl. Link, Annales I, 723 sq.

[2] Er vermachte überdiess der Klosterbibliothek viele werthvolle Bücher.

[3] Rauch, l. c. p. 326. Anonym. Zwetlens. bei Pez, script. I, 1061.

[4] Link, l. c. p. 740.

[5] Lib. fundat. p. 343.

[6] Frast, im Archiv f. Kunde österreich. Geschichtsquellen, 1849, S. 384.

zum ihren Grimm ausliessen, indem sie es rein ausplünderten und dann in Brand steckten. Den 12. März 1427 rückten von neuem 16000 Hussiten an; zwar errang Leopold von Kragg über sie einen glänzenden Sieg, aber indem er zu früh von der Verfolgung abstand, liess er ihnen Zeit sich zu sammeln und das verheerte Land musste den kurzen Vortheil theuer bezahlen: sie zogen nach Horn, Rauchsäulen von niedergebrannten Ortschaften bezeichneten ihren Weg. Erst 1429 brachte Abt Johann I. das Kloster wieder in bewohnbaren Zustand und sammelte die zerstreuten Mönche; 1437 wurde die Kirche mit ihren Altären und den sie umgebenden Leichenhöfen neu geweiht. Um diese Zeit erhielten die Aebte von Papst Eugen IV. das Recht sich der Inful zu bedienen.

Die alte Strenge der Cistercienser-Ordens war durch die Zeitverhältnisse nach und nach untergraben worden; die Mönche kamen in zu vielfache Berührung mit der Aussenwelt, besonders, wenn sie aus den Klöstern vertrieben, zeitweilig in Städten leben mussten und da ein freieres Leben kennen lernten. Die österreichischen Klöster, besonders Zwetl, wurden zwar weniger hiervon berührt, da sie die eingeschlichenen Missbräuche energisch abzustellen suchten, die Statuten den Bedürfnissen der Zeit anpassten und besonders auf ernste Betreibung der Studien ihr Augenmerk richteten. Die ersten Rügen und dringenden Ermahnungen zur Reformation der Päpste Eugen IV. und Nicolaus V. hatten mehr auf die französischen Klöster Bezug. Zwetl wurde gegen Ende des 15. Jahrhunderts so als Musterstift angesehen, dass aus den andern österreichischen, selbst aus böhmischen und mährischen Stiften Geistliche dahin gesendet wurden, um sich zu tüchtigen Ordensmännern zu bilden.

Die Empörung gegen Friedrich III. wegen des jugendlichen Ladislaus, die Unruhen nach dem Tode des letzteren, die häufigen Brandschatzungen und Plünderungen räuberischer Rotten im Stifte und auf dessen Besitzungen brachten neue Bedrängniss über das schwer heimgesuchte Kloster; Matthias Corvinus kam zwar nicht bis Zwetl, das auch statt seinem Kaiser treu blieb, aber er nöthigte es doch zu bedeutenden Geldabgaben und Einquartierungen. — Trotz aller dieser Drangsale hatte es die treffliche Verwaltung der Aebte, die strenge Zucht und Ordnung im Convente dahin gebracht, dass in wenigen Jahren alle Schulden bezahlt werden konnten und der thätige Abt Colomann (1490—1495) sogar die lange unterbrochene Weiterführung des Baues der Stiftskirche aufzunehmen in der Lage war. [1] Sein Nachfolger, Abt Wolfgang, erzählt von ihm, dass er die Westseite der Kirche mit grossen Kosten gebaut habe, während dieser Theil früher nur mit Latten verschlagen war, und acht Fenster angebracht, welche er von einem Künstler in Steyer mit Glasgemälden schmücken liess. Diess ist aber so zu verstehen, dass er an dem unvollendeten Kirchenschiff weiter baute, allein er vollendete es nicht, denn der westlichste Theil mit der Façade war noch im 17. Jahrhundert von der ersten romanischen Kirche übrig. Bei den acht Fenstern sind ohne Zweifel die mitgezählt, welche Abt Colomann im Querschiffe ausbrechen liess. Verschönerungen in der Kirche nahm Abt Erasmus Leisser (1512—1545) vor, wozu er von Kaiser Maximilian 1512 einen Nachlass der Hälfte der Steuern für ein Jahr im Betrage von 138 Pfund Pfennigen erhielt. Er liess einige Altarblätter malen und den Hochaltar von mehreren Künstlern schnitzen, unter denen Andreas Morgenstern, Bildhauer und Bürger von Budweis in Böhmen genannt wird. Neun Jahre soll daran gearbeitet worden sein (1516—1525); es war ein Flügelaltar, der im Schreine die Himmelfahrt Mariä, auf den Flügeln Darstellungen aus dem Leben derselben in Relief zeigte. [2] Das Mittelstück, mit unglaublicher technischer Virtuosität geschnitzt, aber überladen und fast barock, unbemalt mit fast ganz runden Figuren ist noch erhalten. [3] Wahrscheinlich derselbe Abt liess auch das Sakramentshäuschen machen, welches in der für die Aufnahme des Allerheiligsten bestimmten Nische die Darstellung des letzten Abendmahles in bemalten Figuren enthält, oberhalb einen schwerfälligen architektonischen Aufsatz mit Zinnen, als Spitze die auf dem Halbmonde sitzende heilige Jungfrau. [4] Erasmus

---

[1] Link, Annales II, p. 318.

[2] Es sieht man ihn auf einem in der Martinskapelle hängenden Bilde, welches die Stiftskirche mit einem Messe lesenden Priester, dem Engel ministriren, darstellt.

[3] S. Backen in den österr. Blättern f. Literatur und Kunst, 1855 Nrs. 10, 11, 46. Das merkwürdige Schnitzwerk befindet sich gegenwärtig in der Kirche zu Adamsthal in Mähren.

[4] Es wurde später in die Grabkapelle des Heinrich von Veleparch gebracht, von dort neuerer Zeit in die Frauenburg des kaiserl. Lustschlosses Laxenburg bei Wien.

baute ferner den Kreuzaltar, auf dem er, wie auch am Hochaltare und am Kirchengewölbe sein Familien-
wappen anbringen liess.[1] Er führte dieses auch mit Erlaubniss des Ordensvisitators in seinem Siegel, welchem Beispiele die Aebte von nun an folgten und statt des alten Stiftswappens, welches einen Abt mit dem
Krummstabe vorstellt, ihr Geschlechtswappen oder ein gewähltes mit Wahlsprüchen und dgl. führten, meist
combinirt mit dem neueren Stiftswappen (ein Z, welches sich um ein Pastorale schlingt).

Die Wirkungen der Reformation zeigten sich bei wenigen österreichischen Klöstern in so auffallender
Weise wie bei Zwetl. Schon 1528 war der Convent auf 6 Mönche zusammengeschmolzen, da keine Novizen
mehr eintraten, in der ganzen Umgegend wandte sich der grösste Theil der Bevölkerung der neuen Lehre
zu, die Anstrengungen des thätigen Abtes Erasmus, der Alles zur Aufrechthaltung des alten Glaubens that
und bedeutende Beiträge zur Heranbildung katholischer Professoren und Prediger gab, waren vergeblich.
Das Kloster gerieth in tiefen Verfall und war seiner Auflösung nahe; 1561 waren nur mehr drei Priester und
zwei Novizen da und selbst unter diesen wenigen herrschte die grösste Unordnung und Zuchtlosigkeit. Keine
Abtswahl durfte von nun an ohne landesfürstliche Commissäre vorgenommen werden und sollte in der Regel
von dem Abte von Heiligenkreuz geleitet werden. Martin Steingaden, ein Priester aus Heiligenkreuz,
wurde 1561 dem Stifte als Abt vorgesetzt, bald ergab es sich, dass er heimlich verheirathet war, was natürlich
seine Absetzung zur Folge hatte; von den neu aufgenommenen Novizen erwiesen sich die meisten als untauglich; manche Geistliche, von der neuen Lehre beirrt, heiratheten oder hatten Concubinen. Es bedurfte eines
Mannes von so ausgezeichneten Fähigkeiten, von solchem Eifer und Thatkraft, wie sie Abt Ulrich II.
Hackel (1586—1607) besass, der, ein Freund des Cardinals Khlesl sich grosse Verdienste um die Aufrechthaltung des Katholizismus überhaupt erwarb, um im Stifte selbst unter den wenigen Conventualen (1608
waren noch immer nur fünf) die alte Disciplin wieder herstellen zu können, und den Keim zu einem neuen
Aufblühen zu legen. Er verschönerte die schadhaften Klostergebäude, baute Gastzimmer, Speisesaal und eine
Schule. Seine Nachfolger waren nicht minder auf die Verschönerung des Stiftes. — Abt Johann VII. nahm
1618 den Umbau des Conventes vor. — als auf Beförderung der Wissenschaften, welche besonders Abt Bernhard Link (1640—1670), der die Annalen von Zwetl schrieb, pflegte, bedacht. Den Grund zur neuen
Abtei legte der kunstsinnige Abt Caspar Bernhard 1675; er machte in der Stiftskirche neue Altäre,
schaffte Paramente und kostbare Kirchengeräthe an, für die er eine Schatzkammer baute, und verschönerte
das Stift durch Anlage von Gärten und viele Statuen, von Meistern aus der Stadt Zwetl, Künring und Horn
gehauen: er brachte das Kloster in einen blühenden Zustand. Das gegenwärtige Noviziat und Priorat (früher
Bibliothek) sind Bauten des Abtes Robert Schöller (1695—1706). Am thätigsten war Abt Melchior
von Zaunack (1706—1747); durch den Baumeister Johann Mungenast von St. Pölten liess er den von
der ersten Kirche stehen gebliebenen westlichen Theil in gleicher Höhe mit dem gothischen Baue, freilich
im Geschmack seiner Zeit umbauen, die Façade mit Statuen schmücken und über ihr den schönen, 270 Fuss
hohen Thurm mit kupfernem Helm und einer vergoldeten Salvator-Statue auf der Spitze aus Quadern aufführen (1722—1727). Die gegenwärtige innere Ausschmückung der Kirche ist ganz sein Werk, ebenso der
Flügel am Convente mit der schönen Bibliothek. Leider hatte diese Zeit keinen Sinn für die Erhaltung
älterer Kunstschöpfungen; alte Grabsteine wurden rücksichtslos zu Altarstufen verwendet, alte Messgewänder,
die Geschenke kunstreicher Frauen, verkauft, von den alten Infuln u. dgl. die Perlen und Stickereien wegge-
trennt. Auch bei den Silber-Ablieferungen 1704 und 1809 wurden ohne Zweifel lieber die nicht mehr in
Gebrauch stehenden mittelalterlichen Geräthe als die dem damaligen Geschmacke mehr zusagenden der Renaissance und des Rococco-Styles gewählt. Es ist daher weniges aus der Vorzeit für die Gegenwart erhalten worden. — Das Refectorium in seiner jetzigen Gestalt stellte Rainer Kollmann um 1760 her, den
der Hofdruckerei gegenüber gelegenen Tract Abt Rainer II. Siegel um 1760.

B. Baubeschreibung.

Trotz der vielfach — der Erhaltung von Bauwerken ungünstigen Schicksale des Stiftes Zwetl sind doch
sehr bedeutende und ausgezeichnete Baudenkmale des Mittelalters vorhanden, nemlich die Kirche, der
Kreuzgang und das Kapitelhaus.

---

[1] Link, I. s. p. 865. Ihre Lehner gehörten schon im XIII. Jahrhundert zu den ersten Familien Steiermarks.

Ueber die Gestalt der ersten 1139 gegründeten, 1159 vollendeten Stiftskirche erhalten wir einigen Aufschluss durch eine Zeichnung in dem von Abt Ebro um 1275 angelegten Stiftungenbuche, welche Hadmar II., den alter fundator mit seiner Gemahlin darstellt, das Kirchenmodell auf den Händen tragend. Hier erscheint sie als eine Basilika in Kreuzform mit niedrigen Abseiten, über deren Pultdächern das erhöhte Mittelschiff Rundfenster hat, und halbzirkelförmiger Absis; über der Vierung erhebt sich ein kleiner achteckiger Thurm. [1] Obwohl dergleichen Zeichnungen in der Regel mehr conventionell gehalten sind und nicht immer ein genaues Bild des Originalbaues geben, so ersieht man doch so viel, dass die Kirche nicht den bei Cistercienserbauten des 12. Jahrhunderts so beliebten geradlinigen Abschluss hatte. [2] Ob die Abseiten sich im Chore als Umgang fortsetzten, und dieser mit kleinen Kapellen umgeben war, welche der eine halbkreisförmige Chorabschluss umfasste (wie z. B. in Clairvaux, Pontigny, Heisterbach, St. Germain des Prés) ist nicht ersichtlich. Link, der gelehrte Verfasser der Annalen von Zwetl, der noch den westlichen Theil der Kirche sah und eine Beschreibung derselben gibt, glaubt in dem Umstande, dass zufolge einer alten Urkunde der Dreifaltigkeitsaltar „in intercolumnia chori" stand, den Beweis zu finden, dass der Chor mit einem Umgange versehen war. Auch die vielen Altäre, welche die Kirche besass, und deren Einweihungen im Stiftungenbuche angeführt sind, sprechen für diese Ansicht. Freilich wurde ein Chorumgang in Deutschland in der Regel nur bei sehr grossen Kirchen (Maria auf dem Capitol in Köln, St. Godehard in Hildesheim) angebracht und es lage die Vermuthung nahe, dass Zwetl der Abtei Morimund, welche blos eine halbkreisförmige Concha an dem mit dem Mittelschiffe gleich breiten Chore hatte, gefolgt wäre, denn mittelbar, nemlich durch die Mutterabtei Heiligenkreuz, stammte ja Zwetl von Morimund ab, dessen Abt zudem ein österreichischer Fürst, Otto, Sohn Leopolds III. war.

Nach Link hatte die alte Kirche nur die Länge von der Westfaçade bis zum heutigen Hochaltar, ungefähr 180 Fuss; viereckige Pfeiler trennten das Mittelschiff von den niedrigeren Abseiten, alle Räume waren gewölbt, an den Umfangsmauern halbsäulenförmige Dienste angebracht; das Portal der Westfaçade schmückten Halbsäulen. Die Sakristei stand wahrscheinlich an der Stelle des jetzigen den heil. Simon und Juda geweihten Altares, was aus dem erhellt, dass Rudger, Titular-Erzbischof von Antivari, vor der Sakristei begraben wurde, bei obgenannten Altären aber ein Grabstein liegt, den der Rudger anzugehören scheint. An der Südseite des Chores und abgesondert stand die Grabkapelle des Heinrich Kuenring von Velsperg, in welche eine Thüre aus dem Kapitelhause führte. [3]

Die gegenwärtige Kirche ist ein herrlicher Bau aus den Zeiten der höchsten Entwicklung und Blüthe des gothischen Styles, 1343 gegründet. Ein Blick auf den Grundriss (Tafel VII.) zeigt schon, in welcher hoher Ausbildung hier das Prinzip der Gothik — die Auflösung der Massen und die Construction im Gerippe, wobei das Mauerwerk nur als leichte Füllung erscheint, durchgeführt ist; die nur 3 Fuss dicken Umfassungsmauern verschwinden fast gänzlich, da sie von den zahlreichen Fenstern durchbrochen sind.

Der Umfang der Kirche ist nicht unbedeutend; die Länge beträgt 216 Fuss, wobei das Schiff fast genau so lang ist als das Querschiff und Chor, ein Verhältniss, welches bei Kirchen ähnlicher Anlage (nemlich mit Chorumgang und Kapellenkranz) nicht selten vorkommt, daher die gegenwärtige Länge die beim gothischen Umbaue projectirte ziemlich richtig bezeichnen dürfte. Von der Gesammtbreite von 69 Fuss entfallen 24 Fuss auf den Mittelraum, 18 Fuss auf jeden der beiden Seitenräume (also im Verhältnisse von 4:3), 9 Fuss beträgt die Tiefe der Kapellen. Alle Räume, nemlich Mittelschiff, Abseiten, das Querschiff und der Chor mit seinem Umgange sind gleich hoch [4] — 70 Fuss — was bei so bedeutenden Dimensionen an und für sich schon ein grossartiges Ansehen hervorbringt; der strenge Organismus, die aufstrebende Bewegung aller Theile, das reiche Wechselspiel der Formen erhöhen noch diese Wirkung.

---

[1] Die Cistercienser durften nämlich ihrer Ordensregel nach nur eine Glocke von geringer Grösse haben, daher auch keine eigentlichen Glockenthürme. Erst im XVII. Jahrhundert ging man von dieser Vorschrift ab.

[2] Die Kirche der Mutterabtei Cîteaux war geradlinig geschlossen, von den deutschen Cistercienserkirchen zeigt ungefähr die Hälfte den flachen Chorschluss, z. B. Campen, Hollebrunn, Loccum, Riddagshausen, Lilienfeld. In späterer Periode Heiligenkreuz, Neuberg, Pelplin.

[3] Es ist ohne Zweifel die mit halbrunder Absis geschlossene, sonst aber ganz modernisirte Kapelle, in welcher sich gegenwärtig die Geistlichen zur Abhaltung des Chores versammeln.

[4] Die Entstehung der Hallenkirchen ist in Westphalen zu suchen; die erste gothische ist die Elisabethkirche zu Marburg (1235—1283).

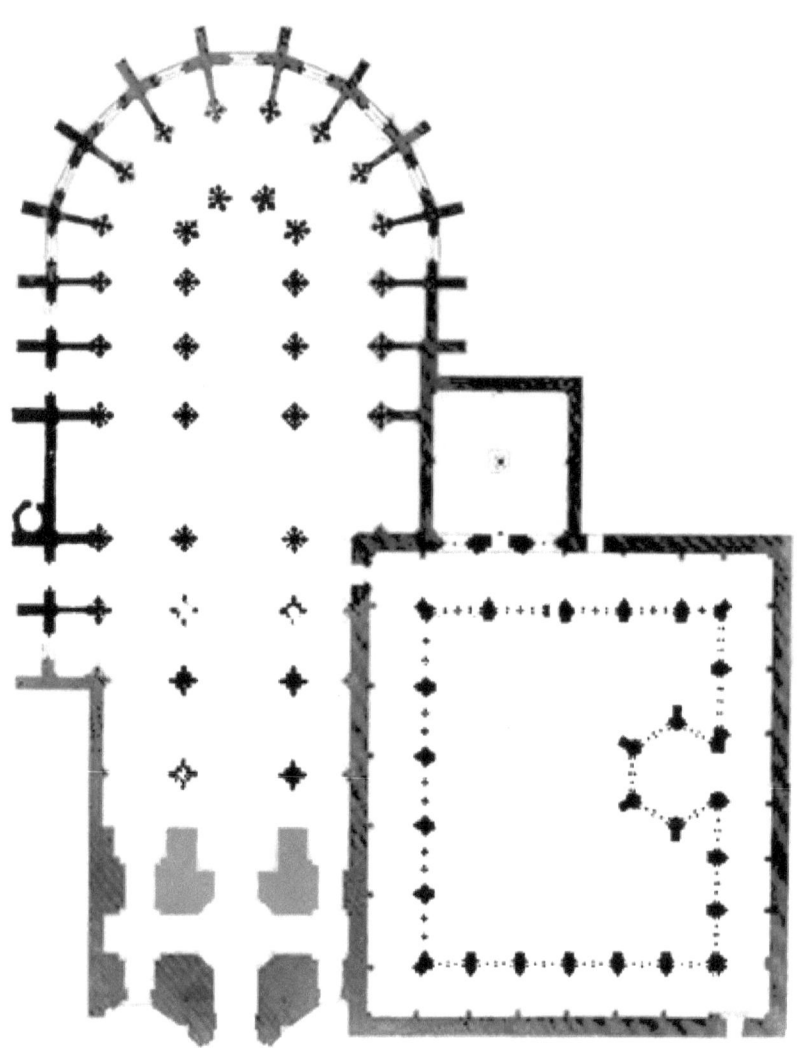

Betrachten wir zunächst den Chor als den zuerst und ganz aus einem Gusse gebauten Theil. Zehn schlanke Pfeiler trennen den um zwei Stufen erhöhten Mittelraum — das Chorhaupt, das durch die Pfeilerstellung eine dreiseitige Begrenzung zeigt, an welcher der Hochaltar steht, von dem fast ein Drittel schmäleren Umgange, der siebenseitig abgeschlossen und von einem Kapellenkranze umgeben ist. (S. den Querdurchschnitt Tafel VIII.) Der Chor ist in seinem ganzen Umfange mit dreizehn Kapellen umkränzt, eine seltenere Anlage (Notre-Dame in Paris, Tours, Mans), da meistens nur um den Abschluss sieben Kapellen gebaut sind, wie in Amiens, Köln, Altenberg, Prag, Orleans, Beauvais, Troyes, manchmal noch wenigere (in Magdeburg fünf, St. Godehard in Hildesheim drei). [1]

Die Gliederung der Pfeiler ist reich (Fig. 1), ihre Grundform quadratisch — bei 6 Fuss jede Seite — mit Halbsäulen, welche die Unterstützung der einfachen Kreuzgewölbe organisch vermitteln, besetzt; tiefe

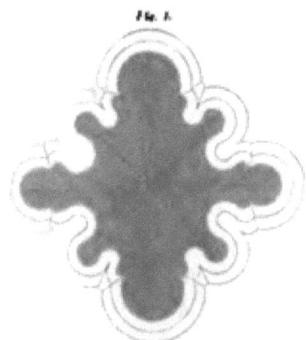

Fig. 1.

Einziehungen zwischen denselben erhöhen das Elastische der Gliederung und lassen diese klarer hervortreten. Jeder Pfeiler hat acht Halbsäulen, von denen die Dienste der Quergurten am kräftigsten sind, etwas schwächer die, welche die Schildbogen tragen, während die für die Rippen bestimmten am dünnsten sind; an jede der beiden ersteren legt sich beiderseits vermittelnd ein Stab an. Die Halbsäulen haben wenig ausladende Kapitäle, mit schönem Laubwerk verziert, welches sich bei der gleichen Höhe der Räume wie ein Kranz um den ganzen Pfeiler (auch zwischen den Kapitälen) herumsieht; es ist im Style des 14. Jahrhunderts gearbeitet, wo man die Blätter nicht mehr, wie in der frühgothischen Periode der Natur in ihrer charakteristischen Verschiedenheit und Mannigfaltigkeit nachbildete, sondern sie mehr stylisirte, nämlich knitterig mit ausgeschnittenen und umgebogenen Rändern. Entsprechend ist die Bildung des Pfeilerfusses (Fig. 2, 3). Wir haben also hier den vollkommen ausgebildeten Bündelpfeiler, wie er annäherungsweise schon im Kölner-Dome, ganz ähnlich

im Schiff der Katharinenkirche zu Oppenheim (1317) erscheint, ohne die in dieser Zeit schon vorkommenden Riemchen an den Halbsäulen der Arkadenbögen. Die Kreuzrippen (Fig. 4) zeigen das für das

Fig. 3.   Fig. 2.   Fig. 4.

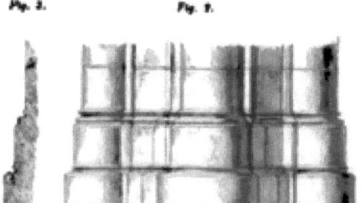

14. Jahrhundert charakteristische Profil, nämlich abgeschrägte Kanten und den birnförmigen, mit breiten Plättchen versehenen Rundstab. An den Umfangsmauern des Chorumganges sind ähnlich und dem Bogen,

[1] Die Cistercienser Mönche hatten die Gewohnheit nach vollendetem Chorgebet sich ohnale vor den Altären im Gebet niederzuwerfen, ja auch zu muthlicsen und zu geisseln. Dieses Bedürfnisse des Einzelgebetes, bei dem sie ganz ungestört sein sollten, mag die Veranlassung gewesen sein, dass sie bei ihren Kirchen auf die Anlage mehrerer Kapellen bedacht waren, entweder an der Osterite der Querschiffflügel, oder am Schiffe; der passendste Ort aber erschien aus dem Chor und obwohl anfangs die Anlage radienter Kapellen als zu prächtig verschmäht wurde, fand sie doch im XIII. Jahrhundert mehrfach Eingang (Pontigny, Longpont in der Picardie, Marienstatt, Altenberge, Doberan. In Heisterbach sind bloss tiefe Nischen); Clairvaux hat 9 Kapellen am Chor.

welche sie stützen, entsprechend gegliederte Wandpfeiler, unten wegen der Bogen der Kapellen fast ganz frei, oben als kräftige Halbsäulenbündel erscheinend. Jedoch geht nur bei drei Wandpfeilern der Süd- und bei einem der Nordseite diese Gliederung von unten auf, bei den übrigen trägt eine starke Halbsäule, welche bis zu der Höhe, wo die Bogen der Kapellenöffnungen aufsetzen, hinaufläuft und daselbst mit einem Kapstäle versehen ist (um so einen Kranz um den Pfeiler zu erhalten), die erwähnten an den Mauern des Umgangs herablaufenden, zu dreien gebündelten halbsäulenförmigen Gurtträger (s. Tafel VIII.). Es entsteht dadurch die Pfeilerform (Fig. 5), wo die vordere Halbsäule diese Dienste trägt, die zu beiden Seiten die äusseren Bogen der Kapellen, die schwachen inneren deren Gewölbe stützen.

Durch den dreiseitigen Abschluss des Chorhauptes und den siebenseitigen des Umgangs, wo also den vier Schlusspfeilern des ersteren eine doppelte Anzahl von Wandpfeilern entspricht, wird eine eigene Combination in der Gewölbeführung bedingt, die hier auf eine ebenso schöne als klare Weise gelöst erscheint. Zwischen den vier Pfeilern des Mittelraumes und den ihnen gegenüber stehenden Wandpfeilern sind neulich reguläre Kreuzgewölbe gespannt, die in der Mitte ein vollkommenes, an den Seiten annäherungsweise ein Parallelogramm bilden; der dazwischen entstehende dreieckige Raum ist durch ein aus drei Kappen construirtes Rippengewölbe ausgefüllt.[1] Eigenthümlich gestaltet sich hierdurch die Pfeilerform (Fig. 6); da nämlich

Fig. 5. Fig. 6.

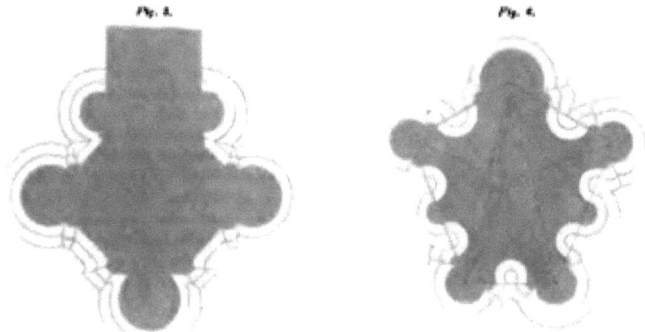

bloss für die eine Rippe des Chorhauptschlusses, für die Schildbogen und für die Rippen der vierseitigen Kreuzgewölbe im Umgange eine Halbsäulengliederung angeordnet wurde — im Dienst der Rippe des dreieckigen Gewölbes wäre mit den andern zu nahe zusammengetroffen, — so bilden die Pfeiler im Grundriss ein Fünfeck. — Man sieht also, wie bei der lebendigen Gesetzmässigkeit des Baues alles motivirt, alles organisch entwickelt erscheint, seine constructive Bedeutung hat und in Wechselwirkung steht; in diesem harmonischen Ineinandergreifen aller Glieder besteht eine Hauptschönheit der gothischen Architektur, wodurch sie den wohlthätigen Eindruck des lebensvollen Wachsthums bei strenger Gesetzmässigkeit hervorbringt. Die Umfangsmauern des Chores sind fast ganz durchbrochen (Taf. VIII.), unten durch die 27 Fuss hohen, reich gegliederten Bogen, in denen sich die Kapellen gegen den Chor öffnen (Fig. 7), ober diesen durch 28 Fuss hohe Spitzbogenfenster; beide nehmen die ganze Breite zwischen den Pfeilern ein. Die Fenstergewände bestehen aus einem System von Stäben und Hohlkehlen, welche sich so an die Dienstbündel anschliessen, dass

[1] Eine ähnliche Lösung, obwohl durch andere Gründe bedingt zeigt der äussere Chorumgang der Kathedrale von Bourges. Noch ähnlicher, durch die in grösseren Zwischenräumen als die Pfeilerdiche betrügt hinausgebauten Kapellen findet man diese Anordnung am äussern Chorumgange der Kathedrale von Mans (s. Viollet-le-Duc, Diction. de l'archit. I, p. 338); ganz gleich wie Westchor der Sebalduskirche in Nürnberg (1361—1377), wo auch das Chorhaupt mit drei Seiten des Achteckes, der Umgang mit sieben Seiten des Sechzehnecks geschlossen ist.

nicht die kleinste glatte Mauerfläche bleibt. — Ein verkröpfter Pfosten (Fig. 7) theilt jedes Fenster in zwei im Spitzbogen bedeckte Felder, deren jedes wieder durch einen schwächeren Stab untertheilt wird, so dass gewissermassen zwei einzelne Fenster mit Vierpässen in den Bogenfeldern combinirt erscheinen, über ihnen befindet sich ein Kreis oder sphärisches Viereck mit der reichsten Maasswerkfüllung (Fig. 9 und Tafel IX). In diesem zeigt sich eine ausserordentliche Mannigfaltigkeit bei streng geometrischer Construction; die Motive sind ebenso schön als klar; selten und nur zur Ausfüllung kommt die später so vorherrschende Fischblasenfigur vor. Die Bildung des Maasswerkes gibt ein charakteristisches Merkmal der Bauperioden ab; im frühgothischen Style ist es einfach, meist Kreise mit Drei- und Vierblättern, aus Rundstäben gebildet, in der Blüthezeit aus mannigfachen Combinationen des Kreises, des Drei- und Vierpasses construirt, während die

Fig. 7.

Fig. 8.

Fig. 9.

letzte Periode der Gothik eine mehr spielende Dekoration, Nachahmung pflanzlicher Formen und gestutzte Stäbe und Aeste zeigt, das streng geometrische Prinzip verlassen.

Die dreizehn Kapellen haben die halbe Höhe und Breite des Chorumganges; ihre Grundform ist ein Parallelogramm — nicht wie bei den meisten Kirchen mit polygonem Abschluss, — welches bei den um den Abschluss herum liegenden natürlich verzogen erscheint.[1] Die 16 Fuss hohen, breiten dreitheiligen Fenster zeigen einfachere, aber nicht minder edle Maasswerkmotive als die des Umganges; einige Felder sind statt im Dreiblatt im Vierblatt abgeschlossen.

Die Anlage des Chores erinnert entschieden an die französischen Kathedralen, welche als Vorbild gedient zu haben scheinen; schon der Kapellenkranz ist abweichend von deutschen Traditionen und ein Gedanke der französischen Gothik, die ihn bei den grösseren Kirchen stabil anbringt. Bei dem Zusammenhange, in dem die Cistercienser-Klöster mit den französischen Mutterstiften der Organisation des Ordens noch immer standen,

[1] Viereckige Kapellen haben mehrere ächt französische Kirchen z. B. Pontigny, St. Germain des Prés, Notre-Dame in Paris.

ist ein solcher Einfluss auch leicht erklärlich. Vielleicht liess sich der Abt den Baumeister aus Frankreich kommen (wie um dieselbe Zeit, 1344, Karl IV. den Matthias von Arras zum Bau der Prager Domes); ja gewisse Formen, namentlich in der Anlage des Kapellenkranzes könnten auf die Vermuthung führen, dass er der Pariser-Schule angehört habe. Doch tritt in der Zwettler-Kirche auch so manche Eigenthümlichkeit hervor: denn bei dem regen geistigen Kunstleben dieser Zeit finden wir bei aller, durch das corporative Element begründeten Uebereinstimmung im Allgemeinen eine grosse Mannigfaltigkeit der Einzelheiten; jeder Baumeister suchte das Resultat seiner Erfahrungen und seine eigenen Ideen über Verbesserung in der Construction und im Zusammenhange mit dieser in der Ornamentik zur Geltung zu bringen und dadurch erhielten ihre Werke das Gepräge individueller Frische und jedes seinen eigenen Reiz.

Der Eindruck, den das Innere des Chores auf den Beschauer hervorbringt, ist wahrhaft imposant: die hohen lichten Räume, die schlank aufschiessenden Pfeiler, das Verschwinden alles Körperlichen durch die von Fenstern und Bogen ganz durchbrochenen Wände, das reiche Leben, das sich in der vielfachen Gliederung ausspricht, zeigen die erhabene Schönheit der reinen Gothik in ihrer vollsten Wirkung auf das Gemüth.

Auch das Aeussere des Chores, durch die Construction des Innern bedingt, gewährt ein herrliches Ansehen (Tafel IX), besonders durch die vielen im reichen decorativen Schmuck prangenden Fenster. Die Widerlager der Gewölbe des Chores erscheinen als schmale, dreiseitig vortretende Lesenen — früher mit Spitzsäulen bekrönt — denn der Schub wird mittels leichter Strebebogen, die schräg bedacht sind, auf die an der Umfangsmauer sich erhebenden Strebepfeiler übertragen. Diese steigen in drei gegen einander zurücktretenden Geschossen empor, deren erstes eine pyramidale Bedachung hat; auf dem Wasserschlage, der das zweite abschliesst ist zu grösserer Belebung eine Fiale angebracht, der Giebel des obersten ziert eine Kreuzblume und trefflich gearbeitete Wasserspeier unter den Giebelschenkeln. Das durch die polygone Begrenzung vielfach gebrochene Dach, um welches — wie wir es bei allen grösseren Kirchen finden — eine durchbrochene Gallerie herumzog, krönt ein zierliches Dachreiter-Thürmchen, 26 Fuss hoch.

Bis zum Querschiffe, vielleicht dasselbe inbegriffen, war die Kirche schon 1348 fertig, denn in diesem Jahre wurden die 13 Altäre der Kapellen geweiht. Das Querschiff und die beiden ersten (vordersten) Travées des Schiffes sind aus derselben Zeit und gewiss nur wenig jünger als der Chor. Ersteres ist etwas breiter als der Mittelraum des Langhauses, seine Flügel springen nur um die Breite des Kapellenkranzes vor, mit dem also die Umfangsmauern in gleicher Flucht liegen; die Giebel sind mit ungemein schönen Maasswerkblenden in ähnlichen Motiven wie die Fenster reich geziert, die Schenkel mit Krabben besetzt, die Spitzen mit der reichen Kreuzblume bekrönt. Offenbar später (um 1494) ausgebrochen, sind die schmalen Fenster an der Ostseite (Taf. IX), mit ihrem jüngeren sich durchkreuzenden Stabwerk. An den nördlichen Flügel ist ein aus dem Achteck construirtes Treppenthürmchen angebaut. Beim Schiffe findet der auffallende Umstand statt, dass die südliche Abseite wegen des hier anstossenden älteren Kreuzganges fast um 6 Fuss schmäler ist als die nördliche, es ist kaum glaublich, dass man bei der Anlage der Kirche hiernäf nicht Bedacht genommen haben sollte und es scheint, dass man die Absicht hatte, auch den alten Kreuzgang zu erweitern und durch einen dem neuen Style entsprechenden zu ersetzen, der, weiter gegen Süden gerückt, dem Schiffe der Kirche genug Raum gelassen hätte.

Die beiden vordersten Travées haben die gleiche Breite mit denen im Chore, die Bogen zeigen dieselbe Gliederung, ebenso die nördlichen Wandpfeiler, zwischen denen zwei Kapellen hinangebaut sind, woraus also hervorgeht, dass man diese auch um das Langhaus, — wegen des Kreuzganges wohl nur um die Nordseite — zu führen gedachte, wie dies manche grössere Kirchen Frankreichs (Notre-Dame, Rouen, Tours, Limoges, Amiens) aufweisen. Das erste Fenster der nördlichen Abseite ist ungemein prächtig (Fig. 19), sechstheilig, mit herrlichem Maasswerk; besonders schön gefügt ist die Untertheilung des Vierblattes im Bogenfelde, welches wie ein Rad erscheint und die rhythmische Vertheilung der zahlreichen Drei- und Vierpässe. Von den Pfeilern aber sehen wir nur die beiden, welche den reich gegliederten Scheidbogen stützen, in der schönen, classischen Gliederung der Chorpfeiler, die übrigen sechs sind viel plumper, indem zwischen den Halbsäulen keine Einziehungen angebracht, diese auch nicht so zart behandelt sind. Die beiden folgenden Joche sind noch bedeutend breiter, die Umfangsmauern kahl, der Fenster breit, niedrig, im gedrückten Spitzbogen mit glatten Gewänden, ohne Maasswerk, bloss mit einigen sich durchkreuzenden Stäben, die Gliederung der Gewölbrippen ist roh, ohne Rundstab. Aus allen Merkmalen geht hervor, dass dieser Theil des Baues einer

Zwetl Taf. IX

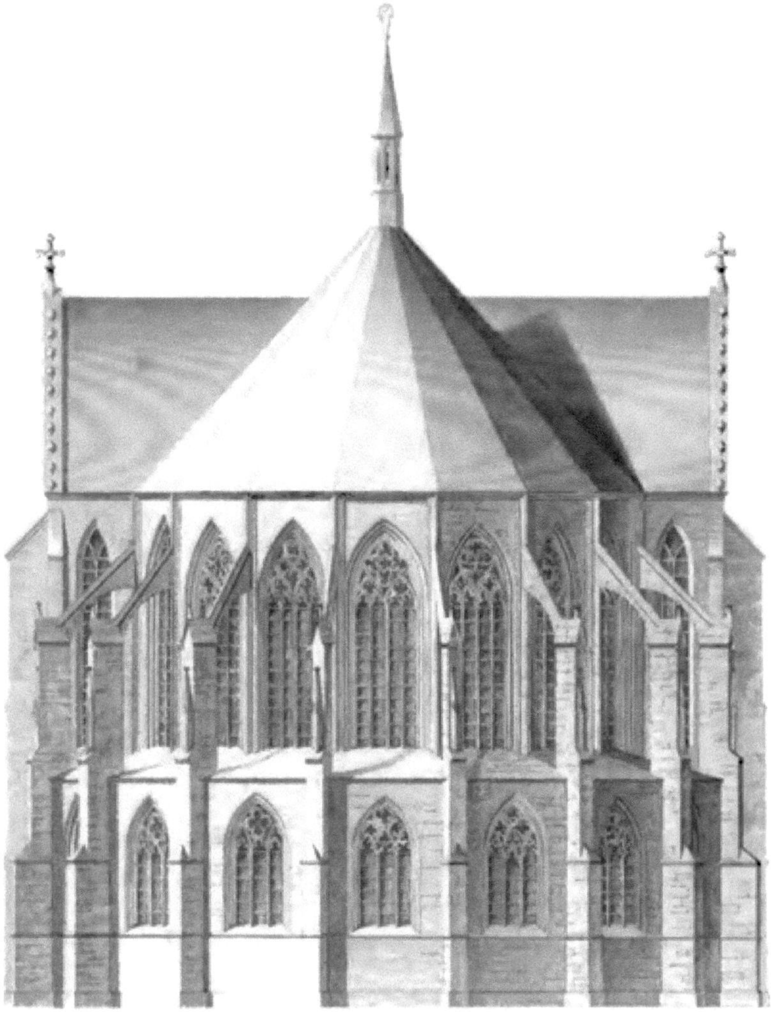

jüngeren Periode — der Verfallszeit des gothischen Styles angehöre. Abt Colomann (1490—1493) liess die unvollendet gebliebene Kirche gegen Westen weiter bauen; ohne Zweifel rührt der eben beschriebene Theil des Schiffes von ihm her. Man erkennt bei dem offenbaren Bestreben die alten Formen zu imitiren wie die

Fig. 10.

Traditionen der Gothik in dieser Zeit schon verschwunden waren. Es scheint dass bei dem Bau der beiden Joche, die bei der Umstaltung der alten Kirche im XIV. Jahrhundert entweder gar nicht gebaut wurden oder unvollendet geblieben waren, auch die Veränderung oder Neuführung der beiden Pfeiler zwischen dem ersten und zweiten Travée nothwendig wurde (S. Taf. VII).

Auch in dieser zweiten Periode wurde die Kirche nicht ausgebaut, sondern es blieb von der ersten romanischen der westliche Theil stehen, bis er um 1720 durch Johann Mungenast umgebaut wurde; er zeigt sammt dem an der Façade sich erhebenden 270 Fuss hohen Thurm den modernen italienischen Styl.

Aus dieser Zeit ist auch die innere Ausschmückung der Kirche; am Hochaltare sieht man ein Crucifix in einem grünenden Baume zum Andenken an die Sage von der Gründung des Stiftes.

Die Klostergebäude liegen, wie gewöhnlich an der Süd-seite der Kirche.[1] Zunächst an sie schliesst sich der Kreuzgang an, ein prachtvoller, sehr interessanter Bau im Uebergangsstyle mit Vorherrschen des Spitzbogens in der Construction. Die Cistercienser zeigten sich dem erwachenden gothischen Style, insbesondere dem System des Spitzbogens sehr günstig und trugen zu dessen Verbreitung in Deutschland nicht wenig bei. Sie wandten bei ihren Bauten fast ausnahmslos die Wölbung an und in den französischen Klöstern begegnen wir (wie in Thoronet) schon in sehr früher Zeit dem Spitzbogen in den Gewölben. Bei den Kreuzgängen folgten sie einem bestimmten Princips, das sich schon bei den ersten Klöstern feststellte; es

[1] Indes wohl darum, um sie gegen die rauhen Nordwinde durch die hohe Kirche zu schützen. Selten liegen die Conventsgebäude an der Nordseite der Kirche, oder an der West- (Laach und Osiseite (Hildesheim).

bestand in Arkadenbogen, die durch eine Mittelsäule untertheilt waren (z. B. Thürnset). Die Mauerbank, auf der die Säulen standen, diente als Sitz, über der Säule war ein Rundfenster. Zierlicher findet sich diese Anordnung in Fontenay (mit gekuppeltem Säulenpaar in der Mitte), noch reicher in Fontfroide.[1] In den deutschen Klöstern bildete sich diese Grundform mannigfaltig aus; mehrere österreichische zeigen einen gemeinschaftlichen Typus, die Heiligenkreuz (erstes Viertel des XIII. Jahrhunderts).[2] Lilienfeld (1208—1230)[3] und Zwetl (1180—1217), letzterer ist in Bezug auf Construction der interessanteste, in der Detailbildung der reichste.

Der Kreuzgang bildet ein Rechteck (die Ost- und Westseite 97 Fuss, die beiden andern je 108 F.), aber sowohl die Breite der Seiten ist etwas verschieden (11—12' F.) als die Dimension der einzelnen Joche (Taf. VII). Die Kreuzgewölbe sind durchaus im Spitzbogen geführt — eine Construction die hier bei der geringen Breite und gewünschten Höhe (18 Fuss) auch wegen des minderen Seitenschubes besonders zweckmässig erscheinen musste; — der aber nach eine sehr gedrückte Form hat. Die Dienste an den äussern Umfangsmauern bestehen aus je drei gebündelten Halbsäulen, deren breitpfühlige Basen zusammenhängen und an den Ecken des Sockels, auf dem sie stehen mit der dem romanischen Style eigenthümlichen Blattverbindung versehen sind; die Decksimse erhalten die Form eines halben Achtecks. Auf der Seite des vom Kreuzgange umschlossenen Gottesackers oder Hofraumes werden die Gewölbe von je drei schlanken Dreiviertelsäulen getragen, die an einen Wandpfeiler gelehnt sind (Taf. X); die 1 Fuss hohen Sockeln sind der Hauptform nach sechseckig, an den Basen sehen wir wieder die gleichsam durch die Last der Säule gedrückten, breiten Pfühle mit tiefer aber sehr schmaler Hohlkehle, wie sie alle Säulen des Baues haben. Die Felder zwischen diesen Diensten sind von Arkadenbogen durchbrochen, deren 5 Fuss hohe Säulchen auf der 3 F. hohen Parapetmauer stehen. Bei den vier Seiten herrscht in der Anordnung und Detailbildung dieser Arkaden manche Verschiedenheit.

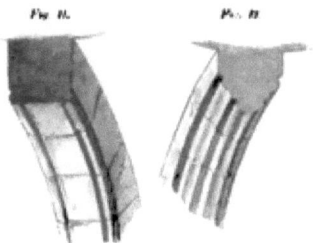

Fig. 11.   Fig. 12.

Am prachtvollsten ist die Nordseite, die am meisten den romanischen Charakter bewahrt. Der Spitzbogen der Gewölbe ist sehr gedrückt, die breiten Quergurte haben an der Laibung zwei Rundstäbe (Fig. 11), während die Kreuzrippen mehrfach gegliedert sind, vorn mit dem wulstigen, noch wenig gratigen Rundstab (Fig. 12); die Kringeln der Schlusssteine zieren verschiedenartige Rosetten. Von den Feldern zwischen den Wandpfeilern auf der Hofseite enthält jedes drei gedrückte Spitzbogen (bloss beim östlichsten sind sie völlig im Halbkreise geführt, Taf. X), welche die mit ihnen parallelen offenen Bogen bedecken; sie werden von sechszehn Säulchen getragen, nämlich von zwei freistehenden Bündeln mit je fünf in's Kreuz gestellten und von drei Wandsäulchen auf jeder Seite, die an dem verkröpften Mauerkern stehen (Tafel X). Oberhalb befindet sich eine breite Oeffnung, deren untere Einfassung eine Wellenlinie bildet (jetzt vermauert und mit Rundfenstern versehen), ein gekuppeltes Säulenpaar in der Mitte; die Mauerkanten sind mit kleinen Einblendungen versehen.

Diese eigenthümliche Anordnung bringt ein reiches Ansehen hervor; unter den Säulenkapitälen herrscht eine grosse Abwechslung in den Ornamenten; es finden sich Reminiscenzen an das jonische und korinthische Kapitäl (Fig. 13), bandartige Verschlingungen mit Perlenreihen erinnern an arabische Motive, während bei anderen das der Natur entnommene Blattwerk, Aesthes mit Blättern und Trauben den Uebergang zur gothischen Ornamentik bekunden. Die Decksimse sind mehrfach mit Rundstäben und dazwischen liegenden Hohl-

[1] Viollet-le-Duc Dict. de l'arch. III. p. 422 ss.

[2] S. dieses Werkes I. Band, S. 44 ff.

[3] Sacken, Kunstdenkm. des Mittelalters im Kreise ob dem Wiener Walde im II. Bd. des Jahrbuches der k. k. Central-Commission für Baudenkm. S. 116.

[4] Dieselbe Gliederung zeigen die Quergurten im Dom von Magdeburg und in der Notre-Dame-Kirche.

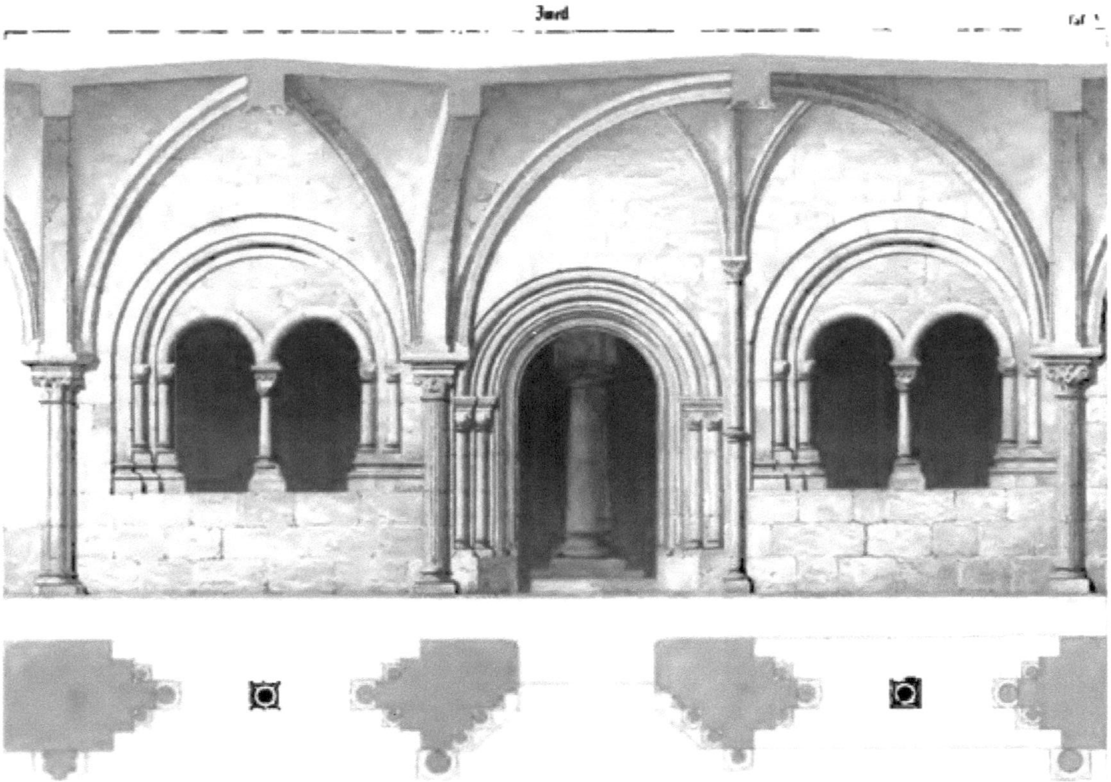

kehlen gegliedert. Die aus dem Kreuzgange in die Kirche führende Thüre ist rundbogig, von zwei ohne Unterbrechung herumgeführten Wulsten eingefasst (*Fig. 10*). Längs der Kirchenmauer zieht sich eine Steinbank hin, da hier die Complet gehalten, und die Fusswaschung am Gründonnerstag an Armen, jeden Sonnabend an den Mönchen vorgenommen wurde. Der Ausguss in den Hofraum ist noch zu sehen.

Fig. 13.   *Fig. 14.*

An der Ostseite treffen wir eine besondere Abweichung (s. Taf. VII.), indem durch den älteren, vor dem Kreuzgange gebauten Kapitelsaal eine Unregelmässigkeit in Anordnung der Gewölbträger herbeigeführt wurde. Dieser hat nemlich gegen den Kreuzgang zu eine Thüre und zwei breite Fenster (Taf. XI.), daher nur sehr schmale Mauerflächen zur Anbringung von Diensten der Kreuzgang-gewölbe übrig blieben. Bei Benützung derselben mussten, wollte man die Fensterarkaden nicht unverhältnissmässig verkleinern, die beiden ersten Gewölbe verschoben werden und bloss das letzte Travée gegen Süden brauchte schmäler zu werden. An der Wand des Kapitelsaales sind statt der Halbsäulenbündel einzelne freistehende Säulen als Gurtträger angebracht; zwei haben cannelirte Schäfte, was bei mittelalterlichen Bauten selten vorkommt. Das zweite Joch erscheint durch seine bedeutende Länge (21 Fuss) bei gleicher Höhe mit den übrigen in einem gedrückten Rundbogen; da man die hinlängliche Festigkeit so langer Rippen und Kappen bezweifeln mochte, so ist das Gewölbe durch eine Querrippe getheilt, die von einer dünnen hoch aufsteigenden Säule getragen wird; diese besitzt in halber Höhe einen gegliederten Säulenring (Bund), um nicht zu schwank zu erscheinen. [1] Drei Rippen setzen auf ihr ab, von denen die beiden äusseren, indem sie gegen die niedrigeren Haupt-säulen laufen, schiefe Schildbogen bilden.

Die Gliederung der Gewölbgurte ist wie auf der Nordseite, der Spitzbogen erhält durch die geringere Breite eine entschiedenere Form (*Fig. 14*). Die Arkadenbogen an der Hofseite sind hier anders angeordnet, indem jedes Travée zwei runde Blendbogen enthält, die wieder zwei offene Rundbogen überdecken (*Fig. 13*); alle diese stützen dreizehn Säulchen, fünf in die Mitte gestellte, die anderen paarweise gekuppelt (die Gewände sind hier nemlich nicht rechtwinklig abgestuft). [2] Ober den Blendbögen ist ein Rundfenster, mit Vier- oder Sechspass, beim nördlichsten die oben beschriebene weite Oeffnung mit Säulenuntertheilung angebracht. Das

---

[1] Bei der romanischen Baukunst, in deren Wesen nicht wie in der gothischen das leichte Emporstreben lag, sind häufigere horizontale Abschlüsse, daher auch diese Anwendung von Bünden bei dünnen, hohen Säulen ganz consequent. An rheinischen Bauten des Uebergangsstyles (wie St. Martin, St. Georg, St. Gereon in Köln, zu Bonn, Andernach, Sinzig, Linz, Boppard etc.) kommen sie bei den angebrachten Säulenbündeln allenthalben vor.

[2] Die gleiche Säulenstellung und Detailbildung findet sich im Kreuzgange zu Lilienfeld.

letzte Feld gegen die Südseite ist nur 6 Fuss 10 Zoll breit und hat zwei scharfe Spitzbogen, unter jedem einen Rundbogen. An den Kapitälen treffen wir auch hier mannigfaltige, mitunter sehr geschmackvolle Motive; neben dem mit volutenartig umbiegenden Blattwerk versehenen Knauf tritt die freiere, lebendigere Form

Fig. 15   Fig. 16

Fig. 17   Fig. 18

des Kelchkapitales mit flach anliegenden gerippten oder gefingerten Blättern auf und die organische, wo das Kapitäl die Vermittlung der runden Gestalt des Säulenschaftes mit der viereckigen des Decksimses bildet (Fig. 16, 17, 18, 19). Das Profil der Deckseite ist einfacher als auf der Nordseite, mit tiefer Unterhöhlung des Abacus, ohne kräftigen Rundstab. Die Thüre, welche in das ehemalige Dormitorium führt, ist im Rundbogen bedeckt, den auf jeder Seite eine Säule mit Würfelkapitäl stützt.

Die Süd-eite weicht sowohl im Profil der Gewölbegurten, die hier bloss bandartig sind und mit seichter Einkehlung der Kanten, als in der Anordnung der Arkadenbogen von den eben beschriebenen ab. Die beiden östlichen Felder, 11 Fuss und 12 Fuss breit, haben je zwei Rundbogen, unter jedem wieder zwei kleinere, zusammen von fünf Paaren gekuppelten Säulchen gestützt, oberhalb ein Rundfenster mit sechstheiliger Zackenverzierung.[1] Die übrigen drei Travées sowie alle auf der Westseite, bei denen die Schildbogen viel spitzer sind, weil sie bei gleicher Höhe nur 9 Fuss 3 Zoll Breite haben, zeigen eine noch einfachere Anordnung; jedes Feld enthält zwei grössere Spitzbogen, unter jedem wieder zwei kleinere, alle von acht Säulchen gestützt (Fig. 20), oberhalb ein sechstheiliges Rundfenster. Die Kapitäle sind weniger mannigfaltig, meist mit knospig umbiegenden Blättern (Fig. 21). Das letzte Joch des Kreuzganges an der südwestlichen Ecke,

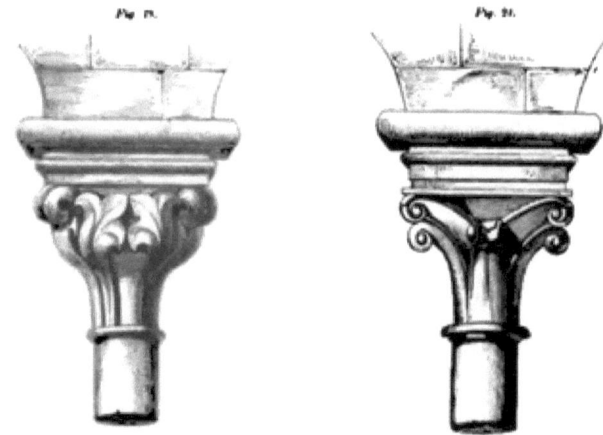

Fig. 19.   Fig. 21.

wo sich der Eingang befindet, ist besonders stark mit sehr breitleibigen Gurten, welche an den Umfassungsmauern von unverkröpften Wandpfeilern mit blattverzierten Kämpfern, gegen die Hofseite von einem Säulenpaare getragen werden. Vielleicht befand sich über diesem Travée ein Aufbau mit der Pförtnerswohnung,

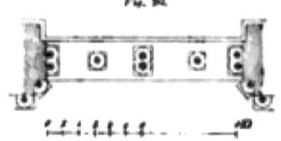

Fig. 20.

der von hier aus die Kommenden beobachten konnte. — Das von der Südseite in den Hof hinausgebaute Brunnenhaus, ein reguläres Sechseck, zeigt dieselben Bauformen wie diese Seite des Kreuzganges; die in der Mitte des Klostergewölbes in eine Spitze zusammenlaufenden Rippen werden von Säulchen gestützt, die auf Consolen stehen, die Felder zwischen den Ecken nehmen Arkadenbogen von der Anordnung wie auf der Westseite des Kreuzganges ein. In der Mitte befindet sich das grosse steinerne Becken, — von einem Geschenke der Wittwe des Ritters Heinrich von Strass 1327 bestritten — in welches mehrere Röhren beständig das frischeste Wasser sprudeln. Der Brunnen versorgte das Kloster, in früherer Zeit wuschen aber auch hier die Mönche sich und die kirchlichen Tücher, daher diese fast immer dem Kreuzgange angebaute Brunnenhalle das Waschhaus (lavatoire) hiess.[2]

[1] Diese Anordnung zeigt auch der Kreuzgang zu Heiligenkreuz.
[2] Zu Clairvaux befand es sich auch an der Südseite des Kreuzganges.

Ursprünglich war der Kreuzgang, wie aus der Anlage der Arkaden hervorgeht, offen, auf der Nord-seite worden aber schon im 15. Jahrhundert in die einzelnen Bogen Stäbe und Maasswerk eingefügt behufs der Verschliessung durch kleine Glasscheiben (Taf. X.); der Charakter des Maasswerkes weist auf die angegebene Zeit. Die Ostseite war der Ort der Familiengruften, von denen noch einige Inschriften erhalten sind: Otto de Hipplesdorf, Hadmar de Sunberch, Sepulch. Dominorum de Stalek etc.

Was die Zeit der Erbauung anbelangt, so scheint die Nordseite mit dem anstossenden Theil der Ostseite zuerst gebaut worden zu sein, denn es ist nicht nur wahrscheinlicher, dass man den Bau an der Kirchenwand begann und nicht die gegenüberliegende Seite zuerst frei aufführte, sondern auch die Bauformen, der gedrück-tere Spitzbogen, die wulstigere Form der Stäbe, die romanisirende Bildung der Kapitäle bei aller Mannig-faltigkeit und eine Vorliebe für den Rundbogen im Kleinen — deuten auf eine etwas frühere Periode. Doch ist die Zeitdifferenz keinesfalls bedeutend. Den Lesegang — hier wohl die Nordseite mit der Bank — baute noch Albero II. von Chuenring, der 1182 starb; von seinem Sohne Hadmar II. erzählt die Reim-chronik und das Stiftungsbuch, dass er drei Seiten des Kreuzganges baute und das Stift überhaupt vollen-dete. Mithin fällt die Vollendung der drei übrigen Seiten spätestens in das Jahr 1217.

Ein sehr merkwürdiger Bau ist das an die Ostseite des Kreuzganges stossende Kapitelhaus, jedenfalls der älteste Baurest des Klosters, denn da Albero II. in demselben begraben wurde, so muss es 1182 bereits vollendet gewesen sein. Es ist ein quadratischer Raum (von 33 F. jeder Seite), dessen im Rundbogen geführ-ten Kreuzgewölbe, die sehr breite einfach viereckte Gurten haben, von einer einzigen in der Mitte stehenden gewaltigen Granitsäule getragen werden (s. Taf. VII bis XI); an den Wänden stützen sich die Quergurte

Fig. 22.

auf flache Wandpfeiler, die Kreuzgurte auf Halbsäulen, die mit den Wandpfeilern verbunden sind. Die Mittelsäule auf grosser quadratischer Plinthe stehend, hat eine attische Basis mit blattartig verzierten Eck-warzen (*Fig. 22*), der Schaft verjüngt sich bedeutend. Statt eines Kapitäles sind halbsäulenförmige Dienste, auf welche die breiten Gewölbegurte aufsetzen, angebracht (*Fig. 23*), vier breitere für die Quer-, ebenso viele schwächere für die Kreuzgurte; sie sind durch viele Glieder abgeschrägt. Die Säule mit diesem schwerfäl-ligen Kopf vertritt somit die Stelle eines Halbsäulenbündels; die Abschrägungen sollen ohne Zweifel andeu-ten, dass das Gewicht der Gewölbe vermittelst der Dienste auf den Säulenschaft übertragen werde. Wahr-scheinlich wurde diese Anordnung darum gewählt, um den im Saale herumsitzenden Mönchen so wenig als möglich die gegenseitige Ansicht und die auf den Abt in der Mitte zu benehmen; die Dimensionen der Halle sind zu bedeutend, als dass man sie ohne Stütze in der Mitte, mit Einem Kreuzgewölbe hätte über-spannen können und eine weniger massenhafte als der eine Säulenschaft ist gewiss nicht zu finden. Uebrigens gehörte bei dem bedeutenden Schub der Rundbogengewölbe eine grosse Genauigkeit der Ausführung dazu. [1] Etwas kümmerlich sind die Verzierungen der Halbsäulenkapitäle, die in der Hauptform einen Würfel mit abgestumpf-

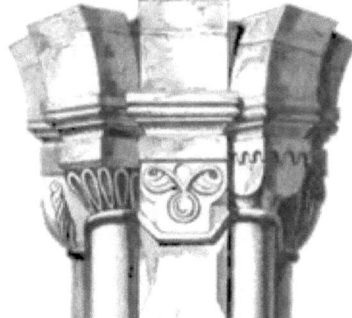

Fig. 93.

ten Kanten darstellen; an einem sieht man einen kleinen Rundbogenfries, an einem andern Zungen. Die Härte des Materials bedingte jedenfalls diese eigenthümliche Ornamentik.

Einen entsprechenden Styl zeigt die Pforte sowie die beiden gegen den Kreuzgang sich öffnenden Fenster (Tafel XI). In den rechtwinklig abgestuften, stark ein-ziehenden Anschlagmauern des Eingangs stehen auf jeder Seite zwei Säulen mit Würfelkapitälen und Eck-warzen an den Basen, weiter gegen innen ziehen sich zwei auf Basen ruhende Wulste ohne Unterbrechung im Rundbogen herum; in der Hohlkehle zwischen ihnen sieht man auf jeder Seite eine Kugel (wie eine Ballen-blume) auf attischer Basis. In den Fenstern bemerkt man wieder das Arkadensystem der Cistercienser; jedes hat an den verkröpften Gewänden auf jeder Seite zwei kurze Säulen, deren attische Basen auf ebenso gegliederten hohen Sockeln stehen und in der Mitte eine das Fenster untertheilende freistehende Säule. Die Wulste, welche die Säulen verbinden, sind sehr schwer, die Ver-zierungen der Würfelkapitäle und theilweise mit Rund-bogenfries ornamentirten Deckplatten, sowie die schei-denförmigen Ansätze der Schäfte sehr eigenthümlich. Die hohen unteren Pfühle der Basen haben theils eiför-mige Eckverbindungen, theils verschlungene Bänder und Knoten. [2] Wir sehen hier also durchaus streng romanische Formen in Construction und Detail sehr eigenthümlich und nicht ohne den gemessenen Ernst, die grossartige Würde, welche den Bauten dieser Periode zukommt.

Die Stiftsgebäude mit den Wohnungen gehören der Zeit des 17. und 18. Jahrhunderts an. Die Kirche des von Hadmar II. gestifteten, nach seinem Tode von seiner Gemahlin Euphemia vor die Kloster-pforte verlegten Spitales, 1218 geweiht, zeigt im Aeussern noch die alten Bauformen. Es ist ein oblonger Raum, von einer halbrunden Abſis geschlossen; die Gliederung des Dachgesimses und die Consolen unter demselben sind genau so, wie an der Aussenseite des Kreuzganges (im Hofe); die Fenster sind im Rundbogen bedeckt. Das Innere des Kirchleins ist ganz modernisirt.

[1] Im romanischen Style dürfte diese Construction selten sein, im gothischen kommt sie mit verschiedenen Modificationen öfter vor, z. B. zu Marienborg, bei mehreren englischen Bauten, wie im Kapitelhause der Kathedrale von Salisbury (s. Britton History and antiquit. of the cathedral church at Salisbury, Pl. XIV), im Kapitelhause zu Worcester, zu Lichfield u. a.

[2] Sie haben vielleicht auch eine symbolische Bedeutung, wie die öfter an Säulenschäften vorkommenden Bandknoten, nämlich auf die zwölf Ellen lange Seil, welches nach Jeremias 52, 21 die beiden Säulen Jachin und Boas im Tempel von Jerusalem umgab. An zwei Säulen im Dome zu Würzburg ist diese Beziehung durch Aufschriften ausgesprochen (Stieglitz.) Gesch. d. Ausb. d. Baukst, II, Tab. XV. S. 117), dadurch wird sie in andern Fällen wahrscheinlich. In der mittelalterlichen Baukunst, namentlich der romanischen Periode findet sich überhaupt manches mit absichtlicher Beziehung auf den salomonischen Tempel als das Vorbild der christlichen Kirche angeordnet.

Der Reliquienschrein im Schatze des Veitsdomes zu Prag,

mit einer einleitenden Darstellung der Entwickelung des Emails im Mittelalter.

von

Dr. G. Heider.

Taf. XII.

Bevor wir dem Leser die Beschreibung des reich mit Email geschmückten Reliquienschreins aus dem Dome von Prag vorführen, dürfte es von Interesse sein, auf die Geschichte dieses Kunstzweiges, welcher auf dem Gebiete der Kleinkünste von dem frühesten Mittelalter an eine vorragende Rolle spielte, an der Hand der durch die neuesten Forschungen gebotenen Resultate näher einzugehen und seine Entwickelung wie auch die charakteristischen Merkmale der einzelnen Schulen und die hervorragendsten Beispiele derselben in kurzen Umrissen anzudeuten. [1]

Der Name „Email“ wird überhaupt einem mit metallischen Oxyden gefärbten Glasstoffe beigelegt, welcher die Eigenschaft seines Durchscheinens beibehält und auf Thon, Glas oder Metall aufgetragen wird. Von letzterem, nämlich den auf Metall aufgetragenen Emails, unterscheidet man drei Arten, nämlich:

a) die inkrustirten, wobei die Zwischenräume der auf einer Metallfläche gezogenen und hervorragenden Umrisse musivartig eingelassen werden;

b) Relief-Emaillen, wobei die in sanfter Erhebung auf der Fläche angebrachten Figuren und Ornamente mit durchscheinenden Emailfarben kolorirt werden; endlich

c) eigentliche Emailgemälde, wobei die Metallfläche nur als Grund für die Emailfarben dient, welche in ähnlicher Weise wie bei andern Gemälden mit dem Pinsel aufgetragen werden.

Die erste Art scheint die ausschliessliche des Alterthums wie auch des Mittelalters bis zum Schlusse des 13. Jahrhunderts gewesen zu sein. Italienische Kleinkünstler waren es, welche um diese Zeit die zweite Art in Anwendung brachten, während die Erfindung der eigentlichen Emailgemälde der zweiten Hälfte des 15. Jahrhunderts angehört und zuerst von Limoges ausging.

Wir ziehen hier blos die sogenannten Emaux incrustés, die erste der aufgeführten Arten, in Betracht, da dieselben der Blüthezeit dieses Kunstzweiges angehören, und für das Verständniss des von uns vorgeführten Objektes zunächst von Wichtigkeit sind.

Sie werden auf zweifache Weise erzeugt:

---

[1] Der folgenden Darstellung ist durchgehends Jules Labarte's Prachtwerk: Recherches sur la peinture en Email dans l'antiquité et au moyen âge, Paris 1856, zu Grunde gelegt. Berichtigungen einzelner Angaben und nähere Ausführungen einzelner Punkte, insbesondere jener, welcher die Priorität der deutschen Emails vor jenen zu Limoges zum Gegenstande hat, verdanken wir dem Aufsatze Kugler's: „Zur Geschichte des Emails“ im Märzhefte des deutschen Kunstblattes S. 65–73. Die Wichtigkeit und die reichen Ergebnisse der Forschungen Labarte's ergeben sich aus einem Vergleiche der von ihm gewonnenen Resultate mit den bisherigen von Labarde, Texier u. a. vertretenen Ansichten. Insbesondere ist Deutschland ihm zu hohem Danke verpflichtet, da er zum ersten Male mit dem Gewichte überwiegender tiefinde und feststehender Beweise die früher angedeutete Priorität der deutschen Emailkunst zur unbestrittenen Thatsache erhebt.

Tab. XII.

Prag

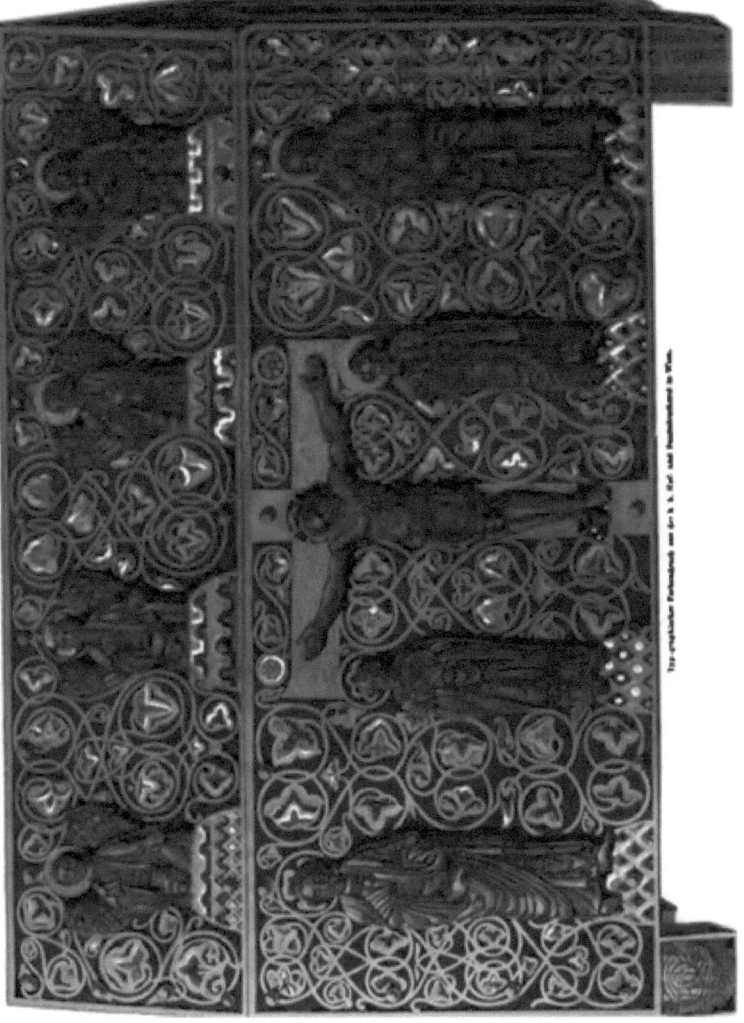

entweder wird die Zeichnung des Gegenstandes, welchen der Künstler darstellen soll, mit Metallstreifen dargestellt, welche auf dem Metallgrund befestigt werden (émaux cloisonnés) und es werden sodann die Zwischenräume mit Email eingelassen ;

oder es wird die Metallplatte selbst mit dem Stichel derart bearbeitet, dass Vertiefungen für das Email gebildet, hingegen die Umrisse der Zeichnung aus dem Metallgrunde hervorstehend belassen werden (émaux champlevés).

Die Emails ersterer Art sind ziemlich selten und haben vorzugsweise den Zweck, ein zartes edelsteinartiges Mosaik hervorzubringen; sie finden sich daher vorzugsweise auf kleineren Gegenständen der Goldschmiedekunst, häufig auch als selbständige Erzeugnisse zur Ornamentirung von Stoffen u. s. f. in Anwendung gebracht.

Die Emails letzterer Art sind sehr häufig, sie werden gewöhnlich auf einem umfangreicheren Metallgrunde ausgeführt und dienen nicht gleich den ersteren blos als Verzierungsbestandtheile von Kunstobjekten, sondern bilden in den meisten Fällen selbständige Verkleidungen von Altären u. s. f. und werden für eine ganze Reihe von Gegenständen des christlichen Kultus angewendet. Im Vordergrunde stehen die Reliquienschreine, Kreuze, Columbarien, ferner Ciborien, Bischofstäbe, Bücherdeckel u. s. f. Die Emails ersterer Art sind die älteren und durchweg der orientalischen Kunst oder ihrer Nachahmung angehörig, während die Emails letzterer Art ebenso entschieden ein Eigenthum der occidentalischen Kunst sind, daher Kugler beide Arten zur kürzeren Bezeichnung als orientalische und occidentalische Emails unterscheidet.

Ohne uns auf die Beantwortung der Frage einzulassen, in welchem Umfange die Technik des Emails bei den Völkern des Alterthums bekannt gewesen sei, ziehen wir zuerst die Entwickelung derselben in Betracht, welche das Email in dem orientalischen Kaiserreiche genommen hat, von woher diese Kunstzweig in die Abendlande, und zwar nach Italien herüberkam.

Zur Zeit des Kaisers Constantin, welcher Constantinopel vergrösserte und die von ihm daselbst erbauten Kirchen mit reichem Schmucke versah, scheint die Kunst des Metallemails noch unbekannt gewesen zu sein, wenigstens finden wir in den historischen Schriften dieses Zeitabschnittes, obgleich sie in eingehender Weise des reichen Kirchenschmuckes und der heiligen Gefässe erwähnen, mit welchen die Kaiser die Kirchen beschenkten, keine Aufzeichnung, die uns vermuthen liesse, dass die Kunst des Emails während dieser Zeit zur Verzierung des Metalles angewendet worden sei. Ein unbekannter Autor des 11. Jahrhunderts, welcher ein noch aus den Zeiten dieses Kaisers herrührendes Kreuz beschreibt, führt zwar an, dass es mit Edelsteinen und Glasfluss geschmückt gewesen sei, allein es geht wohl nicht an, unter letzterem einen Email-schmuck zu verstehen, da auch der griechische Ausdruck, dessen er sich bedient, von jenem abweicht, mit welchem gleichzeitige Schriftsteller das Email bezeichneten. Ein sicheres Zeugniss über die Uebung dieses Kunstzweiges zu Constantinopel begegnet uns erst aus den ersten Jahren des 6. Jahrhunderts bei Aufzählung der Gegenstände, welche Kaiser Justin I. (518 † 527) dem Papste Hormisdas (514 † 523) zum Geschenke machte. Unter denselben finden wir nämlich eine goldene Leuchterschaale mit Emailschmuck (gabatum electrinam) erwähnt. Zur Zeit seines Nachfolgers Justinian, welcher sowohl zu Constantinopel als in dem ganzen Umfange des byzantinischen Reiches eine grosse Anzahl Kirchen baute und sie mit reicher Einrichtung in Gold und Silber begabte, wurde das Email schon häufig zum Schmucke für die Goldschmiedekunst verwendet, und es unterliegt keinem Zweifel, dass bei dem prächtigen Altare, mit welchem dieser Kaiser und seine Gemahlin Theodora die Sophienkirche beschenkten, der Emailschmuck schon eine vorragende Stelle einnahm. Auch die Eingangspforten zum Baptisterium und Narthex dieses Gotteshauses waren nach dem Zeugnisse des früher erwähnten Anonymus mit Email geziert, wie auch viele andere Werke, die aus der Zeit Justinians erwähnt werden. Auch blieb diese Kunst nun nicht mehr auf blosse Verzierungen beschränkt, sondern wurde bereits auch auf figuraliche Darstellungen ausgedehnt, ja unter dem Kaiser Constantin, dem in Purpur geborenen, welcher alle Künste sorgsam pflegte und dem auch die Kunst des Emails einen beträchtlichen Aufschwung verdankt, finden wir es sogar zur Anfertigung von Portraits angewendet, und bereits waren kleinere Emailgegenstände, welche in grosser Fülle angefertigt wurden, ein Gegenstand des Handels geworden, welcher sie in das Abendland brachte, woselbst sie von den dortigen Goldschmieden als Verzierung an den von ihnen verfertigten Gegenständen angebracht wurden. Selbst als im 9. Jahrhundert die Kunst des Emails von Byzanz aus nach Italien gelangte, und weiter bis tief in das 13. Jahrhundert.

waren im Abendlande die Erzeugnisse der byzantinischen Emailkünstler sehr gesucht und blieben es ohne Unterbrechung bis zum Sturze des byzantinischen Kaiserreiches. Wir verweisen hier nur auf einige Hauptwerke, welche aus Byzanz stammen oder doch durch Künstler von dorther ausgeführt wurden, als die Krone Karls des Grossen in der Schatzkammer zu Wien, [1] das Kreuz, welches Kaiser Lothar der Kirche zu Aachen darbrachte, [2] die berühmte Altartafel in der Markuskirche zu Venedig, welche im Auftrage des Dogen Orcolu in Constantinopel ausgeführt wurde, [3] und vieles Andere. Doch waren alle diese Emails nur auf Goldgegenständen angebracht; erst gegen Ende des 11. oder im Beginne des 12. Jahrhunderts, und auch dann nur in seltenen Fällen, wurden Emails auf Kupfer angefertigt.

Ziehen wir zunächst Italien in Betracht, so finden wir, dass zum ersten Male unter dem Pontifikate des Hormisdas († 523) eines von Constantinopel nach Rom gelangten Email-Erwähnung gemacht wird; aus dem Schlusse des 6. Jahrhunderts werden die von Gregor dem Grossen der Königin Theodolinda geschenkten griechischen Emails aufgeführt; zwei Jahrhunderte verfliessen hierauf, ohne dass uns ein Zeugniss über das Herübergelangen byzantinischer Emails entgegentritt. Erst gegen Ende des 8. Jahrhunderts erfahren wir, dass Papst Hadrian I. einen Altar mit goldenem und emaillirtem Getäfel, [?] und ein Abt von Monte Cassino ein silbernes Ciborium mit Gold und Email schmücken liess. In den darauf folgenden fünf Jahren, insbesondere unter den Päpsten Leo III. und Leo IV., kam eine Reihe prächtiger Emailwerke zur Ausführung, von der Mitte des 9. Jahrhunderts ab hingegen finden wir durch den Zeitraum fast zweier Jahrhunderte nur sehr Gegenstände aufgeführt, bei welchen die Emailkunst unzweifelhaft in Anwendung gebracht war, aber wahrscheinlich nur in der Weise, dass die von italienischen Goldschmieden gefertigten Gold-schmieaobjekte mit, von Byzanz oder aus dem Oriente im Handelswege bezogenen, oder von griechischen im Abendlande angesiedelten Emailkünstlern angefertigten Verzierung-gegenständen ausgestattet wurden. Dieses scheint auch die Thatsache zu bestätigen, dass im 10. Jahrhunderte der Abt von Monte Cassino, als er in seiner Kirche einen Altar aus emaillirtem Golde errichten wollte, sich genöthigt sah, einige seiner Mönche mit dem Auftrage nach Constantinopel zu schicken, daselbst die für diesen Altar nothwendigen Emailtafeln anzukaufen. Auch war es dieser Abt, welcher zuerst aus Constantinopel eine Reihe Künstler der verschiedenen Gattungen berief und sie zum Unterrichte in seinen Klosterschulen verwendete. So wurden in Italien eigene Email-schulen begründet und diese müssen es gewesen sein, welche nunmehr die heimischen Kunstobjekte anfertigten, weil seit dem 12. Jahrhundert Italien aufhörte, seine Emaille ausschliesslich aus dem Oriente zu beziehen, und die Toskaner sich schon damals in diesem Kunstzweige eines grossen Rufes erfreuten. In Bezug auf die Technik schlossen sich diese Erzeugnisse enge an die in Byzanz geübten an, welche wir im Eingange als jene der Emaux cloisonnés bezeichneten und diese Technik blieb bis gegen das Ende des 13. Jahrhunderts die ausschliessliche. Erst um diese Zeit fiengen die italienischen Künstler an, auf emaillirtem Grunde Relieffiguren anzubringen, und im Beginne des 14. Jahrhunderts wurde ein neues System der Ornamentation, welches in Frankreich bereits im 13. Jahrhunderts in Uebung stand, angewendet, welches darin bestand, dass in emaillirten blauen Grunde ciselirte Verzierungen oder Figuren von Silber angebracht wurden. Beispiele dieser Kunstübung sind der Aufsatz des silbernen Altars zu Pistoja und der Altar in der Taufkapelle des hl. Johannes zu Florenz. Doch wendete sich die Mehrzahl der Emailkünstler seit dem Schlusse des 13. Jahrhunderts jenem Verfahren zu, welches darin bestand, die Relieffiguren mit durchscheinendem Email umgeben wurden, worin sie einen hohen Grad der Vollendung erreichten.

In den übrigen Ländern des Occidents datirt die Ausübung dieses Kunstzweiges aus den letzten Jahren des 10. Jahrhunderts. Wir müssen dieses annehmen, weil, wenn während des langen vorausgegangenen Zeitraumes bereits die Emailkunst von den heimischen Kleinkünstlern in Anwendung gebracht worden wäre, gewiss in den zahlreichen und oft sehr eingehenden Zeugnissen, welche uns über die Künstler unserer Vorfahren aufbewahrt sind, der hierauf bezüglichen Werke Erwähnung geschehen würde, was jedoch nicht der Fall ist, und die wenigen Kunsterzeugnisse aus diesem Zeitraume, wie die beiden goldenen Emailringe im britischen Museum, wovon einer dem Könige Ethelwulf (836 † 857) und der andere dem Bischofe von

[1] Bock: Reichskleinodien in den Mittheil. der k. k. Centralcommission, II. Band, S. 80 u. f.
[2] Mélanges d'Archéologie, Paris, 1847—1848, I. 205 u. f. Tafel XXXI. u. XXXII.
[3] Labarte, a. a. O. S. 17 und Sommerard: Les arts au moyen âge. Série X. pl. XXXIII.

Sherborne Alhstan (817—867) zugeschrieben wird, sind von zu geringer Bedeutung, um sie als Beweise des Bestandes einer heimischen Uebung dieses Kunstzweiges anzusehen.

Erst die Heirath des Kaisers Otto II. mit der Prinzessin Theophanie führte eine nähere Verbindung des Abendlandes mit dem Orient herbei, wenn auch nicht in dem Umfange, wie man gewöhnlich anzunehmen geneigt ist.[1] Es ist nicht zu bezweifeln, dass unter den Gegenständen von Gold und Silber, welche die reiche Ausstattung dieser Prinzessin bildeten, auch die Kunst des Emails, welche gerade damals in Constantinopel eine hohe Stufe der Vollendung erreicht hatte, in würdiger Weise vertreten gewesen sei, wie auch angenommen werden muss, dass diese Prinzessin, von einem Hofe stammend, wo der Uebung aller Künste eine bevorzugte Stätte bereitet wurde, es nicht unterlassen haben wird, an ihren Hof die besten Künstler jeden Faches heranzuziehen und zu beschäftigen. Auch die Wahl des kunstsinnigen Bernward, späteren Bischofs von Hildesheim (993 † 1022) zum Lehrer ihres Sohnes Otto III. ist ein Beweis ihres gehobenen Sinnes für Kunst und Wissenschaft. Dieser Bischof errichtete in seinem Hause eigene Werkstätten für Metallarbeiter der verschiedensten Art, welche er täglich besuchte und dabei die Arbeit jedes Einzelnen prüfte und verbesserte. Auch zog er junge Künstler an den Hof und schickte einzelne zum Behufe ihrer Ausbildung in der Goldschmiedekunst auf Reisen. Aus seinen Händen gieng eine Reihe sehr kostbarer Goldschmiedearbeiten hervor, welche uns sein Biograph Tangmar schildert; und wenn er auch nicht selbst die Kunst des Emails übte, so darf doch angenommen werden, dass er diese Kunst zuerst nach Deutschland verpflanzt habe.

Auch gehören die ersten Emailwerke, welche für eine von Byzanz unabhängige Uebung dieses Kunstzweiges zu sprechen scheinen, seiner Zeit an. Es sind diess zwei Buchdecken in der königl. Bibliothek zu München. Die eine stammt aus dem Domschatze von Bamberg und ist mit einer auf Kaiser Heinrich II. (1002—1024) bezüglichen Inschrift versehen; sie hat ein figurenreiches Elfenbeinrelief und umher einen breiten Goldrand mit kleinen Emaillen, Steinen und Perlen. Zwölf der Emaillen, die Brustbilder Christi und eilf Apostel darstellend, sind bestimmt byzantinische Arbeit, vier andere Rundstücke mit den Symbolen der Evangelisten zeigen das byzantinische Verfahren in etwas derberer Fassung und zugleich etwas grellere Farbentöne. Noch entschiedener sprechen für den Ursprung ausserhalb Byzanz zwei ebenfalls runde Emailstücke, die auf dem Prachtdeckel der Kiste befindlich sind, welche das Evangelarium aus Kloster Niedermünster in Regensburg einschliesst: Bilder Christi und Mariens, letzteres mit lateinischer Beischrift.

Auch fehlt es nicht an Beweisstellen gleichzeitiger Schriftsteller, welche darauf hindeuten, dass unter diesem Kaiser die Emailkunst in Deutschland ausgeübt worden sei. So wird unter den Geschenken, mit welchen dieser Kaiser die von dem Bischof Dittmar von Merseburg erneuerte Kirche schmückte, auch ein Evangelienbuch aufgeführt, dessen Decke jener zu München ähnlich war, und als er im Jahre 1022 mehrere Tage in Gemeinschaft mit dem Papst Benedikt VIII. in der Abtei zu Monte Cassino zubrachte, legte er bei seiner Abreise reiche Geschenke auf den dem hl. Benedikt geweihten Altar, worunter sich auch ein Kelch von Gold, mit Edelsteinen, Perlen und schönem Email geschmückt, befand.

Alle diese Werke waren ohne Zweifel in der bisher üblichen Technik des byzantinischen Emails gearbeitet, und für die Uebertragung derselben nach Deutschland liegen uns noch weitere Kunstzeugnisse aus dem 11. Jahrhunderte vor, welche eine eingehendere Erwähnung verdienen. Sie bestehen in der Ausstattung einiger Prachtkreuze des Münsterschatzes zu Essen.[1] Das eine von diesen hat am Fusse ein Emailtäfelchen mit der Darstellung einer weiblichen Gestalt, die von einer männlichen einen Kreuzstab empfängt, jene inschriftlich als: Mahthild Abba (tissa), diese als Otto Dux bezeichnet. Das zweite hat ausser sehr zierlichen ornamentistischen Emailstücken ein etwas grösseres Täfelchen mit der Darstellung der thronenden Maria, zu deren Füssen gleichfalls die „Mahthild Abba (tissa) kniet. Der künstlerische Stil dieser Emails ist noch wenig entwickelt, es lässt sich eben nur sagen, dass er im Allgemeinen dem Charakter des 11. Jahrhunderts entspricht. Die schwierige Technik stand hier ohne Zweifel einer freieren künstlerischen Bewegung hemmend gegenüber; mit dem Kunstcharakter dieser Emails stimmt es zusammen, wenn wir unter der als Aebtissin bezeichneten Mathilde, deren mehrere in der Reihe der Aebtissinnen erscheinen, jene

---

[1] Ueber den Einfluss der Verbindung dieser beiden Kaiserhäuser auf die Kunst des Orients vergl. Schnaase: Geschichte der bildenden Künste IV. 2. 267 u. ff.

[1] Kugler a. a. O. 68, 69 und Organ für christliche Kunst II. 6. 3 u. ff.

vorauszusetzen, welche aus bayrischem Herzogsgeschlechte entsprossen, in der Spätzeit des 11. Jahrhunderts dem Kloster vorstand. Für den „Herzog Otto" mag dabei etwa an Otto von Nordheim, Herzog von Bayern und Sachsen, den bekannten Zeitgenossen Heinrich IV. gedacht werden.

Frühzeitig wurde jedoch in Deutschland statt des Goldes, welches von den Byzantinern fast ausschliesslich für Email verwendet wurde, ein minder kostbares Material, nämlich das Kupfer, gebraucht, und an die Stelle der auf den Grund aufgelötheten Streifen treten die Emaux champlevés, wobei, wie bereits erwähnt, die Contouren der Ornamente und Figuren aus dem Metallgrunde gearbeitet und für die Emails vertiefte Stellen gebildet wurden. Man kann ohne Gefahr eines beträchtlichen Irrthums annehmen, dass diese Umwandlung bereits im 11. Jahrhundert eingetreten sei. Eines der ältesten Beispiele dieser Technik in Deutschland ist ein Reliquiarium, welches in der Kirche zu Siegburg (Kölner Diöcese) aufbewahrt wird und die Emailkunst in Deutschland noch in ihren Anfängen zeigt. Man setzt dasselbe in die Zeit der Ottone. [1]   Ein zweites dem 11. Jahrhundert angehöriges Email-Reliquiarium befindet sich zu Hildesheim. Auch dieses zeigt noch die Unbeholfenheit und Rohheit, welche allen Kunstanfängen eigen sind, und stimmt in dieser Beziehung mit der Technik jenes im Schatze zu Hildesheim aufbewahrten Kreuzes überein, welches dem hl. Bernward zugeschrieben wird. [2]

Wir sehen in diesen Werken die ersten Anzeichen einer sich in Deutschland bildenden Schule, welche von den Provinzen des alten lothringischen Königreiches ihren Ausgang fand. Die zahlreichen aus ihr hervorragenden Werke sind in den rheinländischen Kirchen aufbewahrt, und die auf einem Reliquienschreine in dem Schatze der Kirche zu Hannover befindliche Inschrift: Eilbertus Coloniensis me fecit berechtigt zu der Vermuthung, dass Cöln der Mittelpunkt dieser Schule geworden sei, [3] und bereits im Beginne des 12. Jahrhunderts hatte sich der Ruf der rheinischen Schule so weit verbreitet, dass Abt Suger um das Jahr 1144 eine Anzahl rheinischer Emailkünstler in die Abtei St. Denis berief, um daselbst verschiedene Arbeiten auszufertigen, namentlich eine Säule, bestimmt ein Kreuz zu tragen, auf welcher mehrere Darstellungen aus dem Alten und Neuen Testamente ersichtlich waren.

Im Stile und in der Ausführungsweise schlossen sich die deutschen Emailleure bis gegen Schluss der ersten Hälfte des 12. Jahrhunderts noch den griechischen Künstlern an, welche ihre Lehrmeister waren. Nach dieser Zeit jedoch machten sie sich allmälig von den überkommenen Traditionen los und bildeten sich einen eigenthümlichen Stil, welcher vorzugsweise in den Reliquienbehältern ersichtlich wird. Diese hatten nämlich bis zum Beginne des 12. Jahrhunderts die Form von Kreuzen, Triptychen oder Kästchen (area); man wählt nunmehr dafür die Form eines Grabes mit einem prismatischen Deckel. So ist der Sarg, welcher die Reste Karls des Grossen umschliesst und in der Sakristei des Domes von Aachen aufbewahrt wird. [4] Der deutsche Ursprung dieses Prachtwerkes ist unbestritten und auch die Zeit seiner Anfertigung giebt uns die Geschichte kund. Kaiser Friedrich I. nämlich, nachdem er von dem Gegenpapste Pascal III. die Canonisation Karls des Grossen erwirkt hatte, öffnete 1166 dessen Grab, um die Ueberreste der Verehrung des Volkes darzulegen. Mehrere kleinere Gebeine wurden bei diesem Anlasse in besonderen Reliquiarien geborgen, der Körper selbst aber in die erwähnte prachtvolle Area gelegt, welche sowohl in ihrem Stile mit den Arbeiten griechischer Künstler nichts mehr gemein hat und ihren deutschen Ursprung herausstellt, wie auch durch Vollendung der Emaille eine schon längere Uebung dieser Kunstzweige bethätigt.

Aus derselben Zeit und Schule stammen auch der Reliquienschrein des hl. Heribert zu Deutz [5] und ein Reliquiarium von vergoldetem Silber, welches im Louvre zu Paris aufbewahrt wird und einst einen Arm Karls des Grossen umschloss, wie dies die mit Majuskelschrift angebrachte Inschrift darthut: Brachium SCI Gloriosissimi Imperatoris Karoli. [6] Es ist reich mit plastischen Figuren und in den Bogenfüllungen der Arkaden mit Blattornamenten in Email geschmückt, welche eine sehr zarte Zeichnung und eine grosse Reinheit der Ausführung zeigen.

[1] Organ für christliche Kunst III. Bd. S. 142 u. ff.
[2] Kratz: Dom von Hildesheim II. Bd.
[3] Vogel: Kunstarbeiten aus Nordsachsens Vorzeit giebt auf drei Tafeln eine Abbildung dieses Reliquienschreines.
[4] Melanges d'Archéologie I. pl. 43.
[5] Organ für christliche Kunst V. S. 229 und Kugler: Kleine Schriften II. S. 352.
[6] Laborde: Notice des émaux du Louvre arc. 5—21. p. 43.

Ungefähr um dieselbe Zeit mag der Sarg der hl. drei Könige angefertigt worden sein, welcher in der Domkirche zu Cöln aufbewahrt wird. [1] Es war die erste Sorge des Bischofs von Cöln, Philipp von Heinsperg, für die Reliquien der hl. drei Könige, welche Kaiser Friedrich dem Bischofe von Cöln, Reginald und dieser seiner Kirche zum Geschenke machte, einen ihrer würdigen Verschluss herzustellen, welcher ein Prachtstück der Goldschmiedekunst ist. Alle Seiten desselben sind mit Email geschmückt, und zwar in beiden Arten der Technik (nämlich mit émaux cloisonnés und champlevés) zum Beweise, dass die deutschen Künstler das Verfahren ihrer Lehrmeister, der Griechen, nicht ganz ausser Acht gelassen haben.

Einen weiteren überzeugenden Beweis von dem Vorrange, welchen zu jener Zeit die deutschen Emailarbeiten unbestritten einnahmen, finden wir in einer historischen Begebenheit aus dem Schlusse des 12. Jahrhunderts. [2] Um 1181 nämlich waren Mönche der Abtei Grandmont bei Limoges nach Cöln gegangen, um sich Reliquien der Gefährtinnen der hl. Ursula zu erbitten. Sie brachten deren zurück, die in verschiedene Schreine vertheilt wurden. Einer dieser Schreine, in üblicher Weise mit Emaillen verziert, ergiebt sich aus einer nicht viel späteren Beschreibung als deutsches Fabrikat mit den Bildern der Geschenkgeber der Reliquien, des Abtes Gerhard von Siegburg und des cölnischen Erzbischofes Philipp von Heinsberg, und mit dem Namen des deutschen Verfertigers, Reginald. Man war also veranlasst gewesen, den Schrein gleichmässig in Cöln zu bestellen, während man die Arbeit, hätte die Technik damals schon in Limoges geblüht, aus allernächster Nachbarschaft hätte beziehen können.

Ein weiterer sehr wichtiger Beleg für die Blüthe der Emailkunst in Deutschland im Laufe des 12. Jahrhunderts ist der sogenannte „Verduner Altar" zu Klosterneuburg bei Wien, ein Werk, welches in künstlerischer Beziehung eine Bedeutung hat, wie vielleicht kein zweites, und dessen Meister aus der Heimath jener Künstler stammt, welche Abt Suger einige Jahrzehnte früher nach St. Denis berufen hatte. [3]

Dieses Werk bildete ursprünglich, wie die Pala d'oro in Venedig, die Bekleidung der Vorderseite des Altars und wurde erst später im 14. Jahrhunderte zum Altaraufsatze mit Flügeln umgestaltet. Aus den daran befindlichen Inschriften geht hervor, dass es durch Meister Nikolaus von Verdun gefertigt und 1181 in seiner ursprünglichen Stellung geweiht wurde, und dass 1329 eine Erneuerung und veränderte Aufstellung stattfand, bei welchem Anlasse den ursprünglichen 45 Tafeln 6 neue beigefügt wurden. Sie enthalten Darstellungen biblischen Inhaltes; alttestamentliche Scenen sind mit solchen des Neuen Testaments auf sinnreiche Weise in wechselseitige Beziehung gesetzt. Die conventionelle Richtung des 12. Jahrhunderts bildet an den aus dieser Zeit stammenden Tafeln die entschiedene Grundlage ihrer stilistischen Behandlung. Aber sie entwickeln sich, wie Kugler treffend bemerkt, von solcher Grundlage aus zu einem energisch bewegten Leben, das bei manchem auffälligen Ungeschick, bei manchem sehr Uebertriebenen, die beredteste dramatische Aussprache des Momentes zur Erscheinung bringt; sie gestalten sich bei einzelnen, namentlich weiblichen Gestalten, zu den durchgebildeten Grundzügen eines klassisch geläuterten Adels, der mit Empfindung auf die Muster der Antike zurückgeht und in staunenswürdiger Meisterschaft vorweg nimmt, was etwa erst ein halbes Jahrhundert später, besonders in den sächsischen und toskanischen Bildhauerschulen zur umfassenden Ausbildung gelangen sollte.

Aus der Zeit Kaiser Friedrich II. (1211—1250) endlich stammt der prachtvolle Reliquienschrein in Form einer kleinen Kirche, welcher in der Liebfrauenkirche zu Aachen aufbewahrt wird. [4] Die Zeit seiner Anfertigung ergiebt sich aus dem Umstande, dass seiner bereits in einem Edikte des Kaisers vom Jahr 1220 Erwähnung gemacht wird. Obgleich die Technik dieses Schreines jene der griechischen Emailkünstler ist, so ist doch die Behandlung eine von der byzantinischen Kunstweise durchaus ganz verschiedene. Die Ornamente sind durchaus correkt und lassen sich auf verschiedene Combinationen des Zirkels zurückführen, man erblickt an ihnen nicht mehr die Inumenhaften Details und die oft bestechende Unregelmässigkeit des byzantinischen Stils. Diese und eine Reihe anderer Werke, deren Aufzählung hier nicht am Platze erscheint, [5]

---

[1] Melanges d'Archéologie, Tom I. pl. 40, 42 u. 43.

[2] Duchesne: Hist. franc. script. t. IV, p. 740.

[3] Vergl. das Prachtwerk Camesina's: das Niello-Antipendium zu Klosterneuburg. Wien. 1844.

[4] Melanges d'Archéologie, Tom I. S. 17 und Tafel 1—3.

[5] Vergl. Kugler: Kleine Schriften I. 94, 780, II. 529, 542 u. 703.

geben ein glänzendes Zeugniss für die Blüthe dieses Kunstzweiges in Deutschland, auch erhält sich derselbe
auf gleicher Höhe bis gegen den Schluss des 13. Jahrhunderts, wo mit Aufnahme der von Italien ausge-
gangenen neuen Kunstübung, deren wir bereits erwähnt haben, das frühere Verfahren mehr und mehr in
den Hintergrund trat, bis es zuletzt ganz verdrängt wurde.

In Frankreich wurde die Kunst des Emails erst um die Mitte des 12. Jahrhunderts heimisch. Diese
Annahme widerspricht zwar allen bisherigen Ansichten, welche die Schule von Limoges als den Mittelpunkt
der Entwickelung des Emails im Occidente und zwar bereits vom 11. Jahrhundert angefangen, hinstellen;
allein die neueste Forschung Labarte's hat die Richtigkeit dieser Anschauung sehr erschüttert und die Ab-
hängigkeit der Limoger Schule von der ihr vorausgegangenen rheinischen nachgewiesen. [1]

Wir besitzen nämlich über die Entwickelung der Goldschmiedekunst in Frankreich während des 11. und
der ersten Hälfte des 12. Jahrhunderts zahlreiche Zeugnisse. Keines derselben aber deutet darauf hin, dass
während dieses langen Zeitraumes die Kunst des Emails geübt wurde.

König Robert, welcher von 996—1031 regierte, war ein würdiger Zeitgenosse des Kaisers Heinrich.
Seine Geschichtschreiber, Raoul Glaber und der Mönch Helgang, beide Zeitgenossen von ihm, gehen oft
sorglich auf die Aufzählung jener Schmuckgegenstände ein, mit welchen er die von ihm erbauten Kirchen
ausstattete, nirgends aber wird des Emails Erwähnung gethan. Gegen Ende des 11. Jahrhunderts veröffentlichte Jean de Garlande einen Dictionnaire des arts et metiers, er führt darin die Goldschmiede (aurifabri)
und die Verfertiger der Gefässe (scyphani) wie auch die Werke an, welche aus den Händen der verschiedenen
Künstler hervorgiengen, aber weder des Emails noch der Emailleure macht er darin Erwähnung.

König Ludwig der Grosse (1108 † 1137), ein besonderer Gönner der Abtei St. Denis, wo er aufer-
zogen wurde, machte kurz vor seinem Tode sein prachtvolles Kirchengerathe dieser Abtei zum Geschenke;
der Abt Suger führt in der von ihm angefertigten Lebensbeschreibung dieses Fürsten die vorzüglichsten
Gegenstände dieses Schatzes auf: ein Evangelienbuch, einen Kelch, ein Rauchgefass, Candelaber u. s. w. und
erwähnt ihres Schmuckes in Gold und edlen Steinen, von Email-schmuck aber schweigt er gänzlich.

Die durch die Obsorge dieses kunstsinnigen Abtes angefertigten kirchlichen Gerath-chaften zeigen zwar,
soweit wir dies aus den auf unsere Zeit gekommenen Ueberresten und den historischen Zeugnissen ersehen,
bereits vielfachen Email-chmuck, allein ebenso sieht man, dass derselbe seiner Technik nach griechischen
oder italienischen Ursprunges ist, und als Suger zum Schmucke einer Säule Emails von grösserem Umfange
auf Kupfer mit figuralischen Darstellungen bedurfte, fand er hiefür in Frankreich keine geeigneten Künstler
und sah sich daher veranlasst, im Jahr 1144 sieben Goldschmiede aus Lothringen für diese Arbeit zu berufen.
Er hätte dies gewiss nicht gethan, wenn bereits, wie dies die früheren Archäologen erwähnen, um diese Zeit
zu Limoges eine Schule der Emailleure bestanden hätte, um so weniger, als er bereits 1137, da er den Sohn
Ludwig des Grossen nach Bordeaux zum Behufe seiner Vermählung mit Eleonore, der Tochter des Herzogs
Wilhelm von Aquitanien begleitete, auch nach Limoges kam, und bei seinem bekannten und vielgepriesenen
Kunstsinne ohne Zweifel mit den Kunsterzeugnissen dieser Stadt sich bekannt gemacht hätte.

Man muss daher, um der Geschichte und den Thatsachen ihr Recht zu lassen, annehmen, dass die Kunst
des Emails auf Kupfer, welche, wie wir gesehen haben, in Deutschland bereits im 11. Jahrhunderte geübt
wurde, von hier aus und zwar speciell durch die von Abt Suger berufenen rheinischen Künstler nach Frankreich verpflanzt wurde und dass diese es waren, welche zur Begründung der Schule von Limoges die erste
Anregung gaben.

Den ersten sicheren Beweis über den Bestand dieser Limoger Schule und ihrer Wirksamkeit treffen
wir jedoch erst 25 Jahre nach der von Suger vorgenommenen Berufung deutscher Emailkünstler, und zwar
in einem Briefe, welchen der im Jahr 1170 nach England übergesiedelte Augustinermönch Johann an den
Prior des Klosters Saint Victor schrieb und worin er des Deckels eines Evangelarums, als eines Werkes
von Limoges, Erwähnung macht. Bald aber erreichte diese Schule einen hohen Aufschwung. Bereits in der
ersten Hälfte des 13. Jahrhunderts waren ihre Erzeugnisse von allen benachbarten Ländern gesucht und es
war der Gegenstand des Rühmens, im Besitze eines „Opus Limovicense" zu sein. So kam es, dass die

Erzeugnisse von Limoges auch hier einen raschen Eingang und grosse Verbreitung fanden, während die Emailkunst gleichzeitig in Paris eine bei weitem geringere Pflege fand, wenn gleich auch ihre Erzeugnisse den Weg in fremde Länder fanden. Die Entwickelung dieses Kunstzweiges in Frankreich gieng mit jener bereits geschilderten in den übrigen Ländern gleiche Wege. Die inkrustirten Emails blieben bis ins 14. Jahrhundert vorherrschend. Limoges hielt auch mehr, als dies anderwärts geschehen, an der überkommenen Technik und an der Strenge des Stiles fest, so dass ihre Erzeugnisse lange Zeit für byzantinische galten. Der im 14. Jahrhunderte zur Herrschaft gelangte Geschmack an Gold- und Silbergegenständen, wie die aus Italien stammende Erfindung der Anwendung durchscheinender Emails auf Reliefciseluren verdrängten stufenweise das inkrustirte Email, bis die im 15. Jahrhundert erfundene Email-Malerei die gänzliche Beseitigung desselben zur Folge hatte.

Im Allgemeinen ist die technische Behandlung des Emails in der Blüthezeit dieses Kunstzweiges in Deutschland und Frankreich ziemlich gleichartig. [1] Vollständige farbige Darstellungen mit erhöht stehen gebliebenen Metallrändern zwischen den Farben sind nicht zu häufig. Dieses als das ältere Verfahren findet sich mehr bei den deutschen als französischen Arbeiten, zumal wenn es sich um figurenreiche Compositionen handelt. Auch kommen bei älteren deutschen Arbeiten aufgelöthete Zwischenstreifen nach Art des byzantinischen Verfahrens mehrfach vor. In andern Darstellungen entbehren die nackten Körpertheile der menschlichen Gestalten der Färbung und werden nur durch die erhöht stehen gebliebene vergoldete Kupferfläche mit gravirter und niellirter Zeichnung wiedergegeben; was ebenfalls mehr bei deutschen Arbeiten der Fall ist. In sehr grosser Mehrzahl sind nur die Gründe und dekorativen Umgebungen mit Farben versehen und die ganzen Figuren in der eben angedeuteten gravirten Zeichnung dargestellt. Dies Verfahren finden wir überwiegend bei den Limusiner Arbeiten in Anwendung gebracht, doch findet es sich auch in Deutschland häufig. Die Tafeln der erwähnten Altars zu Klosterneuburg sind in derselben Weise behandelt, mit zweifacher, theils blauer, theils rother Niell-Färbung der gravirten Umrisslinien der gegenständlichen Darstellungen, welche durchgehends auf blauem Emailgrunde erscheinen. Wesentliche Vorzüge der deutschen Arbeiten vor den französischen bestehen in der kräftigeren Farbe, dem mehr harmonischen Tone, der besseren Politur des Emails, in der sorgfältigeren Zeichnung, in dem reineren Geschmacke und der grösseren Mannigfaltigkeit der Ornamente, lauter Punkte, die naturgemäss von der in der romanischen Epoche vorwiegenden Kunstblüthe Deutschlands bedingt sind.

Der Reliquienschrein, welcher zu den vorausgeschickten Andeutungen den Anlass bot, bildet einen sehr werthvollen Bestandtheil des an Kunstobjekten aller Art so reichen Domschatzes der Kathedrale zu Prag. Er hat eine Länge von 28 Centimeter bei einer Höhe von 20 Centimeter, die grösste Breite desselben beträgt 11 Centimeter. Er zeigt die einfache Form eines kleinen Sarges, wie wir sie in reicherer Entwickelung und mit freier architektonischer Ausstattung an den grösseren Reliquienschreinen des 12. und 13. Jahrhunderts in Anwendung gebracht finden. Die Hauptseite ist im Grunde, der durchweg blaues Email zeigt, durch freie Ornamentverschlingungen geschmückt, welche aus den, aus dem Metallgrunde stehen gebliebenen Metallstreifen gebildet werden, und deren Ausgänge innerhalb der einzelnen Rundungen mit Blattwerk geziert sind, welches in wechselnder Farbengebung blau, grün, roth und gelb emaillirt ist. Auf diesem Grunde sind in Messing gegossene und vergoldet Reliefgestalten angebracht, und zwar in der Mitte die Darstellung des gekreuzigten Heilandes auf grün-blau emaillirtem Kreuze, zur Seite zwei kleinere Gestalten, in welchen wir die hl. Maria und den hl. Johannes zu erkennen glauben. Neben dieser Kreuzigung ersieht man ausserdem zwei grössere Standfiguren in ernster ascetischer Haltung, durch welche wohl Apostelgestalten dargestellt sein sollen. Auf der schräg ansteigenden Bedachung erblickt man vier Halbfiguren von Engelgestalten. An den beiden Kopftheilen dieses Reliquienschreines, der mit einem spitzbogigen Thürchen versehen ist, sind ebenfalls je zwei Apostelgestalten, und zwar auf dem sichtbaren Metallgrunde kräftig gravirt zu erblicken. Die Rückseite zeigt in quadratisch geordneten Abtheilungen einzelne Laubornamente in Vierpass- und Kreuzesform, sämmtlich in vielfärbigem Email. Dem Kunstcharakter nach haben wir es mit einem Werke aus dem Schlusse des 12. oder aus dem Beginne des 13. Jahrhunderts zu thun und wir glauben nicht zu irren, wenn wir es abweichend von der bisher geltend gemachten Ansicht, welche es als ein vorragendes Erzeugniss der Limusiner Schule bezeichnet, vielmehr der Rheinischen Schule zusprechen, welche, wie wir gesehen haben, gerade in jener Zeit ihre reichste Blüthenperiode entfaltete. Für diese Ansicht spricht insbesondere der Umstand, dass die Ornamentation, die technische Behandlung, wie auch die Farbenabstufung jener Emailwerke, welche von den neuesten Forschungen als unzweifelhafte Produkte der Rheinischen Schule anerkannt wurden, genau mit dem Prager Reliquienschreine übereinstimmen, wie dieser auch überhaupt alle jene früher angedeuteten Merkmale aufweist, welche die Werke der Deutschen Schule kennzeichnen.

Die Benediktiner-Abtei-Kirche zu Trebitsch in Mähren.

Von

Dr. G. Heider.

Nach den Aufnahmen des Architekten F. Kirschner.

Taf. XIII—XVII.

I. Geschichtliche Uebersicht.

Für die Baugeschichte des Klosters Trebitsch, von welchem nur die Kirchenanlage, diese aber unversehrt und vollständig bis auf unsere Tage sich vererbt hat, finden wir in den geschichtlichen Aufzeichnungen nicht den geringsten Anhaltspunkt, aber auch die bedeutsamsten Schicksale dieser altehrwürdigen Stiftung sind uns nur theilweise bekannt, an vielen Punkten geräth der Fluss der Darstellung in's Stocken, und nur der Umblick auf gleichzeitige Ereignisse kann uns über diese Lücken hinüberleiten. Erst aus späterer Zeit, aus den Tagen, in welchen ein hartes Geschick über dieses Kloster hereinbrach, welches seine Stärke brach und es seinem völligen Verfalle zuführte, sind uns umständlichere Aufzeichnungen erhalten, die es uns klar machen, wie es kommen konnte, dass ein bereits in früher Zeit blühendes, mit reichem Besitzthum gesegnetes und mit allen Würden der geistlichen und weltlichen Macht ausgezeichnetes Stift seinem gänzlichen Verfalle und seiner endlichen Auflösung schon zu einer Zeit zugeführt werden konnte, wo andere Klosterstiftungen in nächster Nähe noch den ungetrübten Abglanz ihrer einstigen Grösse in sich trugen, und denselben auch bis auf die Gegenwart herab zu erhalten wussten.

Die Gründungszeit der Benediktiner-Abtei Trebitsch ist urkundlich nicht nachweisbar; den bisherigen Annahmen zufolge soll sie im Jahre 1109 [1] von dem Brüderpaare aus dem Geschlechte der Premysliden, den Herzogen Ulrich von Brünn († 1115) und Lutold von Znaim [2] († 1112) und zwar gleich allen Benediktiner-Abteien, [3] zu Ehren der h. Jungfrau Maria gestiftet und, wie eine spätere Urkunde vom J. 1197 aussagt, reich mit Besitzthum ausgestattet worden sein. [4] Der fromme Sinn der Gründer mochte durch die vorausgegangenen Drangsale, welche ihnen von ihren Stammesgenossen, den Herzogen Bretislaw II. und Boriwoy II. von Böhmen bereitet worden waren, und durch welche Ulrich seines Anrechtes auf den Fürstenstuhl in Böhmen, beide ihrer Besitzungen in Mähren verlustig wurden, in deren ruhigen Besitz sie erst wieder 1101 gelangten, geläutert und zur Werkthätigkeit in dem Sinne ihrer Zeit hingelenkt worden sein. [5] Beide sollen auch nach ihrem Tode in diesem Kloster ihre Ruhestätte gefunden haben. [6]

---

[1] Schwoy: Topographie von Mähren, III (1794), 750. Wolny: Mähren, 1842, VI, 542. — [2] Diesenhofer: Genealog. Tabellen der böhm. Fürsten u. s. w., Prag. 1805, S. 57. — [3] Martene: Commentar. in ordinem S. Benedicti, 666. s. f. — [4] Passio: Mart Morav. Pragae 1677 p. 40; vergl. Dobner: Annal. Hagerian. Tom. VI. p. 56 und Boczek: Cod. dipl. Morav. tom I. p. 348. — [5] Palacky Geschichte von Böhmen I. 344 ff. — [6] Passio p. 30.

Ueber den Umfang des Besitzthums dieses Klosters, dem schon in früher Zeit zwei Probsteien zu Wollein und Kumrowitz (auch Luh) als Töchter unterstanden, können wir bei dem Umstande, als der Stiftsbrief dieses Ordenshauses, so wie überhaupt die Mehrzahl der Urkunden desselben unter den schweren Stürmen, von welchen es fortwährend zu leiden hatte, und denen es schliesslich auch unterlag, verloren gegangen sind, nichts berichten. Bestimmte Anhaltspunkte gewinnen wir erst aus der erwähnten Urkunde v. J. 1197, welche ein Enkel des Gründers Ulrich, der Brünner Fürst Spithnew dem Kloster ausstellte. Mit dieser Urkunde werden nicht nur die früheren, jedoch nicht namentlich angeführten Besitzungen dieses Klosters wie auch jene der beiden Probsteien bestätiget, sondern auch zum Seelenheile des Ausstellers, seines Vaters und Bruders, neue Besitzungen verliehen, und dem Kloster alle jene Güter und Erwerbungen zugesprochen, welche zur Zeit seiner Regierung nach dem Zeugnisse ehrbarer Männer dem Kloster zufielen. Von dem Seelgerathe, welches ein Klosterbruder Gawel für das Seelenheil seines zur Zeit des Krieges unter Herzog Konrad getödteten Bruders und zwar im Betrage von 160 Marken stiftete, wurde zu dieser Zeit die eine Hälfte zum Ankaufe eines Gutes in Ozlawan, die andere Hälfte zum Aufbaue einer Klosterkapelle zu Ehren des h. Wenzeslaus verwendet.[1] Es ist dies die einzige Nachricht, welche wir von der Bauthätigkeit des Klosters erfahren, alle übrigen Angaben schweigen darüber, sie geben uns auch über die früheren Schicksale des Klosters nur kümmerliche Auskunft, und dienen häufig nur dazu, den Namen eines Abtes oder irgend eine untergeordnete Thatsache festzustellen.

Der erste Abt von Trebitsch, dessen in urkundlichen Quellen Erwähnung geschieht, ist der Abt Kuno, welcher am 25. August 1138 starb. Ihm folgte im nächsten Jahre Adalbert in der Würde. Auf ihn scheint eine Urkunde von 1145 sich zu beziehen, in welchem Jahre der Papst Eugen III. dem Prager Bischofe Otto, dem Herzoge Wladislaw von Böhmen, ferner den Aebten von Hradisch und Trebitsch und dem Herzoge Otto von Mähren die Beraubung der Olmützer Bischofs Heinrich auf seiner Reise nach Rom, wie auch die Excommunication dieser Räuber zur Anzeige bringt, die geistlichen Dignitäre auffordert, diese Excommunication zu verlautbaren und deren Beachtung zu sichern, die weltlichen Fürsten hingegen beauftragt, die Uebelthäter zu ergreifen und insolange anzuhalten, bis sie ihre Uebelthat vollständig abgebüsst hätten.[2]

Unter den Zeugen einer Urkunde vom J. 1160 erscheint ein Sadej als Abt von Trebitsch,[3] wahrscheinlich der, zeuge des alten Hradischer Jahrbuches, im J. 1096 geborne Sohn des im J. 1107 zur Regierung von Olmütz gelangten Fürsten Swatopluk († 1109).[4] Im Jahre 1174 erscheint ein zweiter Kuno,[5] von dem wir nichts wissen, als dass er zur Zeit des Fürsten Vratislaw von Brünn das zum Klostergut gehörige Besitzthum Nacemirie vertauschte,[6] und 1197 Tiburtius als Abt von Trebitsch, unter welchem die früher angeführte Bestätigungsurkunde Spithnew's ausgestellt wurde. Wahrscheinlich auf ihn bezieht sich auch eine Urkunde desselben Fürsten vom Jahr 1195, in welcher mit Berufung auf die Aussage glaubwürdiger Männer und auf das von dem Abte von Trebitsch vorgewiesene Privilegium dem Benediktinerkloster bei Brünn der streitige Zehentbezug von Feldern in Maniee daselbst zugesprochen wird.[7] Der Abt Tiburtius wird noch 1201 in Urkunden erwähnt, aber seit 1210 erscheint ein Martin[8] und seit 1225 Lucas, unter welchem das Kloster Trebitsch eine ihm gehörige Besitzung Ozlawan an die Heilwid von Znaim gegen ihr Dorf Horka vertauschte.[9] Ihm folgte schon 1226 Abt Zvěst[10] und diesem seit 1228 Arnold, welcher um 1225 Propst von Kumrowitz war und noch 1240 lebte.[11] Er verpfändete um 1230 das Dominium Renusyin aus unbekannten Gründen an das Stift Ozlawan[12] und war um 1234 bei der Vidimirung der Privilegien des Seelauer Klosters betheiligt.[13] Im J. 1243 tritt als Zeuge Abt Heinrich auf[14] und auf ihn ist der im Jahr 1244 vom Papste Innocenz IV. dem Abte von Trebitsch ertheilte Auftrag zu beziehen, in Gemeinschaft mit dem Abte von Zabrdovic und dem Propste von Kumrowitz der Schlichtung eines Streites sich zu unterziehen.

[1] Erben: Regesta Bohemiae et Moraviae I. 168 Nro. 435. — [2] Erben Seite 112. 114. Nro. 259. 264. — [3] Erben 134. Nro. 304. — [4] S. Meinert in den Wiener Jahrbüchern der Literatur Bd. 48 Aus.-Bd. S. 40, 50. In den Tabellen der Premysliden bei Dudnenhofer: Genneal. Tafeln, T. V. und S. 44. und in Palacky: Geschichte von Böhmen I. erscheint Sadej nicht unter den Söhnen des Swatopluk. — [5] Erben I. 151. Nr. 341—343. — [6] Erben I. 186. Nr. 435. — [7] Erben 191. Nr. 495. — [8] Wolny· Mähren VI. S. 544 und Brünner Werkwohl. Jahrgang 1895. S. 64. Erben 741. Nr. 523. — [9] Erben 320. Nr. 694 — [10] Erben 329. Nr. 707. — [11] Erben 342 Nr. 704. — 345, Nr. 735 und 535, Nr. 754; bei letzterer Urkunde erscheinen noch als fratres aufgeführt. — [12] Wolny 544. — [13] Chlumecky: Regesten der Archive in Mähren. Brünn 1856, I. S. 13, Nr. 1. — [14] Erben 511, Nr. 1245. Boczek: Codex dipl. Morav. III. 24. Nr. 30.

welcher zwischen dem Kloster Daubrawnik (Dobrudnowree) und den Tempelrittern in Jemchtz über Zehenten, Abgaben und andere Dinge erhoben wurde.[1] Im Jahre 1260 soll dem Stifte Abt Mathias vorgestanden,[2] unter ihm sollen den Dienstmannen des Klosters Trebitsch vom Könige Ottokar gewisse Rechte und Freiheiten verliehen worden sein.[3] In diesem Jahre bestellte auch Papst Alexander IV. bei einem Streite, welcher zwischen dem Nonnenstifte Neu-Reisch und dem Stifte Trebitsch wegen des Zehentbezuges in Steriei und anderen Dingen sich erhoben und zu dessen Beilegung erstere ihm angegangen hatte, mehrere Schiedsrichter mit dem Auftrage, der Sache ein Ende zu machen, und ihrem Ausspruche bei Androhung kirchlicher Strafen Geltung zu verschaffen.[4] Im Jahr 1264 übergab Bruno, Bischof von Olmütz, seinem Diener Huczaria in Anbetracht der treuen Dienste, welche dieser zur Ehre des Bischofs und der Kirche längere Zeit hindurch und mit Eifer unentgeltlich leistete, das Dorf Dykowice als Lehen, und spricht ihm ausserdem den jährlichen Bezug von zehn Marken Silbers zu, zu deren Auszahlung der Abt von Trebitsch verpflichtet ist.[5] Um diese Zeit mochte dieses Stift auch manche Verkürzungen von Seite des Adels erlitten haben, wofür der Umstand spricht, dass um 1272 König Ottokar dem Sohne des mährischen Kämmerers gebot, dass er dem Abte von Trebitsch alles zurückstellen solle, was er diesem als ein Pfand seines Vaters entrissen habe.[6]

Im J. 1277 erscheint Martin als Stiftsabt in einer Urkunde, womit dieser und der ganze Convent dem Trebitscher Stadtbürger Herrmann in Anbetracht seiner treuen Dienste, wie auch des Umstandes, dass sie ihn aus fremden Landen herbeizogen, die Begünstigung ertheilen, dass er mit Einschluss seiner Erben und Erbnachfolger von dem ihm eigenthümlichen Hause in der Stadt Trebitsch nur eine halbe Mark Jahreszins und die Landessteuer, wenn sie allgemein eingefordert wird, entrichte, dagegen von allen anderen Schuldigkeiten, Steuern und Abgaben, welche bei verschiedenen Nothdürften der Stadt auferlegt werden, gänzlich befreit bleibe. Auch wird diese Begünstigung auf jeden folgenden Käufer dieses Hauses, wenn er auch kein Erbe ist, ausdrücklich ausgedehnt[7] und noch im J. 1435 war dieses Privilegium aufrecht erhalten, wie wir aus einer Urkunde ersehen, mit welcher König Sigismund auf Bitten des Trebitscher Bürgers Johann Morawa, in dessen Besitze sich um diese Zeit das erwähnte Haus befand, die demselben verliehenen Privilegien bestätigte.[8] Im Jahr 1279 wurde dieser Abt Martin von dem päpstlichen Stuhle als Richter in einem Streite delegirt, welcher zwischen der deutschen Bürgerschaft Prags und dem Wyscherader Domkapitel um das Patronat der Teynkirche entstanden war. Im Jahr 1274 wurde nemlich über Presentation des Kapitels der Wyscherader Domherr Jordan als Pfarrer bestätigt. Gegen diesen bemächtigte sich jedoch Michael, Sohn des Prager Bürgers Johann Schilber auf gewaltsame Art der Kirche und obwohl ihm die Bestätigung vom Bischofe verweigert wurde, blieb er doch mehrere Jahre im Besitze der Kirche. Der Rechtsstreit, welchen Abt Martin schlichten sollte, ging nicht vorwärts und der Domherr Jordan entsagte unterdessen seinem Rechte. Im Jahr 1283 wird ein anderer delegirter apostolischer Richter genannt, nemlich Winand, Abt des Klosters St. Luka. Da sich der eingedrungene Pfarrer Michael auf seine Vorladung nicht stellte, so sprach dieser gegen ihn den Bann aus; weiter ist von diesem Streite nichts bekannt, so viel ist aber gewiss, dass das Capitel endlich zu seinem Rechte gelangte, denn wir finden es 1302 wieder im ruhigen Besitze derselben.[9]

Von dem Abte Johann, welcher 1290 dem Stifte vorstand, ist nichts weiter bekannt, als dass er in diesem Jahre von dem Conthur des Tempelherrnordens Syfrid I's Lahn und einen Hof zu Swatoslaw erkaufte.[10] Auch von seinem Nachfolger Vuka, welcher in einer Urkunde von 1295 angeführt erscheint,[11] ist wenig nachweisbar, wie auch nicht zu ermitteln ist, ob er mit jenem „Vuka prepositus", welcher in der schon

[1] Boczek III. 41. Nr. 53. — [2] Brünner Wochenblatt S. 71. — [3] Chlumecky S. 105. — [4] Boczek III. 276 Nro. 302. — [5] Boczek III. 362. Nr. 363. — [6] Dolliner: Codex epistolaris R. Ottocari p. 103, ohne Datirung. — [7] Boczek IV. 137. Nr. 142. — [8] Chlumecky 103 Nr. 1. — [9] Chlumecky 104. Nr. 13. 14.

[10] Tomek: Geschichte der Stadt Prag I. 440 aus Urkunden des Wyscherader-Domkapitels.

[11] Im Brünner Wochenblatte S. 72 wird des Echtheit der bezüglichen Urkunde bezweifelt und wahrscheinlich aus diesem Grunde von Wolny (S. 345) dieses Abtes keine Erwähnung gemacht. Boczek jedoch (V. 291. Nr. 93) und Chlumecky (103. Nr. 7) führen diese Urkunde als echt an.

[12] Boczek V. 22. Nr. 21. Wolny (S. 345) datirt den Antritt seiner Abtwürde vom J. 1249 mit Bezug auf eine Urkunde dieses Jahres, womit er ein Freigut bei Brünn verkauft haben soll. Da wir jedoch diese Urkunde in den neueren Sammlungen nicht wiederfinden und aus diesem im Widerspruche mit Wolny's Angabe vom J. 1290 den Abten Johann nachgewiesen haben, so ist Wolny's Annahme nicht stichhaltig.

angeführten Urkunde vom J. 1277 erscheint,[1] eine und dieselbe Person sei. Wahrscheinlich noch während seiner Vorstandschaft, nämlich im J. 1298, stiftete König Wenzel II. die Probtei Wollein (Miehzin) als eine Filiale des Klosters Trebitsch zu Ehren Johannes des Täufers, und zwar ursprünglich für einen Probsten und sechs Benediktinermönche.[2]

In der ersten Hälfte des 14. Jahrhunderts hatte Trebitsch unter den traurigen Folgen der Rechtsunsicherheit zu leiden, welche durch die Abwesenheit aller Glieder des in Böhmen regierenden Hauses der Luxemburger und durch die willkürliche und ohnmächtige Verwaltung Heinrich's von Lipa in Mähren über dieses Land hereinbrach und in einem so hohen Grade in den Vordergrund trat, dass die Gesetze nur insoferne befolgt wurden, als sie augenblickliche Vortheile gewährten. Die Fehdelust und in ihrem Gefolge die Beutelust beunruhigten daselbst die friedlichsten Bewohner; bald war nicht allein der Kaufmann auf der Strasse, sondern auch der Landmann in der Hütte vor Räubern nicht mehr sicher, und der Arme stand da, verlassen von jedem wirksamen Schutze.[3] Das Kloster Trebitsch hatte nicht die Mittel und die weltliche Gewalt, um seine weitausgedehnten Besitzungen vor den Eingriffen seiner Nachbarn zu sichern. Aber nicht blos der beutelustige Adel, auch Mitglieder geistlicher Genossenschaften und selbst die Kirchenfürsten nahmen keinen Anstand, sich auf Kosten der Trebitscher zu bereichern und so wurden diesem Kloster nach und nach seine Propsteien, Kirchen, Kapellen, Wirthschaftshöfe, Weiden u. s. w. wie auch die übrigen Ergiebigkeiten, zu denen Bezüge es berechtigt war, entweder stückweise entrissen oder doch der ruhige Genuss derselben fortwährend gestört, so dass dem Abte und Convente nichts erübrigte, als den unmittelbaren Schutz des Oberhauptes der Kirche sich zu erbitten. Papst Johann XXII. bestellte mit Urkunde vom Jahre 1324 die Aebte von Hradisch, Willemow und das Schottenkloster in Wien zu Vertheidigern des Trebitsch-Klosters und zu Richtern in den strittigen Angelegenheiten und gab ihnen ausgedehnte Gewalt über die Uebelthäter, selbst wenn diese die erzbischöfliche oder bischöfliche Würde bekleiden sollten. Nöthigenfalls mögen sie auch der Hülfe des weltlichen Armes zur Durchführung ihres Auftrages sich bedienen.[4] Wir erfahren nicht, von welchem Erfolge die Bemühungen dieser Abgeordneten begleitet gewesen sind, ob es ihnen gelungen sei, dem Kloster in den ruhigen Besitz aller ihm entrissenen Güter und verkümmerten Rechte zu verhelfen; soviel aber können wir mit einiger Sicherheit aussprechen, dass für die Vermögensverhältnisse des Stiftes diese Bedrängnisse der erste Anlass eines späteren Verfalles geworden seien und dasselbe zur Erfüllung seiner eigenen Verbindlichkeiten in vielen Fällen untauglich machten.[5] Dies beweist aus gleicher Zeit das Testament des Erzbischofs von Olmütz, Conrad (1326), in welchem er über eine Forderung im Betrage von 40 Marken verfügte, welche ihm der Abt und der Convent von Trebitsch schulden, für deren Eintreibung die von dem Erzbischofe bestellten Testamentsexecutoren Sorge zu tragen haben.[6] Ohne Zweifel dürfte diese Forderung ein Rückstand der Zehentabgabe des Stiftes an den Bischof gewesen sein, worüber dieser in einer 1323 ausgestellten Urkunde sich das Bezugsrecht vorbehielt, während er das Recht des ganzen Zehentbezuges in seiner Diözese eben mit Ausnahme des Zehents von einigen Kirchen des Trebitscher Klosters und von 2 Marken, welche von den Kirchen des Stiftes Hradisch zu entrichten waren, seinem Capitel gegen Ueberlassung einiger Güter in Budisow, Lubosin, Bielkowicz und Thomasstat abtrat.[7]

Dass jedoch durch diese Bedrängnisse und Misshelligkeiten das hergebrachte Ansehen des Stiftes keinen Abbruch erlitten hatte, ersehen wir daraus, dass bereits im J. 1327 also nur drei Jahre nach dem vom Papste Johann XXII. dem Stifte gewährten Schutzbriefe derselbe Kirchenfürst den Abt des Klosters Trebitsch im Verein mit den Probsten von Luh und Kunicz zur Entscheidung einer Frage berief, welche zwischen der Königin Elisabeth von Böhmen und dem Olmützer Domkapitel obschwebte. Erstere behauptete nämlich, dass einige von diesem Kapitel in Besitz gehaltene Reliquien Eigenthum des verstorbenen Königs Wenzel von Böhmen und nach dessen Tode ihr Eigenthum seien; über die Grundhaltigkeit dieser zwischen der Königin

---

[1] Boczek IV. 191. Nr. 142. — [2] Schwoy: Topographie von Mähren III. 542. Boczek V. 97. Nr. 94. — [3] Dudik: Geschichte des Bened. Stiftes Raygern. Brünn 1849. I. S. 291. — [4] Boczek VI. 197. Nr. 262. — [5] Boczek VI. 242. Nr. 314. — [6] Eine Folge dieser Unsicherheit war ohne Zweifel die der Stadt Trebitsch im J. 1335 vom Markgrafen Carl ertheilte Erlaubniss, dieselbe mit Mauern und Wallgräben zu befestigen. Chlumecky 103. Nr. 3. Eine neuerliche Kräftigung hiezu wurde der Stadt Trebitsch durch König Ladislaus im Jahr 1454 ertheilt. Chlumecky 104. Nr. 18. — [7] Boczek VI. 167. Nr. 226.

und dem Olmützer Domkapitel streitigen Ansprüche sollten nun die vorerwähnten Stiftsvorstände entscheiden und dafür Sorge tragen, dass die Reliquien dem rechtmässigen Eigenthümer ausgefolgt werden. [1]

Eine weit wichtigere und ehrenvollere Aufgabe wurde dem Abte des Klosters Trebitsch durch den Nachfolger Johann's XXII., den Papst Benedikt XII., aufgetragen, welcher in seine Bestrebungen zur Hebung des Clerus auch die Klöster einbezog und neben dem Cistercienser- und Augustiner-Orden auch die schwarzen Mönche des h. Benedikt einer durchgreifenden Reform unterzog und damit die Reihe jener Verfügungen fortsetzte und ergänzte, welche bereits vom Papste Innocenz III. auf dem Concil in Lateran im J. 1216 und von Clemens V. auf dem Concil zu Vienne 1311 zum Besten dieses Ordens getroffen wurden und den Zweck hatten, den theils unter den Bedrängnissen der Kriege, theils unter dem verweichlichenden Einflusse des Reichthums eingerissenen Missbräuchen abzuhelfen. [2] Er erliess daher 1336 auf Anrathen seiner Cardinäle und der Benediktiner-Aebte Peter von Clugny, Gilbert von Marseille und vier anderer von Avignon aus die berühmte Bulle: De ordinatione et reformatione pro bono regimine monachorum nigrorum ordinis S. Benedicti (vom 20. Juni), welche für die Folge gleich der Regel des heil. Benedikt selbst die Richtschnur des Klosterlebens wurde. [3] Durch diese Bulle wurde Europa in 35 Provinzen getheilt und angeordnet, dass die in einer solchen Provinz gelegenen Benediktinerklöster jedes dritte Jahr durch ihre Aebte, Prioren oder deren Stellvertreter ein Provinzialkapitel zur Besprechung ihrer gemeinschaftlichen Angelegenheiten abhalten sollten. Zur Einführung und Einrichtung der ersten Provinzialkapitel bestellte der Papst für jede Provinz einige allgemein geachtete und bekannte Männer. In Betreff der Provinz Böhmen-Mähren fiel seine Wahl auf die Aebte von Trebitsch und Brewnow und sie wurden durch ein eigenes päpstliches Schreiben vom 13. Dezember 1336 aufgefordert, alsogleich die Einleitung zu dem ersten allgemeinen Provinzialkapitel in Böhmen zu treffen, den Ort und den Tag hiefür zu bestimmen und die Durchführung der in der früher erwähnten Bulle enthaltenen Statuten in Allem und Jedem sich angelegen sein zu lassen. [4] Zugleich wünscht der Papst, jene Aebte und Prioren, welche zu diesem Kapitel vorgeladen werden, mögen die speziellen Hausstatuten ihrer Klöster, wenn welche von früher her vorhanden, zu diesem ersten Kapitel mitbringen und sie hier der öffentlichen Besprechung unterwerfen; ob sie aber beizubehalten oder zu verwerfen seien, solle erst auf dem darauffolgenden zweiten Provinzialkapitel entschieden werden. Ferner sollten die genannten beiden Aebte sich über den Zustand der in Böhmen und Mähren liegenden Klöster genau erkundigen und hierüber, wie auch über die Anordnungen, die sie in Betreff der Studien und ihrer Scolaren werden getroffen haben, dem Papste berichten. Zur Erstattung der Auslagen, welche aus der Erfüllung dieses Auftrages für die beiden Aebte erwachsen, sollen die gesammten Klöster der Provinzen jedem cetoginta Thuronenses argenti beisteuern. Schliesslich befiehlt der Papst, sich in Allem den Anordnungen seiner zwei Legaten, des Bernard Genebreda de Longarilla und Johann von Fisa zu fügen und die neuen Ordensstatuten sammt den Kapitelbeschlüssen sorgfältig aufzubewahren.

Das erste Provinzialkapitel wurde bereits in dem darauffolgenden Jahre 1337 abgehalten, allein es fehlen die Angaben, ob und in welchem Umfange die Beschlüsse desselben auf das Trebitscher Kloster Einfluss genommen haben, wie überhaupt in den spätern Urkunden dieser Provinzialkapitel keine Erwähnung mehr geschieht.

Die weitern Ereignisse aus diesem und dem Beginne des kommenden Jahrhunderts berühren das Stift nur in untergeordneter Weise; was wir in diesem Zeitraume aus urkundlichen Nachweisungen erfahren, bezieht sich zum grössten Theile auf Vergabungen an das Kloster, Käufe und Verkäufe und einzelne Begünstigungen, welche den Klosterangehörigen oder andern zu Theil wurden, auf das Schicksal des Stiftes jedoch nur untergeordneten Einfluss nahmen. So erfahren wir zum J. 1342, dass ein Trebitscher Dienstmann Petek zur Gedächtnissfeier seiner verstorbenen Anverwandten einen Jahrestag stiftete, zu dessen regelmässiger Abhaltung sich der damalige Abt Adam und der Convent verpflichteten; [5] in dem gleichen Jahre ertheilte dieser Abt dem Trebitscher Bürger Morawa einen Befreiungsbrief für dessen Haus zu Trebitsch, [6] sowie er 1356 einem Trebitscher Bürger Andreas Radil eine Mühle bei dem Castelle Pelanek verkaufte; auch sollen um diese Zeit zwei Klosterbrüder das Dominium Woykowicz um dreissig Marken Prager Groschen ange-

[1] Boczek VI. 274. Nr. 335. — [2] Aschbach, Kirchenlexikon, I, 646. — [3] Dudik a. a. O. S. 297 u. ff., wo der Hauptinhalt dieser denkwürdigen Bulle angegeben ist. — [4] Dobner: Monum. hist. IV, 301. — [5] Chlumecky 108. Nr. 3. — [6] Wolny 144.

kauft haben, wie auch eines gewissen Nicolaus als Burggrafen des Klosters Erwähnung gemacht wird. [1] Im Jahr 1358 wurde eben dieser Abt Adam vom päpstlichen Stuhle zum Schiedsrichter in einem Streite bestimmt, welcher zwischen der Nonnenabtei Maria-Saal in Altbrünn und dem Rektor der Spielberger Kapelle wegen des Zehents vom D. Retkowicz entstanden war; wie lange er dem Stifte vorstand, und wer sein nächster Nachfolger gewesen sei, weiss man nicht, nur wird vermuthet, dass um 1387, zu welcher Zeit das dem Stifte gehörige und bei der St. Mauritzkapelle zu Brünn gelegene Haus an die Karthause zu Königsfeld verkauft wurde, ein Vest Stiftsabt gewesen sei. [2] Im J. 1390 trat Pribjk Ostruch von Patuchotie, wie es scheint freiwillig und aus frommem Antriebe getrieben in das durch König Ottokar begründete Lehensverhältniss zum Kloster, indem er sein Freigut Patuchotie dem Stifte übergab, und es von demselben als vererbliches Lehen wieder gegen die Verpflichtung zurückerhielt, fernerhin die aus einem solchen abhängigen Verbande sich ergebende Dienste zu leisten. [3]

Aus diesen Angaben gewinnen wir wohl nur spärliche Einblicke in das innere Klosterleben dieser Zeitraumes. Dass aber der ganze Benediktinerorden in Böhmen und besonders in Mähren in dieser Zeit tief darniederlag, und die eigentliche Ordensregel des Stifters der Vergessenheit anheimgefallen war, ersehen wir aus dem Umstande, dass Bonifacius IX. 1392 sich veranlasst sah, in der Person des Cardinal-Priesters und Benediktiners Bartholomäus einen eigenen Reformator mit der Vollmacht nach Mähren und Böhmen zu entsenden, sowohl am Haupt als an Gliedern zu reformiren und zu corrigiren. [4] Aus dem Umstande, dass dieser Delegat bloss den Brünnwuer Abt zu seinem Stellvertreter berief und für diese Aufgabe sieht, wie bei dem Reformationsakte des Papstes Johann XXII. auch der Abt von Trebitsch für Mähren betraut wurde, dürften wir schliessen, dass auch letzteres Kloster in die Reihe jener gehörte, an welche die dringende Ermahnung gerichtet wurde, abzulassen von den eingeschlichenen Missbräuchen durch genaue Befolgung der h. Regel und dem moralischen und physischen Verfalle der Ordenshäuser vorzubeugen.

Aber auch äussere Umstände traten ein, welche dazu beitrugen, fernerhin die ruhige Entwicklung des Klosters zu stören und das Besitzthum desselben stufenweise zu verkümmern. Es konnte vorerst nicht ausbleiben, dass jene Parteikämpfe, welche um diese Zeit auf dem mährischen Boden ausgetragen wurden und welche der Welt das Schauspiel eines Bruderzwistes und eine Auflehnung der Dynastie gegen ihren König enthüllten, auch auf das Kloster mittelbar zurückwirkten. Bald traten auch die religiösen Wirren hinzu und endlich die Hussitenstürme, welche über das Kloster Trebitsch hereinbrachen und seinen endlichem Verfall begründeten.

Bereits im J. 1409 war dieses Kloster so herabgekommen, dass es in Erwägung der Schulden, von welchen es vielfach bedrückt wurde, sich genöthigt fand, einige werthvolle Kleinodien (videlicet capeta argentea) zu versetzen und um den Rückkauf derselben nach Möglichkeit zu sichern, schloss der damalige Abt Naczko mit dem Kloster Willenow ein Uebereinkommen dahin, dass letzteres ermächtigt sein sollte, diese Kleinodien um die darauf entlehnte Summe von 60 Schock Prager Groschen an sich zu bringen und so lange im Besitze zu halten, bis sie wieder eingelöst würden. Sollte jedoch das Kloster Willenow nicht länger zuwarten können, so möge es diese Kleinodien unter Christen oder Juden versetzen und nöthigenfalls auch verkaufen, ohne darin beirrt zu werden oder dadurch zu Schaden zu kommen. [5]

In den Kampf, welcher kurze Zeit später in Mähren zwischen den Hussiten und dem ihnen anhängenden Theile der mährischen Bewohner einerseits und den der reinen Lehre Treugebliebenen andererseits entbrannte, wurde das Kloster Trebitsch 1423 hineingezogen. Der tapfere Bischof Johann von Olmütz nämlich, welcher in diesem Kampfe eine hervorragende Rolle spielte und in diesem Jahre den Kampf mit den in Mähren eingedrungenen Ketzern wieder kräftig aufnahm, [6] forderte den Abt von Trebitsch, Benedikt von Lomnicz, welcher ausser seinen geistlichen Tugenden auch durch Tapferkeit und Unerschrockenheit sich auszeichnete, auf, sich mit seinen Dienstmannen sobald als möglich in das bei Brünn bezogene Lager zu begeben. [7].

---

[1] Original in Rejhrad. Copia in historia Trebit. in Monastico Moraw. G. Lefebure ebenda. Ich verdanke die Mittheilung dieser Urkunde, wie eine Reihe weiterer, der Güte des ständischen Archivars Herrn Chytil in Brünn, welchem ich hiemit meinen aufrichtigen Dank ausspreche. — [2] Wolny 516. — [3] Wolny 546. — [4] Dudik 369 ff. — [5] Dobner, Monum. hist. IV. 401 und VI. 457. — [6] Dudik 476. — [7] Pessina: Mars Moravicus 483.

Es führt uns dies auf das bereits erwähnte Verhältniss zurück, in welchem das Kloster zu seinen Dienstmannen seit den Zeiten Ottokar's stand. Es gehörte nämlich zu der Klasse der grossen Grundherren und der Abt dieses Stiftes hatte ausser andern Prärogativen, an welchen er reich war, auch jene, dass gewisse nicht unedle Männer, welche Mannen oder Clienten genannt wurden, ihm zu verschiedenen Diensten bereit sein, und mit ihm, wenn es nothwendig war, gerüstet und beritten, wie es Sitte war, in die Schlacht ziehen mussten. Dagegen genossen sie auch gewisse Rechte, welche ihnen König Ottokar I. vielleicht noch als Markgraf von Mähren ertheilte. Da die hierüber ausgestellte Urkunde durch die Ungunst der Zeiten verloren gieng, wendeten sich die Dienstmannen im J. 1455 an den Abt Mathias mit der Bitte, diese Rechte von Neuem zu bestätigen, welcher Bitte dieser Abt auch willfahrte. In dieser spätern Fassung ist uns dieses für die Rechtsgeschichte besonders interessante Dokument erhalten und wir dürfen nicht zweifeln, dass die Hauptsatzungen desselben in ihrer einfach charakteristischen Form noch unverändert aus der Zeit Ottokar's sich vererbt haben, wie sie auch das Gepräge deutscher Abstammung unverkennbar an sich tragen. [1] Die hauptsächlichen Rechte, welche dadurch den Dienstmannen eingeräumt werden, bestimmen, dass sie unter einem eigenen Burggrafen stehen, welcher nach ihrem Einvernehmen und aus ihrer Mitte von dem Abte gewählt werden musste; sie konnten nur vor das Stiftsgericht belangt werden; wenn ein Kriegsaufgebot zur Vertheidigung des Landes geht und sie mit dem Abte in das Feld zu ziehen haben, muss ihnen letzterer den vollen Unterhalt geben und für jeden Schaden haften, und sollte ein Dienstmann in Gefangenschaft gerathen, ist es Sache des Abtes, für seine Befreiung sich zu verwenden. Die älteren Mannen, welche zum Rathe gehören und sich um den Abt verdient gemacht haben, haben für ihre Person das Recht, auf den Besitzungen des Abtes mit seinem Wissen und Willen für ihren Bedarf zu jagen; auch können die Mannen von dem Abte die Verabfolgung des zum Baue ihrer Gebäude nothwendigen Holzes, je wenn sie verarmen, auch den Lebensunterhalt auf den Klostergütern bis zu ihrem Tode verlangen. Wurde ein Dienstmanne einer solchen Schuld überwiesen, dass derselbe nach dem Erachten der Mannen des Beneficium-Besitzer nicht mehr würdig ist, so konnte er nur verhalten werden, es binnen Jahr und Tag zu verkaufen, und gelang ihm dies nicht während dieser Frist, so wählten er und der Abt je zwei Mannen, die den Preis festsetzten, um welchen der Abt das Gut zu übernehmen hat. — Dies waren die wesentlichen Grundlagen des Lebensverhältnisses der Kloster-Dienstmannen zu ihrem Grundherrn und auf ihnen beruhte auch ihre Pflicht, dem Abte bewaffnet und gerüstet Heeresfolge zu leisten.

Der früher erwähnte Kampf des Olmützer Bischofs Johann gegen die Taboriten, für welchen der Zuzug des Trebitscher Abtes aufgeboten wurde, endete in glänzender Weise mit einem Siege bei Kremsier, so dass sich Zizka bestimmt sah, nach Böhmen zurückzukehren und die weitern Unternehmungen in Mähren seinem Prokop zu überlassen. [2] Da dieser im J. 1424 aus den meisten Stellungen durch den tapfern Bischof hinausgedrängt wurde und die von dem Könige Sigmund zu einer endlichen Ausgleichung den Taboriten gemachten Anträge ohne Erfolg blieben, brach letzterer neuerlich auf der gewöhnlichen Iglauer Strasse nach Mähren auf und nach seinem bei Pribislaw erfolgten Tode setzten die Taboriten ihren Zug fort. Die Vereinigung sämmtlicher Heersäulen erfolgte bei Meziřič und das feste Kloster Trebitsch fiel in ihre Hände, wurde besetzt und bei diesem Anlasse den Klosterbrüdern viel Unheil zugefügt. [3] König Sigismund fasste 1425 im Vereine mit Albrecht von Oesterreich den Entschluss, dem Kloster zu Hilfe zu eilen; beauftragte deshalb den Ulrich von Rosenberg, in dem Falle als die Taboriten einen Zuzug beabsichtigen sollten, in ihrem Rücken zu operiren und ihn sogleich davon zu benachrichtigen. Ende Oktober erfolgte wirklich die Berennung des Klosters, hatte jedoch keinen günstigen Erfolg, wenn gleich Sigmund und Albrecht dabei mit Macht und Geschick zu Werke giengen. Wie lange nach diesem misslungenen Versuche der Entsetzung das Kloster noch in den Händen der Taboriten blieb, können wir nicht angeben, gewiss ist

[1] Vergl. Chlumecky 85—97 und 105—110. An letzterer Stelle ist diesem Dienstmannenrechte in deutscher Uebertragung seinem vollen Inhalte nach zum ersten Male aus einer Urkunde des Trebitscher Stadtarchives mitgetheilt. — [2] Diwiš 475. — [3] Palacky: Geschichte von Böhmen III. 2. Abth. 397. — Die Richtigkeit dieser in den bisherigen Darstellungen der Klostergeschichte unbearbeitet gebliebenen Thatsache der Besetzung des Klosters durch die Taboriten ergiebt sich aus zwei Schreiben, welche König Sigismund am 9. und 12. Oktober aus dem Feldlager bei Pohořelic an Ulrich von Rosenberg richtete, welche zuerst in dem von Palacky herausgegebenen Archiv česky I. 16 und 29 veröffentlicht wurden. Vergl. auch dessen Geschichte von Böhmen III. 4. 305.

nur, dass während noch im J. 1431 die Stadt Trebitsch von ihnen besetzt gehalten wurde, das Kloster bereits wieder seinen rechtmässigen Eigenthümern zurückgegeben war.

In diesem Jahre fand ein verrätherischer Versuch des Anführers Hynko von Waleez statt, sich im Einverständnisse mit einigen husitisch gesinnten Bürgern der Stadt Trebitsch des Klosters zu bemächtigen. [1] An einem Festtage, nämlich des h. Nicolaus, welcher in diesem Kloster feierlich begangen wurde, begaben sich der getroffenen Verabredung gemäss einige Verschworene in das Kloster zu dem Zwecke, sich des Haupteinganges zu bemächtigen und ihre Genossen einzulassen. Einer der Verschworenen jedoch machte, von Gewissensbissen gepeinigt, einem ihm befreundeten Klosterbruder von diesem Vorhaben Mittheilung und der Abt, in Kenntniss gesetzt, liess sogleich die Klosterpforten schliessen, die Verschworenen gefangen setzen, worauf sich die in der Nähe befindlichen Gehülfen, in Schrecken gesetzt, davon machten. Die Gefangenen wurden nach Brünn abgeführt, die zwei Anstifter geviertheilt, drei gehenkt, die übrigen büssten ihr Verbrechen mit dem Verluste der Nasen und Ohren.

Das Jahr 1434, in welchem der nunmehr 14jährige Hussitenkrieg mit der Schlacht bei Kauřím sein Ende nahm, bezeichnete für Böhmen und Mähren für kurze Zeit die Rückkehr in friedlichere Verhältnisse. [2] Auch das Kloster Trebitsch war von den äussern Bedrängnissen, unter welchen es zu leiden hatte, nunmehr zwar befreit, allein sein Wohlstand war gebrochen und alle folgenden Nachrichten geben nur wenig mehr, als eine Reihe von Verpfändungen und Veräusserungen der Stiftsgüter und enthüllen uns die Machtlosigkeit der Stiftsvorstände. Abt Trojan, welcher schon dem Kloster von 1439 bis 1455 vorgestanden zu haben scheint, [3] hatte zwar die Absicht, durch Verbesserung der Wirthschaft und Aufführung verschiedener Gebäude dem gesunkenen Ansehen des Stiftes wieder aufzuhelfen und wahrscheinlich zu diesem Zwecke sah er sich genöthigt, eines Theils der Stiftsgüter sich zu entäussern, einen andern Theil zu versetzen und ausserdem noch Geld aufzunehmen, wofür der ganze Convent als Bürge eintrat. [4] Allein es scheint ihm sein Vorhaben nicht gelungen zu sein; denn sein Nachfolger Mathias, dessen wir bereits bei Gelegenheit der Trebitscher Dienstmannenrechte Erwähnung gethan, musste zu einer noch viel umfangreicheren Versetzung und Verpfändung der Stiftsgüter seine Zuflucht nehmen, wie ihm auch verschiedene Adelige bedeutende Geldsummen vorstreckten. [5] Ausserdem hatte Mathias zur Wahrung der noch übrigen Stiftsgüter manchen Streit durchzuführen, namentlich mit Hynko von Waldstein und Zidloohovie (zwischen 1459—1466), welcher das erbliche Klosterdorf Wojkowitz mit Gewalt in seinem Besitze hielt, [6] ferner rücksichtlich des Klosterpatronates auf Chlum und den Pfarrhof mit zinspflichtigen Leuten und unbebauten Gründen, welches dieser dem Kloster vorenthielt [7] (1464), endlich mit Sele von Branzud (1459), welcher widerrechtlich und mit Gewalt die Entrichtung einer Mark Jahreszins auf Branzud verweigerte. [8] Den Eingriffen, welche sich die Iglauer auf die Grundstücke erlaubten, konnte Abt Mathias 1462 nichts entgegensetzen, als das Ersuchen davon abzustehen, indem er auf königlichen Befehl dem Waffenstillstande beigetreten sei. [9] In den religiösen Wirren, welche in Böhmen um diese Zeit neuerdings in den Vordergrund traten und welche sowohl über den König Georg wie auch über ganz Böhmen den Bannfluch und blutige Kampfe hervorriefen, suchte der Abt Mathias und mit ihm die Pröpste von Kaniě, Kunsrowitz und Hradisch eine sie schützende Mittelstellung einzunehmen. Sie wendeten sich gemeinschaftlich an König Georg, welcher dieses Bannfluches wegen an ein Concilium appelliren wollte, mit dem Versprechen, ihm jeden Beistand bei Beilegung dieses Zwistes zu leisten, bemerkten jedoch, dass sie zugleich dem Papste Gehorsam schuldig seien. [10]

[1] Procopius Mars Morav. 354. Es soll dies unter Abt Peter geschehen sein, welcher vielleicht auch einige Dörfer, welche theils zu Trebitsch, theils zu Wollein gehörten, an die Brüder Krawal und das Dorf Tollwitz an Peter v. Schellenberg verpfändete. (Wolny 547.) Im Jahr 1429 betheiligten sich einige Stiftsglieder auch bei der Abten-Wahl für das Kloster Willimow, welches nur wenige Glieder mehr zählte (Dobner IV. 615). — [2] Dudik 494. — [3] Wolny (547) nimmt zwar an, dass Abt Trojan, weil in einer Urkunde vom J. 1453 ein Johann als „Probst" von Trebitsch erwähnt wird (Dobner: Monum. IV. 46o), um diese Zeit regeniret habe, allein dagegen spricht der Umstand, dass noch in Urkunden der folgenden Jahre Trojan als Abt erwähnt wird. So ist der Urkunde vom Jahr 1454, mit welcher König Ladislaus den vom Abte Trojan den Bürgern von Trebitsch ertheilte Freiheit, über ihr Vermögen zu testiren, bestätigt. (Chlumecky 104. Nr. 16.) — [4] Die namentliche Aufzählung dieser Einzelheiten, welche von geringerem Interesse ist, bei Wolny 547 und 566 und Chlumecky 104. Nr. 15—17. Einen Beweis der gesunkenen Ansehens des Stiftes um diese Zeit geben die Streitigkeiten des Abtes Trojan mit den Iglauern wegen Eingriffes in seine Rechte. (Chlumecky 2o. Nr. 107 und 110. — [5] Wolny 549. — [6] Brünner Pahon 15. F. 9 bei der Landtafel (Chytil). — [7] Ebendas. F. 118. — [8] Ebendaselbst F. 9. — [9] Chlumecky 31. Nr. 157. — [10] Chlumecky 32. Nr. 173.

Mit dem Jahre 1468 trat jedoch ein Ereigniss ein, welches den lange vorbereiteten Verfall des Klosterrasch herbeiführte und in seinen Folgen ein Ordenshaus auflöste, welches seit Jahrhunderten mit der Geschichte des Landes im engsten Zusammenhange stand, über reiche Mittel zu gebieten hatte und in Macht und Ansehen die übrigen Ordensgemeinden Mährens weit überragte. Der Kampf nämlich, welchen der König von Ungarn Mathias mit Georg von Böhmen zur Erwerbung der ihm von dem Papste angetragenen Krone Böhmens aufnahm, versetzte den Schauplatz der Gräuel und Verwüstung unmittelbar nach Trebitsch. Nachdem diese Stadt, in welcher Georgs Sohn Victorin sich befand, vom Könige Mathias eingenommen ward, flüchtete sich ersterer mit einem grossen Theile seiner Waffengenossen in das Kloster und setzte sich darin fest. König Mathias begann sofort die Belagerung des Klosters und nachdem Victorin die Unmöglichkeit der Behauptung desselben eingesehen hatte, flüchtete er zu seinem Bruder Heinrich, welcher mit Kriegsvolk herbeigezogen war und überliess das Kloster seinem Schicksale. Mathias setzte hierauf mit Fleiss die Belagerung fort und da nach Verlauf von 10—11 Tagen die Belagerten bereits Mangel an Proviant litten (sie hatten schon fast 300 Pferde aufgezehrt), wurde das Kloster dem Könige gegen freien Abzug der Belagerten übergeben. Dieser sollen über 4000 gewesen sein, darunter 300 Weiber, ungerechnet die Kinder. Während eines Tages zur Zeit der Belagerung wurden 70 Pferde geschlachtet und binnen einer Woche aufgezehrt. Und doch soll die Noth sie gedrängt haben, nach Nahrungsmitteln zu greifen, welche nur der Trieb der Selbsterhaltung zur Stillung des Hungers verwendet. Der König von Ungarn entliess dem Uebereinkommen gemäss die Belagerten, besetzte das Kloster und zog hierauf mit Beute reich beladen nach Brünn.[1] Der Abt Mathias wurde seiner Würde entsetzt, zog sich in das Kloster Willimow zurück, auf dessen Dank er Anspruch hatte,[2] und an seine Stelle wurde von den wenigen noch übrigen Mönchen Tiburtius zum letzten Abte gewählt. Ueber sein und seiner Stiftsgenossen Schicksale haben sich nur spärliche Nachrichten erhalten. Der Stiftsgüter beraubt, welche von König Mathias gleich nach der Eroberung Trebitsch's an Zdenek von Sternberg zum Ersatze für die ihm vom Könige Georg entzogenen Besitzungen verpfändet wurden,[3] und ausserdem noch in manche Streitigkeiten verwickelt, welche gleich der um 1470 ausgebrochenen Empörung der Stadt Trebitsch gegen das Kloster die Ohnmacht des letzteren bekundeten,[4] musste der endliche Untergang und die Auflösung dieser Klostergemeinde erfolgen. Wann diese jedoch eingetreten sei, können wir nicht bestimmt angeben.

Obwohl durch den im Jahr 1478 zwischen Wladislaw von Böhmen und Mathias von Ungarn abgeschlossenen Vertrag, in welchem die Restituirung der Klostergüter von der Herausgabe der dem Sternberg entzogenen Güter abhängig gemacht wurde und worin Mathias erklärte, mit dieser Sache sich weiter befassen zu wollen,[5] die Möglichkeit des Wiederauflebens dieses Klosters sich herausstellte, so wurde diese wieder bald dadurch vereitelt, dass König Mathias diesem Uebereinkommen entgegen die Trebitscher Güter 1480 wieder an die Bll. Jaroslaw und Wanĕk von Lomnic, und König Wladislaw 1490 an Wilhelm von Pernstein verpfändete und ihn zugleich ermächtigte, alle verwaisten Stiftsgüter einzulösen.

Auch erhielt er 1492 die Erlaubniss, die sehr schadhaft gewordenen Stiftsgebäude sammt der Kirche wiederherzustellen und 1502 die Erlaubniss, den alten dem Einsturz drohenden Stiftsthurm abzutragen und das hierdurch gewonnene Material zur Ausbesserung der Klostermauern zu verwenden. Nachdem die Stiftsherrschaft Trebitsch vorübergehend von Johann von Pernstein im Wege des Tausches an Artleb von Boskowic und seinen Sohn gelangte, treffen wir sie 1556 wieder im Besitz der Pernsteine und zwar wurde sie

[1] Die historischen Aufzeichnungen, welche in Stadt Iglauer's Chronik III. 187—190 über die Belagerung der Stadt Trebitsch, den Rückzug Victorins von derselben und seine Flucht aus dem Kloster erzählen, stimmen nicht genau mit jenen Angaben überein, welche wir hierüber bei Pessina: Mars Moravicus 824 - 829 lesen. Mit Letzterem stimmt es zusammen, dass König Mathias (in einer Urkunde vom J. 1468 (Chlumecky 54. Nr. 187) die Iglauer auffordert, zu Ross und zu Fuss nach Trebitsch zu eilen, damit König Podiebrad seinen dort im Schlosse belagerten Sohn nicht entsetze.

[2] Abt Mathias trat nämlich 1464 für den Abt von Willimow vor Gericht als Bürge ein. Brünner Pabau fol. 6 rückgtil.

[3] Wolny 556.

[4] In zwei Urkunden, welche im mährisch-ständischen Landesarchive aufbewahrt werden, wenden sich der Burggraf von Trebitsch und die Dienstmannen des Klosters an den König von Böhmen mit der Bitte, die wider den Abt empörten Bürger der Stadt Trebitsch zur Ruhe und zum Gehorsam gegen ihren Herrn zu verhalten, da ihre diesfällige Vermittlung ohne Erfolg blieb. (Nr. 51).

[5] Palacky: Archiv česky III. 482

in diesem Jahre von Kaiser Ferdinand I. in das erbliche Eigenthum dieser Familie übertragen. [1] Wratislaw von Pernstein verkaufte sie jedoch schon in diesem oder doch in dem folgenden Jahre an Burian Osowsky von Daubravic, dessen Sohn Saul sie bei seinem Tode seiner zweiten Gemahlin Katharina von Waldstein als Eigenthum überliess. Diese, nachdem auch ihre zweite Ehe mit Karl von Zirotin kinderlos blieb, übertrug die Herrschaft Trebitsch ihrem Bruder, dem Oberstburggrafen in Böhmen, Adam jüng. Graf von Waldstein mit der Bestimmung, dass immer der älteste seiner Nachkommen im Besitze der Herrschaft folgen solle. Auf diese Art wurde die Herrschaft Trebitsch ein Seniorat der vom Grafen Adam von Waldstein abstammenden Linie dieses alten gräflichen Hauses, in deren Besitze sie sich noch gegenwärtig befindet. Mehrere Mitglieder dieses Hauses haben sich um die Erhaltung der Stiftskirche verdient gemacht, wie dies verschiedene in derselben angebrachte Inschriften beurkunden. So liess Johann Josef Graf von Waldstein wie die ober dem Triumphbogen am Presbyterium angebrachte Inschrift wohl mit einiger Uebertreibung besagt, [2] im Jahr 1730 das Gotteshaus aus den entweihten Trümmern wiederherstellen. Eine Tochter desselben, Maria Anna von Fürstenberg liess 1756 die Kirchthürme aufführen und eine Gräfin Franziska Josefa Waldstein, geborne Trautmannsdorf, fundirte einen eigenen Schlosskaplan, wie dies die über den beiden Thüren, welche in die kleinen Wendeltreppen des Presbyteriums führen, angebrachten Inschriften aussprechen. [3]

II. Beschreibung der Abtei-Kirche.

Die Kirche ist im Grundrisse (Taf. 13. A.) dreischiffig, ohne Andeutung eines Querschiffes; das Mittelschiff ist von den beiden Seitenschiffen durch Pfeilerarkaden getrennt, das Presbyterium geht in der Breite des Mittelschiffes durch und hat die doppelte Länge zu seiner Breite; der polygone Chorabschluss ist so weit vorgerückt, dass er den Raum eines voll-kundigen Achteckes einnimmt. Die Seitenschiffe in halber Breite des Mittelschiffraumes schliessen in der Tiefe des dritten Bogens des Presbyteriums mit halbkreisförmigen Nischen, an der Westseite der Kirche sind, über die Breite der Seitenschiffe weniges vorspringend, zwei Thürme angelegt, zwischen diesen erstreckt sich bis zu dem ersten Pfeiler des Mittelschiffes ein schon ursprünglich eingebauter Betchor. Der Haupteingang bestand an der Nordseite der Kirche im dritten Travée des Seitenschiffes, ein kleinerer Eingang im siebenten Travée des südlichen Seitenschiffes vermittelte ohne Zweifel die Verbindung der Kirche mit den Klosterräumlichkeiten. Unter dem Presbyterium liegt eine dreischiffige Krypta, deren Mittelschiff in seiner Anlage diesem genau folgend, sich von den Chorabsiden bis zu dem ersten Abschlussbogen des oberen Mittelraumes erstreckt, während die Seitenschiffe dieser Krypta nur zwei Joche der über ihnen befindlichen Seitenschiffe umfassen.

Inneres der Kirche. (Taf. 13. B.)

Im Innern der Kirche erfolgt die Abtrennung des Mittelschiffes von den beiden Seitenschiffen durch je sechs Pfeiler, welche durch spitzbogige Arkaden verbunden sind. Je drei dieser Pfeiler und zwar der erste (Fig. 1), dritte und fünfte (Fig. 2) sind stärker, die übrigen (Fig. 3) schwächer gebildet, ihre Gliederung ist jedoch mit Ausnahme des ersten Pfeilers, dessen Funktionen sich ausser dem Gewölbe auch auf den Betchor beziehen, bei beiden gleichartig und entspricht dem auf sie Bezug nehmenden Gurten und Rippen der Gewölbe, mit Ausnahme der Vorlage der kleineren Pfeiler nach dem Mittelschiffe zu, welche in der Höhe der Seitenschiffgewölbe abschliessen.

---

[1] Die böhmische Urkunde befindet sich in der Brünner Landtafel Tom XXIII Fol 9; verzeichnet. Ihr Inhalt ist für die Kenntniss des Besitzstandes des Klosters von hoher Wichtigkeit, indem derselbe seinem vollen Umfange nach dargelegt wird. Ausser den aus Forchtem des einstigen Lehensverbandes treffen wir nicht unwichtige Nachrichten, da eine ziemlich bedeutende Anzahl von Hörigmannen in den damals zu Trebitsch gehörigen Dörfern aufgezählt wird. Der Güte des städtischen Archivars zu Brünn, Hrn. Chytil, verdanke ich eine Abschrift dieser Urkunde, von welcher an dieser Stelle einen eingehenderen Gebrauch zu machen der Zweck und die Aufgabe unserer geschichtlichen Darstellung nicht zulässt.

[2] Sie lautet: Honori Dei et B. V. Mariae ac profanatis ruderibus restituit Joannes Josephus S. R. J. Comes de Waldstein. Anno 1730.

[3] Diese Inschriften, so wie jene auf dem Bogen, welcher den Chor von dem Presbyterium trennt, finden sich in dem Aufsatze über das Kloster Trebitsch im II. Bande der Památky 1857, S. 273—280.

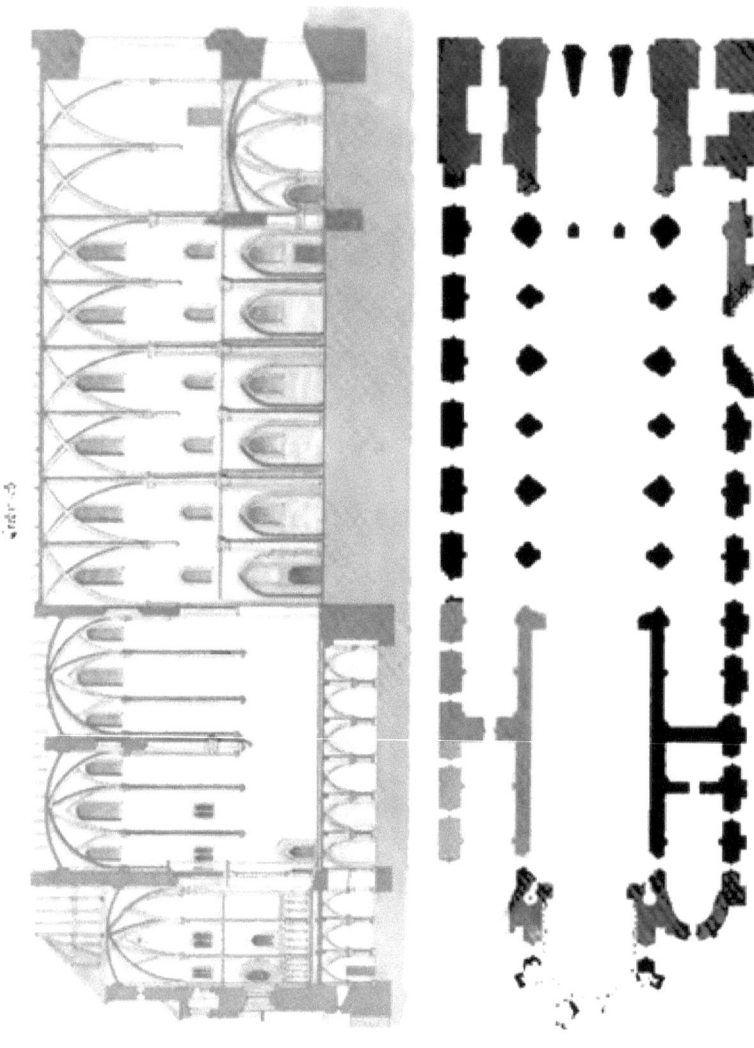

Mittelschiff.

Das Mittelschiff bis zum Triumphbogen des Chorraumes zerfällt seiner Wesenheit nach, den zwischen den Thürmen angebrachten Betchor mitinbegriffen, in vier grössere, fast quadrate Abtheilungen, deren jede

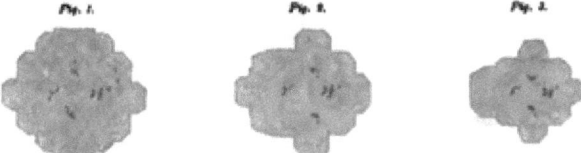

Fig. 1.   Fig. 2.   Fig. 3.

durch zwei kleinere Pfeiler untertheilt ist, welche mit dem Hauptpfeiler und den dazwischen eingefügten Spitzbogen die Trennungsarkaden herstellen.

Die über diesen Arkaden emporsteigende Scheidewand des Mittelschiffes ist über ersteren in der Höhe des Gewölbeschlusses der Seitenschiffe durch ein fortlaufendes horizontales Gesimse untertheilt. Mit diesem Gesimse schliessen die Kapitäle sämmtlicher Pfeilervorlagen ab, welche einfach gebildet sind und in freier Weise dem Würfelkapitäle sich nähern. Nur über den Vorlagen der stärkeren Pfeiler steigen als Träger für die darüber liegenden Gewölberippen drei unabhängig von einander gebildete Rundsäulchen auf, welche mit zierlichen Füssen und einfachen Kapitälen geschmückt sind. Ueber den Vorlagen der kleineren Zwischenpfeiler steigt die Wandfläche ungegliedert empor, nur von der Kapitälhöhe der früher erwähnten Rippenträger geht nach abwärts ein Rundsäulchen mit entwickeltem Kapitäle und endet mit einer Console an der Wandfläche. Ueber diesem Systeme von Trägern erheben sich die Rippen des spitzbogigen Tonnengewölbes, mit welchem das Mittelschiff überdeckt ist. Diese Rippen, gleichsam eine Fortführung der Pfeilervorlagen und

Fig. 4.

der Bildung derselben strenge folgend, haben die Form von kräftig aus den Gewölbeflächen vorspringenden Achtecken, deren vordere Kanten abgefast sind, nur über den Kapitälen der Wandpfeiler sind zur besseren Vermittlung des Aufsteigens kleine Sockel angebracht. Das Gewölbe selbst wird zwischen den erwähnten Trägern durch Gewölbeschilder, die gegen die Wandfläche etwas ansteigen, unterbrochen und dadurch die nöthige Wandfläche zur Einsetzung der oberen Fenster gewonnen. Zwischen den von Pfeiler auf Pfeiler gehenden Querrippen steigen von den Kanten der erwähnten Gewölbeschilder Diagonalrippen auf, welche in der so untertheilten Fläche des Tonnengewölbes kleinere über Eck gestellte Quadrate bilden, und da die Form dieser Diagonalrippen jener der Quergurten vollkommen entspricht, so wird dadurch das ganze Tonnengewölbe netzartig in kleinere Quadrate abgetheilt. Bloss an den beiden Stirnseiten fällt die Tonne gegen dieselbe ab, und es werden dadurch je drei Schildbogen gebildet, welche mit den an ihnen hinablaufen-

den Rippen die Vermittlung der Wölbung mit der Wandfläche herstellen.

Das Mittelschiff empfängt sein Licht durch sechs ziemlich grosse im Spitzbogen geschlossene Fenster, deren Laibung von aussen und innen aus einer nach der Mitte zu sich verengenden Schräge besteht. Unter diesen Fenstern und zwar unmittelbar über dem horizontalen Gesimse öffnet sich die Mittelwand gegen den Dachraum der Seitenschiffe in sechs kleinern spitzbogigen Fenstern, welche gegenwärtig vermauert sind; der so gebildete Laufgang führte von den Thürmen bis zur Chornische der Seitenschiffe, an der Mauer des Mittelschiffes entlang.

Die Stirnwand der Westseite wird durch ein grosses später ausgebrochenes spitzbogiges Fenster durchbrochen, an der Stirnwand der Ostseite (Fig. 4) sind unter den Schildbogen der Wandfläche drei schmale spitzbogige Doppelfenster angebracht, welche in der Mitte durch ein Rundsäulchen untertheilt sind. Die Rippen der Gewölbe daselbst setzen sich an der Wand auf kleinere mit Kapitälen geschmückte Pfeilerchen ab. Diesen zur Seite sind unmittelbar über den grossen Triumphbogen zwei weitere Doppelfenster angebracht, wodurch diese Wandfläche eine besonders reiche Gliederung erhält. Durch die früher erwähnten Fenster, wie auch mit Beihülfe jener der beiden Seitenschiffe erhält die ganze Kirche eine ausgiebige Beleuchtung, welche die einfach strengen Formen und die in ruhigen Linien sich bewegende Architektur, wobei alle Zufälligkeiten vermieden sind, in ernster und würdiger Weise auf den Beschauer wirken lässt.

Betchor.

An der Westseite der Kirche zwischen den beiden Thürmen und den ersten Pfeilern bildet sich ein Quadrat, welches in der Höhe der Seitenschiffgewölbe durch ein kuppelförmiges Spitzbogengewölbe, im Achtecke untertheilt ist, worüber einstens ein Betchor bestand, dermalen aber der Musikchor angebracht ist. Fig. 5 giebt eine perspectivische Ansicht desselben. Der nach dem Langhause zu offene Theil dieses Quadrates wird durch zwei rechteckige niedere, durch drei Spitzbogen, von welchen der mittlere breiter, jedoch bedeutend niedrer gehalten ist, verbundene Pfeiler abgeschlossen. An diese Pfeiler lehnen sich nach

Fig. 5.

innen zu, den drei Seiten des Achteckes der Kuppel entsprechend, dreieckige Pilaster an, auch an den Langseiten und der Rückwand dieses Raumes befinden sich je zwei ebenso gestaltete Pfeiler, die eine gleiche Bestimmung haben. Die vier gegen die Ecken des Quadrates gekehrten Seiten des Achteckes im Gewölbe

werden durch spitzbogige Gurtbogen gebildet, von deren Scheitelpunkte in die Ecken des Quadrates selbstständige Gewölberippen gehen, zwischen welche zwei Gewölbefelder eingelegt sind, welche die Ueberwölbung
der durch das Achteck des Gewölbes in dem Quadrate der Anlage gebildeten Dreiecke zu Stande bringen.
Sämmtliche Pfeiler sind nieder und klein zum Höhenverhältnisse des Raumes, der Sockel wird einfach
aus einer Platte, und darüber einer Hohlkehle gebildet. Die Kapitäle bestehen aus einem Rundstabe, einem
grossen Wulst und einem ziemlich reich gegliederten Architrave, nur einige sind davon abweichend geformt,
ohne jedoch von der Hauptform sich wesentlich abzutrennen. Die beiden aus dem Quadrate dieses Betchores
in die Seitenschiffe führenden Bogenöffnungen sind verschieden gestaltet, und zwar wird die gegen das südliche Seitenschiff führende durch eine von dem grossen Pfeiler beiderseits gelegte Rundsäule und einem darüber aufruhenden Spitzbogen, die gegen das nördliche Seitenschiff führende dagegen durch Pilaster und einem
darüber geschlossenen Rundbogen gebildet. Die Gewölbegurten dieses Raumes, welche von den zwei freistehenden und den sechs Wandpfeilern aufsteigen, sind Achtecke, deren vordere Kanten abgefast sind und
treffen in einem sternförmig verzierten Schlusssteine zusammen.
An dieses Quadrat schliessen sich zu beiden Seiten die Glockenthürme an, deren Anlage jedenfalls eine
ursprüngliche ist, wie dies die alte den Seitenschiffen der Kirche entsprechende Einwölbung darthut, welche
sich in dem nördlichen Thurme in der Höhe des eben geschilderten Betchores erhalten hat. Die Umgestaltung der Thürme erfolgte, wie dies die geschichtliche Einleitung dargethan hat, nachdem die alten baufällig
gewordenen im Beginne des 16. Jahrhunderts abgetragen wurden, im Jahre 1756.

Seitenschiffe.

Die Seitenschiffe, welche bei halber Breite des Mittelschiffes die halbe Höhe des letzteren nicht erreichen,
werden durch Quergurten in quadrate Räume abgetheilt; diese Quergurten entsprechen in ihrer Form je nach der
wechselnden Stärke der Kirchenpfeiler den ihnen zur Stütze dienenden Pfeilervorlagen an der Wandfläche und
an den Pfeilern des Mittelschiffes. Das von je zwei Quergurten, dem grossen Arkadenbogen und dem Blendbogen
an der Wandfläche gebildete Quadrat wird durch ein regelmässiges Kreuzgewölbe im Spitzbogen geschlossen,
dessen Diagonalrippen in ihrer Form den Quergurten entsprechen und nur etwas schwächer gestaltet sind.
Von den Fenstern, durch welche gegenwärtig die Seitenschiffe ihre Beleuchtung erhalten, stammen nur mehr
die fünf letzten gegen die Chornische zu an der Nordseite, so wie die beiden letzten an der Südseite aus der
ersten Bauzeit her; sie sind schmal und hoch, verengen sich bedeutend gegen die Mitte zu, sind im Rundbogen geschlossen und lassen in dieser Gestaltung die Mauerstärke, sowohl im Aeussern als Innern vorherrschen. Alle übrigen Fenster der Seitenschiffe sind breiter und höher, zwar auch im Rundbogen geschlossen, jedoch ist ihre Verengung gegen die Mitte zu bedeutend geringer und es unterliegt wohl keinem Zweifel, dass sie erst in späterer Zeit ihre gegenwärtige Gestalt erhalten haben.
Der östliche Theil des nördlichen Seitenschiffes mit der Chornische dient gegenwärtig zum Sakristei-
raume, ist durch eine Mauer von dem weiteren Seitenschiffe abgeschlossen, und steht durch eine romanische
Thür mit dem eigentlichen Chorraume in Verbindung. Der diesem Theile entsprechende Raum des südlichen
Seitenschiffes besteht dermalen nicht mehr, jedoch lassen alle noch vorhandenen Bautheile seinen einstigen
Bestand erkennen, auch er war durch eine noch bestehende aus dem Chorraume führende romanische Thüre
zugänglich.
Das letzte westliche Quadrat der beiden Seitenschiffe im unmittelbaren Anschlusse an die Thurmanlage
ist über denselben und zwar in gleicher Höhe mit ihnen, emporgeführt. Diese so gebildeten Oberräume, deren
Kreuzgewölberippen sich auf Ecksäulchen aufstützen, und jenen der Seitenschiffe vollkommen entsprechen,
stehen bloss mit den beiden Thürmen und im nördlichen Seitenschiffe ausserdem noch mit dem Dachraume
in Verbindung.

Presbyterium und Chor. (Taf. 13 B u. Taf. 14.)

Der eigentliche Chor, welcher eine ganz besondere Anlage im Verhältnisse zu den übrigen Räumlichkei-
ten der Kirche hat, gliedert sich in das Presbyterium und die polygon geschlossene Abside.
Ersteres ist in der Mitte durch einen mächtigen auf niederen Pfeilern aufsitzenden Spitzbogen und einer
über denselben aufgeführten Theilungsmauer in zwei Quadrate abgetheilt. Die Art der Einwölbung (Fig. 6)

stimmt mit jener des westlichen Retechores überein, nur ist die Scheitelhöhe der Gewölbe eine höhere. Die Gewölberippen setzen sich an den Wandflächen nach unten zu bis auf die Kämpferhöhe des Triumphbogens in kleinen mit Kapitälen und einfachen Consolen geschmückten Pfeilerchen fort. Jede Nord- und Südseite eines Quadrats enthält in der Höhe der Fenster des Mittelschiffes eine Gruppe von drei Fenstern, von welchen, den drei Schildbogen des Gewölbes entsprechend, das mittlere höher und breiter, die beiden nebenstehenden schmäler und niedriger angeordnet und im Rundbogen geschlossen sind. Die Laibung derselben wird, wie bei den Fenstern des Mittelschiffes, durch eine einfache Schräge nach der Mitte zu gebildet. Die Abtheilungsmauer zwischen beiden Quadraten dient den zu beiden Seiten anlaufenden Gewölben zum Widerlager und wird durch drei kleine im Rundbogen geschlossene Fensteröffnungen durchbrochen, welche den freien Durchblick in die Gewölbe des anstossenden Raumes gestatten. Die anlaufenden Rippen enden über den Spitzbogen mit kleinen Consolen.

Der Abschlussbogen des zweiten Quadrates gegen die Abs is zu ist etwas enger und niederer, und an seinen Kanten mit Rundsäulchen gegliedert, welche in dem Viertheile ihrer Höhe mit einem Bande, und in der Höhe des Kämpfergesimses mit einem Kapitäle geschmückt sind. Ihr Fuss ist mit der in die Abside führenden Stufenreihe in gleiche Höhe gesetzt. Die Wandfläche über diesem Bogen, welche gleichfalls als Widerlager für die Gewölbe dient, wird durch Ein Fenster über dem Schlusse des Bogens durchbrochen, zu dessen beiden Seiten die Wandpfeilerchen der Gewölberippen liegen und mit Consolen enden.

Fig. 6.

Fig. 7.

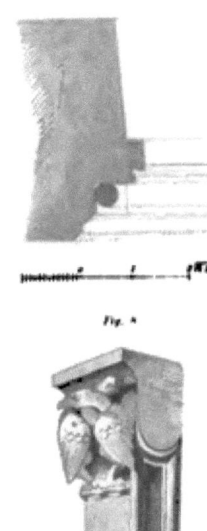

Fig. 8.

In den Ecken an diesen Scheidebogen (Taf. 13. A.) liegen zwei kleine Wendeltreppen, welche die Verbindung in das Triforium herstellen; dasselbe öffnet sich im zweiten Quadrate gegen das Presbyterium zu mit je zwei kleinen spitzbogigen Doppelfenstern.

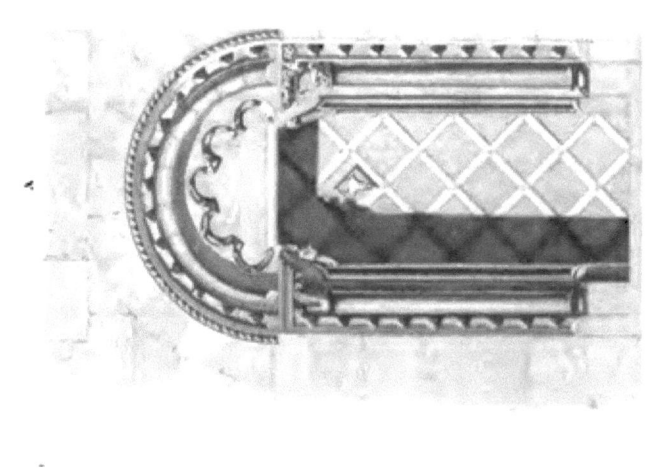

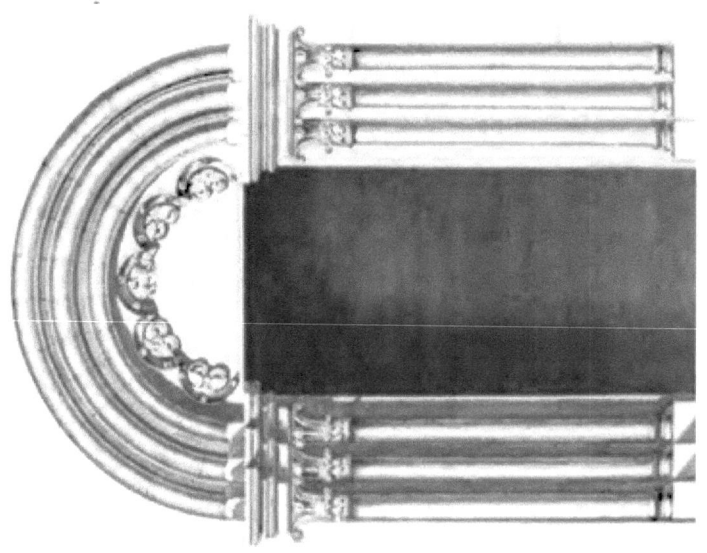

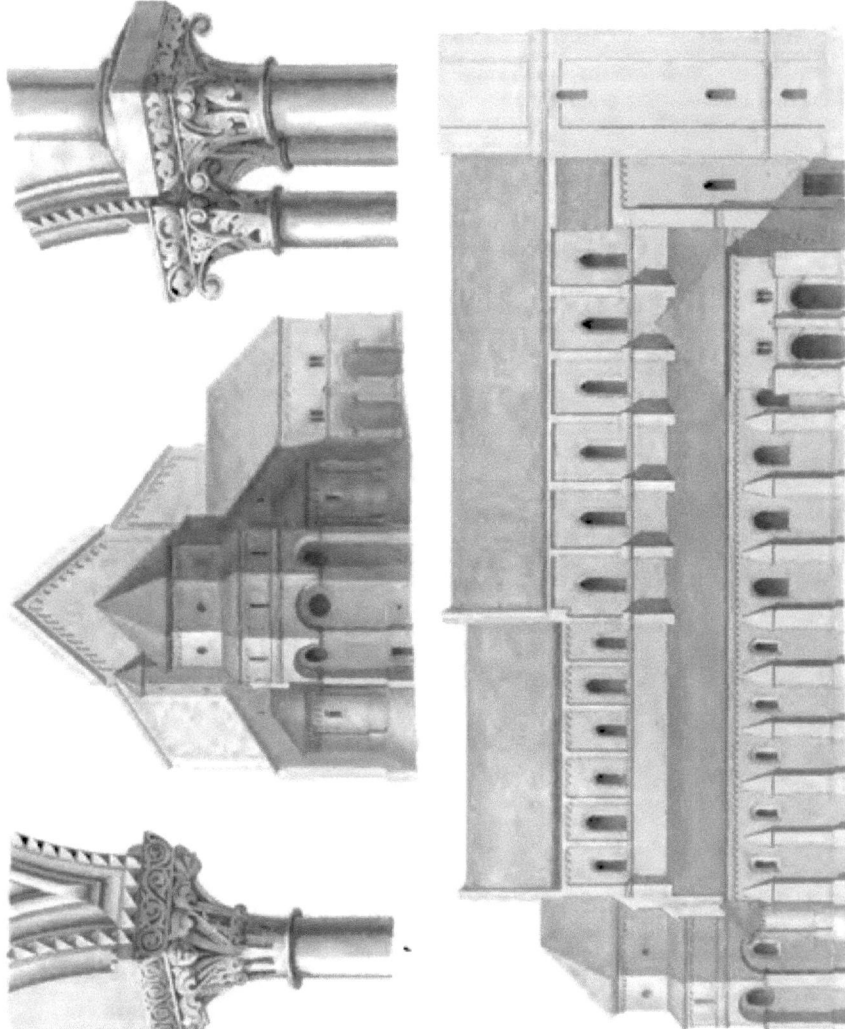

Unter diesen Fenstern befinden sich die schon erwähnten kleinen Thüren, welche in die Nebenräume des Presbyteriums führen (Taf. 15. A. und Fig. 7). Dieselben zeigen eine reiche Gliederung mit freistehenden Marmorsäulchen, die mit attischer Basis und ornamentirten Kapitälen versehen sind. Ueber letzteren schliesst ein verzierter horizontaler Architrav die Säulen ab, welche sich darüber als Rundstäbe im Bogen fortsetzen. Die äussere Hohlkehle ist mit vorstehenden rautenförmigen Knöpfen geziert, um dieselbe legt sich aufwärts vom Kampfergesimse ein mit kleinen aneinander gereihten Rauten geschmückter Bogenstreifen. Das Bogenfeld enthält fünf kleinere Bogen, welche mittelst Plättchen und Hohlkehle in seine Fläche vertieft und ebenfalls mit kleinen Rauten geschmückt sind. Hinter den Säulen schliesst die Thürlaibung beiderseits mit einer Gliederung von zwei Rundstäben und einer Hohlkehle ab, welche nach oben eine Console zeigt, deren linke mit einer kleinen Engel-gestalt, die rechte mit zwei verschlungenen Vogelgestalten geschmückt ist (Fig. 8). Die Thüre selbst ist glatt, mit Eisenblech überzogen und durch Eisenstreifen in rautenförmige Felder getheilt, in deren oberstem ein Stierkopf mit einem durch die Nase gezogenen Ringe sichtbar ist. Die gegenüberstehende Thüre ist der beschriebenen vollkommen gleich gebildet.

Der interessanteste und mit dem reichsten Schmucke versehene Theil der Kirche, welcher beim Eintritte in dieselbe den Blick unwillkührlich auf sich zieht und fesselt, ist der eigentliche Altarraum, dem im Grundrisse ebenfalls ein Quadrat zu Grunde gelegt erscheint, das sich nach rückwärts an der drei Seiten eines Achteck bricht (Fig. 9). In die Ecken desselben, so wie in den beiden Wandflächen sind freistehende Rundsäulchen so gestellt, dass sich über ihren Kapitälen die Rippen des vollständig achteckigen Gewölbes entwickeln, welches in den gegen das Presbyterium zu liegenden Ecken, wie die beiden früher besprochenen Gewölbe gestaltet ist. Die Rippen des Chorgewölbes sind jedoch reicher aus drei Rundstäben und

Fig. 9.

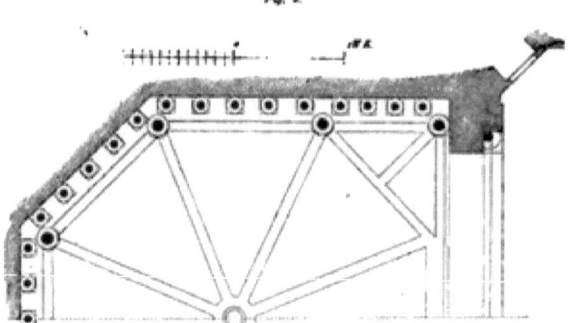

zwei Hohlkehlen gegliedert (Fig. 10) und enden in einen Gewölbekranz. Hinter den freistehenden Säulchen zieht sich in der Wandfläche eine kleine spitzbogige Arkadenreihe mit freistehenden Säulchen fort, über welche ein starker Rundstab in der Stärke der Ecksäulchen einen horizontalen Abschluss für die darauf lastende grössere Mauerstärke bildet. Die Ecksäulchen sind, um die perspektivische Wirkung der Arkadenreihe nicht zu unterbrechen, in der Höhe der Wandsäulchen ebenfalls mit Kapitälen versehen, über welchen sodann ein zweiter Säulenfuss für die darüber stehende Säule angebracht ist. Sämmtliche Säulen zeigen frei entwickelte attische Basen mit Deckblättern (Fig. 11 und 12). Die Wandsäulchen entwickeln sich zierlich und schlank und schliessen gleich den Ecksäulchen mit reich gezierten Kapitälen aus der Pflanzen- und Thierwelt. Tafel 16 B. zeigt die Gruppe einer solchen Ecksäule mit den zwei anstossenden Wandsäulchen (Tafel 16 A. und Fig. 13 und 14), enthalten interessante Beispiele der höchst reichhaltigen Verzierungsweisen der Kapitäle und Deckplatten der Wandsäulchen, deren letztere gewöhnlich aus einem Viertelstabe gebildet sind. Die

Spitzbogen der Arkaden sind aus einem kräftigen Rundstabe, zwei Hohlkehlen und einem dazwischen liegenden rautenförmig gezierten Streifen gebildet.

Die über der Arkadenreihe befindliche Wandfläche ist in der Höhe des Kämpfergesimses des Eingangsbodens durch ein horizontales Gesimse untertheilt; der untere Theil enthält in den Achteckseiten drei grosse

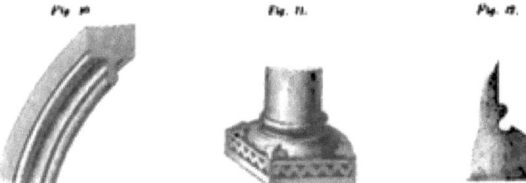

Fig. 10.   Fig. 11.   Fig. 12.

Rundfenster, von welchen gegenwärtig das mittlere vermauert ist, die beiden andern sind zwar offen, haben jedoch die Steinversprossung verloren. Nur das mittlere zeigt innerhalb seiner Vermauerung nach Innen zu die einstige Form seiner Gliederung (Fig. 15). Es ist durch zehn achteckige Säulchen untertheilt, welche

Fig. 13.   Fig. 15.

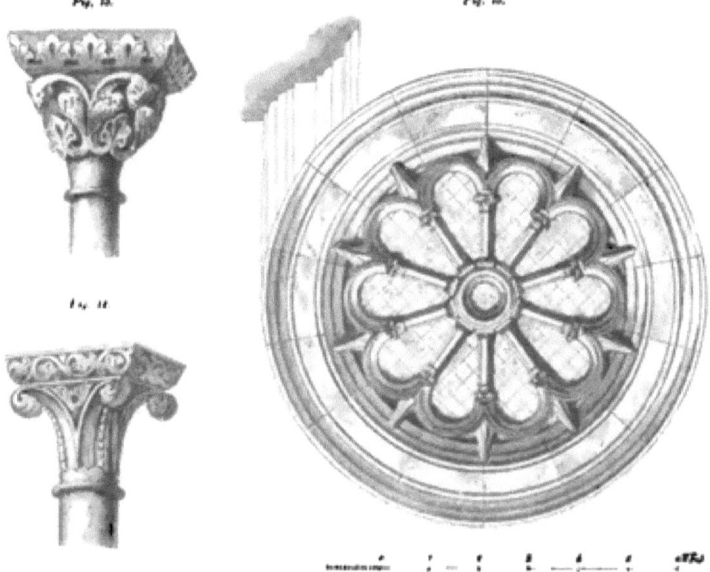

Fig. 14.

über einem gegliederten Steinringe mit selbstständigen Basen ansetzen und über verzierten Kapitälen mit Bogen abschliessen, welche einfach aus Rundstab und Hohlkehle gebildet sind. Unmittelbar über jedem Säulchen greifen kantig gebildete Blätter in die äussere breite und reich gegliederte Umrahmung über. Die beiden Fenster an den zwei weiteren Achteckseiten sind spitzbogig, scheinen jedoch später ausgebrochen zu sein.

In der oberen Abtheilung der Wandfläche öffnet sich das Triforium der Absis mit fünf kleinen rundbogigen Doppelfenstern, über welchen, unmittelbar unter dem Schildbogen der Gewölbe fünf kleine, nach
aussen achteckige, in der Mitte runde Fenster angebracht sind, welche an der inneren Wandfläche die gewöhnliche Form romanischer Fenster annehmen. Die Säulchen der Doppelfenster des Triforiums zeigen blattartig gebildete Kapitäle und attische Füsse, welche sich aus der die Fenster umgebenden Schräge entwickeln.
Auch die Kapitäle der Ecksäulen sind mit Blätterreihen und einer gegliederten Deckplatte, auf welcher die
Gewölberippen auflagern, geschmückt.

Krypta.

Der Hauptraum der in ihrer Grundrissanlage schon geschilderten Krypta (*Fig. 16*) ist durch Säulenstel-
lungen in drei Schiffe getheilt. Die Säulen, durchaus gleichartig gebildet, sind achteckig mit attischer Basis
und dem Deckblatte, das Kapitäl gedrückt mit Blätterknäufen und zwar über jeder Kante des Achtecks (*Fig. 17*).
Ueber dem Kapitäl liegt ein vollständig gegliederter Architrav in quadratischer Form, über welchem sich die
Gewölberippen aufsetzen, die als kräftig vortretende Rechtecke mit abgefasten Kanten gebildet sind. An den
Wänden sind, den Mittelsäulen entsprechend, Halbsäulen gleicher Form angebracht. Am Eingange in den

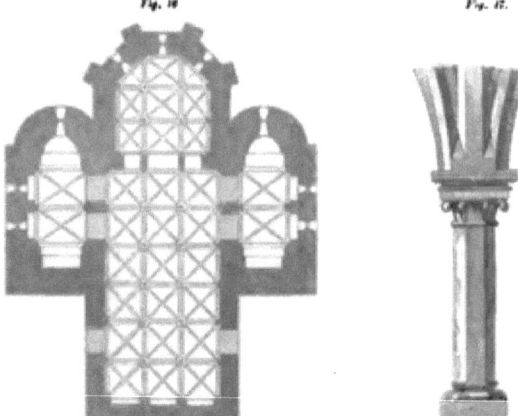

Fig. 16.　　　　　　　　　　　*Fig. 17.*

Chorraum der Krypta treten an die Stelle der Säulen zwei Pfeiler von der Breite des Gurtbogens, welcher
sich in dem oberen Kirchenraume an dieser Stelle wölbt. Die Gewölbe sind durchaus spitzbogige Kreuzgewölbe. Der mit drei Seiten aus dem Achtecke geschlossene Chorraum wird durch drei kleine Fenster erleuchtet, welche aussen kreisrund, nach der Mitte zu sich verengen und im Innern die gewöhnliche Form
romanischer Fenster annehmen.

Die beiden Nebenräume der Krypta, von welchen der südliche gegenwärtig abgemauert ist, sind durch je
zwei Bogen über einem Mittelpfeiler von dem Hauptraume getrennt. Die halbrunden Nischen sind mit kleinen Halbkuppeln, der weitere Raum mit je zwei spitzbogigen Kreuzgewölben gleich jenen des Mittelraumes
überwölbt, er wird durch drei kleine Fenster erleuchtet, wovon eines in der Abside, zwei an den Seitenwänden angebracht sind; der westliche Abschluss des Mittel- und Seitenraumes ist horizontal und wird durch
kleine spitzbogige Blendebogen gebildet.

Die einstigen Eingänge in den Mittelraum der Krypta führten aus den Seitenschiffen der Kirche unmittelbar unter das zweite Kreuzgewölbe vor dem westlichen Abschlusse; sie sind jedoch gegenwärtig vermauert.

Der innere Raum dieser Gruftkirche zeichnet sich durch die streng durchgeführte architektonische Raumgliederung, durch die reiche Säulenstellung, durch das schöne Verhältniss der Breite der einzelnen Raumabtheilungen zu ihrer Höhe aus, und der Eindruck des Ganzen ist durch die energisch gebildeten Rippen und Gurtbogen zur Abscheidung der einzelnen Kreuzgewölbe, in welchen die Gewölbefelder dunkel zurücktreten, ein ebenso ernster als mächtiger.

Aeusseres.

Die Westfaçade mit den beiden Thürmen zeigt durchaus neuere Umgestaltung und bietet in ihren Formen kein weiteres Interesse dar.

Die Süd- und Nordseite entsprechen in allen Theilen der inneren Construktion des Gebäudes und gliedern sich demgemäss in drei Haupttheile, nämlich das Langhaus, das Presbyterium und die polygone Abside (Tafel 16. C).

Das nördliche Seitenschiff enthält der Construktion entsprechend Strebepfeilervorlagen, welche in einfacher Weise über den Fenstersohlbänken mit einem kleinen Gesimse abschliessen und eine dachartige an die Mauerfläche zurücktretende Bekrönung haben, welche sich bis unter dem die Seitenschiffe nach oben abschliessenden Rundbogenfries erhebt. Der Sockel um die Kirche herum besteht durchweg aus einer einfachen stark vortretenden Schräge.

Ueber den Dächern der Seitenschiffe erhebt sich die Mauer des Langschiffes und Presbyteriums, welche in der Höhe des inneren Gewölbeanlaufes durch ein einfaches horizontales Gewölbe unterheilt ist. Unter diesem Gesimse springen an dem Langhause, jedem Pfeiler im Innern entsprechend, ziemlich kräftige Strebepfeiler vor, die über dem Gesimse mit einer Schräge bedeckt sind und darüber hinaus als schwächer gebildete Lissenen an der Mauerfläche bis zum Hauptgesimse aufsteigen.

Diesen Strebepfeilern entsprechend erheben sich unter den Dächern der Seitenschiffe über den Gurtbogen der unterhalb liegenden Gewölbe Aufmauerungen, die durch eine Thüre durchbrochen sind und zur Verstärkung der Widerlager der Gewölbe des Mittelschiffes und Presbyteriums dienen.

An dem Presbyterium sind unterhalb des erwähnten Horizontalgesimses keine Strebepfeiler angebracht, weil die Gewölbe im Inneren eine solche Vorlage nicht nöthig machten; die Wandfläche darüber ist durch fünf Lissenen, welche unter dem Hauptgesimse in einem Bogenfriese enden, in sechs Felder getheilt, innerhalb welcher sich die beiden Fenstergruppen befinden.

Das Hauptgesimse dieses Raumes ist aus Hohlkehle, dem Rundstabe und Zahnschnitte gegliedert, während das höher liegende Gesimse des Langschiffes nur aus einer flachen Kehle und Platte besteht.

Der Haupteingang in die Kirche lag ehemals am dritten Travée des nördlichen Seitenschiffes und bildete ein Quadrat, welches in seiner Grundfläche der Entfernung zweier Hauptpfeiler im Innern gleichkommt (Taf. 13. A.) Zwei grössere Eck- und drei kleine Mittelpfeiler, zwischen welchen sich sechs Bogen als Eingänge öffnen, bilden die Stützpunkte für das spitzbogige Kreuzgewölbe, daher jedes Feld den Pfeilern entsprechend unterheilt ist. Die erwähnten im Halbkreise geschlossenen Eingänge zwischen den Pfeilern waren nach innen zu mit je vier freistehenden Säulen geschmückt. Die nach aussen zu an jedem Pfeiler liegenden Strebevorlagen schliessen über dem Bogen mit einem Horizontalgesimse ab, über welchem kleine Doppelfenster angebracht waren. Der Abschluss des ganzen Vorbaues nach oben zu entspricht jenem der Seitenschiffe.

Aus dieser Vorhalle führt ein tiefes reich geschmücktes Portal, welches in der Fülle und Zierlichkeit seiner Ornamentirungen unter den Portalen dieses Zeitraumes eine vorragende Stellung einnimmt und in dieser Beziehung nur von jenem der Tischnowitzer Kirche, mit dem es einige Aehnlichkeit aufweist, übertroffen werden dürfte, in das Innere der Kirche (Taf. 17). Dasselbe verengt sich gegen die Thüre zu in sechs Stufen (Fig. 18), in deren Ecken freistehende Säulchen aufgestellt waren. Die Kapitäle derselben zeigen zwei in Knaufen überhangende Blattreihen. Die Basen sind attische mit weit vorspringenden jedoch flachgedrückten Wulsten. Der Sockel und der reich gegliederte Architrav liegen ohne Abstufung in einer Schräge. Die Ecken zwischen den Säulen sind reich und verschiedenartig gereizt. Einige dieser Verzierungen, aus Stabwerk oder einem diesem ähnlichen Motive gebildet, finden wir gleicherweise an den Portalen der Stephanskirche zu Wien, der h. Dreikönigskapelle zu Tulu, an dem südlichen Eingange der Kirche zu Wiener Neustadt u. s. w.:

Trebitsch

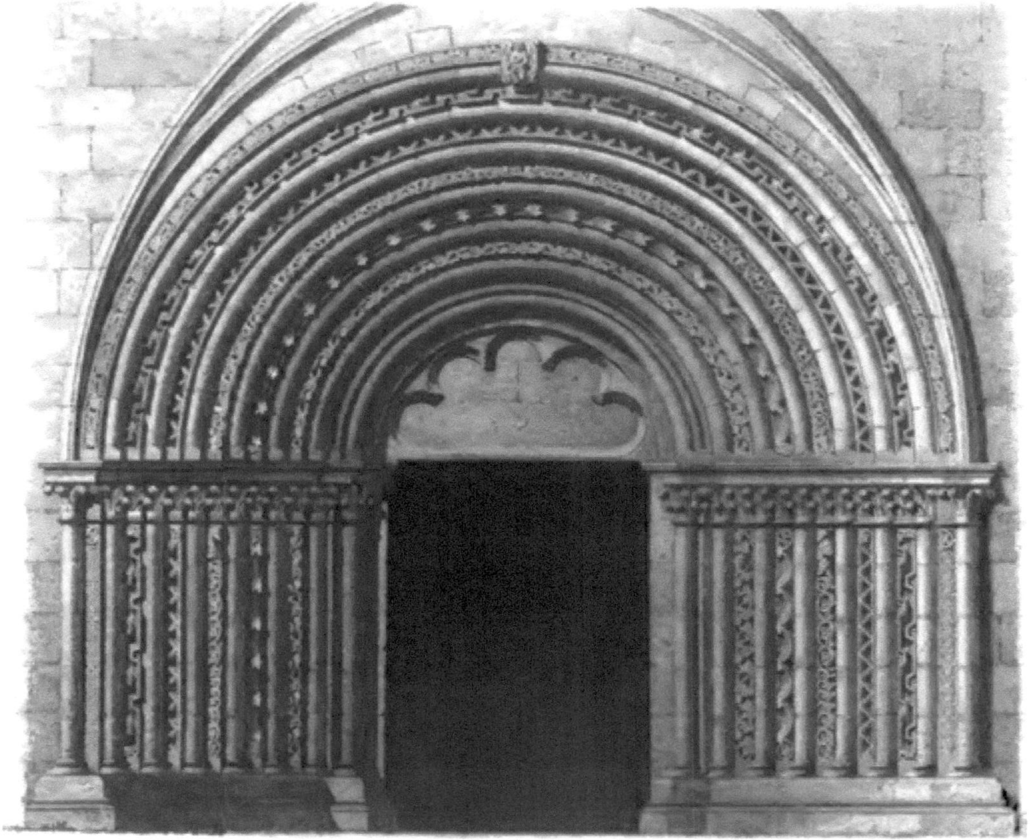

die aus dem Pflanzen- und Thierreiche entnommenen Motive für einige der Eckverzierungen sind jedoch ganz eigenthümlich, und sprechen für einen schon sehr ausgebildeten Formensinn. Wir geben mit den Figuren 19—23 einige dieser Muster.

Ueber dem Architrav setzen sich die Säulen in gleicher Dicke als Rundstäbe, wie auch die verzierten Pfeilerecken im Halbkreise fort und umschliessen das Bogenfeld über der horizontal geschlossenen Thüre.

Fig. 18.

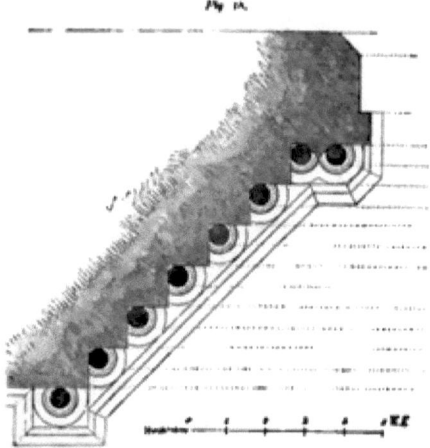

welches durch fünf kleinere Blendbogen geschmückt ist. Ein Schlussstein am äussersten Rundstabe des Bogens zeigt eine roh gearbeitete Engelsgestalt. Das Höhenverhältniss dieses Einganges wird durch die reiche und breite Laibung ein gedrücktes, es entspricht nämlich die Höhe des äussersten Bogens kaum dem Abstande der beiden ersten Kanten der Laibung.

Das südliche Seitenschiff ist in seiner äusseren Anlage dem nördlichen vollkommen gleich, nur fehlen hier die Strebepfeiler-Vorlagen, daher die Vermuthung begründet erscheint, dass, wie dies bei der Mehrzahl der Klosterkirchen der Fall ist, an diese Langseite ein Kreuzgang angebaut gewesen sei, eine Vermuthung, welche auch durch ein noch bestehendes Seitenportal (Taf. 15. B.) bestärkt wird, welches in das letzte Travée des Langhauses einmündet. Dieser Eingang wird nach aussen zu aus drei Stufen gebildet (Fig. 24), zwischen welchen sich drei Säulchen befinden, deren Basen attisch, Kapitäle hoch und aus zwei Blattreihen gebildet sind, über ihnen schliesst ein reich gegliederter Architrav die Thürhöhe ab, über welchem sich die Säulen und gegliederten Ecken im Halbkreise fortsetzen. Das Bogenfeld zeigt fünf Rundbogen, die mittelst einer Hohlkehle sich vertiefen, mit Rauten verziert sind und innerhalb vier mit den Köpfen ineinander verschlungene Thiergestalten zeigen, während in dem obersten Bogen die Lammsgestalt mit der Fahne sichtbar wird.

Die südliche Mittelschiffwand ist jener der Nordseite vollkommen gleich.

Die Ostseite der Kirche (Taf. 16 D.), in deren Mitte das Polygon des Chores mit seinen vier Strebepfeilern vortritt, und zu dessen Seiten früher die beiden Absiden der Seitenschiffe angebracht waren, von welchen jedoch, wie erwähnt, gegenwärtig nur mehr die nördliche besteht, gliedert sich in diese drei Gruppen. Die Strebepfeiler des Polygons verbinden sich über den kreisrunden Fenstern im Halbkreisbogen, dessen Anlauf durch ein kleines Kämpfergesims charakterisirt ist. Diese Bogenwölbung dient vorzugsweise dazu, um die nöthige Mauerbreite für den Raum des darüber angebrachten Triforiums zu gewinnen. Ueber diesen Bogen schliesst ein Horizontalgesimse in der Höhe des inneren zweiten Theilgesimses des Unterbau ab. Ueber demselben zieht sich ein schmaler Streifen um das Polygon, welcher das Parapet des inneren Umganges kennzeichnet, der nach aussen zu sich durch drei kleine und schmale Fenster öffnet. Darüber

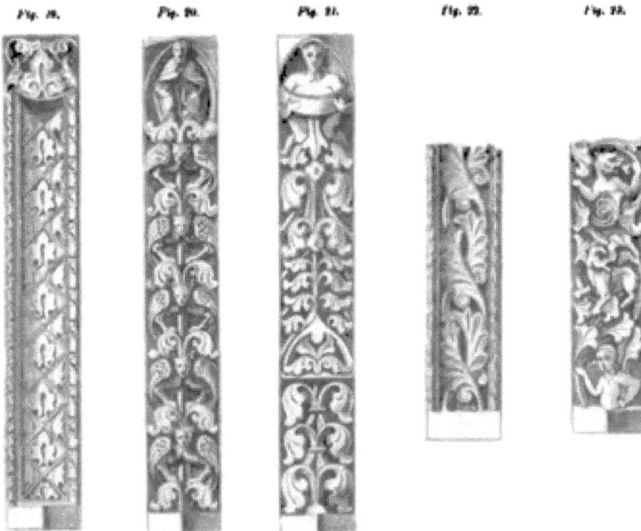

schliesst ein kleiner Rundbogenfries von je fünf Bogen an einer Seite, und ein kleines Gesimse den Vorsprung ab, welcher das Triforium bildet. Der oberste Aufbau, welcher sich von aussen nach der inneren Mauerflucht des Chores absetzt, und durch dieses Zurücktreten zur Gruppirung der Chorfaçade wesentlich

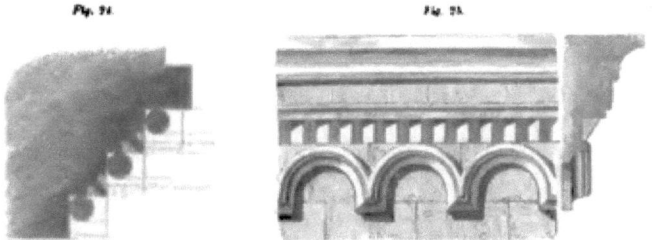

beträgt, umschliesst das Gewölbe der Absis, aus welchem, wie erwähnt, fünf kleine Fenster sich öffnen. Diesen Aufbau krönt ein gegliederter Bogenfries und darüber ein Gesimse, welches aus Hohlkehle, Platte und Zahnschnitt besteht. (*Fig. 25.*)

Fig. 26.

Fig. 27.

Das nördliche Seitenschiff schliesst mit einer vertikalen Mauer, an welcher, der Dachlinie folgend, ein Gesimse mit Bogenfriesen aufsteigt, in deren Halbkreisen eine Blätterverzierung angebracht ist. An diese Abschlussmauer ist die halbkreisförmige Nische mit zwei vorspringenden polygonen Strebepfeilern angebaut, deren reiche Kapitäle mit kleinen figürlichen Darstellungen geschmückt sind. Besonders reich ist der Abschluss dieser Chornische nach Oben (Fig. 26). Er besteht aus einem Gesimse, welches aus einer mit Blattwerk verzierten Hohlkehle, einem darunter liegenden Rundstabe und Zahnschnitte, endlich aus einem reich gegliederten mit einzelnen Rauten verzierten Bogenfriese sich zusammensetzt. In der Mitte dieser Chornische ist gegenwärtig ein niedriges mit einem Kreissegmente geschlossenes Fenster angebracht.

Die östliche Stirnmauer des Presbyteriums und der beiden vorderen Aufbauten vor den Thürmen sind nach ihrer Dachfläche zu mit einem Gesimse und darunter liegenden Bogenfriese abgeschlossen (Fig 27). An der Stirnmauer des Presbyteriums führt und zwar auf der südlichen Seite derselben eine kleine Wendeltreppe, die nach aussen zu als ein polygones Thürmchen sich darstellt, in den Dachraum.

Wenden wir uns nunmehr der architektonischen Würdigung dieses in vielen Beziehungen höchst beachtenswerthen Baudenkmales zu, so müssen wir einerseits auf die strenge und durchaus konsequente Durchführung des architektonischen Grundgedankens, die Harmonie in den Hauptmassen in Verbindung mit den einfachen aber kräftigen Gliederungen der konstruktiven Details, andrerseits aber auf den Reichthum und die Zierlichkeit der ornamentirten Theile hinweisen, wie solche an den Haupt- und Nebenportalen, den Rundbogenfriesen, den Arkaturen und Ziersäulen des Chores uns entgegentreten. Nebenbei bemerken wir noch eine Reihe von Eigenthümlichkeiten, wodurch sich dieses Baudenkmal aus der Gruppe verwandter Anlagen mehr oder weniger ausscheidet, nämlich den Chorschluss, die Wölbung des Chores, die Wölbung und Pfeileranordnung des Langhauses u. s. f., welche wir nachfolgend in nähere Erwägung ziehen müssen.

Diese Eigenthümlichkeiten bezeichnen uns als den Zeitpunkt der Erbauung der Trebitscher Kirche eine Zeit, welche in mannigfachen Versuchen sich bewegend, in lebhafter, rascher Entwicklung begriffen ist. Nun aber zeigt uns der Anfang des 13. Jahrhunderts diesseits des Rheins die am Schlusse des 12. Jahrhunderts begonnene Bewegung auf dem Architekturgebiete (Bamberg, Naumburg, Basel u. s. f.), so wie die Ausbildung des formellen Theiles in raschem Fortschritte begriffen, und sowohl in der Gesammtanlage, wie auch in den konstruktiven und dekorativen Details treten neue Motive auf (St. Sebald in Nürnberg, St. Gereon in Köln, Limburg an der Lahn, Chor von Magdeburg, Lilienfeld u. s. w.)

Während dies die eine Gruppe von Bauwerken dieser Zeitepoche charakterisirt, sehen wir gleichzeitig an anderen noch ein strenges Festhalten an dem früheren Systeme, was die Gesammtanlage betrifft. Nur in den dekorativen Details macht sich eine Fortbildung und zwar in manchen Fällen bis an die äusserste Grenze bemerkbar, neben diesen Zügen eines feineren Kunstsinnes stossen wir jedoch zugleich auf theilweise Rohheiten, zum deutlichen Beweise, dass die nach allen Richtungen in Fluss gerathenen Elemente einer neu sich gestaltenden Kunstrichtung noch nicht zur inneren Einheit und Kräftigung sich durcharbeiten konnten und häufig in Schwankungen geriethen, die sich auch äusserlich in interessanter Weise kundgaben.

Die meisten Bauwerke des entwickelten Romanismus in Oesterreich gehören dieser letzten Baugruppe an, nur Trebitsch scheint uns eine Mittelstellung einzunehmen. In Bezug auf die Originalität der Gesammtanlage und der konstruktiven Durchbildung gehört diese Klosterkirche entschieden der erwähnten ersten Gruppe an, sie zeigt jedoch in Einzelheiten, wie beispielsweise in der Derbheit der Pfeilergliederungen und Pfeilerfüsse, und durch das theilweise Festhalten an den Formen der früheren Zeit, wie dies an den Rundbogenfriesen sichtbar wird, auch einen unverkennbaren Zusammenhang mit der zweiten Baugruppe dieser Zeit.

Der Beginn des Baues ist ohne Zweifel durch den Chor bezeichnet.

Der Chorschluss ist bereits polygon, in reicher Gliederung durchgebildet, und erinnert an den Polygon-Chor des Wormser Domes, hat jedoch das Polygon mit einer massiven Mauer umgeben, die in den oberen Theilen erleichtert ist, so dass ein Umgang Platz erhielt, der sich nach der Kirche zu in spitzbogigen Doppelpfeostern öffnet, nach aussen zu aber bloss durch schmale Schlitze unterbrochen ist. Diesem Umgange kann als ähnliches Beispiel aus früherer Zeit Schwarzrheindorf zur Seite gesetzt werden, wo jedoch derselbe in Art einer Zwerg-Säulengallerie nach aussen geöffnet ist. Auch das Polygon von St. Gereon zu Köln kann in Betracht genommen werden, wo gleichfalls der untere Theil durch eine sehr massige Mauer umfangen ist, die oberhalb durch eine Reihe von Nischen sich erleichtert, über welchen eine nach dem Mittelraume sich öffnende Gallerie angelegt ist. Aus dem Dache darüber steigt sodann die Mittelmauer schwächer auf. Auffallend ist aber in Trebitsch jedenfalls die geringe Durchbrechung des Polygons in seinen oberen Theilen.

Auch für die Architektur-Anordnung der Arkaden an dem untern Theile des Chorpolygons treffen wir allenthalben ähnliche Beispiele. So in Deutschland und zwar in sehr früher, roher Ausbildung zu St. Martin in Köln, ferner in Speier, Bamberg, an dem Langhause des Freiburger Münsters u. s. f. und schön ausgebildet am Chore zu Gelnhausen. [1]

Die merkwürdigste Anordnung aber zeigt sich in der Wölbung des Chores; es ist nämlich in Uebereinstimmung mit dem polygonen Chorabschlusse eine in Polygone zerlegte Wölbung in der Art eingeführt, dass Bogen quer über den Chorraum gespannt sind, wie z. B. in S. Prassede, welche gleich diesen übermauert und in der Uebermauerung durch Oeffnungen durchbrochen sind. Wie in byzantinischen Kirchen Kuppeln über Zwickeln in quadrate Räume eingewölbt sind, und wie dies auch über der Vierung einer Anzahl deutscher Kirchen am Rheine der Fall ist, so ist auch in Trebitsch oberhalb ein Achteck über dem Quadrate der Grundrissanlage hergestellt und jenes mit einer kuppelartigen Wölbung geschlossen. Der Uebergang aus dem Quadrate des Grundrisses in das Achteck der Wölbung wird jedoch nicht wie in den byzantinischen Kirchen durch Zwickel über die Winkeln des Quadrates vermittelt, sondern in der Art der Einwölbung der Kirche S. Giovanni degli Eremiti in Palermo (Kallenbach und Schmitt Tafel 81), wo über der Aufmauerung des Gurtbogens durch einen über die Ecken gesprengten Bogen, mit dem ein Blendebogen über dem Scheitel des Gurtbogens in Verbindung steht, die Vermittlung der quadraten Grundlage mit dem Achtecke der Wölbung hergestellt erscheint. In S. Giovanni sind diese acht Bogen spitzig, dasselbe Motiv jedoch im Flachbogen zeigt die Kuppel des Freiburger Münsters und des Wormser Domes (Kallenbach u. Schmitt Taf. 21); doch liegt in beiden Fällen über den Bogen, welche das Achteck vermitteln, noch eine Aufmaue-

---

[1] Auch in Frankreich (Viollet Dict. d'Arch. I. arcature) und in England (Durham 1180, Lincoln um 1220, Westminster u. a. m.) kehrt diese Anordnung häufig wieder.

ruug und es fängt erst oben über horizontalem Auflager die Kuppelwölbung an. Am meisten Aehnlichkeit hat die Kuppelwölbung der Kirche zu Limburg an der Lahn, indem dort der Uebergang in das Achteck gleichfalls durch Spitzbogen gebildet ist, die Ueberwölbung der Eckzwickel aber ganz in gleicher Weise, wie in Trebitsch von Säulchen aus der Ecke nach dem Spitzbogen zu gesprengt ist, welche letztere ebenfalls an den Wänden spitzbogige Schilder zeigen. Es ist in Trebitsch nur noch die Rippe, welche sich vom Ecksäulchen nach dem Spitzbogenscheitel wölbt, hinzugetreten. Die in Limburg höher schwebende Kuppel ist ganz, wie in Trebitsch, rundgewölbt, nur dass in letzterer Kirche sich die Wölbung unmittelbar an die das Achteck herstellenden Bogen anschliesst.

Eine fernere **Eigenthümlichkeit** des Chors der Trebitscher Kirche besteht darin, dass sich derselbe nicht durch Arkaden nach den Seitenschiffen öffnet, sondern durch Mauern vollkommen davon abgeschlossen ist; ebenso sind auch die östlichen Theile der Seitenschiffe von der Fortsetzung derselben durch Mauern abgetrennt. Es scheint diese die organische Raumanordnung störende Absonderung der einzelnen Chorräume unter sich und von den beiden Seitenschiffen durch Rückwirkten und Bedürfnisse des Ordens, für welchen die Kirche gegründet wurde, herbeigeführt worden zu sein, da wir theilweise ähnlichen Anlagen an mehreren Kirchen des Benediktiner- und auch des in ihren Satzungen mit diesen nahe zusammenstimmenden Cistercienser-Ordens begegnen. Wir erinnern nur an die oberhalb der Seitenschiffe der **Martinsberger** Kirche eigenthümliche Zellenanlage,[1] an den Kapellen-Kranz vieler Cistertienser-Kirchen, an den Abschluss des Chors der St. Peterskirche in Salzburg von den beiden Seitenschiffen, wiewohl diese Anordnung nicht ursprünglich beabsichtigt gewesen scheint,[2] an die mit der Trebitscher Choranlage zusammenstimmende Anlage des Benediktiner-Nonnenstiftes auf dem Nonnberge zu Salzburg[3] u. m. a. zum Beweise, dass diesem Orden das Bedürfniss nach abgesonderten Statten für geistliche Betrachtung und vielleicht auch für Bussübungen vorzugsweise eigenthümlich war und auch bestimmend auf die Bauanlage einwirkte.

Dem Baue des Chores scheint sich fortschreitend jener des Langhauses angeschlossen zu haben, da die Pfeiler gleich den Diensten im Chore polygone Gliederung haben, und unter der am Westende angebrachten Empore die dem Chorraume eigenthümliche Einwölbung wiederkehrt. Die Polygongestaltung der Dienste, wie sie hier durchgeführt erscheint, ist in Deutschland nicht heimisch und auch in französischen Bauten nicht nachweisbar. An deutschen Bauten treffen wir sie und auch nur theilweise in der gleichzeitigen Liebfrauenkirche zu Wiener Neustadt, häufiger in italienischen Kirchen, wie beispielsweise in St. Flaviano zu Monte Fiascone (Kallenbach und Schmitt Taf. 26 Fig. 14), im Florentiner Dome u. s. w., daher die Vermuthung nahe liegt, dass der Gebrauch der polygonen Dienste aus Italien herübergekommen sein mag, obwohl deren Anwendung in der Trebitscher Kirche ein weiterer Ausfluss jenes streng konstruktiven Prinzipes gewesen sein mag, welches wir in allen Theilen durchgeführt erblicken.

Die Zeitstellung, welcher die ganze Architektur angewiesen werden muss, lässt auf ein sechskappiges Gewölbe als ursprünglich beabsichtigte Einwölbung der Mittelschiffsjoche schliessen, da stärkere Pfeiler mit schwächeren wechseln und letztere dermalen bis zur Höhe des horizontalen über den Pfeilerkapitalen laufenden Gesimses aufgeführte starke Dienste zeigen, welche bei dieser Annahme bis zur Gewölbhöhe hätten fortgeführt werden und zu Trägern der Zwischengurte des Gewölbes hätten dienen sollen. Nimmt man jedoch an, dass diese Dienste bloss zur Verstärkung der Pfeiler gegen den Schub der Seitenschiffe angelegt worden und schon in ihrer ursprünglichen Anlage mit dem Arkadenfries abzuschliessen hatten, so kann man, ohne dass sich grosse Einwendung dagegen erheben liesse, annehmen, dass die Einwölbung in der Art zur Durchführung bestimmt war, wie in der Franziskanerkirche zu Salzburg,[4] in Lilienfeld,[5] Basel, Bamberg u. s. w. In der Höhe des Arkadenfrieses im Langhause scheint jedoch der ursprüngliche Plan aufgegeben worden zu sein, da der obere Theil in freierer, leichterer Weise ausgeführt ist. Die Gliederung der Hauptpfeiler ist oberhalb eine geänderte, an die Stelle der polygonen Dienste treten runde, und über den schwächeren Zwischenpfeilern treten unterhalb der Wölbung hinragende Dienste als Gurtenträger auf. Die Frage, ob das gegenwärtige Gewölbe, wie man auf den ersten Blick meinen könnte, dem Schlusse des Mittelalters angehöre,

[1] Kahlberger: Bericht über einen Ausflug nach Ungarn im 1. Bande des Jahrb. der k. k. Centralcomm. Wien 1856 Seite 104. — [2] Heider: Mitt. Kunstdenkmale in Salzburg, im 2. Bande dieses Jahrbuches S. 52. — [3] Heider a. a. O. S. 36. — [4] Heider a. a. O. S. 37. — [5] Sacken a. a. O. S. 109.

läßt sich ohne eingehende Untersuchung kaum entscheiden, doch könnte die vielfache Originalität des Baues wohl der Vermuthung Raum geben, es sei gleichzeitig mit der oberen Mittelschiffarchitektur, deren Dienste romanische Kapitäle haben, aufgebaut worden, da der Grundgedanke des Netzgewölbes so einfach und kein anderer ist, als von den Zwischenpfeilern ebenfalls Diagonalrippen ausgehen zu lassen, um auf diese Weise die unschöne Form der Gewölbekappen eines sechstheiligen Gewölbes zu umgehen.

Eine weitere Eigenthümlichkeit liegt in der Anordnung der Arkadenbogen, die ohne Kämpfergesims aus den Pfeilern aufsteigen, ferner in dem Abschluß der Haupt- und Zwischenpfeiler in der Höhe des Arkadentrens mittelst einfacher Kapitäle; in der bei deutschen Werken mit Ausnahme der rheinischen seltenen Anlage einer architektonischen Belebung der Mittelschiff-wandfläche zwischen den Arkaden und Fenstern. Diese Belebung wird hier, wie in Heisterbach, theilweise auch in Worms und im Polygon des Magdeburger Domes durch spitzbogige Fenster hergestellt, welche sich nach dem Dachraum öffnen, während diese Wandgliederung an den meisten Jochen zu Worms, in der Apostelkirche und zu St. Cunibert zu Köln u. s. w. in der Form von Blenden, in St. Sebald zu Nürnberg, Limburg an der Lahn u. s. f. als Laufgang auftritt.

Beachtenswerth ist ferner die strenge architektonische Logik des statischen Systemes im Langhause, wo über die Pfeiler der Seitenschiffe am Aeussern des Mittelschiffs Strebepfeiler angelegt sind, die jedoch nur sehr wenig über den Gewölbeanlang des Mittelschiffes in die Höhe gehen, also gerade dort abschliessen, wo ihre Funktion statisch nicht mehr nöthig ist, und darüber hinaus in der Form von Lisenen bis zum Hauptgesimse aufsteigen. Wo hingegen das System der Einwölbung, wie dies am Presbyterium der Fall ist, keine Strebepfeiler nothwendig machte, treten an die Stelle derselben zur Gliederung der Wandfläche durchweg einfache Lisenen.

Noch haben wir schliesslich zweier Anlagen Erwähnung zu machen, die unser Interesse in Anspruch nehmen, nämlich der am Westende der Kirche eingebauten Empore und der Portalvorhalle an der Südseite des Langhauses. Beide stammen aus der Erbauungszeit der Kirche und schliessen sich dem Stylcharakter desselben vollkommen an.

Emporen dieser Art, wie sie in den gothischen Kirchen als Orgelchöre bereits regelmässig eingebaut erscheinen, sind eine den romanischen und Uebergangsbauten seltene Anlage, und auch dort, wo sie uns entgegentreten, sind wir über ihre eigentliche Bestimmung nicht im Klaren. In einzelnen Fällen allerdings können wir ihren Zweck angeben und ihre Anlage aus besonderen Bedürfnissen herleiten; so rechtfertigt sich beispielsweise der Nonnenchor des Gurker Domes durch die Nothwendigkeit, für die frommen Frauen einen völlig gesonderten Kirchenraum herzustellen; die romanische Empore in der St. Gertruds-Kapelle zu Klosterneuburg[1] mag dazu gedient haben, eine unmittelbare Verbindung mit dem Klosterhospitale herzustellen; die Emporen jedoch in der Jakobs-kirche in Böhmen,[2] in der Liebfrauenkirche zu Wiener Neustadt,[3] in vielen Kirchen Westphalens haben keinen ähnlichen Zweck zu erfüllen, und die Hinweisung auf eigenthümliche Bedürfnisse der Orden, welchen diese Kirchen angehörten, reicht nicht aus, da die Neustädter-Kirche ursprünglich als Pfarrkirche erbaut wurde und erst später, und zwar 1459 zur Collegiatkirche erhoben wurde.[4]

Die erwähnte Portalvorhalle zeichnet sich von ähnlichen Anlagen durch die reiche Gliederung des Aussenbaues, und durch die nach allen drei Seiten sich öffnenden Eingänge aus und tritt in dieser Beziehung als ein selbstständiger Bau auf, welchem wir im Umblicke auf die deutschen Bauten gerade nur den an der Westseite der Maulbronner-Kirche angefügten Portalbau zur Seite setzen können. Einen noch grösseren Reichthum architektonischer Bildung weisen allerdings an französischen Klosterkirchen die sogen. „Porches" auf, allein letztere können mit den erwähnten Portalvorbauten nicht in eine Linie gestellt werden, indem sie in der Regel in die eigentliche Kirchenanlage selbst miteinbezogen erscheinen.[4]

Diese Andeutungen mögen genügen, auf den hohen architektonischen Werth der Trebitscher Klosterkirche die Aufmerksamkeit der Fachgenossen gelenkt zu haben, um ihr die ihr gebührende Stellung in der Entwicklungsgeschichte der deutschen Architektur anzuweisen und zu sichern.

---

[1] Heider in dem 1. Bande der Mittheil. d. k. k. Centralkommission S. 225. — [2] Wocel in dem 2. Bande der Mittheilungen der k. k. Centralkommission S. 155. — [3] Böheim: Chronik von Wiener Neustadt. Wien 1830. 1. Theil. — [4] Vergl. Lenoir: Architecture monastique Paris I. u. II.

Processionskreuz aus Gemona in Friaul.

Taf. XVIII.

Unter den h. Gegenständen, welche in Italien bei feierlichen Gelegenheiten in Processionen herumgetragen werden, nehmen die Processionskreuze einen hervorragenden Platz ein. Wer einmal einem grossen Festzuge an öffentlichen Strassen in Mailand oder Venedig, Florenz oder Rom beigewohnt hat, oder wer einmal auf das lehrreiche Bild Gentile Bellinis in der Akademie zu Venedig, die Corpus-Domini-Procession am Markusplatze vorstellend, einen aufmerksamen Blick geworfen hat, der wird sich von dem Reichthum an Gefässen, Stäben, Fahnen und Kreuzen überzeugt haben, die bei diesen Gelegenheiten an das Tageslicht treten, und in früheren Zeiten in reicherer Zahl und kunstvollerer Form an das Tageslicht getreten sind. Die verschiedensten Zweige der bildenden Künste, Erzguss und getriebene Arbeit, Email und Ciselierkunst, Holzschnitzkunst und Malerei, figuralische und ornamentale Plastik fanden in ihnen Anwendung, und bei dem Durchgreifen Einer Kunstrichtung bei dem grossen Geschmacke, welcher der italienischen Nation eigen ist, haben solche kleinere Kunstwerke einen ganz besonderen Werth, und einen ganz eigenthümlichen Reiz. Was oft bei grossen Kunstwerken in Folge äusserer Hemmnisse nicht gelingt, ein harmonisches Zusammenstimmen aller Glieder und aller Kunstzweige zu Einem Ganzen, das gelingt dort oft in ganz überraschender Weise. Ein Werk ähnlicher Art ist das Processionskreuz von Gemona. In der ganzen Anordnung ist ein eigenthümlicher Reiz, und ein Geschmack, der einen denkenden Künstler nirgend vermissen lässt. Es scheint mir ein Werk des vierzehnten Jahrhunderts, gothisch aber mit einem Beigeschmacke italienischen Wesens, italienischer Formenschönheit, der an die Zeiten der Frührenaissance erinnert.

Die figuralischen Vorstellungen auf dem Crucifixe sind ausserordentlich einfach und klar. Christus am Kreuze, mit gesenktem Haupte und übereinandergeschlagenen Füssen, ist umgeben von Maria und Joseph, den vier symbolischen Gestalten der Evangelisten und den vier Propheten. An der Spitze des Kreuzes ist Gott-Vater im Strahlenkranze, mit der rechten Hand segnend, mit der linken Hand die Weltkugel haltend, an den vier Ecken des Kreuzes, deren Spitzen mit Perlen verziert sind, sind die Symbole der Evangelisten angebracht. Adler, Löwe, Ochse und Engel, sämmtlich geflügelt, sämmtlich ein geschlossenes Buch haltend.

Oberhalb Christus steht auf einem Korbe der Pelikan mit seinen Jungen. Es ist dies Symbol den Christen von den ältesten Zeiten her geläufig und eben seiner Verständlichkeit wegen durch alle Epochen hindurch angewendet worden. Der Pelikan, der seine eigene Brust aufreisst, um mit seinem Blute die Jungen zum Leben zu erwecken, ist ein treffendes Symbol für den Heiland am Kreuze. Zu den Füssen Christi liegt der Schädel Adams. Der Gedanke, der dieser Verbindung zu Grunde liegt, ist ein alter. Schon die Kirchenväter erwähnen die Sage, dass Adam an dem Orte begraben wurde, an welchem Christus den Tod erlitt. Das Blut Christi floss auf das Grab des ersten Menschen, um ihm und seiner Nachkommenschaft die Hoffnung des ewigen Lebens zu gewinnen. Als Christus das Haupt neigte, soll sein letzter Blick auf den Todtenschädel Adams gefallen sein. [1]

---

[1] Siehe Menzel „Christl. Symbolik." I. S. 25.

Die zwei grösseren Arme, die von beiden Seiten des Kreuzes aufsteigen, tragen Maria und Johannes in klagender Stellung, die vier kleineren die Büsten der vier Propheten mit dem Nimbus auf dem Kopfe und Schriftrollen in der Hand.

Das Kreuz selbst erhebt sich auf einem geschmackvollen achteckigen, auf einem Blattornamente ruhenden Unterbau, im gothischen Style, mit zierlichen Nischen, in denen Heiligenbilder sich befinden.

Das ganze Kreuz ist aus Silber und vergoldet, die tiefer liegenden Stellen waren emailirt. Die grösseren Figuren haben eine Höhe von nahe an 3".

Auf der Rückseite erhebt sich in der Mitte der beiden Kreuzesarme die Figur Johannes des Täufers und an der Stelle der vier Evangelistensymbole die Büsten von vier Landesheiligen.

Schliesslich noch einige Worte über den Ort, in welchem sich das Kreuz befindet. Gemona, das in diesem Werke zum ersten Male genannt wird, ist ein kleines Städtchen Friauls am Tagliamento an der Strasse nach Kärnthen gelegen. Die ganze Gegend, welche im Mittelalter eine der belebtesten Verkehrsstrassen, die von Italien nach Deutschland giengen, liegt heutigen Tages abseits der grossen Strassen. Nichtsdestoweniger beherbergt diese Gegend einige interessante Kunstwerke, von denen ich an einem anderen Orte ausführlicher sprechen werde.

E.

Der Dom und das Baptisterium zu Cremona

beschrieben von

Prof. R. v. Eitelberger.

Nach den Aufnahmen des Architekten W. Zimmermann.

Taf. XIX — XXII.

I. Historische Einleitung.

Der Dom von Cremona gehört zu jenen Werken, die bisher der deutschen Kunstgeschichte ganz fremd geblieben sind. Weder Burckhardt noch Schnaase erwähnen desselben in ihren trefflichen kunstgeschichtlichen Werken. Kugler berührt ihn in der neuen Ausgabe seiner „Geschichte der Baukunst" nur mit wenigen Worten. Die Vernachlässigung dieses so ausgezeichneten Bauwerkes — dem selbst die der mittelalterlichen Architektur wenig geneigten Italiener ihre Anerkennung versagen konnten, benchè di maniera gotica, è però di assai buon architettura, sagt Grasselli in seiner Guida storico-sacra von 1818 — ist theils der völligen Gleichgültigkeit einheimischer italienischer Schriftsteller theils der wenig anziehenden Lage Cremona's zuzuschreiben. In der ebenso fruchtbaren als durch ihre Monotonie ermüdenden l'ochene gelegen, wird Cremona von den Touristen und Kunstfreunden, die in berühmteren Orten und in reizenderen Gegenden Italiens gerne länger verweilen, nur sehr selten besucht. Aber trotz dem beherbergt Cremona eine Reihe von trefflichen Bauten, die vorzugsweise deswegen, weil sie Backsteinbauten sind und der besten Zeit der mittelalterlichen Kunst Oberitaliens angehören, die Aufmerksamkeit der Künstler und Kunstfreunde gleichmässig empfohlen zu werden verdienen. Zu diesen Backsteinbauten gehören:

1) der Dom;

2) das Baptisterium, beide dem spätromanischen Style angehörend;

3) der Palazzo civico, in den Jahren 1206—1245 von dem Architekten Valerio Tommasini gebaut, 1545 und 1581 restaurirt, mit den Inschriften: ANNO DÑI 1245 INDICTIONE TÍA TĒE DÑI FREDERICI IMPERATORIS SECONDI DOMINVS ROBERTVS Dᴬ CASTIGLIONE POTESTAS CREMONE. HOC OPVS FIERI FECIT und ANNO VERO 1581 PHILIPPO HISPANO REGE AC MEDIOL. DVCE PER CIVITATEM RESTAVRAT. — Die alten Broncethüren dieses Palastes, die im Jahr 1820 Piccaardi in seinem Guida noch als bestehend erwähnt, sind vor wenigen Jahren pfundweise verkauft worden. Sie wurden wie der Chronist Giacopo Gadio erzählt im J. 1245 gearbeitet „per Cremonenses ad Palationi majus Cremone, ubi etiam nunc sunt propter acceptum SSᵃ D. Papae et Serenissimi Imperatoris ad ipsam Civitatem, causo eundi, prout iverunt contra Mediolanenses;"

4) der Palazzo de' Giureconsulti vom J. 1292, ursprünglich der Amtssitz der Confalioneri der Rioni der vier Stadt-Thore S. Natalie, Aribert, Pertusi und S. Lorenzo. Später wurde er Sitz einer Appellationsbehörde des sog. Collegiums der Nobili Giureconsulti,[1] von denen er noch gegenwärtig, wo in ihm eine Mädchenschule sich befindet, seinen Namen hat. Dieses treffliche Gebäude im gothischen Style ist noch ziemlich gut erhalten, wenn auch verwahrlost;

---

[1] P. N. Camilla's Ausgabe der Statuten dieser Korperschaft.

5) der Palazzo Trecchi, das Absteigequartier von Souveränen, mit Fresken von Giulio Campi, in denen die Thaten des Herkules mit Anspielung auf Karl V. dargestellt sind, welcher sich 1541 in Cremona aufhielt;

6) die Casa Dusi mit schönen Terrakotta-Ornamenten in der Art Filaretes:

7) das Portal und der Hof des Monte di Pietà, ehem. Palazzo Fodri, aus der Frührenaissance, das Backsteingebäude hinter dem Baptisterium u. s. m.

Unter diesen Backsteinbauten heben wir zwei aus dem früheren Mittelalter besonders, den Dom und das Baptisterium hervor. Doch haben sowohl der Palazzo de' Giureconsulti ganz eigenthümliche und bedeutende Schönheiten, als die zahlreichen Renaissancebauten, die sich in Cremona befinden.

Cremona ist schon seiner Lage nach an Ziegelbau gewiesen. In der Mitte der oberitalienischen Poebene, nahe am Po selbst gelegen, fehlen Cremona hinlängliche Steinbrüche in nächster Nähe, als dass der Steinbau so leicht sich hätte entwickeln können, wie in den nördlichen Städten Verona, Bergamo, Brescia, Como, oder jenen, die wie Mailand und Pavia an alten und bequemen Wasserstrassen gelegen sind, welche das Zuführen des Steines aus den Gebirgen erleichtern. Bis spät in die Renaissancezeit hinein bleibt der Backsteinbau für Cremona vorherrschend; wo in früheren Epochen am Dome Steinwerk vorkommt, da rührt es von Meistern aus Como und dem Gebirge her. So sehr aber das Material in der ganzen Poebene den Steinbau vom Ziegelbau scheidet, so innig ist die Verbindung der Bauwerke durch eine gleiche Entwickelung des Baustyles in den Bauformen; der Dom von Cremona gehört in eine Reihe, in eine und dieselbe Entwickelungsperiode, welche die Monumente von Pavia, Modena, Bergamo, Mailand, Trient, Monza, Chiaravalle, Vercelli u. s. f. umfassen. Deutschen Kunstfreunden sind diese Werke aus den vortrefflichen Arbeiten Schnaase's und Kugler's[1] hinlänglich bekannt, obwohl in beiden Werken grosse Lücken fühlbar sind, die vorzugsweise daher kommen, dass einheimische Schriftsteller mit Detailforschungen noch sehr weit zurück sind, insbesondere die Chronologie der Monumente noch sehr schwankend und das Gruppiren derselben nach charakteristischen Baugruppen unsicher ist. Es wird daher oft auf einzelne Bauten, wie den sehr ängstlichen, primitiven Rundbau von S. Tommaso in Limine zu Almenno durchweg viel zu grosses Gewicht gelegt, währenddem Bauten, wie die alten Theile vom Dome zu Bergamo, S. Pietro in cielo d'oro und S. Teodoro in Pavia, der höchst bedeutende Thurmbau von Chiaravalle, das Vorbild für den Thurmbau der Certosa bei Pavia u. s. f. viel zu sehr in den Hintergrund gedrängt werden und eine Reihe von interessanten Bauwerken der Gebirgsgegenden der Lombardei, als ganz unbekannt, gar nicht in den Kreis der Forschungen nachgezogen werden konnten. Auch scheint es mir, dass zur klareren Uebersicht der Baugruppen Verona, das mit seiner ganzen alten Mark noch sehr einer Spezialforschung bedarf, bestimmter ausgeschieden werden müsste, so zwar, dass man im heutigen lombardisch-venezianischen Königreiche eine specifisch lombardische Baugruppe, eine der Mark Verona angehörige, und eine Venetianische hätte, zwischen welche einzelne Städte Uebergangsstufen bildeten, wie Padua zwischen Verona und Venedig, Bergamo und Brescia zwischen Verona und Mailand, Udine, Cividale, u. s. f. zwischen Venedig und Aquileja. Je tiefer man in die Geschichte zurückgreift, desto weniger macht sich der präponderirende Einfluss einzelner Städte auf andere Städte dieses Gebietes geltend, je mehr man hingegen der späteren Zeit sich nahert, desto mehr tritt der Einfluss einer Stadt auf andere benachbarte, einzelner Fürstengeschlechter der Visconti und Sforza in Mailand, der Gonzaga in Mantua, der Scaliger in Verona, und insbesondere der Republik Venedig, auch in der Architektur hervor. Die Bewegungen in der Architektur hängen dann mit der politischen Strömung der Zeit, mit dem Einfluss der Fürstrasgeschlechter zusammen. Nur in sehr frühen Zeiten haben Klöster, wie die von Chiaravalle und Morimondo im Lombardischen, S. Zeno in Verona, — und später die Dominikaner und Franciskaner im Venetianischen auf den Gang der Architektur Einfluss gewonnen. Vorherrschend waren Bischöfe und Fürsten, die Repräsentanten der monarchischen Gewalt in der Kirche und im Staate, die in die Entwickelung der Kunst eingriffen, die aber im 15. und 16. Jahrhundert weit überholt wurden von dem, was in Venedig und von Venedig aus geschah. Der venetianische Einfluss geht dann bis zur äussersten Grenze der Besitze der Republik an der Terra ferma. Auch Cremona hat eine Epoche, wo es selbständig auftritt und aus sich heraus sich entwickelte, und wieder eine Zeit, wo auswärtige Geschlechter, die Visconti und Sforza auf das Leben der Kunst einen maassgebenden Einfluss gewonnen haben.

Die Geschichte der Kirche Cremonas geht in eine sehr frühe Zeit zurück. Wie in den meisten städtischen Kirchengeschichten verbindet sich auch in ihr Sage mit Geschichte. Auf diese Verbindung haben schon im verflossenen Jahrhunderte besonnene Forscher aufmerksam gemacht. „Populares fabellae — schreibt Scipio Maffei an den Herausgeber der Italia sacra. — nec non historiolae decimo sexto ut plurimum seculo concinnatae, cujuslibet fere Italiae civitatis Pastorem primum ab Apostolorum aevo, ipsisque Christianae fidei incunabulis arcessunt, seriemque Episcoporum mirificam, nec interruptam perbelle aedificant. Quamplurimas tamen fuisse ex his civitatibus, in quibus anteriorum seculum episcopi nomen nec sit auditum, rerum ordinem et tempora perpendenti constabit: neque enim Christiana Religio in omnibus illico universae Italiae municipiis diffundi potuit, ac radices agere.“

Sagen ähnlicher Art gehören die Gründung einer christlichen Gemeinde zu Cremona durch den Apostel Barnabas, und die Namen der ersten Richter Sabinus, Felix, Gorgonius, Marinus, Simplicianus, Babila, Maternus, Cassianus, Sixtus und Florianus an, Namen, welche theilweise auch in der Mailänder Kirche vorkommen und den Zusammenhang mit dieser andeuten sollen. Rossi, Sanclementius, Coletti u. a. m. beginnen die Reihe der Cremoneser Bischöfe mit einem Stefanus Romanus, den sie in die Jahre 320—342 n. Chr. versetzen. Unter seinen nächsten Nachfolgern werden zwei Griechen Sirinus und Auderius und später Eustachius angeführt. Unter diesem Eustachius soll die erste christliche Kirche im Inneren der Stadt Cremona an demselben Orte im J. 491 vollendet worden sein, wo gegenwärtig der Dom steht. Sie soll schon unter seinen Vorgängern Bischof Johannes begonnen und der Himmelfahrt Maria und dem Protomartyr Stephanus gewidmet gewesen sein. Aus dieser ältesten Zeit der christl. Kirche in Cremona hat sich nichts erhalten, als die Erinnerung an einen heiligen Eusebius, einen Cremonenser von Geburt und Schüler des h. Hieronymus und eine leider nur mehr in Büchern vorhandenen Inschrift eines Lector Stefanus, der im Jahr 536 im 35. Jahr seines Alters starb. [1]

Zur Zeit der Herrschaft der Longobarden wurde Cremona der Mittelpunkt einer Grafschaft. Acht Bischöfe setzt man in diese Periode, unter denen der letzte Silvinus aus Cremona (733—776) als Landesheiliger verehrt wird. Damals stand Cremona unter dem Patriarchate von Aquileja.

Unter den Franken wurde Cremona durch eigene Grafen regiert. Es haben sich die Namen von zwei derselben erhalten, Litefredus aus der Zeit Carl des Grossen; Adalgisus aus der Lothar des I. Auch die Bischofsnamen aus jener Zeit weisen Namen fränkischen oder sonst germanischen Ursprunges nach, um 816 kommt ein Walfoldus, nach ihm Atto, Sinpertus, zwischen 881—910 Lando, zwischen 910—16 und 1004—1030 Landolfus I u. II, zwischen 925—961 Darimbertus 963—973 Liutprandus und Luiso, zwischen 1031 u. 1073 Ubaldus vor. Mehrmals wurde Cremona von deutschen Fürsten besucht, Lothar I, Berengar I und II, Otto III weilten in Cremona; Conrad empfing daselbst den Besuch des aus Rom vertriebenen Papstes Benedikt IX. Unter Lothar I wurde im Jahr 829 eine Schule für Grammatik errichtet. Die Fürsten aus dem sächsischen, wie die aus dem fränkischen Geschlechte, haben die Macht der Bischöfe von Cremona wesentlich erweitert und befestigt. Der Klerus erscheint in dieser Periode reich gegliedert und zahlreich vertreten. In diese Zeit fällt der Bau von sehr vielen Kirchen in und um Cremona; auch die Gründung eines Baptisteriums wird von manchen Schriftstellern in diese Zeit (das J. 900) gesetzt; aber es wäre ganz unrichtig, wenn man das heut bestehende Baptisterium in diese Zeit verlegen würde.

Die darauffolgende Zeit bis zur Herrschaft der Viscontis in Cremona d. h. bis 1335 ist sowohl für die Kirche Cremonas als auch für unseren Dom eine sehr wichtige. Es war dies zugleich die Zeit der städtischen Autonomie Cremonas, der Partheikämpfe zwischen Mailand und Cremona, den Guelfen und Ghibellinen, der città nuova und der città vecchia, die endlich mit der Besetzung Cremonas durch Azzo Visconti, und dem Verlust der Selbständigkeit endeten. Im Jahr 1081 wurde das Carroccio (von der Gemahlin Heinrich IV Bertha auch Bertaceiola, später auch Gajardo genannt) errichtet. Zuerst leiteten Consuln mit den Giurisconsultis, später (1188) ein Podestà die Angelegenheiten der Stadt. Von den deutschen Kaisern vielfach

---

[*] Die Inschrift lautet bei Apporti Maria sacr. I. 30. HIC REQVIESCIT IN PACE B. M ǂ STEPHANVS LECTVR QVI VIXIT IN HOC SEC. ANN. PL. M. | XXIV DEPOSITVS SVB DIE ǂ PRIDIE IDVS DECEMBRIS ET ǂ ITERVM P. C. PAVLIN. IVN , V. C. INDICT. PRIMA.

begünstigt, von Kaiser Heinrich V mit einem aus Worms 3. Juni 1114 datirten Freiheitsbrief ausgestattet, worin er ihnen zugesteht, dass künftig sein Palast und Hospiz vor der Stadt sein solle,[1] von mehreren derselben, wie Friedrich I, II, Konrad IV, Heinrich VII besucht, hielt sich Cremona auch meist auf Seite der Ghibellinen. Trotz der inneren Unruhen und Bewegungen nahm Cremona bedeutend zu; es wurde durch die sog. città nuova erweitert; Mauern, Thore, Brücken wurden gebaut: im Jahr 1206 der Palazzo communale, der 1245 mit Bronzethüren geziert wurde, und im J. 1284 von den Guelfen der höchste Stadtthurm der Po-ebene der s. g. Torrazzo errichtet. Kunst, Gewerbe und Wissenschaft blühten in Cremona. Am Ende des 12. Jahrhunderts gab es daselbst eine Rechtsschule, aus der eine Reihe berühmter Rechtsgelehrter hervorging; mit dem Rechte Münzen zu prägen entstand eine Zecca, die von 1155—1520 thätig war. Schon mit dem Anfange des 14. Jahrhunderts gab es tüchtige Maler und die Cremoneser Architekten erhielten auch von auswärts Aufträge. Bontempi Michele baute den Palazzo in der Città nuova, Tomaso Fiombolo und Mastro Simone waren am Porticus des Palastes von Vicenza thätig; Tinto Musa genannt d'Gatto, ein berühmter Civil- und Militärbaumeister, wurde von seinem Gönner Friedrich Barbarossa vielfach ausgezeichnet, baute die Mauern von Lodi — kurz, Handwerk und Künste scheinen so sehr geblüht zu haben, dass wir vollkommen begreifen, wie man in den damaligen Zeiten zum Baue eines grossen Domes schreiten konnte.

Der äussere Zustand der Kirche war während dieser Zeit nichts weniger, als ein ruhiger und erfreulicher. Mehrmals wurde der Bischof mit dem Banne, mehrmals die Cremonenser mit dem Interdikt belegt. Bischof Arnolf wurde im Jahr 1076 von Gregor dem VII wegen des Vergehens der Simonie excommunicirt. Im Anfange des 12. Jahrhunderts hielten die Bischöfe von Cremona mit dem Gegner des Pabst Pasquale II, dem Gegenpabst Gregor VIII; später mit Anaclet gegen Innocenz II, mit Victor IV gegen Alexander III — Victor IV hielt sich selbst 1164 in Cremona auf — und mit Nicolaus V gegen Johann XXII. Auch die Sekten der Katharen, Waldenser und Apostoliker — letztere gegründet von einem Mönche aus Parma Johanne — ergriffen die Kirche Cremonas. Im J. 1312 gab es zwei Bischöfe in Cremona und Nicolaus V führte einen Deutinus auf den bischöflichen Stuhl, während Ugolino da S. Marco denselben besetzt hielt. An Streit zwischen den Canonicis und Bischöfen fehlte es unter diesen Umständen natürlich nicht. Ein lebendiges Bild des damaligen Zustandes entwirft im J. 1319 der Bischof Egidius. „Dum omnium statum lugubris et horendus civitatis et diocesis cremonensis se nostra mentis oculis repraesentat, praecordiali dolore nimium premimus, sed tunc vere concutimur et tacti dolore cordis intrinsecus in voce graviter dolentis erumpimus cum audivimus, quod propter prostrationem civitatis praedictae, quod olim erat plena populi et virtutibus gentium multis ornata monilibus, Moniales et Deo dicatae virgines ab oculis hominum alienae et viventes solitariae sicut paperes, coactae sunt et coguntur sua claustra juxta civitatem posita exire, seque in domibus saecularium intra civitatis muros conferre, et spoliatae bonis propriis, non valentes possessionibus et reddittibus suis uti propter guerranum discrimina et paupertatem nimiam, mendicare eas oportet, et quod summe dolendum est, per vicos foreas discurrent et plateas."[2]

Trotz dieser äusseren Zerfahrenheit des kirchlichen Lebens treten eine grosse Reihe von Erscheinungen auf, die auf eine innere Bewegung und eine grosse Lebendigkeit des kirchlichen Lebens schliessen lassen. Aus dieser Zeit stammen eine Reihe durch ihren frommen Lebenswandel ausgezeichneter Männer, der heil. Heinrich aus Cremona gebürtig, Benediktiner, der Prediger S. Giovanni Cacciafronti de Sardi, Abt von S. Lorenzo, der h. Homobonus aus Cremona, kanonisirt vom Pabste Innocenz III am 10. Jänner 1199, der h. Facius aus Verona, der sich um 1226 nach Cremona zurückzog, u. a. m. Die Zahl der Orden, die in dieser Zeit in Cremona entweder neu eingeführt und reformirt wurden, ist nicht gering. Zu letzteren gehörten insbesondere die Benediktiner, zu ersteren die Cistercienser, Templer, Franciskaner, Dominikaner, Carmelitaner, die Antonianer, die Umiliaten, Augustiner u. a. m. Ebenso zahlreich ist die Zahl der Kirchen, welche im 12. u. 13. Jahrhundert in Cremona gegründet wurde. Aus dem 12. Jahrhundert werden 13 Kirchen erwähnt, die entweder neuerbaut und restaurirt wurden, aus dem 13. Jahrhundert 10 in der Stadt, 3 in den Vorstädten, mehrere aus dem 14. Jahrhunderte.

Unter den Bischöfen dieser Epoche ziehen einige in hohem Grade unsere Aufmerksamkeit auf sich; vor Allen Walterus und Gualterus, „peccator Episcopus electus", wie er sich in einer Urkunde nennt; zum

[1] Böhmer, Regesta, Frankf. 1831. p. 104. Murat. Ant. It. IV. 23. — [2] Sanclementius Seria Ep. Crem. p. 286. mon. XLVII.

Bischof ernannt im Jahr 1096, gestorben im Jahr 1117. Unter ihm wurde der Bau einer neuen Domkirche, der Himmelfahrt Maria gewidmet, begonnen. Diesen Bau hat angeblich Kaiser Heinrich V unter seinen Schutz genommen, und in einem Diplom aus Verona vom J. 1114 [1] bestätigt. Im J. 1116
aber zerstörte ein Erdbeben einen Theil des Domes. Die Zerstörungen scheinen nicht unbedeutend gewesen zu sein, denn noch im J. 1131 unter dem Bischofe Ulberto (Bischof von 1128—1162), dem Freunde
Friedrich Barbarossa's, wurde der Leichnam des heil. Himerius in einer eisernen Kasette unter dem Schutte
gefunden, der noch von der Zerstörung des Erdbebens herrührte. Die Streitigkeiten, welche damals zwischen dem
Bischofe und den Canonici waren, bezogen sich auch auf ein Gebäude, welches die Canonici bewohnt hatten,
und das zur Erweiterung des Domes verwendet wurde. In einer von Muratori und Ughelli [2] erwähnten Bulle
des Pabstes Kallixtus II vom J. 1424 finden wir folgende Stelle: „et quia canonici domum, in qua olim
habitaverunt, ad ampliandam Ecclesiam concesserunt, domum in qua modo habitant etc." Unter denselben
Bischof fällt im J. 1149 die Stiftung eines Altares mit den Reliquien der hh. Christoph, Blasius, Florian. [3]
Unter seinen Nachfolgern, dem Bischof Presbyter mit dem Beinamen de Medolao, dem Partheigenossen
Friedrich Barbarossa's wurden die Güter der Kirche erweitert, unter Offredu- die Kirchendisciplin hergestellt,
unter Sicardus (Bischof vom J. 1185—1215) die neue Kathedrale konsekrirt und zwar im 11. Mai
1290. Die Consecration geschah unter grossen Feierlichkeiten in Gegenwart des Sohnes Friedrich Barbarossa's,
Heinrichs, des Königs von Italien und seiner Gemahlin Constantia, des Bischofs Theobald von Placenza, des
Bischofs Siegfried von Mantua und vieler anderer Personen. [4] Er legte die Gebeine des heil. Himerius in eine
eigene Area in der Krypta, und versah jene mit folgender Aufschrift, die er wahrscheinlich selbst verfasst hat:

QUATUOR EXEMPTIS ANNIS DE MILLE DUCENTIS
FABRICAT HANC ARCAM PRAESUL SICARDUS, ET ARAM
QUI TRIDUO TANDEM PERFECTO SACRAT EANDEM
ANNO DOTATUS PONTIFICATUS.

Sicardus de Casalenga, aus einer vornehmen Cremonenser Familie, ein durch Gelehrsamkeit und diplo-
matische Fähigkeiten in seiner Zeit ausgezeichneter Mann, stellte in Cremona den inneren Frieden her. Ihm
folgten Homobonus Malapertus 1215—1248), Johannes Bonus de Geroldis „Archidiaconus Cremonensis electus
in Episcopum," wie er sich in einer gleichzeitigen Inschrift am bischöflichen Palaste nennt (1248—1262), welcher die
dem h. Johann Ev. gewidmete Krypta aus seinem eigenen Vermögen dotirte, und eine Stiftung für eine Lampe vor
dem Hochaltare hinterliess. Bernerius de Soomi (bis 1261), Caciennemes de Soomi (1261—1288), unter dessen
Regierung der grosse Thurm gebaut und die Kirche erweitert, d. h. aus der Form einer Basilika in die
einer lateinischen Kreuzes verwandelt wurde, und zwischen 1317 und 1327, Aegidius de' Malaberti, von dem
wir ein Schreiben vom 4. August 1319 besitzen, in welchem er die Administration der Bauhütte der Kathedrale
dem Mönche aus dem Kloster der Umiliaten Frater Thomas übergiebt. Wir theilen dieses interessante, von
Sanclementius zuerst veröffentlichte Monument in der Anmerkung [*] vollständig mit, aus dem hervorgeht, dass
die für den Bau bestimmten Gelder nicht immer ihrer Bestimmung gemäss verwaltet worden sein mögen.

---

[1] S. Sanclementius l. c. 78, Ughelli Ital. Sacr. IV, p. 599. — [2] Ant. Ital. T. V. p 226. Ughelli l. c. T. ?, l. c.

[3] Sanclem. l. c p. 75 bringt die Inschrift: ANNI MILLENI CENTVM QVAPMAGINTA NOVENI] MVNFQVE KALENDENNSS
VNDENAK MENSE NOVEMBR. SIC INDICTIONE DVODENNIS SI DENE QVAEBIS [CONSECRAT HANC ARAM DOM. CVI
NOMEN OBERTVS IN QVA SANCIONVM REQVIESCVNT CORPORA TRIVM (CHRISOPHORI BLASII QVOQVE MARTYR, AC
FLOREANI]PRO MERITIS QVORVM CVRANTVR COMPORA LAPSA, ERGO CVM SVMMA DENEMVS MVNERE LAVDE.

[4] Eine Inschrift, welche diesen Factum berichtet und sich früher am Portale der Kirche befand, scheint einer späteren Zeit
anzugehören. Sie ward von Ughelli folgendermassen angegeben: D. O. M. SICARDVS CASELANVS CREMOMAE EPISCOPVS
AD PRECES] SERENISS. CONSTANTIAE TEMPLVM HOC AD HONORE M BEAT. VIRGINIS MARIAE IN COELVM ASSVMPTAE
CVM SOLEMNI RITV CONSECRAVIT PRAESENTIBVS THEOBALDO EPISCOPO PIACENTINO ET SIGIFREDO EPISCOPO
MANTVANO AD PRAESEN] TIAM ETIAM SERENISS. HENRICI REGIS ITALIAE ET CONSTANTIAE] EIVS VXORIS ET
MVLTIS ALIIS PERSONIS ANNO AB INCARNATIONE DOMINI MCDLXXX DIE VERO XV. MENSIS MAIHI INDICT] VIII.
CLEMENTE III PONTIFICE REGNANTE ET FEDERICO I. IMPERANTE.

[5] S. weiter unten die Baubeschreibung.

[6] Sanclem. l. c. p. 287. Egidius praemissione divina electus Cremonae. Religioso viro Fratri Thome de Domo Seti. Abundii
de Cremona ordinis humiliator, salutem in Deo. Inter alia quae nobis incumbunt non minimum est quod opus laborerii sen fabricae
majoris Ecclesiae Cremon. bene et laudabiliter fiat et quae deputata sunt fabricae quod, propter ipsam Ecclesiam offeruntur et custo-

Mit dem J. 1335 endete die Zeit der städtischen Unabhängigkeit. Nach zweimonatlicher Belagerung nahm im Juli dieses Jahres Azzo Visconti Besitz von Cremona. Vom J. 1441 an, wo Cremona in die Hände des Fr. Sforza kam, bis zur Mitte des sechzehnten Jahrhunderts theilte Cremona alle Wechselfälle des Besitzes, denen die Poebene in den Kämpfen zwischen Mailand und Venedig, Frankreich und dem deutschen Reich unterworfen war. Mit dem J. 1556, d. h. der Thronentsagung Kaiser Karl V ging Cremona in den Besitz der spanischen Herrschaft über.

Die Zeit der Visconti und Sforzas war eine höchst bewegte; die inneren Verhältnisse der italienischen Städte veränderten sich in jenen Zeiten von Grund aus. Aus der Reihe der Ereignisse heben wir nur ein Faktum heraus, das mit unserem Dome in innigerer Verbindung steht. In der Zeit der Visconti wurde verordnet, dass das Fest der Maria Himmelfahrt feierlich begangen werden solle, und dass das, was an diesem Tage von der Comune, der Stadt, denen die Kastelle und der Vorstädte an Wachs, Geld oder sonst dargebracht werden sollte, in Geld zu verwandeln, und zur Erhaltung und Ausschmückung verwendet werden soll.

Das fünfzehnte Jahrhundert, das überall in Italien eine Epoche des literarischen und künstlerischen Aufschwungs gewesen ist, ist auch für Cremona nicht spurlos vorübergegangen. Wie in Mailand Borgognone und Luini, in Lodi die Piazzas, in Verona Libri, Cavazzola u. a. m. die einheimische Kunst der Renaissance auf dem Gebiete der Malerei vertraten, so standen damals in Cremona Altobello Melone, G. Fr. Bembo, die Campi's und vor Allen Camillo Boccaccino, angeblich ein Schüler P. Perugino's, begünstigt durch äussere Verhältnisse, in grossem Rufe. Und vorzüglich die Sforzas waren es, die seit der Mitte des fünfzehnten Jahrhunderts den Aufschwung der Künste in Cremona hervorriefen. Die Kirche S. Sigismondo, das Kloster della Colomba und der Convent der Augustiner waren es vorzugsweise, die für die Frömmigkeit und die Kunstliebe Franciscus Sforzas und seiner Gemahlin Bianca theilweise bis auf den heutigen Tag Zeugniss ablegen. Ihnen schliesst sich Hieronymus Trevisanus an, der den bischöflichen Stuhl von 1507 bis 1523 inne hatte.

Die ältere Malerschule von Cremona, wenn wir den unsicheren Namen Simon Simone übergehen, ruht vorzüglich auf den Namen des Polidoro Casella und des Francisco Semenza. Beide Namen fallen in das 14. Jahrhundert, in das J. 1345, beide Namen stehen in inniger Verbindung mit dem Dome. Von diesen Künstlern rühren die Spuren von Fresken her, die sich bis auf unsere Tage in den Seitenschiffen des Kreuzarmes und in den Seitenschiffen des Langhauses erhalten haben.

In das fünfzehnte Jahrhundert fallen die Namen der Bembo (Cristoforo, Pietro, Guanjacopo), Ricca, Pampurino, Tacconi (Pietro und Francesco), l'Armenino, Altobello Melone, Bellavita, Galeazzo und Sebastiano Campi, der Schüler Mantegnas della Corna, Caravaggio Fermo u. A. m.; in das sechzehnte Jahrhundert Boccaccio Boccaccino, den der jüngste Geschichtsschreiber der Malerschule Cremonas, Conte Vidoni den „Rafael Cremonas" nennt, die drei Söhne Galeazzo Campis, Giulio, Antonio und Vincenzo, G. F. Bembo, Pozzino Rivolo, Anguisciola Sofonisba, Calvi, genannt il Coronaro, Cenni u. s. f.

Die Zahl der Künstler war ebenso bedeutend, als ihr Ruf. Der kompetenteste Dichter der Kunst des 15. Jahrhunderts, der Architekt Averulino-Filarete nennt drei unbekannte Maler aus Cremona in einer Linie mit Fra Filippo Lippi, Piero della Francesco und Cosmo de Ferrara den „Drossiderius, Christophorus und Jeremias Cremonenses."[1] Wir werden einiger dieser Künstler später ausführlicher gedenken, insofern ihre Werke mit unserem Dome in Verbindung stehen. Die Ausschmückung des Domes mit Fresken, im 14. Jahrhundert durch Polidoro Casella und Francesco Semenza begonnen, wurde im 15. Jahrhundert um 1479 durch Alexander Pampurino, Bernardino Ricci und Luca della Corna in den ersten Jahrzehnten des 15. Jahrh.

diances fidelius, et provide expendantur hinc aut quod de fidelitate et discretione vestra quamplurimum confidentes curam et administrationem laborerii et fabricae anpredictae nobis velit remittimus usq. ad nostrae beneplacitum voluntatis deinceps vobis plenam et liberam facultatem agendi, petendi in judicio et extra exigendi, et recipiendi, et omnia, et singula faciendi per vos et alios quae ad praefatam fabricam pertinent, et pro ipso laborerio fuerint opportuna, demum speratum, quod Deo prius postmodum nobis bonam et fidelem reddatis de omnibus rationem. Volumus autem quod Religiosus Vir Frater Andreas Prior Sanctus Pelagius de Cremona Vicarius noster per se vel alium vos in possessionem domorum dicti laborerii cepi seu fabricae praedictae inducat, et defendat inductum, et hoc sibi tenore praesentium duximus specialiter committendum, in cujus rei testimonium praesentes nostras litteras fieri et publicari fecimus per Notarium infrascriptum et sigilli nostri appensione muniri.

[1] Rio de l'Art, Paris 855. T. II. p. 547. etc.

durch Bocaccio Boccaccino (1506), G. Fr. Bembo (1515), Girolamo Romanino aus Brescia (1520), G. Ant. de Corticelli, genannt Licinio da Pordenone (1520) und Bernardino Gatti, genannt il Sojaro (im J. 1529) fortgesetzt.

Wie die Malerei, so blühten auch in jenen Zeiten Architektur und Skulptur, und wir haben guten Grund, zu behaupten, dass Cremona im 15. und 16. Jahrhundert, wenn wir die grossen Sitze der herrschenden Fürstengeschlechter ausnehmen, keiner Stadt der Poebene in der Pflege dieser Künste zurückstand. Im J. 1560 wurde in Cremona die Accademia degli Animosi errichtet.

Im kirchlichen Leben Cremonas sind in jenen Jahrhunderten tiefe Veränderungen vor sich gegangen. Dass damals in Cremona, wie in allen Bischofssitzen Italiens neue Kirchen gebaut, neue Klöster gegründet wurden, wird nicht nöthig sein zu erwähnen. Die Macht des Canonicates, welches in früheren Zeiten das Recht der Wahl der Bischöfe besass, wurde gebrochen, die Ehrenrechte desselben vermehrt. Die Canonici erhielten im J. 1477 ein neues Statut unter dem Erzbischofe Giovanni Antonio delle Torre, das im J. 1574 von dem Erzbischof Nicolao Sfondrato erneuert wurde. Die Canonici genossen in ihrem äusseren Auftreten grosse Auszeichnungen; seit dem J. 1414, d. h. unter Kaiser Sigismund und Pabst Johann XII genossen sie das Recht, sich das Patriarchalkreuz vortragen lassen zu dürfen und den Titel Nobiles et Reverendissimi Prelati, und seit dem J. 1581 das Recht des Rochetto und die Cappa morella zu tragen.

Unter den Bischöfen jener Zeit sind folgende mit Rücksicht auf unseren Dom hervorzuheben: Bischof Petrus Capellus, ein Venetianer seiner Geburt aus (1362—1383) schenkte, wie es im Necrologium auf 15. Oct. 1383 heisst "crucistiae majoris Ecclesiae Cremonensis unam pastorale de argento, unam mitram laboratam margeritis, et unam planetam, unam dalmaticam, et unam tonecolam auream;" [1] Bischof Franciscus de Lantis (1390—1401) schenkte, wie es im Necrologium heisst, "unam sayotolam, sen coronam de perlis in ornamentam altaris magni eccl. Crem."

In der Mitte des 16. Jahrhunderts wurde der Bischof Nicolaus Sfondratus aus Cremona auf den pabstlichen Stuhl erhoben, den er im J. 1590 unter dem Titel Gregor XIV. bestieg, ein Ereigniss, das auch an unserem Dom nicht spurlos vorüberging. Bischof Cesar Speciano (1591—1607) hat, nachdem er den Umbau der Façade im Renaissance-style vollendet und die Kirche reichlich mit Schmucksachen ausgestattet hat, sie von Neuem der "Mariä Assuntae" konsekrirt.

Die Kirche Cremonas war in diesen Zeiten, so auch in den darauf folgenden eine ebenso reiche als angesehene. Die Domkirche leuchtet in Cremona selbst unter den andern Kirchen der Stadt, deren Zahl nicht gering ist, mächtig hervor. In der Mitte des verflossenen Jahrhunderts besass Cremona, wenn auch nur eine Stadt zweiten Ranges, 44 Pfarren, 25 männliche und 18 Frauenklöster. Von den elf Benedictinerklöstern, die sich einst in Cremona befanden, war schon damals keines mehr in Cremona vorhanden; sie wurden wie an anderen Orten von den jüngeren Klosterstiftungen verdrängt.

Zu den Schutzheiligen der Stadt gehört 1) der heil. Homobonus, der unter dem Pabste Innocenz III. auf Antrag des Bischofs Sicardus Cataleus in die Reihe der Heiligen aufgenommen wurde. Der Leichnam des Heiligen wurde 1187 in der Domkirche bestattet. Die alte Area wurde 1614 durch eine neue ersetzt; seine Statue ziert die Façade des Domes; sein Fest wird am 13. November begangen.

2) Der heil. Himerius. Der Leichnam dieses Heiligen soll um das Jahr 968 unter Kaiser Otto dem Grossen und den Bischöfen von Cremona Luidpeand und Luizo nach Cremona gekommen sein. Die Münzen des 12. Jahrhunderts zeigen den heil. Himerius auf Münzen sitzend, in der Linken das Pastorale haltend, mit der Rechten segnend und der Umschrift: S. HIMERIUS. EPISC. CREMONAE. Ueber das Uebertragung des Leichnams aus Umbrien besitzen wir eine Legende aus dem 12. Jahrhundert.

3) Der heil. Petrus Exorcista und der heil. Marcellinus Presbyter, beide Märtyrer aus den Diokletianischen Zeiten. Ihr Fest wird am 2. Juni begangen, und 4) Bischof Silvinus, dessen wir früher schon gedachten. Zu diesen älteren Schutzheiligen treten noch später der heil. Franz Xaver und Petrus der Märtyrer hinzu.

---

[1] vid. Sanclem. I. c. p. 158.

Cremona (Κρεμώνα bei Polybius und Strabo, ἡ Κρεμών bei Appian) ist bekanntermassen eine von den gleichzeitig mit Placentia gegründeten Colonien,[1] mit dem Beinamen „Concordia," um sich gegen das Vordringen Hanibals von den Alpen her zu schützen. Nicht weit vom Zusammenfluss der Adda und des Po in einer fruchtbaren Ebene gelegen, wurde es bald eine schöne Stadt, mit Thürmen und Mauern, und dem grössten Amphitheater Oberitaliens und Palästen geschmückt. Im J. 70 n. Chr. G. wurde es von den Soldaten des Vespasian unter ihrem Führer Antonius wegen ihrer Anhänglichkeit an Vitellius völlig zerstört, und gelangte, wenn auch wieder hergestellt, nie mehr zu ihrer alten Blüthe. Aus der spätromanisch-christlichen Zeit hat sich in einem unterirdischen Gewölbe unter der Sakristei des Domes ein interessanter Mosaik erhalten, den Dr. Roboletti jüngst publicirt hat;[2] ich würde ihn seinem Style nach nicht vor das 7. Jahrhundert setzen. Der Mosaik ist in mehrere Felder getheilt, die unter einander durch breite ornamentale Bänder getrennt sind. Drei dieser Felder sind ziemlich wohl erhalten und enthalten Kämpfe verschiedener Art. Ein Feld zeigt eine männliche Gestalt mit einem Thier- (Hund- und Wolf-) Kopfe, dem ein Zopf rückwärts herabhängt, er hält in der Stellung eines Kämpfenden ein Schwert in der rechten Hand, einen Schild in der linken; neben ihm steht die Inschrift CENTAURUS. Ihm gegenüber steht auf einem gesonderten Felde ein angreifender Krieger mit einem ähnlichen Schild in der linken Hand und einem Schwert in der rechten. Er hat auf seinem Kopfe zwei Hörner und das Ohr eines Thiers; er ist ohne Umschrift. Auf dem dritten grösseren Felde sind zwei Kämpfe allegorischer Art dargestellt. Einer von diesen stellt den Kampf der CRVDELITAS mit der IMPIETAS, der andere den der FIDES mit der DISCORDIA dar. Die vier Inschriften, welche die angeführten Worte neben den vier Gestalten zeigen, geben uns darüber unzweifelhaften Aufschluss. Die Fides mit langem Gewande und einer Krone auf dem Haupte stösst der auf die Kniee gesunkenen, mit einer fliegenden Kopfbinde geschmückten Discordia die Lanze in den Mund. Crudelitas und Impietas sind zwei unbärtige Jünglinge in Tuniken, bekleidet mit Hosen und Schuhen, von denen einer den anderen mit der Lanze durchbohrt. Zwischen beiden steht eine Pflanze. An demselben Orte, an dem diese Mosaiken vorhanden sind, sollen sich noch andere antike Denkmäler finden und gefunden haben; einheimische Forscher sind durch diese zu der Ansicht gekommen, dass auf dem Boden,[?] wo heute der Dom steht, ein Minerva-Tempel zu den Zeiten der Römer gewesen.

In der Longobardenzeit war Cremona eine kleinere Stadt. Seit dem 14. Jahrhundert führt sie den Beinamen „Fidelis," seit der Zeit nämlich, als im J. 1362 der reiche venetianische Patricier Pietro Capello zum Bischof von Cremona erwählt, eine Deputation dem heil. Marcus eine Fahne gebracht, auf der die Worte „Cremona Fidelis" als Devise der Stadt aufgezeichnet stunden. Der Sage nach soll Cremona niemals die Treue, die es gelobte, gebrochen haben.

I. Beschreibung des Domes.

Nach diesen kurzen historischen Bemerkungen zur Kirche selbst übergehend, werfen wir zuerst unsern Blick auf den Grundriss (Taf. XIX). Wir haben eine Anlage ganz eigenthümlicher Art vor uns, einen grossartigen, ausgebildeten Pfeiler- und Gewölbebau mit drei Schiffen, sowohl in dem Längenschiffe als in dem mächtig ausgeprägten Kreuzschiffe, den drei rund abgeschlossene Apsiden, drei Frontansichten — am Ausgang des Hauptschiffes und den beiden Ausgängen des Querschiffes. Zwei Façaden haben drei Portale, die nördliche Façade nur eines. So bedeutend in dem Grundrisse das Kreuzschiff ausgebildet ist, ebenso bedeutsam ist das Längenschiff mit seinen beiden Seitenschiffen über dem Kreuzschiffe gegen die Apsiden zu hinausgeführt und zum Priesterchor ausgebildet. Unter dem Presbyterium befindet sich eine geräumige dreischiffige Kapelle. Gleichmässig bedeutsam als Aussen- und Innenbau entwickelt, werden wir in unserem Betracht ebenfalls gesondert den Aussenbau mit seinen drei Façaden und den Innenbau betrachten.

Die Façade des Domes, nach Westen gerichtet, besteht aus zwei, verschiedenen Bauperioden angehörenden Theilen, einem spätromanischen und einem anderen, der späteren Renaissance angehörenden. Die Verbindung zweier so verschiedener Baustyle gibt der Hauptfaçade ein höchst eigenthümliches Ansehen. An dem Marktplatz, wie es in vielen italienischen Städten Sitte ist, gelegen, durch schöne Arkaden, die um das

---

[1] S. Forbiger Alte Geogr. III, p. 349. — [2] Dei documenti storici e letterarii di Cremona. Cremona 1857. fol. p. 1. Tab. 1.

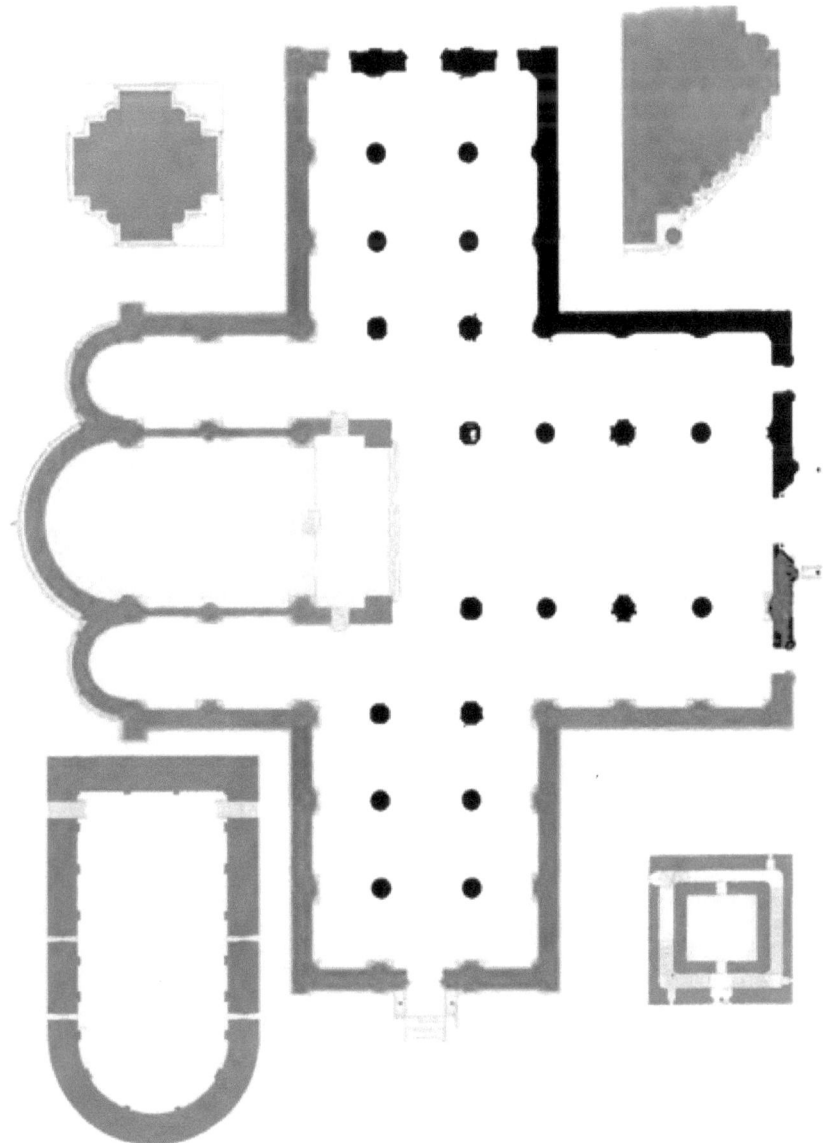

Jahr 1497 errichtet, von 1515 bis 1525 mit anderen Statuen und anderen Ornamenten versiert worden sind. — *Fig.* 1 gibt ein Kapitäl dieser Arkaden — mit dem mächtigen Campanile und den anstossenden Gebäuden verbunden, macht die Hauptfaçade einen prächtigen Eindruck. Die Loggia mit ihren Heiligenfiguren und Reliefs, das romanische Portal und die Eckthürmchen am Giebel aus derselben Stylperiode bringen in die Façade Leben und Bewegung und jenes malerische Ansehen, das oft reinere, aus Einem Style gebaute Kirchen entbehren.

Fig. 1.

Der Renaissancebau an der Façade wurde schon am Ende des 15. Jahrhunderts, um 1491 begonnen. Die Arbeit wurde dem Alberto da Prato und dem Carraresen Severo aufgetragen. Im J. 1501 aber wollte man der Restauration der Domfaçade eine grössere Ausdehnung geben. Man berief zu diesem Werk den Maestro Pietro Rò oder de Rhaude genannt, einen Sohn des Pagano aus der Pfarrei San Erasmo. Damals muss P. Rò schon ein älterer Künstler gewesen sein. Denn er wird schon vor 1490 wegen einiger kleinerer Arbeiten in den Büchern der Fabbriceria genannt, und führt daselbst im J. 1491 den Titel eines „Inspettore generale alle Fabriche." Der Renaissancebau, den er aufführte, schliesst sich in seinen unteren Linien an den romanischen Bau an und endet mit einer römischen Attica, in der Marmorfiguren aufgestellt waren. Unter diesen befanden sich die Statuen des Franc. Sforza und der Bianca Maria, deren Ausführung dem Künstler wahrscheinlich von Gior. Galeazzo Maria III übertragen wurden. Gegenwärtig sind diese Figuren nicht mehr vorhanden. Die vielen Marmorfiguren, die heut in den Nischen stehen, früher aber an den Ecken sich befanden, sind ein Werk desselben P. Rò und wurden später, im J. 1507 ausgeführt. Sie stellen die Apostel Petrus und Paulus und die Protektoren der Stadt, den heil. Märtyrer Petrus und den heil. Marcellinus dar. Cicognara[1] schreibt sie irrig dem Bramante Sacchi zu. Nach den von Grasselli angeführten Stellen aus den Büchern der Fabbriceria wurden dem P. Rò am 14. Juni 1507 25 lire imperiali „da spendersi nella compra dei marmi," am 31 Juli desselben Jahres 40 l. i. „per pagare i bifolchi, che dal teritorio bresciano hanno trasportato in Campo santo i detti marmi," und endlich am 7. Oktober d. J. 4 lire „ad computum 4 figurarum ecl. imaginum S. S. Apostolorum Petri et Pauli, et Marcellini et Petri ponendarum in cantibus facciatae magnae ecl. mag. Crem." gezahlt. Im J. 1508 führte P. Rò das Thürmchen aus, das an der Stelle der Akroterien den Giebel der Façade krönt. Dieser Façadenbau wurde zu Ende geführt in den Zeiten des Erzbischofs Caesar Specianus, eines Cremonesers von Geburt, der zwischen den Jahren 1591 und 1617 den erzbischöflichen Stuhl inne hatte. Das Wappen am Giebel der Façade gehört dem Erzbischofe Nicolaus Sfodratus an, der im J. 1590 den päbstlichen Stuhl als Gregor XIV bestieg.

Aus der romanischen Bauperiode ist an der Façade noch ein grosses romanisches Radfenster und das romanische Portal erhalten. Von letzterem werden wir sogleich sprechen. Von ersterem kennen wir den Künstler. Es ist diess der Bildhauer aus Como, Magister Jacobus Porrata. Eine auch von Vajrani[2] publicirte Inschrift in gothischen Uncialbuchstaben, die sich oberhalb des grossen Thores der Kathedrale befindet, lautet:

† MCCLXXIIII.
MAGISTER JA
COBUS PORRA
TA DE CUMIS FE
CIT HANC ROTAM.

Der interessanteste Theil an der Hauptfaçade ist die Loggia mit dem romanischen Hauptportale; die zwei Seitenportale sind nicht mehr in ihrer ursprünglichen Form vorhanden. Taf. XX gibt eine genaue Abbildung der Loggia und des Hauptportales. Die Loggia besteht aus zwei Theilen, einer oberen Halle und einer unteren, welche gewissermassen die Vorhalle zum romanischen Portale bildet. Die obere Halle besteht aus fünf spitzbogigen Arkaden, deren Säulen auf Löwen ruhen, und deren Kapitäle theilweise eine sehr frühe Bildung verrathen (siehe *Fig.* 2, 3, 4), den Schlussstein bilden an jedem der drei vorderen Bögen eine Figur,

[1] Storia della scultura VII, p. 184. Grasselli Guida storica sacra, p. 19 und dessen Abecedario. Milano, 1827, p. 390. —
[2] Inscript. Crem. num. 141.

und zwar ein geflügelter Stier, ein Adler und ein geflügelter Ochse, die bekannten Symbole der Evangelisten. In den beiden Ecknischen befindet sich der Engel, das vierte Symbol und eine Maria mit dem Jesuskinde. Auf der Ballustrade stehen in den drei runderen Arkaden die Statuen der Madonna und der Protektoren Cremonas, des heil. Himerius und des heil. Homobonus. Sie sind ein Werk des Bildhauers Sebastiano Nanni vom J. 1560. S. Nanni war ein einheimischer Künstler, der seiner Zeit in der Parochia S. Mattia wohnte. In den Registern der Fabbrica des Domes findet man unter dem 30. November 1560 folgendes Urtheil des

Fig. 2.   Fig. 3.   Fig. 4.

Brescianer Bildhauers Nicolo da Lugano, der berufen wurde das Werk Nanni's zu beurtheilen: „Primo per doi piedestalli sotto li leoni alla porta grande del Domo forniti in opera per mio giudizio e consentia valeno lire 374, e più il scalino denanzi alli leoni qual va mesurato al longo et medal de la porta mesurato al quadretto a line tre il brazzo etc."

Unterhalb der oberen Loggia läuft ein Fries, der im Relief die zwölf Monate darstellt und oft schon Gegenstand von Untersuchungen gewesen ist. Er gehört der romanischen Periode an. Es ist sattsam bekannt, dass solche Darstellungen häufig auf Portalen italienischer Kirchen (z. B. auf S. Michele, in Pavia S. Zeno in Verona,[1] dem Hauptportale der Marcuskirche in Venedig u. s. w.) vorkommen. Die ganze romanische Stylperiode war reich an solchen figurenreichen phantastischen Darstellungen, die sehr roh in der Ausführung, meist Werke einheimischer Künstler gewesen sind, denen es ebensowohl an Vorbildern, als an Schule gebrach. An einigen dieser Reliefs sind die zwölf Monate durch zwölf Vorstellungen (einzelne Figuren und Scenen) in besonderen Nischen, Arkaden oder durch zusammenhängende Ornamente gebildete Lünetten angebracht. In unserem Fries gehen sie in ununterbrochener Reihe und sind mit den Zeichen des Thierkreises versehen, die selbst mit ihren Figuren in die Handlung selbst verflochten sind; als die Jungfrau, die Wage, der Wassermann. Die zwölf Symbole sind mit Ausnahme des Widders gut zu erkennen und erhalten. Die Vorstellung ist folgende. Voran schreitet eine Frau mit einem Gefässe, ihr folgt ein Hirte mit einer Pfeife (hier fehlt der Widder), dann kömmt der Stier, auf dem ein Mann mit einer Sichel reitet; zwei Knaben, Zwillinge sitzen auf einem Baum und ein Krebs ist daneben angebracht. Dann schneidet ein Mann Getreide mit einer Sichel; ihm folgt ein Andrer mit zwei Bären und einem Löwen, ein Fassbinder und neben ihm im Gespräche die Jungfrau, dann ein Weinkelterer mit einer Frau, die eine Wage hält, oberhalb des Weinstockes ist ein wenig kenntliches vierfüssiges Thier angebracht; dann folgen der Skorpion und zwei Männer, die beschäftigt sind, ein Schwein abzustechen; ein Mann, der an einem entlaubten Baume arbeitet mit dem Steinbock, eine sitzende männliche Gestalt, in der rechten Hand einen Becher, in der linken Hand ein Tuch haltend, das, über einem Stabe liegend, vom Wassermann begossen wird; endlich ein Mann mit einer Schaufel in den Boden stossend und zwei Fische.

Schon Cordero hat in seinem Werke über die lombardische Architektur während der Herrschaft der Longobarden dieses Relief als ein Werk des 12. Jahrhunderts bezeichnet; in unsren Tagen hat sich F. Odorici[2] ein wenig verspätet bemüht, Hammer zu widerlegen, der auch dieses Relief mit den Templern in Verbindung brachte. Das in einer Linie laufende Relief ist durch ein Hautrelief unterbrochen, das in der Mitte des eben beschriebenen Reliefs angebracht, einen in einer Nische stehenden Bischof im bischöflichen Ornate vorstellt, unter dessen Füssen als Zeichen der Treue und Stärke ein Löwe und Hündchen vorstellt. Auch diese Arbeit ist ziemlich roh, und wohl ein Werk des 12. Jahrhunderts.

[1] Siehe Orti-Manara della basilica di S. Zenone. Verona 1858, T. III. C. II. — [2] Di alcuni Monumenti Cremonesi etc. Lettera di F. Odorici a Fr. Robolotti Cremona 1857, S. 11.

Wenn wir nun weiter in der Beschreibung der Loggia fortfahren, so begegnen wir, wenn wir einen Blick auf die Abbildung werfen, den unteren breiten Spitzbögen, getragen von zwei Säulen, welche auf Löwen ruhen. An der Südseite der unteren Halle ist eine Reihe von Ornamenten angebracht, die Ueberreste des ältesten Baues zu sein scheinen. Dahin gehört z. B. ein Relief eines Thieres, ein sehr schönes arabeskenartiges Ornament u. s. f. Von erheblicherer Bedeutung für den Bau selbst sind die beiden Tragsteine, welche auf den Säulen ruhen und an den Südseiten mit phantastischen Figuren versehen sind, von denen eine in ein Horn blasende männliche Gestalt, eine andere eine bekleidete Figur in schreitender Stellung mit einer Palme in der Linken, eine andere die syrenenartige Figur vorstellt, die der Holzschnitt Fig. 5 zeigt. Die Kapitäle der Säulen, welche auf den Löwen ruhen, sind Muster des elegantesten romanischen Styles; eines von ihnen zeigt ein stark ausladendes, schönes Blattkapitäl, ein anderes vier Köpfe in geschmackvoller Anordnung. Die Löwen aus rothem Veroneser Marmor, kräftig und sicher aus dem Steine gehauen, sind 4' hoch, 7' lang; einer von ihnen hält einen geflügelten Drachen, ein anderer ein vierfüssiges Thier (Fig. 6), welches einem Vogel den Kopf abgebissen hat, unter den Tatzen. Zwischen dem Löwenrücken und dem Säulenfuss ist wieder auf jeder Seite ein kleiner Löwe angebracht.

Fig. 5.

Fig. 6.

Das eigentliche romanische Portal selbst (Taf. XXIX. D. D') zeigt in seiner Gliederung den Typus des romanischen Styles, wie er an den meisten Portalen Oberitaliens vorkömmt. Das Giebelfeld ist verloren gegangen, die Portalhalle besteht aus Halbsäulen, die in vollem Rundbogen sich über die Wölbung fortsetzen. Eigenthümlich sind die zwei dünnen freistehenden Säulen am Portale; in der Mitte ihres Schaftes ist ein ringartiger Rundstab übergelegt. Diese zwei Säulen dienen als Träger des Frieses, der über den Halbsäulen der Halle in der Weise des romanischen Styles angebracht ist. Ihre Kapitälbildung ist ebenso eigenthümlich, als die der Säulenfüsse. Auf ersterem befinden sich zwei Thiere, und zwar ein geflügelter Löwe mit einem Buche, ein geflügelter Stier mit einem Buche — die bekannten Symbole der Evangelisten — als Säulenfüsse, oder vielmehr Säulenträger dienen zwei knieende bekleidete Figuren von 2' Höhe. Auf ihren Schultern ruht ein eleganter Säulenfuss, von eigenthümlicher Bildung. (Fig. 7.)

Als Füllungen der Thüre dienen die Statuen (Fig. 8. 9.) der vier Propheten. Es sind diess bärtige Figuren in Hautrelief über 4' hoch, mit einem Nimbus umgeben, Mantel und Tunika; ihren Proportionen nach langgestreckt ohne alle individuelle Charakteristik, und, sich strenge anschliessend den Formen und Linien der Architektur, erinnern sie lebhaft an die Portalfiguren von Chartres. Sie tragen in ihren Händen Rollen, auf denen die bekannten Inschriften eingegraben sind: 1) VIDI PORTAM IN DOMO DOMINI CLAVSAM. 2) DIC SCTE DANIHEL u. s. f. 3) HECCE VIRGO CONCIPIET ET PARIET FILIVM ET VOCABITVR NOMEN EIVS EMANNVEL. 4) HIC EST DNS R ET N ESTIMABITVR ALIVS ABSQVE EO u. s. f. — An dem Portale findet sich gegenwärtig eine weibliche Gestalt (Fig. 10) angelehnt, die ursprünglich an einem andern Orte aufgestellt, derselben Zeit angehört, als die Propheten. Oberhalb des Portales sind mehrere Fragmente frühromanischen Styles eingemauert, ein Adler, ein Relief, eine sitzende bekleidete Figur, die ein offenes Buch hält, worauf die Worte stehen: LIBER GENERATIONIS IHV CHRTI DAVID. Ein anderes romanisches Basrelief mit der Vorstellung des Sündenfalles und der Vertreibung aus dem Paradiese mit der Aufschrift ADAM und EVA befindet sich an der Domfaçade in einer der Logien eingemauert. Bevor die Loggia gebaut und die Façade im Renaissancestyl umgewandelt wurde, scheint sie nach diesem Fragmenten zu schliessen, einen reichen ornamentalen und figuralischen Schmuck gehabt zu haben. — Die Façade hat ausser diesem grossen Portale, das in das Hauptschiff führt, noch zwei

Fig. 9.

Fig. 10.

Fig. 7.   *Fig. 8.*

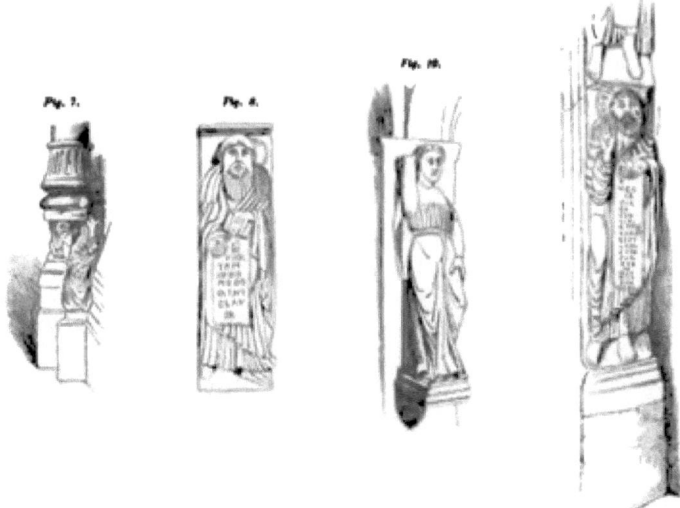

Seitenportale für die Seitenschiffe, mit Formen der späteren Architektur. Ursprünglich war die Façade in ihren obersten Linien mit Arkaden, die in der Richtung des Giebels gingen, und mit fünf Thürmchen gekrönt, die mit den vier Mauern der Kirche und der Höhe des Dachgiebels korrespondiren. Der Renaissancebau aus dem sechzehnten Jahrhundert hat diese Giebelverzierungen zerstört, bis auf die zwei runden Eckthürmchen, die mit Lisenen und Rundbogenfries noch den Charakter des romanischen Baustyles ungetrübt zeigen. Eine allerdings sehr rohe Abbildung des Giebels mit den fünf Thürmen geben die alten Siegel des Capitels.

Treten wir durch die mittlere grosse Pforte in das Innere der Kirche. Der Eindruck, den die Kirche macht, ist ein imposanter. Mit einem Blicke übersieht man die ganze Anordnung der Kirche. Ein dreischiffiger Bau (siehe Grundriss Tab. XIX. A.), mit grossartig ausgebildeten Kreuzarmen erhebt sich auf kühn angelegten Pfeilern. Das Mittelschiff ist breit, mächtig und hoch, die Seitenschiffe niedrig, in Höhe wie Breite aber proportionel. Die Höhe des Mittelschiffes ist 15° 6″, die des Seitenschiffes 7° 7¹ r′. Die Breite des Mittelschiffes im Langhause ist 4°, die des Seitenschiffes im Langhause 2° 3″; die Breite des Mittelschiffes im Kreuzarme gleicht so ziemlich der Breite des Seitenschiffes im Langhause, die Breite des Seitenschiffes im Querschiff ist etwas über 2°. — Während die Gewölbe des Seitenschiffes sich dem Quadrate nähern, sind die des Mittelschiffe sein von einfachen breiten Gurten gestütztes frühgothisches spitzbogiges Kreuzgewölbe (*Fig. 11. 12*).

Die ganze Kirche, ein spätromanischer Pfeilerbau schliesst in ihrer ganzen Anlage die Entwicklung der romanischen Bauperiode der lombardischen Poebene, die mit der Ambrosiuskirche zu Mailand, der Michaelskirche zu Pavia beginnen, später die herrlichen Bauten zu Modena, Parma, Vercelli u. s. f. hervorgerufen, um in der Cistercienserkirche zu Chiaravalle bei Mailand und in dem Dome zu Cremona der Gothik mit Bewusstsein sich anzuschliessen.

Fig. 11.

Fig. 13.

Die Mauerflächen der Mittelschiffe sind durch durchlaufende Triforien belebt, die sich noch mit ihren Doppelfenstern in den Linien des romanischen Styles bewegen. Unterhalb derselben geht ein durch zwei kantige Gesimse gegliederte breite Wandfläche, bestimmt zur Aufnahme von Fresken und die in vollem Kreisbogen sich von Pfeiler zu Pfeiler bewegenden Arkaden. Die Höhe der Arkadenpfeiler bis zu den Kapitälen, welche den Bogen tragen, ist 4° 1' 5''. Oberhalb des Triforiums schliessen die Pfeiler in einfachen schmalen Blattkapitälen (*Fig. 13*) ab, und nehmen die Gewölbe des Mittelschiffes auf. In den Scheidemauern des Mittelschiffes befinden sich die romanischen Fenster, die noch gegenwärtig im Aeusseren sichtbar, in der Renaissanceperiode bedeutende Veränderungen erlitten haben.

Die Gliederung der Pfeiler ist ausserordentlich einfach. Es ist diess eine Erscheinung, die in ganz Oberitalien während der ganzen spätromanischen und gothischen Periode vorkömmt, und die deutlich zeigt, wie natürlich sich später die Renaissance in Italien entwickeln musste. Der italienische Pfeilerbau hat nicht das organisch-systematische des deutschen und französischen Pfeilerbaues; in seiner Bildung ist er monoton, oft leer; in seinen Kapitälen und Sockeln ist er einfach. Er hat in jenen Perioden nicht den Reichthum an phantastischen Elementen der Ornamentik, welche den deutschen, romanischen und gothischen Bau so interessant machen. Der italienische Architekt hat damals die Schönheit ganz wo anders gesucht. Er folgte der Natur seines Landes, dem Instinkte seiner Mitbürger, und strebte nach Raum, nach Freiheit, Heiterkeit und Geräumigkeit, nach Harmonie der Massen im Grossen. Gedrückte Verhältnisse, niedere Pfeiler, dunkle Räume widerstreben seinem Sinne. Das, was das Spezifisch-nationale in der italienischen Kunst der früheren Mittelalters ist, war schon vollkommen klar und bewusst in der Seele jener Künstler, welche den Dom von Cremona überwölbten, und die Kreuzarme mit ihren drei Schiffen in harmonische Verbindung mit dem Ganzen brachten. Was noch als ein Rest gewisser Elemente, als eine Frucht des Raceeinflusses der Lombarden und Franken im frühromanischen Style in Parma, Mailand, Pavia, Bonate, Almenno u. s. f. betrachtet werden kann, ist im Dom von Cremona vollständig verschwunden; er ist ein Typus eines italienischen spätromanischen Ziegelbaues, wie mir kein zweiter bekannt ist. Die grossen Wandflächen waren ursprünglich schon für Bemalung angelegt, und wir werden bald Gelegenheit haben, zu sehen, wie er nicht sehr lange Zeit, nachdem durch den Zubau der Kreuzarme die Basilikaform in die eines lateinischen Kreuzes verwandelt wurde, Malern zur Dekoration übergeben wurde.

Die malerische Ausschmückung ist in Cremona ein wesentlicher Theil der architektonischen Dekoration.

Wir werden daher weiter unten ausführlicher darauf zurückkommen. Wenn diese Malereien gegenwärtig den
Totaleindruck des Bauwerkes eher vermindern als erhöben, so liegt es darin, dass der grösste Theil der
decorativen Malereien Künstlern des sechzehnten Jahrhunderts angehört, welche in der venetianischen
Schule gebildet waren, und die älteren Künstler des vierzehnten Jahrhunderts, soweit wir sie noch beurtheilen

Fig. 14.

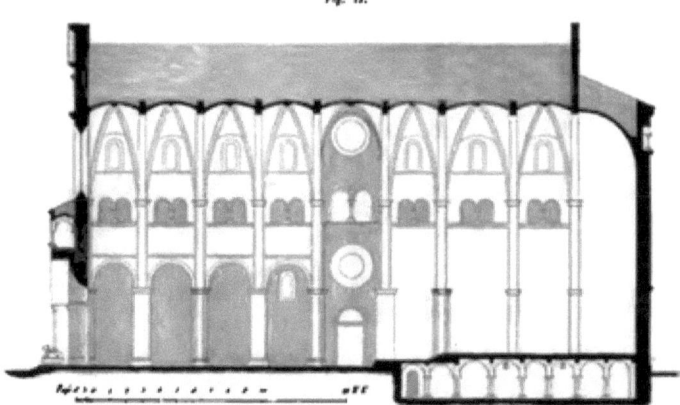

können, der Aufgabe nicht in der Art gewachsen waren, als die Maler der Franziskuskirche zu Assisi, oder
der Giorgio- und Marienkapelle zu Padua. Eine rühmliche Ausnahme machen die grossen Fresken der Apsis
von Boccaccio Boccaccini. Sie halten sich an den traditionellen Typen, wie sie in solchen Räumen und
für solche Flächen sich bereits in der altchristlichen Basilika entwickelt haben.

Die drei Apsiden mit ihren runden Nischen sind ein einfacher, sich organisch an den ganzen romanischen Bau anschliessender Bau. Ihre gegenwärtige äussere Gestalt ist wesentlich umgestaltet durch Restaurationen des siebzehnten Jahrhunderts. Was noch an Gemälden, Gestühlen u. s. f. vorhanden ist, davon wird
unten die Rede sein. Die mittlere Apsis liegt etwas höher, unter derselben befindet sich die Krypta.

Die Krypta (Taf. XIX. B), ein dreischiffiger Bau mit Kreuzgewölben, die auf getrennt stehenden
Doppelsäulen ruhen, ist in ihrer heutigen äusseren Form ein Werk des siebzehnten Jahrhunderts. Am
20. Juli 1605 wurde der Plan zur Restauration derselben, den der Architekt Fr. Laurenzi machte, genehmigt.
Er scheint den Hauptlinien des alten vollkommen gefolgt zu sein, so zwar, dass der Grundriss, wie wir ihn
geben, ein ziemlich getreues Bild der alten Anlage darbietet. An vielen Kapitälen haben sich die alten Formen erhalten (Fig. 14. 15. 16. 17.); andere sind modernisirt. Im ersten Travée sind Spuren von Malerei
zu finden. Die Breite eines jeden Schiffes ist 2' 1' 1"; die Entfernung eines Säulenpaares von dem andern 1° 29".

Einen ganz besonderen Reiz des Domes von Cremona bilden die beiden Kreuzarme. Sie bilden nicht
bloss in ihrem Innenbau, sondern auch in ihrem Aussenbau einen hervorragenden Theil des Gebäudes. In
ihrer inneren Anlage schliessen sie sich in ganz organischer Weise an den Langbau an. Beide Arme, der
nördliche wie der südliche, haben eine ausgebildete Façade, die ganz aus Ziegeln ausgeführt ist; die Ziegeln
selbst sind verschiedenartig heller und dunkler gefärbt, und geben dadurch der ganzen Anlage ein sehr zierliches Ansehen. Wohl wenige Orte Italiens mag es geben, in welchen der Ziegelbau der Uebergangsperiode
in so reicher und glänzender Weise entwickelt ist, wie in Cremona. Taf. XXI gibt das südliche, Holzschnitt Fig. 16 die nördliche Façade. Taf. XXII eine Abbildung der grossen Radfenster und zweier gothischer

Fenster. Die Anordnung beider Façaden ist im wesentlichen dieselbe. In der Verlängerung der Schiffe treten nach Aussen starke Strebepfeiler hervor. Zwischen diesen sind die Thore angebracht, auf der nördlichen Façade eines, auf der südlichen hingegen drei. Das nördliche Thor hat einen Portaleingang, in ähnlicher, wenn auch kleinerer Weise, als das Portal des Hauptschiffes. Die zwei Säulen, welche die Halle tragen,

Fig. 14.   Fig. 15.   Fig. 16.   Fig. 17.

ruhen auf Säulen. Das Tympanon fehlt. Dagegen hat der Thürsturz ein sehr schönes Relief, Christus mit der rechten Hand segnend, mit der linken ein Buch haltend, und zwölf Apostel in anbetender Stellung. Ein ganz vorzügliches Relief, den englischen Gruss vorstellend, findet man über dem Spitzbogen der Halle. Das südliche Thor, oder vielmehr die drei südlichen Thore sind nicht ganz im alten Styl und theilweise unvollendet. Fig. 19 gibt das Profil des nördlichen Thores und den Grundriss eines Pfeilers im Innern. Zwischen den

Fig. 18.

Pfeilern und in der Höhe des Triforiums drei grosse Fenster angebracht, die wir ihren charakteristischen Formen wegen abgebildet haben. Oberhalb der Fenster stehen symmetrisch drei Radfenster von sehr schöner Arbeit, und oberhalb der Radfenster läuft eine offene Galerie, die das Kranzgesimse abschliesst. Dieses selbst ist kräftig gebildet, mit einem kleinen Terrakottafries versehen. An der Spitze und den Ecken des Giebels stehen drei Thürme, achteckig, in Etagen gegliedert, mit Lissenen und Rundbogenfries, entsprechend den Formen des romanischen Styles. Die Zeit dieses Anbaues — 1288 — können wir genau bestimmen. Eine Inschrift in gothischen Uncialen, an der inneren Seite des Thores, das in die Contrada delle Erbe geht, spricht sich dar-

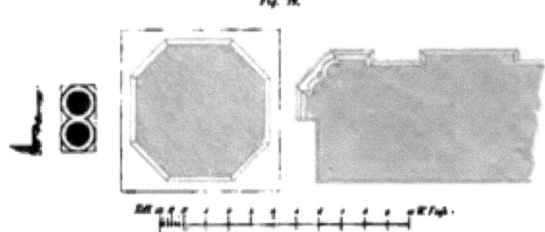

Fig. 12.

über deutlich aus. Sie ist gegenwärtig durch die modernen Gemälde Muttas und Legnanis überdeckt, von Vajrani falsch copirt worden — er schreibt CCC statt CC — von Gravelli[1] genau wiedergegeben worden. Sie lautet:

      † MCCLXXXVIII . INDICIONE . SECONDA
        HOC . OPVS FACTVS . PRAV.
        FRATRIS . SVPERTI . MASSARI . CEP.
        DNI . NICOLAI . DE . BENGARI.
        DNI . AMBROSII . DE . RESTALIIS:
        DNI . NICOLAI . DE . VAGRANI:
      † HOC . OPVS . FECIT . MAGISTER
        BERTOLINVS . BRAGERIVS . MAGISTER . MVRIL
      † HOC . OPVS . FECIT . MAGISTER . JACOMVS.
        D . CAMPERIO . MAGISTER . MVRARIE.

Derselbe Gravelli führt aus dem Archive der Fabbriceria, dem sogenannten Laborerio, eine Stelle an, aus der hervorgeht, dass am 12. Dezember 1289 ein Abkommen mit Baninio und Guglielmo von Campane, einem kleinen Orte zwischen Como und Lugano getroffen wurde, um eine Stiege aus hartem Stein in jenen Theil der Mauer zu machen, welche in dieser Zeit von den genannten Architekten aufgeführt wurde, nämlich in der nördlichen Seite gegen den Winkel von S. Niccolo hin, wie es in der Stelle des Archives lautet. Die Stiege soll eine Länge von 200 Braccien, ein Breite von mindestens einer Braccie haben. Sie existirt noch heutigen Tags.

Die Altäre des Domes verdienen ihrer Gemälde wegen eine besondere Beachtung. Wir betrachten sie der Reihe nach und beginnen mit dem Altare, welcher dem vom Hauptportale Eintretenden zur rechten Hand liegt.

1) Altar genannt der h. Katharina. — Das Altarbild ist von Licinio de Pordenone. Es stellt Maria mit dem Jesuskinde dar, der h. Paulus auf der einen, der h. Donninus auf der anderen Seite; zu den Füssen der Madonna ein Mädchen mit einer Laute. — Dieses Gemälde gehört zu den besten Gemälden dieses tüchtigen Künstlers. Es macht, gross in der Anordnung, kräftig und schön im Vortrage, einen erhebenden Eindruck. Pordenone kam um das J. 1520 nach Cremona, und war im Dome auch als Freskomaler thätig. Ludwig Caracci[2] spricht sich mit grossem Lobe über diese Arbeiten aus; ein gleiches Urtheil fällt Rosini.[3] Die Freskoarbeiten Pordenones sind gegenwärtig wenig mehr zu geniessen. Wer Pordenone als Freskomaler beurtheilen will, und als solcher steht er in den ersten Reihen der venetianischen Schule, der muss seine Arbeiten in seinem Vaterlande in Friaul sehen, in Trevise und vor allen in Valeriano.

---

[1] Abecedario biografico. Milano. 1827. p. 66. — [2] Lettere Pittoriche. T. 1. Lief. 67. — [3] „Ma perquanto parmi, maggiore di sè stessa appare sull' opere di Cremona e Piacenza."

2) Altar des h. Eusebius mit Holzschnitzwerken des A. Aringhi vom J. 1650.

3) Altar mit dem Gemälde des Luca Cattapane, eines Cremonesers aus der Schule Campi's. Er blüht um 1580. Das Gemälde, kräftig im Kolorit, sonst ohne erheblichen Werth stellt Christus am Kreuze mit den hh. Fermo und Hieronymus vor.

4) Altar der Maria Heimsuchung. Ein Gemälde Gervasio Gattis, genannt il Sogliaro vom J. 1583. in welcher der Einfluss Correggios wahrnehmbar ist.

5) Altar mit dem Kruzifix des G. Bartesi, eines tüchtigen Bildhauers aus dem siebzehnten Jahrhundert.

6) Altar der Maria Verkündigung. mit einem Gemälde von G. Batt. Trotti. genannt il Molosso. Auf der Seitenwand zwischen den beiden Altären befindet sich ebenfalls ein Gemälde G. A. Trotti's „Christus gebunden an der Säule." G. B. Trotti. geb. 1555. gehört zwar zu den besseren Schülern Bernardino Campi's; ist aber weichlich in der Behandlung der Formen und Fleischtöne, und in der Komposition einer jener zahlreichen Mittelmässigen. die zwischen Carracci, Correggio und Campi schwanken.

In der Nähe dieses Altares, im südlichen Querschiffe, befindet sich das grosse Gemälde Giulio Campi's vom J. 1567. welches einst die Orgel bedeckte, und von den Bewunderern der Kunst jener Zeit und den Kunstkennern Cremonas, als eines der hervorragendsten Bilder ihres seiner Zeit berühmten Landsmannes gehalten wird. Es stellt die Geschichte Esther und Ahasverus vor und ist folgendermassen gezeichnet:

AD DEI OP. M. CVLTVM. FANI ORNAMENTVM ET
POPVLI CREMONEN. PIETATEM JO. JAC. TVRR. J. C.
JVLIANO FOSSA ET P. ANT. FERR. AEDILIB. JVLIVS
CAMPIVS FACIEBAT M. D. LXVII. —

Giulio Campo gehört einer Künstlerfamilie, die sich durch mehrere Generationen fortpflanzte.[1] Sein Vater Galeazzo und seines Vaters Bruder Sebastiano waren Künstler. seine Brüder Antonio und Vincenzo ebenfalls. Lanzi nennt Giulio Campi den Ludovico Carracci der Cremoneser. Schule, und bezeichnet damit charakteristisch die Richtung und die Stelle desselben. Das Hauptbild dieses Künstlers findet sich — wie überhaupt die besten Werke der späteren Zeit Cremonas — in der Kirche S. Sigismondo vor der Stadt. Dort ist das grosse Altarbild, Maria Himmelfahrt, mit den knieenden Gestalten des Francisco Sforana und seiner Gemahlin Bianca Maria Visconti, umgeben von den Heiligen Sigismund und Hieronymus. Chrysantus und der h. Daria. In der Anordnung wie im Kolorit erinnert es an die Meisterwerke der venetianischen Schule. Die Vorzüge einer tüchtigen Technik und einer klaren Exposition der Handlung finden sich auch in unserem Gemälde, obgleich in demselben zwei Vorstellungen neben einander hergehen, die Esther vor Ahasverus, und der Triumph Hamans über Mardocheus.

7) Altar der h. Benedikt mit einem Gemälde des Cav. G. A. Borroni, eines Cremonesers (geb. 1684. gest. 1772). — In der Nähe dieses Altares ist das Grabmal des auch um den Dom verdienten Bischofs Franc. Sfondrato, errichtet im J. 1550. Für Kunst ist es von untergeordnetem Interesse.

Daran schliesst sich die Capelle des Sacramentes an. gebaut vom Architekten Fr. Datharo, genannt Picrifuoro. Dieser Architekt, von dem auch der Entwurf zum Grabdenkmale Sfondrato's und die Kapelle der M. V. herrührt. baute die von G. Campi reich mit Stuck in einer wenig geschmackvollen Weise verzierte Kapelle im J. 1569. Im J. 1575 war er in Cremona noch bei der Restauration des Palazzo publico thätig. In derselben Kapelle finden sich zwei Gemälde von Bernardino Campi, die Fusswaschung und Melchisedeks Opfer. Das Hauptwerk dieses Künstlers ist die Kuppel von S. Sigismondo. Ursprünglich ein Schüler Giulio Campi's, begab er sich angezogen von dem Rufe Giulio Romano's nach Mantua, malte dort an dem

---

[1] Stammbaum der Campi's:

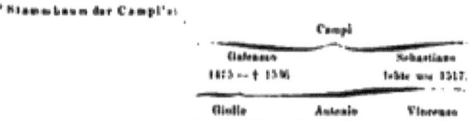

Ausserdem kommt noch ein Maler Bernardino Campi vor, der Sohn eines Goldarbeiters Pietro Campi. (geb. 1522. gest. nach 1590). und ein Ingenieur und Architekt Bartolomeo, der um das Jahr 1550 blühte.

trojanischen Kriege. Von da wandte er sich nach Parma, studirte Correggio, kehrte dann wieder in seine Heimath zurück, wo er eine bedeutende Stellung in seiner Zeit einnahm. In derselben Kapelle befindet sich ein Gemälde Giulio Campi's. Heraustretend aus dieser Kapelle begeben wir uns zum

8) Hochaltar. Dieser Altar ist ein Prunkbau späterer Zeit, aus rothem Marmor von Giamb. Malajo, einem Künstler des siebzehnten Jahrhunderts. Im Chore befinden sich noch zwei kleinere Altäre, mit den Reliquien des h. Homobonus und des h. Furius, ohne weitere Bedeutung für unsern Zweck. In demselben Raume befindet sich die „Himmelfahrt Mariä" von Bernardino Gatti, genannt A. Sojaro, einer der treuesten Nachahmer Correggio's. Zwischen den italienischen Kunstschriftstellern war es lange Zeit ein Gegenstand des Streites, ob B. Gatti mehr als Nachahmer oder als Schüler des berühmten Künstlers von Parma zu betrachten ist, dessen Einfluss auf Cremona nichts weniger als ein günstiger betrachtet werden kann. Seine Werke fallen zwischen die Jahre 1552 und 1575, in welchem Jahre B. Gatti starb. Die Himmelfahrt Mariä gehört zu seinen letzten Werken, die er nicht mehr vollendete. Wie hoch B. Gatti von seinen Zeitgenossen geschätzt wurde, geht daraus hervor, dass er die Ausführung dieses Gemäldes um die für seine Zeit bedeutende Summe von 600 Scudi d'oro übernahm.

Bevor wir den Hochaltar verlassen, müssen wir noch der Stühle im Chor gedenken. Die Chorstühle gehören zu den schönsten Intarsia-Arbeiten Oberitaliens. Sie sind ein Werk des Künstlers Giovanni Maria Platina. Derselbe wurde in einem Schreiben vom 6. Juli 1482 eingeladen, die Arbeit zu übernehmen. Er vollendete sie im J. 1490. Welches Gewicht man darauf legte, dieses Werk in die Hände eines tüchtigen Künstlers zu geben, geht aus dem Schreiben der Stadtvorstände Cremonas an den Herzog Giovanni Galeazzo vom 27. Febr. 1484 hervor, in welchem sie den libero transito für Platina und die Befreiung von Mauthabgaben für alle zur Arbeit gehörigen Sachen verlangten. Auch die Chorstühle in S. Abbondio sind ein Werk Platina's.

In der Nähe des Hochaltars befindet sich eine Kapelle, ein Bau des sechzehnten Jahrhunderts. Sie führt den Namen der Kapelle der B. V. del Popolo, und ist mit Gemälden der Cremoneser Schule, mit Werken von Bernardino Campi, Giulio Campi und Cav. Malosso geziert. Aus dieser Kapelle heraustretend gelangt man zum

9) Altar des h. Michael, entworfen und gemalt von Giulio Campi, der seiner Zeit zugleich Architekt und Maler gewesen.

10) Altar des h. Nicolaus. Dieser Altar, einer der interessanteren der Kirche, ist im spätgothischen Style, die Bildhauerwerke sind eine Arbeit des Tomaso Amici und Mabila de Mazo vom J. 1495, zweier wenig bekannter lombardischer Künstler. Man kennt die Namen dieser Künstler bloss aus diesem Altare und der Inschrift: MCCCCLXXXXV THO. AMICI ET. F. MABILAII DE MAZO FECIT.

11) Altar des h. Rochus, mit einem Gemälde von L. Miradori, genannt il Genovese vom J. 1645.

In der Nähe dieses Altares befindet sich wieder ein späterer höchst geschmackloser Zubau, die Kapelle Joh. des Täufers, mit Arbeiten von G. Manfredini († 1790) und Gr. Rusca, und eine andere ältere Kapelle, die gegenwärtig als eine Art von Schatzkammer betrachtet wird. Daselbst verwahrt man eine prachtvolle Metallarbeit, das grosse Processionskreuz, im J. 1478 von den Mailänder Goldarbeitern Ambrogio Pozzi und Agostino Sacchi gearbeitet. Es ist aus Silber, vergoldet, mehr als 8' hoch und reich mit Edelsteinen und Figuren geschmückt. Der untere Theil ist vom J. 1725. Die Inschrift, welche sich darauf befindet, lautet:

HANC CRVCEM FECERVNT
AMBROSIVS DE PVTEO
ET AVGVSTINVS DE SACCHIS
AMBO MEDIOLANENSES
MCCCCLXXVIII.

12) Altar des h. Antonius Abbas, mit einem Gemälde „Maria in der Glorie" von Luca Cattapene, einem Schüler des V. Campi.

13) Altar des h. Joseph mit der h. Familie von G. Bartosi, einem Künstler des sechzehnten Jahrhunderts († um 1690.)

14) Altar der B. V. delle Grazie, mit einem Marienbilde, welches dem Angelo Massarotti (geb. 1645,

gert. 1723), aus Cremona zugeschrieben wird. Endlich müssen noch der Vollständigkeit halber die Altäre erwähnt werden, die von den Bildhauern G. B. Ferrandino di Valtellino und G. B. Bianchi d'Argenio auf Lago di Como im J. 1667 gearbeitet wurde, und einen, wenn auch sehr geringen Beitrag zu der Thatsache liefern, dass vom Norden her Bildhauer und Steinmetzen fort und fort nach der unteren Poebene gezogen sind.

Haben diese Altäre für die Geschichte der Malerei Cremonas einiges Interesse, so sind sie doch sammt und sonders in einem Style, der mit der Architektur in grellem Widerspruche steht. Anders ist es mit den Fresken. Die schönen, grossartig angelegten Kreuzgewölbe, welche die ganze Kirche bedecken, die Apsis und die Wandflächen des Triforiums verlangen so gebieterisch einen malerischen Schmuck, dass schon in verhältnissmässig früher Zeit an die Ausführung dieses Gedankens gegangen wurde. Leider sind die meisten dieser Fresken zerstört, oder in einer solchen Höhe angebracht, dass eine eingehende Betrachtung derselben zu den reinen Unmöglichkeiten gehört. Auch war die Ausführung der Fresken zu keiner Zeit Künstlern ersten Ranges übertragen, die es vermocht hätten, die Schwierigkeiten vollkommen zu überwinden, die mit der Ausführung derselben in solchen Dimensionen und solcher Höhe verbunden sind. Die Resultate, die man von Cremona aus solchen Fresken schöpft, führen dahin, dass man die Ausführung von figuralischen Compositionen in grösserer Höhe für unvereinbar mit den Anforderungen der Kunst findet.

Die ältesten Spuren von Frescomalereien findet man in den Seitenschiffen der Kreuzarme. Sie sind ein Werk des Polidoro Casella und Francesco Somenzi, angeblich begonnen im J. 1345. Sie stellen Scenen aus dem alten Testamente dar. Die Figuren sind klein, wo sie in grösseren Gruppen vorkommen, das Colorit, wo es sich noch erhalten hat, kräftig, die Zeichnung hart. Sie scheinen in keinem directen Zusammenhange mit der Schule Giottos zu stehen. Zwei Inschriften präcisiren das späteste Datum dieser älteren Gemälde, eine davon, eines dem Jesukinde und dem Donauschat die Inschrift: BENEDICTUS FODRIUS HANC EX VOTO ANNO MCCCLXX, und ein zweites im südlichen Seitenschiffe die Inschrift: IN TEMPORE SPEC. VIRI DOMINI BARTHOLOMEI DE FODRIS MCCCLXXXII.

Die übrigen Theile der Kirche sind mit Fresken von Boccacino Boccacio, Altebello Melone, Cristoforo Moretti, Giuli. Romanino, Licinio Pordenone, A. Campi und Bernardino Gatti. Unter diesen Künstlern nehmen die Arbeiten des B. Boccacino — il migliore moderno fra gli antichi, e il miglior antico fra moderni — den ersten Rang ein. Seine Thätigkeit als Freskomaler am Dome beginnt mit dem J. 1514. Damals wurde ihm die Ausführung der vier ersten Gewölbe des linken Seitenschiffes um die Summe von 1000 lire imp. übertragen. Er malte dort Geschichten aus dem Leben der heil. Jungfrau. Sein Hauptwerk aber ist der sitzende Christus in der grossen Apsis.[1] Es ist diess eine kolossale Gestalt, sitzend, mit der rechten Hand segnend, mit der linken Hand ein offenes Buch haltend. Der Ausdruck ist ernst und feierlich, die ganze Haltung zeigt, was auch die anderen Werke bestätigen, dass B. B. eher in der Schule Peruginos gebildet wurde, als in der Michel-Angelos, wie es Vasari[2] behauptet. Ein sehr wichtiges Urtheil über B. B. gibt Lanzi,[3] der schreibt »che fu meno ordinato del Perugino nel comporre, meno leggiadro nell' aria delle teste, men forte nel chiaroscuro; ma più ricco ne' vestimenti, più vario ne' colori, più spiritoso nelle attitudini, e forse non meno armonioso, né meno vago nel paese e nelle architetture.« Die fünfte Arkade ist gemalt von Bembo; sie ist gegenwärtig sehr verdeckt. Bonifacio Bembo gehört zu den interessanteren Künstlern des 15. Jahrhunderts, er starb 1498. Seine wichtigsten und besterhaltenen Gemälde in Cremona sind die Gemälde in der Kirche S. Agostino mit Heiligen und Francesco Sforza und Bianca Maria Visconti, ein Gemälde in der Kirche S. Sigismundo und ein Oelbild der Gallerie Averoldi.

Ein anderer Freskomaler der ersten Jahrzehnte des Jahrhunderts, dem wir im Dom begegnen, ist Altobellus de Melonibus, wie er sich mit der Jahreszahl MDXVIII in dem Bogenfelde hinter der Orgel schreibt. Aus einer Urkunde vom 11. Dec. 516 der Fabbriceria geht hervor, dass er diese Gemälde, welche die Flucht nach Egypten, den bethlehemischen Kindermord und die Himmelfahrt Mariä vorstellen, um 350 lire imp. malte. — Ausserdem finden sich noch Fresken von den Cremonesern C. Moretti, B. Gatti und Antonio Campi. — Von grosser Bedeutung würden die Fresken des Bresciners Girolamo Romanino und des

---

[1] Die Abbildung gibt Rosini storia della pitt. ital. T. IV, p. 176 nach Sorosina Vidonis „Pittura Cremonese." — [2] Im Leben Lorenzettos T. VIII, ed. Lemonier, p. 215. — [3] T. III, p. 113

Franciskaners Licinio Pordenone sein, wenn die Gemälde in einem guten Zustande uns wären überliefert worden. Leider sind dieselben bei einer Restauration, welche im J. 1745 vorgenommen wurde, bedeutend beschädigt worden. Die Gemälde beider Künstler sind aus dem Leben Christi genommen. Die Urkunden, welche die Vertrags-bestimmungen mit den beiden Künstlern enthalten, sind von den Jahren 1520, 1521, 1522.[1] Wie beifällig die Werke dieser Künstler, insbesondere Romanino's aufgenommen wurden, geht aus einer derselben hervor, wo es heisst, dass nachdem die Gemälde geprüft wurden, und man gefunden »quod Magister Jeronimus Romaninus Pictor princeps) laudabiliter se gerit ita, quod iste fere Civitas opus ipsum laudet prout etiam ipsi D. D. Maparci laudaut, et commendant« u. s. f. die Bezahlung stattfinden solle.

C. Baptisterium.

Eine der schönsten Ziegelbauten Cremona's ist das Baptisterium. Es ist zugleich das grösste Baptisterium Italiens der romanischen Periode. Gebaut im J. 1167 — ein älteres, das bei dem Neubau wohl zu Grunde gegangen sein mag, soll um 10. Jahrhundert gegründet worden sein —, wurde im J. 1489 das Dach zum ersten Male mit Blei gedeckt. 1625 bei der Restauration der Kuppel, die durch einen Riss nothwendig wurde, zum zweiten Male. Im J. 1794 wurde das Blei abgenommen, und in J. 1803 mit Kupfer gedeckt. Seiner architektonischen Anlage wegen schliesst er sich den grossen Baptisterien von Padua, Parma, Florenz an und bildet den Aussen- wie den Innenbau in einer höchst interessanten Weise weiter aus.

Der Grundriss zeigt — Fig. 20 giebt den Grundriss des unteren Geschosses und der oberen Gallerie

Fig. 20.

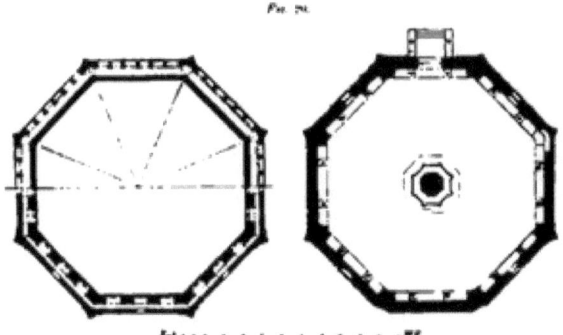

— einen achteckigen Bau, dessen acht Ecken durch in spitzen Winkeln vorspringende Pfeiler verstärkt sind. Der innere Raum zwischen diesen vorspringenden Pfeilern ist zu Doppel-Arkaden benützt, welche dem Innern des Baptisteriums einen sehr malerischen Charakter geben. Die Arkaden, — auf jeder Aussenseite sind drei Bögen, von denen der mittlere höher ist — tragen eine doppelte Gallerie, die sich nach Innen und nach Aussen mit Fenstern öffnet, und zwar nach Innen mit je drei romanischen Doppelfenstern, nach Aussen nur mit je Einem für jede Achtseite. Durch diese Fenstervertheilung, sowie durch vier in der unteren Arkade angebrachte Fenster erhält das Innere des Baptisteriums eine hinlängliche Masse von Licht.

Ein Rundbogenfries läuft horizontal unter jedem; ein ähnlicher schliesst das Kampfergesimse ab, an das sich die Kuppel anschliesst. Eine deutliche Ansicht des Inneren Fig. 21. Die horizontalen Kranz-Gesimse waren weiss bemalt.

[1] Grasselli giebt sie in seinem Guida « di Cremona 1818. p. 31.

Die Kuppel ist achteckig, mit einer Laterne gekrönt und von bedeutender Höhe. Die Fresko-Gemälde gehören dem 16. und 17. Jahrhundert an und sind von der Hand des Francesco Boccacino, Angelo Massarotti und Uberto Lalonge, genannt il Fiammingo. In der Mitte des Baptisteriums befindet sich ein grosses Taufbecken aus Einem Stück rothen Veroneser-Marmors, das im J. 1527 daselbst aufgestellt wurde. In älteren Zeiten mussten alle Kinder der Stadt Cremona, welche in der Oktave der Pfingsten und Ostern geboren wurden, daselbst getauft werden.

Fig. 21.

Das Aeussere zeigt einen achteckigen Bau, unter dessen Dachgesimse eine offene Arkadengallerie läuft, die durch fünf Säulen an jeder Achtseite gebildet ist, und unter derselben ein Rundbogenfries mit Lisenen (Fig. 22). Die Säulen (Kapitäl und Säulenfuss) mit dem Eckblatt) aus der romanischen Stylperiode zeigt Fig. 23.

Ursprünglich hatte dieses Baptisterium, wie das zu Florenz, drei Thüren, von Süden, Westen und Norden. Gegenwärtig ist nur die nördliche offen; die beiden anderen sind vermauert. Das Thor mit einer Vorhalle, die von auf Löwen gestützten Säulen getragen wird, ist aus der romanischen Periode, doch im 15. Jahrhundert bedeutend restaurirt, so dass der Renaissancestyl im Ganzen vorherrscht. Die Gliederung des romanischen Styles am Portale, Profil der Säulen und Sockel giebt Fig. 24.

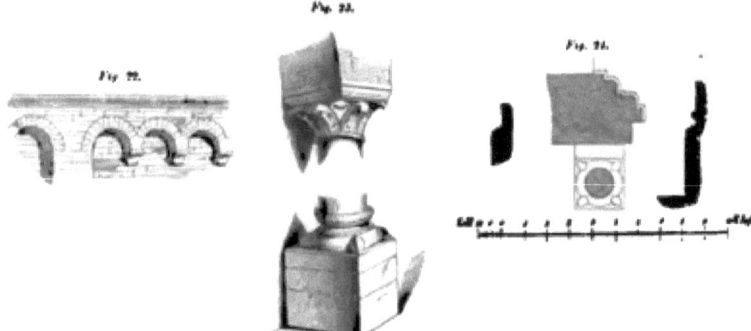

Fig. 22.

Fig. 23.

Fig. 24.

Zwei Seiten des Baptisteriums, wahrscheinlich die Wetterseiten, sind mit Stein verkleidet; auch die in scharfen Winkeln vorspringenden Eckpfeiler sind grösstentheils Steinbau. Die Höhe der ersten Gallerie ist 5° 1', die der zweiten 6° 5', die der äusseren Gallerie 9° 3'.

9. Der Campanile, genannt il Terrazzo (Taf. XIX E).

Der Campanile von Cremona gehört zu den berühmtesten Bauten der lombardischen Ebene. Er war zu der Zeit seiner Erbauung keine so vereinzelte Erscheinung, als gegenwärtig. Die Kämpfe der Ghibellinen und Guelfen, welche Cremona zum Schauplatze erbitterster Partheikämpfe machten, und an denen die Capeletti, Barbaresi, Maltraversi und andere Familien hervorragenden Antheil genommen hatten, riefen eine grosse Anzahl von Torris in Cremona hervor, welche der Stadt den Beinamen „turrita" verschafften und derentwegen sie auch von den Dichtern besungen wurde als „turrita Cremona." Ein Manuskript aus dem 16. Jahrhundert führt 57 Thürme auf (natürlich mit Ausnahme der Thürme von 77 Kirchen); die meisten von ihnen wurden 1529 durch die Franzosen, und am Ende des 18. und Anfang des 19. Jahrhunderts zerstört.

Der grosse Campanile, der heutzutage als Campanile des Domes dient, wurde im J. 1284 zur Zeit der Herrschaft der Guelfen unter dem Episcopate des Caccioconte de Sommi, welches von 1261—1288 dauerte, erbaut.[1] Er besteht aus einem kolossalen Vierecke, in dessen Mauern stattliche Stiegen mit 498 Marmorstufen angebracht sind, dem ein achteckiger Thurm, der in einer Renaissancekuppel endet, übergeht. Der achteckige Thurm ist vom J. 1289; das Dach ist aus dem J. 1581, in welchem Jahre eine Gesammtrestauration des Thurmes vorgenommen wurde. Die Spitze des Daches zierte eine Kugel mit dem Kreuze, die zur Zeit der Herrschaft Venedigs von 1499 durch den Markuslöwen ersetzt wurde. Im J. 1602 kam wieder das Kreuz mit der Weltkugel, das noch heutzutage mit folgender Inschrift vom J. 1602 steht:

> HIS . HIS . REX
> VENIT . IN . PACE
> ET . DEUS . HOMO
> FACTUS . EST.

Die Höhe des ganzen Campanile bis zur äussersten Spitze beträgt 354.6 Par. Fuss, und nimmt, wenn anders die Angaben sämmtlicher einheimischer Schriftsteller Manini, Apporti u. s. f. richtig sind, unter den höchsten Bauten Europas eine nicht unbedeutende Stelle ein. Der viereckige Thurmbau hat eine Höhe von 218 Par. Fuss, und eine Breite von 39.6 Fuss. Der achteckige Aufbau eine Höhe von 136.6 Par. Fuss.

Das Achteck, wo es auf dem Viereck aufsteht, ist mit einer schönen Ballustrade umgeben, die den Namen la Ghirlanda trägt, und es bildet in seinem untersten Stockwerke eine prachtvolle gothische Glockenhalle, in der sieben harmonisch gestimmte Glocken hängen, die im Convente S. Agostino im J. 1744 gegossen wurden.

Beiläufig in dem dritten Theile der Thurmhöhe befindet sich ein künstliches Uhrwerk, welches 1471 durch Antonio Tenazzo erbaut, in den späteren Jahren 1483, 1545, 1588 bedeutend verbessert und vergrössert wurde.

Den Eingang zu dem Campanile bildet eine schöne verzierte Marmorthüre, ein Werk des Lorenzo Trotti von 1514. Ursprünglich war der Campanile isolirt, im 16. Jahrhundert ist er durch Arkaden mit der Kirche selbst in Verbindung gesetzt worden.

Er diente in den ersten Zeiten seiner Erbauung den Zwecken der öffentlichen Sicherheit und denen der Kirche zugleich, und zwar damals, als der erste Gonfaloniere der Stadt zugleich Vorstand der Fabbriceria des Domes war. In jenen Zeiten waren auch die grossen Loggien in den Emporen des Seitenschiffes zu öffentlichen Zwecken benützt worden, und bis 1903 bewahrte man daselbst die Ueberreste des Carroccio, welches Cremona den Mailändern abgenommen hatte.

Der Campanile ist ein Ziegelbau, der in seinem romanischen viereckigen Theile ganz den Charakter des Ziegelbaues an sich trägt, der den Dombau im 12. Jahrhundert charakterisirt. Wie alle Thurmbauten ähnlicher Art ist auch er in aussen sichtlich hervortretenden Etagen gebaut, durch breite Lisenen in Felder abgetheilt und mit Fenstern im Rundbogenstyle versehen.

Das Achteck im gothischen Style aus dem 13. Jahrh., von einigen dem Cremoneser Alberto Latomi zugeschrieben, zeigt eine Entwicklung der Gothik, wie sie bei ähnlichen Civilbauten in Cremona vorkömmt.

[1] Die Inschrift Vaframia, welche den ersten Bau dieses Thurmes dem Bischof Silvin, dem Pabste Stephan II. und dem Longobardenkönige „Aistulf" (754) vindicirt, hat keinen Werth.

Der Altaraufsatz im Stifte Klosterneuburg.

Ein Emailwerk des zwölften Jahrhunderts.

Von
Dr. G. Heider.

Nach den Aufnahmen des k. k. Conservators für Wien A. Camesina.

Taf. XXIII und XXIV.

———

Kunstmonumente, welche an der Grenzscheide zweier Richtungen stehend, einerseits aus überlieferten Anschauungen hervorgehen und in ihnen wurzeln, andererseits aber doch mit frischen Zügen die traditionellen Formen durchbrechen und beleben und daher ebenso sehr als Abschluss einer früheren wie auch als Anfang einer neu auftauchenden Kunstrichtung anzusehen sind, bieten sowohl dem Forscher, wie auch dem geübten Auge des Laien ein hohes Interesse, welches dann um so mehr in den Vordergrund tritt, wenn ein solches Kunstwerk einer Zeitperiode angehört, aus welcher nur wenige Ueberreste ihrer Kunstübung auf uns gekommen sind und auch seinem Inhalte nach uns die Anschauungsweise seiner Zeit in ihrer ganzen Tiefe eröffnet.

Ein solches Werk ist der sogenannte Verduner Altar, welcher ein höchst werthvolles Besitzthum des regulirten Chorherrnstiftes zu Klosterneuburg (V. U. W. W.) bildet, und dessen flüchtiger Beschreibung die nachfolgenden Zeilen gewidmet sind.

In seiner gegenwärtigen Anordnung bildet er den Altaraufsatz im alten Capitelhause, welches gegenwärtig zur Leopoldi-kapelle umgestaltet am östlichen Flügel des gothischen Kreuzganges sich befindet. Ein breiter Mitteltheil ist von zwei schmäleren Flügeln umgeben, welche, geschlossen, den ersteren völlig verdecken. Die beiden Flügel und der Mitteltheil umfassen drei Reihen von je 17 Tafeln, somit im Ganzen 51 Tafeln, von welchen jeder Flügel 12, der Mitteltheil 27 enthält. Die oberste und unterste Reihe enthalten solche Darstellungen aus dem alten Testamente, welche als Typen der in der mittleren Reihe angebrachten aus dem Leben Jesu angesehen werden können, und zwar sind die Darstellungen der ersten Reihe dem Zeitraume vor der Gesetzgebung Mosis: ANTE LEGEM, jene der untersten Reihe dem Zeitraume der Herrschaft dieser Gesetzgebung: SVB LEGE, entnommen, während die mittlere Bilderreihe die Zeit des Heils und der Gnade: SVB GRACIA vorführt, wie diess die längs der Seiten der Flügel und des Mitteltheils 6 mal angebrachten Inschriften bezeugen. Je drei Bilder übereinander bilden eine typologische Gruppe, deren im Ganzen fünfzehn sind, da die beiden letzten Reihen von sechs Bildern aus diesem typologischen Kreise heraustreten und in einer Gruppe für sich Darstellungen aus der Zukunft des Reiches Gottes enthalten.

Jeder Flügel, wie auch der Mitteltheil sind an den vier Seiten von einem ornamentalen Streifen umschlossen, welcher durch die Aneinanderreihung einzelner in farbigem Email ausgeführter blumenartig verzierter Stücke in wechselnder Weise gebildet ist. Im Ganzen sind es 63 solcher Stücke, welche 44 verschiedene Verzierungsweisen enthalten. Zwischen diesen Einfassungsstreifen und den eigentlichen Tafeln wie auch zwischen den drei Reihen der Darstellungen laufen noch Inschriftstreifen, von welchen die sechs vertikalen die früher angeführten Worte mit untereinander gestellten Buchstaben enthalten, die vier horizontalen Inschriftstreifen hingegen in fortlaufendem Zusammenhange über die geistige Bedeutung der Darstellungen, den Stifter des Werkes, den Künstler, der es schuf, und über die späteren mit diesem Werke vorgenommenen Abänderungen Rechenschaft geben.

Auch jede einzelne oben im Kleebogen geschlossene Tafel ist von einem Schriftstreifen rings umgeben welcher unterhalb der Darstellungen mit einigen Worten die Bezeichnung derselben, und weiterhin eine im leoninischen Versmasse gehaltene Deutung der Darstellung enthält. Eine weitere Umrahmung jeder einzelnen Tafel bildet an den beiden geraden Seiten ein oblonges Tafelchen mit einer in Email eingelassener Säule und bei dem Beginne der Krümmung ein einfach gehaltener Ornamentstreifen, welcher in jeder Reihe durchgehends gleich bleibt, so dass im Ganzen nur drei Motive derselben, und zwar eines in jeder Reihe, zum Vorschein kommen. In den durch die Form des Kleebogens nach oben zu sich bildenden Ausschnitten sind, und zwar in der obersten Reihe Halbfiguren von Engeln, in der mittleren von Propheten, grösstentheils mit beschriebenen Rollen, in der untersten, Halbfiguren verschiedener Tugenden angebracht.

Die Ausführung des ganzen Werkes bis auf seine Einzelheiten herab ist durchweg Email, grösstentheils noch gut erhalten und in der vollen Pracht seiner Ursprünglichkeit erglänzend.

Die Anordnung des Emails, auf allen Tafeln gleich, ist der Art, dass von dem blauen Grunde die aus dem Metall in ihren Umrissen stehen gelassenen Darstellungen sich abgrenzen. Letztere erhalten ihre Zeichnung durch rothe oder blaue bald mit breiteren bald mit feineren Linien eingelassene Emailstreifen. Nur die ornamentalen Streifen wie auch Einzelheiten innerhalb der Darstellungen, wie beispielsweise die Nimben, Wolken, Thronstühle u. s. w. sind in verschiedenen Farben dargestellt. Auf diese Weise hebt sich in bedeutungsvoller Weise die eigentliche Darstellung von dem Grunde ab und wirkt mit einer Ruhe und Harmonie auf den Beschauer, wie sie uns aus wenigen Kunstwerken entgegenwehen.

Ohne in weitere Einzelheiten einzugehen, wollen wir nur an den beiden aus dem ganzen Cyklus mit Taf. XXIII und XXIV vorgeführten, der mittleren Reihe entnommenen Darstellungen das System der Farbengebung vorführen.

Auf Taf. XXIII, welche die Geburt Christi darstellt, sind folgende Nebengegenstände in farbigem Email ausgeführt und zwar ist der Nimbus Mariens innen blau-weiss, aussen grün-gelb, der Nimbus des h. Josephs in umgekehrter Farbenreihe angeordnet; jener des Jesuskindes ist blau-weiss, die Wiege mit roth, grün und blau marmorirt, die Wolkenstreifen unterhalb des Engels sind lichtblau mit dunklen Spitzen, er selbst erscheint im lichtblauen Grunde mit graublauem und weissem Nimbus.

Auf der Darstellung des gekreuzigten Christus (Taf. XXIV) sind der Nimbus Christi innen grün-weiss aussen blau-weiss, jener Mariens innen grün-gelb, aussen blau-weiss, jener endlich des Johannes in umgekehrter Farbenreihe angeordnet. Das Buch, welches Maria in Händen hält, ist grün-weiss, der Mond zur Rechten des Kreutzes gold und weiss, das Kreutz Christi zur linken Hälfte grün-gelb, zur rechten Hälfte blau-weiss dargestellt, ebenso der Fuss des Kreutzes und der Fussschemel Christi. Die vier Aureolstreifen endlich, welche sich um einen blauen Kern mit weisser Umrahmung anschliessen, sind von aussen nach innen: gelb-grün, blauweiss, grün-gelb, grau-weiss. [1]

Nähere Auskunft über die Entstehungszeit dieses Werkes und seine weiteren Schicksale erhalten wir, wie bereits erwähnt, aus den letzten neun Versen der fortlaufenden horizontalen Inschrift, daher wir sie hier folgen lassen. Sie lauten:

ANNO MILLENO . CENTENO . SEPTUAGENO.
NEC . NON . UNDEGENO . GWERNHERUS . CORDE SERENO :.:
SEXTUS PREPOSITUS . TIBI . VIRGO . MARIA . DICAVIT.
QUOD . NIKOLAUS . OPUS VIRDUNENSIS . FABRICAVIT .:'
CHRISTO . MILLENO . TRECENTENO . VIGENONO.
PREPOSITUS . STEPHANUS . DE SYRENDORF . GENERATUS.
HOC . OPUS . AURATUM . TULIT . HUC . TABULIS . RENOVATUM.
: AB . CRUCIS . ALTARI . DE STRUCTURA . TABULARI ::
QUE . PRIUS . ANNEXA . FUIT . AMBONIQUE . REFLEXA.

[1] Von diesen farbigen Einzelheiten wurde der leichteren Darstellbarkeit wegen bei den beiden typographischen Farbendrücken Umgang genommen, was um so eher geschehen konnte als es vorzugsweise darum zu thun war, den Lesern ein Bild der grossartigen Composition dieser Tafeln vorzuführen.

J. Leonhart del.

Tiegraphische Kunstanstalt von Ferd. L. Poll und Kunstanstalten in Zürich.

Aus den vier ersten Versen dieser Inschrift erfahren wir zuvörderst, dass dieses Emailwerk im Jahre 1181 von dem sechsten Probste von Klosterneuburg Wernher, welcher dem Stifte vom J. 1167—1186 vorstand, zu Ehren der Jungfrau Maria geweiht und von einem Emailkünstler aus Verdun, Namens Nicolaus angefertigt wurde.

Die fünf weiteren Verse, welche schon durch ihren Schriftcharakter eine spätere Zeit erkennen lassen, melden uns, dass Probst Stephan von Sierndorf, (1317—1335 Stiftsvorstand), welcher für das Gedeihen der ihm anvertrauten altehrwürdigen Stiftung so eifrig beflissen war, dass seine Zeitgenossen von ihm rühmten: „Er was wol der nächst stifter nach dem marggrafen"[1], dieses Werk des Probsten Wernher nach dessen Erneuerung mit einigen Tafeln (tabulis renovatum) von dem Kreutz-Altare aus dem Tafelwerke (de structura tabulari), welches früher zur Verkleidung eines Ambo diente, wegnehmen und an den Ort seiner neuen Bestimmung übertragen liess.

Worin die erwähnte Erneuerung dieses Altares durch Probt Stephan bestand, lehrt eine aufmerksame Betrachtung des Altares in seiner gegenwärtigen Anordnung. Die Tafelgruppen VIII und X nämlich, (XXII—XXIV und XXVIII—XXX) stehen sowohl in Bezug ihres künstlerischen Werthes, wie auch der technischen Ausführung so weit hinter den übrigen, welche ihnen zum Vorbilde dienen, zurück, dass es kaum einem Zweifel unterliegen kann, dass sie das Werk einer späteren, in der Kunstübung des Emails wie auch in der geistigen Conception bereits zurückgeschrittenen Zeit seien. Die Erweiterung des Altarwerkes durch Hinzufügung dieser sechs Tafeln machte auch die Erneuerung von ornamentalen Streifen nothwendig, und auch diese lässt sich im Einzelnen nachweisen; endlich war es diese Erneuerung, welche auch der vom Probste Stephan angebrachten Inschrift (den fünf letzten Versen) Platz machte. [1]

Man hat aus dieser Inschrift auch den Nachweis zu führen versucht, dass die Tafeln des gegenwärtigen Altaraufsatzes ursprünglich zur Bekleidung des Altarsteines mögen gedient haben[2]; dies ergiebt sich jedoch aus dem Wortlaute derselben nicht. Es ist überhaupt eine missliche Sache, aus derlei Versen, welche zur Herstellung des Gleichklanges nicht selten den Worten einen argen Zwang anthun, und eben dadurch in der Ausdrucksweise beschränkt sind, zur Grundlage einer stricten Beweisführung zu nehmen. Gehen wir aber trotzdem darauf ein, so ergibt sich nur, dass die fragliche structura tabulari (das Tafelwerk) ursprünglich zur Verkleidung eines Ambo gedient habe und von da eben als structura tabularis zum Kreutzaltare gekommen sei. Ob wir aber darunter eine eigentliche Altarverkleidung (antipendium, vestes altaris, frontalia) oder einen blossen Altaraufsatz (Super-frontale, retabulum) zu verstehen haben, lässt sich keineswegs mit Bestimmtheit entscheiden, und nur der Kunstgebrauch jener Zeit, welcher unser Emailwerk entstammt, tritt der Vermuthung, dass es in Form eines Antipendiums in Anwendung gebracht gewesen sei, bestärkend bei.

Wir haben diese Frage übrigens nur berührt, weil sie bereits angeregt war, legen ihr jedoch keine weitere Wichtigkeit bei, da sie auf die eigentliche Bedeutung, den innern Kunstwerth unseres Werkes nicht den geringsten Einfluss übt. In dieser Beziehung haben bereits die kompetentesten Stimmen das Urtheil festgestellt. Förster erklärt dasselbe ohne Rückhalt für das bedeutendste Denkmal der Malerkunst aus der Periode des Romanismus. [3] Auch Kugler legt demselben in künstlerischem Belang eine Bedeutung bei,

---

[1] Nähere Angaben über die Wirksamkeit dieses Probsten, insbesondere auf dem Gebiete der Kunst enthält der Aufsatz Camesina's im II. Bande des Jahrbuches der k. k. Centralkommission (H. 146 f.) über die ältesten Glasgemälde im Stifte Klosterneuburg.

[2] Aus der Zeit dieser Erneuerung, zu welcher ein im J. 1322 im Kloster ausgefundener Brand Veranlassung bot, stammen auch die an der Rückseite des Altars auf Holz angebrachten vier Tempragemälde, welche zunächst zu den bedeutendsten Erzeugnissen der Malerkunst des XIV Jahrhunderts beigezählt werden müssen und jedenfalls eine grössere Sorgfalt verdienen, als ihnen dermalen zu Theil wird. Eine Beschreibung dieser Gemälde von dem Stiftsgliede Stey bei Arneth: Niello Antipendium S. 5. Anmerkung. Welcher Werth dem Verduner-Altar schon frühe beigelegt wurde, ersieht man daraus, dass zur Zeit des Brandes der Tafeln dieselben zur Rettung mit Wein begossen wurden; dass sie trotzdem Schaden litten, sieht man nur der Stelle der kleinen Höchsttechnik, welche vom Probste Stephan erneuert: „Er schmolt, dass man die schon taff gehu waren fürt vnder die güldenhait, die erneuerten si wider mit golde" (Fierber: Schicksale des Stiftes Klosterneuburg. Wien 1815. I. S. 150.)

[3] Arneth: das Niello Antipendium zu Kloster-Neuburg. Wien 1444. Dass wir es bei diesem Werke nicht mit Niello zu thun haben, unterliegt nicht dem geringsten Zweifel; ob es ein Antipendium gewesen sei, lässt sich nicht beweisen, wir müssen daher von dieser Beschreibung: Niello-Antipendium abgehen, und haben uns bloss an die dermalige Anordnung gehalten.

[4] Vergl. hierüber Laib und Schwarz, Studien über die Geschichte des Thrstl. Altares. Stuttg. 1857. 8. 16. 25 und 33.

[5] Geschichte der deutschen Kunst. I Theil. Leipz. 1851. 8. 106—110.

wie sie vielleicht kein zweiter hat. [1] Nach seiner Ansicht bildet die konventionelle Richtung des 12. Jahrhunderts auch die entschiedene Grundlage seiner stylistischen Behandlung; aber von solcher Grundlage aus entwickeln sich die Darstellungen zu einem energisch bewegten Leben, das, bei manchem auffalligen Ungeschick, bei manchem sehr Uebertriebenen die beredteste dramatische Aussprache des Moments zur Erscheinung bringt; sie gestalten sich bei einzelnen, namentlich weiblichen Gestalten [1] zu den durchgebildeten Grundzügen eines klassisch geläuterten Adels, der mit Empfindung auf die Muster der Antike zurückgeht und in staunenswürdiger Meisterschaft vorweg nimmt, was etwa erst um ein halbes Jahrhundert später, besonders in den sächsischen und toskanischen Bildhauerschulen, zur umfassenderen Ausbildung gelangen sollte. [1]

Der Meister dieses Werkes, welcher seinem Namen einen dauernden Platz in der deutschen Kunstgeschichte gesichert hat, Nicolaus von Verdun, hat mit jenen Emailkünstlern, welche Abt Suger einige Jahrzehnte früher nach St. Denis berufen hatte, eine gleiche Heimath und sein Werk liefert einen wichtigen Beleg für die Blüthe der Emailkunst in Deutschland im Laufe des XII. Jahrhunderts und für die erst neuerlich nachgewiesene Priorität dieses Kunstzweiges daselbst der späteren französischen Schule zu Limoges gegenüber. [1]

Indem wir schliesslich noch auf die Tiefe des geistigen Zusammenhanges in den zu je einer Gruppe vereinten Darstellungen hinweisen, durch welche die in den Schriften der Kirchenväter von den frühesten Zeiten an vielfach angeregten Typologien ihren entsprechenden künstlerischen Ausdruck gefunden haben, [1] gehen wir nunmehr an die Beschreibung der einzelnen Gruppen über.

I. Gruppe. (I—III.)

A. ANNUNCIATIO . YSAAC.
HUIC . SOBOLIS . MUNUS . PROMITTIT . TRINUS . ET . UNUS.

Abraham tritt aus der Thüre eines Hauses, welches im linken Vordergrunde sichtbar ist, in demüthig vorgebeugter Stellung, die Hände zum Beten erhoben, einer Gruppe von drei geflügelten Engel-gestalten entgegen, deren vorderster in rasch zuschreitender Stellung ein Spruchband hält, worauf die Worte stehen: TRES . VIDIT . ET . UNUM . ADORAVIT. Zwischen Abraham und der Engelsgruppe ist ein kleines Bäumchen sichtbar. (Genesis XVIII, v. 2—5.)

B. ANNUNCIATIO . DOMINI.
† EX . TE . NASCETUR . QUO . LAPSUS . HOMO . REDIMETUR.

Maria in stehender Stellung, die Hände erhoben, erhält die himmlische Botschaft der Verkündigung durch einen geflügelten Engel, welcher den rechten Arm gegen Maria ausstreckt. Aus dem Zeigefinger gehen zwei Strahlen zum rechten Ohre der h. Jungfrau; die linke von dem Mantel umhüllte Hand hält ein kurzes Spruchband mit den Worten des englischen Grusses: AVE MARIA. Hinter der Gestalt Mariens sieht man einen einfachen Thronstuhl, auf dessen Fussbrette sie steht, der Engel wandelt auf blosser Erde, und seinen Tritten entsprossen zarte Pflanzen. Zwischen beiden Gestalten steht ein Pult, dessen Fuss sich thurmartig in drei Etagen mit Fenstern aufbaut. Auf dem Pulte liegt ein geöffnetes Buch. (Lucas I. 28—38.)

[1] Deutsches Kunstblatt 1856. Märzheft. S. 73.

[1] Wir verweisen in dieser Beziehung auf die liegende Gestalt Mariens auf Taf. XXIII und die trauernde Gestalt Mariens bei dem Kreuze Christi auf Taf. XXIV, welche beide zu den lieblichsten und schönsten Schöpfungen der gesammten christlichen Kunst gerechnet werden müssen.

[1] Kugler a. a. O. S. 79.

[1] Vergl. Heider: der Reliquienschrein im Schatze der Veitsdomes zu Prag. S. 34—46 dieses Werkes.

[1] Förster (Kunstgeschichte I. 169) ist völlig im Irrthume, wenn er meint, die Combination der alt- und neutestamentlichen Begebenheiten sei hier nach einem algemeinen und selbst vor Willkühr nicht zurückschreckenden Systeme vollzogen. Ein Umblick auf gleichzeitige typologische Werke giebt den Beweis, dass im Sinne der Zeit diese Typen ihren festen, unwandelbaren Ausdruck hatten, und keineswegs mit Willkühr, sondern mit strenger Beachtung der ihnen von der Kirche beigelegten Bedeutung zur Anwendung kamen. Vergleiche darüber meinen Aufsatz über Emails im Schatze des St. Stephansdomes zu Wien im Januarhefte der Mittheilungen der k. k. Centralkommission. Jahrg. 1858. S. 9 u. ff.

C. ANUNCIATIO SAMSON.

HOSTIBUS . IN MOLEM . GENERABIS . FEMINA . PROLEM.

Der Engel des Herrn, den rechten Flügel erhoben, den linken gesenkt, streckt die rechte Hand gegen Manoah's Weib, und hält in der linken Hand einen Lilienstengel. Das Weib in einer etwas gegen den Engel zu geneigten Stellung empfängt, wie es scheint, mit einigem Schrecken die Botschaft der Geburt eines Sohnes, der bis in seinen Tod ein Verlobter Gottes sein soll. (Jud. XIII. 3—5.)

II. Gruppe. (IV—VI.)
A. NATIVITAS . YSAAC.

HEREDEM . SERUM . LACTAT . SARA . PLENA . DIERUM.

In einer offenen Halle, welche von vier im Rundbogen verbundenen schlanken Säulchen mit Pflanzenkapitälen getragen wird, deren Bedachung über den Säulchen kleine thurmartige Aufbauten und über der Mitte eine Kuppel zeigt, erblickt man eine Gruppe von drei Figuren und zwar rechts Sara in liegender Stellung, welche dem neugebornen Isaac, welcher auf ihrem Schoose sitzt, die Brust reicht, und links auf einem Stuhle sitzend Abraham, die Hände gleichsam in aufgeregter Stimmung ausstreckend. Im Mittelgrunde erscheint eine weibliche Gestalt, welche mit einem Tuche in beiden Händen gegen das nackte Kind sich hinbewegt. Eine Lampe hängt von der Decke der Halle und ein Schriftstreifen über den Häuptern der beiden weiblichen Figuren trägt die Aufschrift: NATIVITAS . ISAAC. (Genes. XXI v. 1—3.)

B. NATIVITAS . DOMINI.

NASCITUR . ABSQUE . PATRE . DEUS . INFANS . VIRGINE . MATRE.

Die Jungfrau Maria liegt, auf den rechten Arm sich stützend, den Leib von einem faltenreichen Tuche umschlossen, auf einem Ruhelager. Links im Vordergrunde, hinter ihrem Kopfe wallt ein Vorhang herab. Rechts, etwa im Hintergrunde sitzt auf einem reich verzierten Stuhle der h. Joseph, mit der linken Hand auf einen Krückenstock sich aufstützend, das zur Seite geneigte Haupt, dessen Antlitz einen sinnenden Ausdruck zeigt, auf den rechten Arm gelehnt. Zwischen beiden liegt in einer von sechs Säulchen getragenen reich verzierten Wiege das Jesuskind, das Haupt mit dem Kreuznimbus geschmückt, den Leib umwickelt. In die Wiege hinein schauen die Köpfe des Ochsen und Esel. In dem obersten Halbrunde dieser Tafel zeigt sich die Halbfigur eines Engels mit ausgebreiteten Flügeln und zum Anbeten erhobenen Händen, unterhalb desselben ein Schriftstreifen mit den Worten: GLORIA . IN . EXCELSIS . DEO. (Matth. II. 1. Lucas II. 7. 16.)

C. NATIVITAS . SAMSON.

HIC . PUER . HEBREIS . FIT . PARMA . RUINA . GETHEIS.

In einem von Säulen getragenen Hause, dessen Giebel und Decke mit einem thurmartigen Aufbaue dem Beschauer sichtbar werden, empfängt Manoah's Weib, auf einem Lager aufgerichtet liegend, den neugebornen Samson aus den Händen der Warterin; rechts sitzt Manoah, das Haupt mit dem späten Judenhute bedeckt. Er wendet sein Antlitz der weiblichen Gruppe zu, hält in der linken Hand einen Stab und erhebt die rechte gleichsam zum Segnen. (Jud. XIII. 24.)

III. Gruppe. (VII—IX.)
A. CIRCUMCISIO . YSAAC.

FLET . CIRCUMCISUS YSAAC . TUUS . O SARA . RISUS.

In der Mitte des Bildes steht vor dem Opferaltare ein jüdischer Priester, in der rechten Hand ein Messer, im linken Arme das nackte Kind haltend, welches seine Arme nach der rechts stehenden Mutter, welche die Hände erhoben hat, ausstreckt. Links steht Abraham und legt seine linke Hand auf die Schulter des Priesters, welcher nach ihm zurücksschaut. (Genes. XXI. 4.)

B. CIRCUMCISIO . CHRISTI.

NOSTRA . TULIT . CHRISTI . CARO . VULNERA . VULNERE . TRISTI.

Maria links unter einer von zwei Säulen getragenen Halle auf einem Stuhle sitzend hält das Christkind im Arme, dessen Oberleib nackt, hingegen die unteren Körpertheile von einem Tuche umhüllt sind. Rechts naht sich der die Beschneidung vornehmende Priester mit dem Messer in der rechten Hand, von ihm wendet sich, scheu und furchtsam das Kind ab. (Luc. II. 21. 39.)

C. CIRCUMCISIO . SAMSON.
MISTICAT . IN DONIS . IS NOTAT . ISTUM . JUSSIO . LEGIS.

Ein Mann in niedergebeugter Stellung nimmt die Beschneidung an dem nackten Samson vor, welcher im Schoosse seiner auf einem Stuhle sitzenden Mutter liegt. Im Hintergrunde sieht mit erhobener Linken, während die Rechte auf einen Krückenstock sich stützt, Manoah, das Haupt mit dem Spitzhute bedeckt, der Handlung zu, welche im Innern einer von Säulchen getragenen Halle vor sich geht.

IV. Gruppe. (X – XII.)
A. ABRAHAM . MELCHISEDECH.
VICTOR . ABRAM . REGUM . DECIMAVIT . SINGULA . RERUM.

Der hohe Priester Melchisedech, das Haupt mit einer Krone geschmückt, empfängt über der Opferstätte aus den Händen Abrahams, welcher ganz in einen Schuppenpanzer gekleidet und mit einem Schwerte gegürtet ist, ein offenes Gefäss mit Opfergaben. Ein gleiches Gefäss hält ein Gefährte Abrahams, welcher gleich ihm gerüstet ist, und mit der linken Hand eine wehende Fahne erhebt. Ein gleichfalls gewaffneter Diener im Hintergrunde bringt ein drittes, jedoch noch verschlossenes Gefäss herbei. Zwischen Melchisedech und Abraham sieht man zwei Schaafe, einen Bock, eine Ziege und einen Ochsen, als Opferthiere; Abraham weist mit der linken Hand auf dieselben hinab. (Genes. XIV. v. 17 – 20.)

B. TRES . MAGI . CUM . DONIS.
MISTICA . DONA . DEO . DANT . REGES . TRES . TRIA . VERO.

Maria sitzt unter einer Säulenhalle, die rechte Hand erhoben, mit der linken das auf ihrem Schoosse sitzende Christuskind haltend, welches mit der rechten segnet. Links erscheinen die Gestalten der h. drei Könige, von welchen der vorderste in knieender Stellung, die Krone auf das linke Knie gelegt, mit beiden Händen ein halb geöffnetes Gefäss dem Christuskinde darreicht, der zweite, noch stehend, eben im Begriffe ist, die Krone von dem Haupte abzuheben, und der dritte jugendliche, unbärtige, mit der Krone auf dem Haupte, die rechte Hand nach dem bei dem Giebel der Halle sichtbaren Sterne erhebt. (Matth. II. 11.)

C. REGINA . SABA.
VULNERE . DIGNARE REGINA FIDEM . SALEMONIS.

Die Königin von Saba, das Haupt mit einer Krone geschmückt, deutet mit der rechten Hand auf König Salomon, während die linke auf der Schulter des knieenden Dieners liegt, welcher ein offenes Kästchen mit Geschenken hält. Hinter ihr erscheint ein zweiter aufrecht stehender Diener, welcher ein gleiches Kästchen in Händen hält. Salomon, die Krone auf dem Haupte, sitzt auf einem reich verzierten Thronstuhle, die rechte Hand auf die Brust gelegt, in der linken den Lilien-scepter haltend. (Reg. Lib. I. X. 10.)

V. Gruppe (XIII – XV.)
A. EX . EGYPTO ISRAELEM . EDUCIT . DOMINUS.
1. UNDA . RUBENS . MUNDA . BAPTISMI . MISTICAT . UNDA.

Moses, mit der rechten Hand auf einen hohen, mit einer Blume bekrönten Stab sich stützend, mit der linken nach aufwärts deutend, wendet sich nach der ihm folgenden Gruppe Israeliten zurück. Diese besteht aus drei Personen, zuförderst einer männlichen, welche ein nacktes Kind im linken Arme hält, während sie mit der rechten den Fuss eines anderen Kindes fasst, welches auf ihrem Nacken reitet und mit beiden Armen das Haupt derselben umspannt; hierauf folgt eine weibliche Gestalt, welche ebenfalls ein nacktes Kind auf den Schultern trägt und mit der linken Hand ein zweites gehendes Kind nach sich zieht, im Hintergrunde erscheint eine dritte Gestalt, einen Sack auf den Schultern, auf welchem ein Hund sitzt. Ueber Moses leuchtet die strahlende Sonne; dem Zuge der Israeliten folgt die Wolkensäule, ihre stete Begleiterin bei Tag und Nacht. (Exod. XIII. 21.)

B. BAPTISMUS . CHRISTI.

FIT . VIA . DILUTIS . CHRISTI . BAPTISMA . SALUTIS.

Christus, bis an die Hüften in den Fluthen des Jordan stehend, welche durch wellenförmige Linien angezeigt sind, wird von Johannes durch das Ausgiessen eines Wassergefässes über sein Haupt getauft. Hinter Johannes steht eine jugendliche nimbirte Gestalt, welche das Gewand Christi im Arme hält. Oberhalb schwebt aus Wolken eine Taube herab. (Math. III. 16. 17. — Marc. I. 10. 11. — Luc. III. 22. — Joann. I. 32.)

C. MARE . SUPER BOVES XII.

FORMA . FUIT . SACRI . MARIS . UMBRA . BOUMQUE . LAVACRI.

Im Mittelgrunde sieht man das eherne Meeresbecken Salomons durch eine Reihe von vier concentrischen Kreisen, innerhalb der beiden innersten, welche breiter sind, durch wellenförmige Linien die Meeresfluthen angedeutet. Das Becken ruht auf zwölf Ochsen, wovon je drei immer nach einer der vier Weltgegenden gewendet sind. (Reg. Lib. III. c. VII. 23—25 u. 44.)

VI. Gruppe (XVI—XVIII.)
A. MOYSES . IT . IN EGYPTUM.

IT. (UT) REDIMAT . GENTEM . DUX . SUB PHARAONE . GEMENTEM.

Moses, das Haupt mit dem Spitzhute bedeckt, in der rechten Hand einen Knotenstock, mit der linken ein Kind haltend, reitet auf einem Esel und wendet sich nach seinem ihm nachschreitenden Weibe, welches ein kleines Kind an der Brust trägt. Im Mittelgrunde, wie auch zur linken Seite erblickt man je einen Baumstamm mit Auszweigungen und Blätterkronen.

B. DIES . PALMARUM.

TURBA . DEO . PLAUDIT . QUI . QUOS . VULT . SALVAT . ET . AUDIT.

Christus, die rechte Hand segnend erhoben, in der linken Hand ein Spruchband mit den Worten: DICITE FILIE SYON reitet auf einer Eselin, deren Füllen nebenher mitläuft. Hinter Christus erscheint eine männliche nimbirte Gestalt mit einem Buche (der Evangelist Mathäus). Rechts sieht man zwei Gestalten, welche ihre Mäntel auf dem Weg ausbreiten. Von dem Palmenbaume, welcher gleichfalls rechts sich erhebt, brechen ein bejahrter Mann und ein Knabe, welche in den Aesten sitzen, einzelne Zweige ab und reichen sie Christus herab. (Math. XXI. 8. — Marc. XI. 8. — Lucas XIX. 36.)

C. AGNUS . PASCALIS.

CHRISTI . MACTANDUS . IN . FORMAM . CLAUDITUR . AGNUS.

Der Vorschrift des Herrn entsprechend, dass am zehnten Tage des Monates ein Jeglicher ein Lamm für sein Gesinde und sein Haus nehmen solle, sehen wir links die Gestalt eines Juden, der mit der rechten Hand auf den in Wolken schwebenden Halbmond, gleichsam um nach ihm die Zeit zu bemessen, hinweiset und mit der linken Hand ein Lamm an die offene Thüre eines Hauses zu drängen sucht, welches in perspektivischer Darstellung die Vorderseite und eine Langseite dem Beschauer zuwendet. (Exod. XII. 3—6.)

VII. Gruppe (XIX—XXI)
A. REX . MELCHISEDECH.

VINUM . CUM . PANE . PRESUL . SACER . INTULIT . ARE.

König Melchisedech, vor dem Altare stehend, vor welchem zwei Leuchter sichtbar sind, erhebt mit der rechten Hand ein Gefäss in der Form eines romanischen Kelches, in der linken Hand hält er das Brod in Gestalt einer Hostie; sein Antlitz sieht aufwärts nach der aus Wolken herabragenden segnenden Hand Gottes. (Gen. XIV. 18.)

B. CENA . DOMINI.

BINA . CHRISTUS . SUB . SPECIE . MANIBUS . FRET . (FERT) ECCE . SUIS . SE.

Christus mit sieben Jüngern steht vor einer runden, mit einem Tuche bedeckten Tafel, auf welcher getheilte Brode, Fische und zwei Gefässe sich befinden, von welchen eines kelchartig gebildet ist. Mit der linken Hand reicht Christus dem im Vordergrunde knieenden Judas, welcher mit der linken Hand einen Fisch, gleichsam verstohlener Weise hinter seinem Rücken hält, während die rechte nach dem kelchartigen Gefässe sich streckt, den Bissen in den Mund. Mit der rechten Hand übergibt Christus den Kelch mit Wein einer neben ihm stehenden Apostelgestalt. Eine jugendliche Gestalt (Johannes) hat sein Haupt vor der Brust Christi schlafend auf seine Hände gestützt.

C. MANA . IN URNA AUREA.

MAN . NOTAS . OBSCURA . CLAUSUM . TE . CHRISTE . FIGURA.

Aaron steht vor einer geöffneten reich verzierten Kiste, im Begriffe, ein mit Manna gefülltes Henkelgefäss nach dem Auftrage Moses in dasselbe zu stellen. Hinter dem Gefässe erscheint Aarons blühender Stab mit zwölf Blüthenkronen. (Exod. XVI. 33. 34.)

VIII. Gruppe. (XXII - XXIV.)

A. OCCISIO . ABEL.

VIPEREO . MORE . CAIN . ABEL . PERIMIT . ORE †

Bei einem Baume, welcher in der Mitte steht, führt Cain mit hoch geschwungenem Spaten den tödtlichen Schlag auf Abel, welcher in zusammengebogener, mit den Händen abwehrender Stellung steht und dessen Gesicht bereits mit Blut genetzt ist. (Genes. IV. 8.)

B. JUDAS . OSCULATUR.

DOMINUM OSCULO . TE . CHRISTE . TRADIT . TRADITOR . ISTE.

Judas küsst den in der Mitte stehenden Christus, welcher in der rechten Hand ein Buch hält und die linke erhebt. Umgeben ist diese Scene von gepanzerten Kriegsknechten, von welchen einer den Mantel des Herrn ergreift, ein anderer das Schwert zieht, ein dritter über dem Haupte Christi die Faust zum Schlage erhebt und höhnend nach ihm die Zunge streckt. Den Hintergrund bilden noch einige Kriegsleute mit geschwungenen Waffen und Fackeln.

D. OCCISIO . ABNER.

ALLOQUITUR . BLANDE . JOAB . HUNC . PERIMITOR . NEFANDE.

Die Mitte des Bildes nehmen die Gestalten von Joab und Abner ein. Ersterer zieht den letzteren, indem er den linken Arm um dessen Hals geschlungen hat, an sich und durchbohrt ihm die Eingeweide mit dem Schwerte derart, dass die Spitze rückwärts sichtbar wird. Links und rechts hievon steht je ein Krieger, einer das entblösste Schwert in der rechten, die linke, gleichsam bedauernd auf die Brust gelegt, der andere auf das Schwert sich stützend, und erstaunt aufschauend. (Reg. Lib. II. c. III. 27.)

IX. Gruppe (XXV-XXVII.)

A. OBLATIO . YSAAC.

VICTIMET . UT . CARAM . PROLEM . PATER . APTAT . AD . ARAM.

Abraham, vor dem Altare stehend, auf welchem Isaac, die Hände und Füsse zusammengebunden, liegt, fasst denselben bei den Haaren und schwingt das Schwert zum Opferschlage, während ein oberhalb in Halbfigur erscheinender Engel durch Erfassen des Schwertes dem Schlage vorbeugt. Das Antlitz Abrahams ist der Erscheinung des Engels zugewendet. Zur Seite springt ein Böcklein an einem Baume auf und benagt die frischen Sprösslinge. (Genes. XXII. 12.)

B. † PASSIO . DOMINI. †

VICTIMA . MACTATUR . QUA . NOSTRA . RUINA . LEVATUR.

Christus, am Kreuze hängend, das Haupt zur Seite geneigt, in zusammengesunkener Stellung, die Füsse auf einen Schemel (suppedaneum) aufgestellt, Hände und Füsse mit vier Nägeln an das Kreuz geschlagen; aus den Wunden ersterer, wie auch der Wunde der linken Seite träufelt Blut. Ueber dem Kreuze erblickt man Sonne und Mond, hinter dem Kreutze ist die Aureole durch farbige gerade Streifen angedeutet. Auf der am Kopfende des Kreutzes sichtbaren Tafel liest man die Aufschrift: IHESVS . NAZARENVS.

Zur rechten Seite des Kreutzes steht die Jungfrau Maria in trauernder Stellung, ein Buch in Händen haltend, links der Evangelist Johannes, das thränende Antlitz zum Theile mit dem Mantel verhüllend.

C. BOTRUS . IN . VECTE.
VECTE . CRUCIS . LIGNUM . BOTRO . CHRISTI . LEGE . SIGNUM.

Zwei Männer in rasch zuschreitender Stellung, die rechte Hand auf einen hohen Krückenstock gestützt, tragen auf ihrer Schulter eine Stange, auf welcher eine Traube hängt, die an ihrem darüber hinausragenden Stängel Ranken und Blätter zeigt. Der vordere jugendlich gestaltete Träger hat sein Antlitz nach rückwärts gewendet, der zweite hat das Ansehen eines älteren Mannes und sieht gerade aus. (Numer. XIII. 24.)

X. Gruppe. (XXVIII--XXX.)
A. EVA TVLIT . DE . FRUCTV.
† INNVIT . HOC . FACTUM . CHRISTUM . DE . STIPITE . TRACTUM.

Zur linken Seite des in der Mitte befindlichen reich mit Früchten geschmückten Baumes steht Eva und reicht mit der rechten Hand Adam eine Frucht des Baumes. Letzterer, zur rechten Seite des Baumes stehend, hält in der linken Hand eine, wie es scheint, bereits angebissene Frucht. Beide bedecken ihre Blössen mit einem Blätterbündel. Sowohl hinter der Gestalt Adam's als Eva's steht ein kleineres Bäumchen. Um den Sündenbaum ringelt sich die Schlange, welche mit weiblichem gekrönten Haupte zur Eva sich herabneigt. (Genes. III. 6.)

B. DEPOSICIO CHRISTI ::
† IIII . CORPUS . DUCIS . TOLLUNT . AB ARBORE . CRUCIS.

Christi Leichnam ruht in dem Schoosse zweier Frauen, von welchen die h. Maria das mit dem rechten Arme umschlungene Haupt, die zweite beide Hände Christi hält; die dritte zu Füssen des Leichnams knieende Frau hält die Füsse in ihrem Schoosse und trocknet sich mit dem Mantel die Thränen. Hinter ihr steht der Evangelist Johannes, die Scene trauernd betrachtend, mit einem Buche in den Händen. Im Hintergrunde ist das leere Kreuz mit der Aufschriftstafel J. N. R. J. angebracht.

C. DEPOSICIO . REGIS . JERICHO.
† SECUNDUM . LEGEM . DEPONIT . VESPERE . REGEM.

Rechts sieht man einen Galgen und auf demselben reitend eine Gestalt, welche so eben den Strick, mit welchem der König von Hai an demselben geknüpft war, abschneidet. Der Leichnam des letzteren mit der Krone auf dem Haupte, dem Oberleib mit der Tunika bekleidet, die Füsse nackt, wird von zwei Knechten gehalten. Links erscheint Josua, gepanzert zu Pferde, mit der linken Hand die Zügel haltend, mit der rechten auf den Leichnam des Königs deutend. Hinter ihm die bewaffnete Gestalt eines zweiten Reiters mit gezogenem Schwerte. (Josua VIII. 29. 30.)

XI. Gruppe. (XXXI - XXXIII.)
A. JOSEPH . IN LACU.
HUNC . INTRARE . LACUM . FERITAS . FAC(I)T . EMULA . FRATRUM.

Joseph, ganz nackt, wird kopfüber von dreien seiner Brüder in den offenen achtseitigen Brunnen geworfen. Im Hintergrunde stehen zwei Bäume. (Genes. XXXVII. 24.)

B. SEPULCRUM DOMINI.
TERRE . VITA . DATUR . CUI . TERRA . POLUS . FAMULATUR.

Zwei Männer, von welchen einer den Obertheil, der andere das Fussende des in ein Leinentuch gehüllten Leichnames Christi halten, sind im Begriffe, denselben in das offene, sarghähnliche Grab hinabzusenken. Rechts im Hintergrunde steht die Jungfrau Maria, trauernd das Gesicht mit der rechten Hand bedeckend. Hinterhalb sieht man den Grabdeckel und ein kleines Bäumchen.

C . JONAS . IN VENTRE . CETI .

QUEM . CAPIT . VNDA . FRETI . CONCLUDUNT . VISCERA . CETI .

Von einem mit einem Segel ausgerüsteten Schiffe, an dessen Ende je eine Gestalt angestrengt rudert, wird von einer dritten Gestalt der nackte Jonas in den Rachen des aus den Wellen auftauchenden Wallfisches kopfüber gestürzt. (Jonas II. 1.)

XII. Gruppe. (XXXIV—XXXVI.)

A. PERCUSSIO . EGYPTI.

SANGUINE . PLEBS . POSTES . MUNIT . NECAT . ANGELUS . HOSTES

An den Giebel eines Hauses, welches in der Mitte steht, schreibt eine männliche Gestalt den Buchstaben T. Unterhalb wird in der offenen Thüre das frisch geschlachtete Lamm sichtbar, aus dessen Halswunde das Blut in ein kelchartiges Gefäss überfliesst. Rechts erblickt man die geflügelte Gestalt eines Engels, im Begriffe, der unter seinem linken Fusse zusammengebeugten Gestalt, deren Haupt bekrönt ist, den Kopf vom Rumpfe zu hauen, mit der linken Hand fasst er ein Mauerstück, um es zum Sturze zu bringen. Sinkende Steine und Säulen bezeichnen das begonnene Zerstörungswerk. (Exod. XII. 13 u. 23.)

B. DESTRUCTIO . INFERNI . JUS . DOMUIT . MORTIS . TUA . CHRISTE . POTENCIA . FORTIS.

Christus, mit den Füssen über die geknebelte Gestalt eines Teufels schreitend, fasst mit der rechten Hand die linke Hand Eva's und legt die linke Hand, welche den Kreuzesstab hält, auf die Schulter Adam's, welcher beide Hände flehend emporhält. Beide sind im Begriffe, aus der Vorhölle, deren schwer beschlagene Pforten geöffnet sind, hervorzuschreiten. Aus dem Innern brechen Flammen hervor. (1. Corinth. XV. 54. 56.)

C. SAMSON . CUM . LEONE.

† VIR . GERIT . ISTE . TUAM . LEO . MORTIS . CHRISTE . FIGURAM.

Samson, mit langen fliegenden Haaren, fasst mit beiden Händen den Rachen des gegen ihn aufspringenden Löwen. (Jud. XIV. 6.)

XIII. Gruppe. (XXXVII—XXXIX.)

A. BENEDICTIONES . JACOB.

NOS . REDIMENS . AGNUS . EX JUDA . FIT . LEO . MAGNUS.

Jakob, auf einem Stuhle sitzend, die Füsse auf einem Schemel aufgestellt, hält in der linken Hand ein Spruchband mit den Worten: QUIS . SUSCITABIT . EUM. und berührt mit dem in der rechten Hand befindlichen Stabe die zwei Löwen, die zu seinen Füssen schlummern. Im Hintergrunde erscheinen zwei jugendliche Gestalten, von welchen die erste gegen das Schriftband hinweiset, die andere den Zeigefinger erhebt. (Genes. XLIX. 9.)

B. AGNUS PASCALIS.

VITAM . DAT . TENTO . TRIDUO . PATER . IN MONUMENTO.

Christus steigt mit ausgebreiteten Händen aus dem offenen Grabe empor, neben ihm steht der Kreuzesstab. Im Vordergrunde sieht man drei gepanzerte Kriegergestalten, von welchen zwei in zusammengebeugter Stellung schlafen, der dritte, erwachend, aber noch ausgestreckt liegend, verwundert emporschaut.

C. SAMSON FERT . PORTAS.

VIRIBUS . EXTORTAS . FERT . MONTIS . AD . ARDUA . PORTAS.

Samson, die beiden Thürpforten von Gaza auf den Schultern, schreitet rüstig einen Berg empor, der reich mit Pflanzen und Blumen bewachsen ist. (Jud. XVI. 3.)

XIV. Gruppe. (XL–XLII.)
A. TRANSLATIO ENOCH.
HIC . NECE . DILATA . VENIT .´AD . LOCA . LUCE . BEATA. †

Jehovah, mit der linken Hand nach aufwärts weisend, fasst mit der rechten den in demüthiger Stellung aus seinem Hause hervortretenden Enoch. Im Hintergrunde sieht man einen reich belaubten Weinstock. (Genes. III. 23–24.)

B. ASCENSIO DOMINI.
TERREA . NATURA . PETIT . ETHERA . NON MORITURA.

Die zwölf Apostel, Petrus in der Mitte, ihm zur Seite die h. Maria, blicken nach aufwärts dem gegen Himmel auffahrenden Christus nach, von welchem in der obersten Rundung nur noch die auf Wolken stehenden Füsse sichtbar sind.

C. HELIAS . IN CURRU IGNEO.
DIGNA . DEO . DIGNUS . HUNC . AD LL)OCA . SUBVEHIS . IGNIS.

Der Prophet Elias, auf einem zweirädrigen, von zwei Pferden gezogenen Wagen stehend, dessen aufwärts gehende Geleise mit Linien vorgezeichnet erscheinen, reicht mit der linken Hand seinen Mantel dem zur Seite des Wagens stehenden Eliseus, während sein rechter Arm von einer aus der obersten Runde herablangenden Hand ergriffen wird. (Reg. II. 12. — Malach. IV. 5. — Eccles. XLVIII. 1 u. s. f.)

XV. Gruppe. (XLIII–XLV.)
A. ARCA . NOE.
QUO . FLUIT . OMNE . BONUM LEGE PNEUMATIS . HAC . AVE . DONUM.

Die Arche, gleichsam in Gestalt einer Basilika mit zwei Seitenschiffen und dem darüber hinausragenden Mittelschiffe, schwimmt auf den Meeresfluthen. Noe, zur Hälfte an der grossen Eingangsthüre sichtbar, empfängt mit der rechten emporgestreckten Hand den Oelzweig von der sich herabsenkenden Taube. Aus den Oeffnungen, die am Seiten- und Mittelbaue der Arche angebracht sind, schauen und zwar aus ersteren fünfzehn Köpfe verschiedener vierfüssiger und geflügelter Thiere, aus letzteren der Kopf einer männlichen und weiblichen Figur. (Genes. VIII. 11.)

B. ADVENTUS . SPIRITUS SANCTI.
OMNIGENIS LINGUIS DEDIT HIS FARI . DEUS . IGNIS.

Zwölf Apostelgestalten, im Kreise sitzend, rechts im Vordergrunde der h. Petrus, durch den Schlüssel ausgezeichnet, empfangen die Gaben des h. Geistes, welcher sich als zwölfgetheilter Strom zu je einem Ohre eines jeden Apostels ergiesst.

C. . MONS SINAY.
IGNEA . LEX . DIGNE . MOYSIM . SUCCENDIT . IGNE.

Moses ersteigt den Gipfel des Berges Sinai, welcher mit Pflanzen bewachsen ist und auf welchem aus drei Gefässen Feuer brennt; er empfängt aus den Händen Jehovah's, welcher in Halbgestalt aus der obersten Rundung sich herabneigt, ein Spruchband mit den Worten: DOMINUS . TUUS . DOMINUS . UNUS . EST. Zur Linken Jehovah's erblickt man die Halbgestalten dreier geflügelter Engel, welche in die Posaune blasen. (Deuteron. VI. 4.)

XVI. Gruppe. (XLVI–LI.)
XLVI. DE SECUNDO . ADVENTU.
TEMPUS . ERIT . LUCTUS . DUM POSCUNT . HORREA . FRUCTUS.

Christus auf einem grösseren Runde sitzend, die Füsse auf eine kleinere Kugel gestellt, übergibt mit jeder ausgestreckten Hand dem links und rechts stehenden Engel ein Spruchband, auf welchem die Worte des Gleichnisses Jesu (Math. XIII. 30) angebracht sind, und zwar links: COLLIGITE ZIZANIA AD C(omburendum), rechts mit Abkürzungen: TRITICUM AUTEM IN HORREUM MEUM.

XLVII. ANGELI TUBIS CANUNT.

NOS . TUBA . QUANDO . CIET . TUNC QUOD CINIS . EST . CARO . FIET.

Zwei Engel, ganze Gestalten, blasen in die Posaunen. (Thessal. IV. 16.)

XLVIII. MORTUI . RESURGUNT.

QUAM MANET . OCCULTA . LANX . SURGIS . TURBA . SEPULTA.

Aus Wolken oberhalb ragen zwei die Posaune blasende Engel, unterhalb erblickt man sechs Gräber in Form von Kisten, deren Decken abgehoben sind, aus welchen sich nackte Gestalten in verschiedener Bewegung und Stellung erheben. (Ezech. XXVII. 12, 13.)

IL. CELESTIS JERUSALEM.

SANCTIS . SUMMA . QUIES . OPACIS . VISIO . FIES.

Den Oberteil des Bildes nimmt Abraham ein, sieben nackte Gestalten in seinem Schoosse, welche bis an die Brust von einem Tuche bedeckt sind, das von zwei, links und rechts stehenden Engeln gehalten wird. Unterhalb erblickt man drei Seiten der himmlischen Stadt Jerusalem, mit vier Thürmen an den Ecken, Zinnen auf den Mauern und einer geschlossenen Eingangspforte. Hinter derselben ragt die halbe Gestalt des sie bewachenden Erzengels, die Hände betend erhoben, hervor. Links und rechts von ihm steht eine ihm zugewendete Engelsgestalt, die eine Hand auf die Brust gelegt, die andere gegen ihn gerichtet. (Apoc. XXI. 10—12.)

L. JUDICIUM SEDIT.

PRO SE . ME PASSUM VIDEANT . JUDEX . QUIBUS . ASSUM.

Christus sitzt auf einem von Wolken getragenen Thronstuhle mit ausgebreiteten Armen; an den inneren Handflächen, wie auch an den Füssen erblickt man die blutigen Wundmale. Links und rechts vom Stuhle sind die Halbgestalten je eines ungeflügelten Engels angebracht, von denen der Rechtsstehende den Kreuzesstab, das Schweisstuch und drei Nägel, der Linksstehende den Spiess, Schwamm und die blutige Dornenkrone emporhält. (Math. XXV. 31. — Joann. V. 22. 27.)

LI. INFERNUS.

FLAMMA . REOS . PUNIT . HIC . QUOS SCELUS . ET LOCUS . UNIT.

Aus dem weit geöffneten Rachen eines Ungethüms sprühen Flammen empor, zwischen welchen die Köpfe der Verdammten, die theilweise von Teufeln erfasst und mit Händen, Schlangen und Haken niedergezogen werden, sichtbar sind. Unter den näher charakterisirten Köpfen erkennen wir zu oberst einen Geizigen, die Geldtasche um den Hals gebunden, ihm zur Seite zwei Köpfe, von denen einer die Mithra, der andere eine Krone trägt, endlich in der Mitte einen Kopf mit der Mönchstonsur. (Ezech. XXII. 22. — Jes. XXXIV. 9.)

Ueber den Gebrauch der Hörner im Alterthum und das Vorkommen geschnitzter Elfenbeinhörner im Mittelalter

von

Fr. Bock.

Taf. XXV

Von allen Instrumenten, deren Erfindung bekanntlich dem Tubalcain zugeschrieben wird, dürfte keins alter befunden werden, als das Blashorn und zwar deshalb, weil es in der ersten Kulturepoche der ältesten Hirtenvölker sehr nahe lag, grössere und kleinere Hörner einzelner Thiere dazu zu benutzen, um durch Blasen weit vernehmbare Töne zu verschiedenen Zwecken hervorzurufen. So hat ohne Zweifel das Horn in den Tagen der Kindheit späterer Kulturvölker nicht nur dazu gedient, von den Hirten auf ausgedehnten Weideplätzen in Gebrauch genommen zu werden, sondern es wurde auch schon in früher Zeit, ausser dieser friedlichen Bestimmung, ein Instrument des Krieges, das den Schaaren der Krieger das Zeichen zum Angriff und Kampfe gab und das den Muth derselben durch seine gewaltigen Töne zu entflammen suchte.

Die ältesten schriftlichen Nachrichten über die Anfertigung und den Gebrauch der Hörner finden wir bei dem „Volke der Auserwählung" als es aus Aegypten durch die Wüste in das Land der Verheissung zog, das von „Milch und Honig floss." Nachdem nämlich Moses auf Befehl des Herrn die Stiftshütte errichtet hatte, liess er zwei silberne Blashörner machen, die nicht aus mehreren Stücken zusammengesetzt, sondern aus einem Stück Silber herausgetrieben waren. Nach der Beschreibung des Josephus [1] hatte jedes derselben die Dicke einer Pfeife und waren sie kaum eine Elle lang. Am Mundstück waren diese Blashörner weiter herausgetrieben und verlängerten dieselben sich röhrenförmig mit einem nach unten sich erweiternden Trichter, um den Schall wachsen und nach unten sich ausdehnen zu lassen. Im Hebräischen Texte führen dieselben den Namen „Asosra."

Ueber den Gebrauch dieser beiden „tubae argenteae" heisst es im Buche „Numeri:" [2] „Wenn Du mit beiden Hörnern wirst blasen lassen, wird zu Dir versammelt werden das ganze Volk vor dem Eingange der Stiftshütte." „Wenn mit einem geblasen wird, werden zu Dir die Fürsten und Häupter über die Tausende von Israel kommen." „Wenn aber mit gebrochenem Schalle geblasen wird, so soll man die Lager aufbrechen." Dass die Drometen und Blashörner auch im höchsten Alterthume als Instrument des Kampfes und des nahenden Sieges in Gebrauch genommen wurden, ersieht man aus einer andern Stelle des ebengedachten Buches, wo den Kindern Israels gesagt wird [3], „wenn ihr ausziehet zum Streite in eurem Lande gegen Feinde, die wider euch streiten, so lasst die Lärmdromete erschallen, damit eurer gedacht werde vor dem Herrn, eurem Gott." Kehrten die Streiter Israels heim im Triumphe als Sieger über ihre Feinde, so liessen sie bei ihrem Einzuge in Jerusalem die Jubeldromete wieder erklingen. [4] Ferner war das Blasen auf Hörnern

---

[1] Flavius Josephus antiq. lib. III. Cap. 11. — [2] Numeri Cap. X. Vers 3. — [3] Numeri X. 9. — [4] II. Paralipomenon Cap. 20.

und Drometen nicht nur ein Zeichen der Freude, sondern auch ein Zeichen der Trauer. So erscholl der Klang der Hörner gegen Himmel, wenn das Volk durch Pest, Dürre, Heuschrecken und andere Plagen heimgesucht wurde.[1] Desgleichen bliesen die Priester die Drometen, als man die Bundeslade aus dem Hause des Obededom[2] nach Jerusalem hingeleitete. Ferner erklang der feierliche Schall zahlreicher Blashörner, als nach der Wiederkunft aus der babylonischen Gefangenschaft die neuen Stadtmauern Jerusalems errichtet und eingeweiht wurden. Neben den silbernen Drometen, die der hebräische Text[3] "Chazzeeroth" nennt und die gradaus gehend geformt waren, bediente man sich auch als Blashörner eines Instrumentes, das die Hebräer "Schoparoth" nennen, und das vom Widder, vom Büffel und andern Wiederkäuern genommen wurde. Diese Krummhörner, die der Grieche κεράτιος nennt, wurden nach Errichtung des Salomonischen Tempels von den Priestern seltener im Tempel geblasen, indem sie beim Tempeldienste meistens langer silberner Drometen sich zum Blasen bedienten. Noch führen wir hinsichtlich des gehäuften Gebrauches des Blashornes bei den Juden in vorchristlicher Zeit an, dass bei öffentlichen Verbannungen die Hörner in grosser Zahl von den Priestern geblasen wurden. So versammelte Josua um sich die Kinder Israels und that die Samaritten, ihre Feinde, in den Bann, indem 300 junge Priester, mit den Gesetzbüchern in der Hand, den Klang von 300 Hörnern erschallen liessen.[4] Auch musste durch das ganze Land von Judea in allen Städten sechs mal nach einander am Nachmittag auf Hörnern geblasen werden, um den Sabbat anzukündigen, damit jeder sich zur Sabbatfeier vorbereiten könne.[5] Auch vor dem Eintritt des Neumondes und grösserer Feste wurde ebenfalls wieder das Horn geblasen. Zu diesen Angaben über die grosse Anwendung und den Gebrauch der Hörner beim Jehovadienste, namentlich im Tempel und den Vorhöfen desselben, fügen wir noch hinzu: dass Salomo bei der Einweihung des Tempels mehrere Tausend silberne Hörner für den priesterlichen Gebrauch beim Tempeldienste schenkte.[6]

Auch fand am ersten Tage des siebenten Monats Tischri, als am Neumond, das Fest des Blasens im alten Testamente statt und nahm mit diesem Feste bei den Juden jedesmal das bürgerliche Jahr seinen Anfang.[7]

Interessant ist es von den Auslegern des Talmudes zu vernehmen, dass die Juden am Feste des Blasens keine Ochsen- und Kuhhörner gebrauchen durften. So steht ausdrücklich im: "Rosch haschanna" "Blashörner und tüchtig, ohne Kuhhörner zu sein." Buxtorf gibt, auf die Gemmara gestützt, als Grund dieses Verbotes an die Anbetung des goldenen Kalbes in der Wüste, weswegen Israel nachher so hart bestraft worden sei. Das Neujahr musste deswegen bei den Juden auf krummen Hörnern von Widdern eingeblasen werden, um jede Erinnerung an den Götzendienst der Väter in der Wüste fern zu halten. Wir vernehmen nicht aus den Schriften gelehrter Talmudisten und Rabbiner, dass die Kinder Israels beim Tempeldienste sich zum Blasen Hörner bedient hätten, die aus ausgehöhlten Elephanten- oder Wallrosszähnen bestanden hätten, und die, wie das in späterer Zeit der Fall war, oben am Mundstück und unten an der Oeffnung mit Sculpturen verziert zu werden pflegten. Wir glauben überhaupt nicht annehmen zu sollen, dass die Israeliten sich, sei es zu profanem oder zu religiösem Gebrauche, jener grössern Hörner in Elfenbein bedient haben, indem bei keinem Schriftsteller sich Andeutungen über das Vorkommen solcher Elfenbeinhörner im höchsten Alter vorfinden und auch das Material des Elfenbeins in jenen frühen Zeiten äusserst kostspielig war. Es wurde dasselbe nämlich dem Golde gleichgeschätzt und stand in der vorchristlichen Zeit in hoher Achtung, so zwar, dass bei Griechen und Römern sich nur Freie und keine Sklaven mit der Kunst des Elfenbeinschnitzens befassen durften. Der ältesten Erwähnung des Elfenbeins als kostbares Material, wo es den Rang der Edelsteine einnimmt, geschieht in hohen Liede Salomos, wo es heisst, "venter ejus eburneus distinctus saphiris".[8] Auch bei Homer lesen wir an vielen Stellen, dass das Elfenbein wahrscheinlich in kleinern Platten zur Ausschmückung von einzelnen Gebrauchsgegenständen der Könige und Fürsten verwendet worden sei. Erst

[1] 1. Macc. Cap. IV. Vers 36, 39. — [2] I. Paralipomenon XVI. Vers 24. — [3] Neham. Cap. XII. Vers 35. — [4] Buxt. dissert. 4, de lit. Hebr. genuin. antiq. §. 43. — [5] Lichtfootius hor. hebr. ad Mat. 6, 2.

[6] Nach Flav. Joseph lib. VIII. c. 2. antiquit. schenkte Salomon zweimal hunderttausend Drometen.

[7] Ob mit Böllerschüssen und Gewehrsalven das Neujahr zu begrüssen, wie das in vielen Gegenden Deutschlands heute noch Sitte ist, mit dem eben gedachten Feste des Blasens am Neujahrstage der Juden zusammenhänge, lassen wir hier vor weiterer Untersuchung dahin gestellt sein. Vergl. Levit. XXIII et XXIV, und Num. XXIII. et XXIV.

[8] Cantic. canticorum. Cap. V. Vers 14.

unter Phidias scheint in Griechenland das Elfenbein in grösserem Umfange zur Herstellung von kolossalen Bildwerken angewendet worden zu sein. In Anbetracht der Seltenheit, Weichheit und Durchsichtigkeit dieses kostbaren Materiales wurde dasselbe von den berühmtesten Künstlern der Griechen vorzüglich dazu verwandt, um daraus die Incarnationstheile grösserer Statuen zu bilden, wo hingegen Gold und Silber zur Darstellung der Gewandparthieen und anderer Details in Anwendung kam. So fand sich auch an den beiden grossen Bildwerken des Phidias, der Minerva zu Athen und des Jupiter zu Olympia das Material des Goldes mit dem des Elfenbeins zusammen vereinigt, um im Aeussern die grossen Flächen dieser kolossalen Bildwerke zu belegen. Desgleichen führte auch Poliklet von Sicyon in denselben kostbaren Stoffen, nämlich in einer Verbindung von Gold und Elfenbein das kolossale Standbild der Juno von Argos aus, und Strabo gibt an, dass dieses Bildwerk nur unbedeutend kleiner, als die beiden Kolosse von Phidias gewesen sei. Im classischen Alterthume nannte man diese Kunstwerke, die aus einer Verbindung von Gold und Elfenbein zusammengesetzt waren: „opera chryso-elephantina." Durch die Kriege Alexanders des Grossen wurde Indien und das fabelhafte Land der Serer dem Handel und der Civilisation erschlossen und scheint seit dieser Zeit das Elfenbein aus dem Stammlande, Indien, dem damals civilisirten Westen auf Handelswegen häufiger in regelmässigeren und in grösseren Zufuhren überbracht worden zu sein, so dass seit dieser Epoche der Gebrauch des Elfenbeins zu Zwecken der Kleinkunst ausgebreiteter wurde. Es würde zu weit führen, wenn wir hier eingehender auf das Material des Elfenbeins, als solches, und seine Anwendung zu höhern artistischen Zwecken in der klassisch römischen Zeit hinweisen wollten. Auch ist es nicht Zweck der vorliegenden Abhandlung, darauf aufmerksam zu machen, wie der römische Luxus zu der Kaiserzeit sich darin gefiel, aus dem kostbaren Materiale des Elfenbeins die verschiedenartigsten Gegenstände des öffentlichen und Privatgebrauches anzufertigen. Unsere Absicht geht in der vorliegenden Abhandlung, nach diesen allgemeinern Andeutungen über den Gebrauch der Hörner im vorchristlichen Alterthume, so wie über die Anwendung des Elfenbeins zu religiösen und profanen Zwecken insbesondere dahin: das Aufkommen und den Gebrauch der in Elfenbein skulptirten „cornua sufflatilia" im frühen Mittelalter nachzuweisen und die Beschreibung der heute noch vorfindlichen skulptirten Hörner des Mittelalters anzureihen. Wir lassen es hier, da es vom Ziele zu weit führen könnte, unerörtert, ob und in welchem Umfange in dem klassischen römischen Zeitalter, und mehr noch in der Periode des Unterganges des alten Roms der Gebrauch der Elfenbeinhörner als Kriegswaffe in Anwendung gekommen sei.

Der bekannte Kirchenschriftsteller Isidor der Jüngere führt in seinem Werke „Origenes" [1] weitläufiger unter der Vokabel „de buccinis" aus, dass mit dem eben gedachten Instrumente das Zeichen des Angriffs gegen den Feind gegeben worden sei. Dasselbe sagt auch der noch ältere Persius von dem Kampfe des Volkes der Quiriten: „buccina jam priscos cogebat ad arma Quirites". Ist unter „buccina" ein schweres Horn zu verstehen aus einem ausgehöhlten Elephantenzahn? Es lässt sich dieses nicht zur Gewissheit erheben. Den Tyrrhenern wird die Erfindung der „tuba" zugeschrieben, daher sagt auch Virgil: „tyrrhenusque tubae mugire per aethera clangor." Waren diese Blashörner, deren scharfen Ton die tyrrhenischen Seeräuber erschallen liessen, wenn sie zu Schiffe auf Beute ausgingen, von Metall oder von einer beinartigen Masse? Bei dem Abgange von bestimmten Nachrichten möchten wir das erste annehmen, gestützt auf die Angabe des lateinischen Homers „at tuba terribilem sonitum dedit aere canoro." Aus dem Berichte Isidors [2] ersieht man auch, dass ebenfalls bei den Amazonen kriegerische Blashörner ehemals in Gebrauch waren.

Wie es uns scheinen will und das wollen auch die heute bekannten, mit grotesken Sculpturen versehenen Hörner in Elfenbein andeuten, kommen schon bei dem Anströmen asiatischer Völkerschaften gegen den morschen römischen Weltkoloss und zwar in grösserer Zahl als barbarische Kriegsgeräthe Hörner aus Elfenbein und Walrosszahn in Anwendung. So durfte bei den zahlreichen Horden, die sich unter Attila, Genserich und Andern vom fernen Osten Asiens, dem Vaterlande der Elephanten, gegen den Süden Europas wälzten, gewiss nicht das Elfenbeinhorn als Kriegswaffe, bei dessen Schall die Kampflust der wilden Krieger mächtig angeregt werden sollte, gefehlt haben.

Forscht man nach der Gestalt und den sculptirten Details, womit die „cornua eburnea" ornamentirt

---

[1] Isidori Hispalensis Epist. origin. lib. XVIII, Cap. IV, Colon. Agr. MDCXVII.

[2] Derselbe blühte um das Jahr 630 im südlichen Spanien in den Tagen des Gothenkönigs Sisebut.

gewesen sein mögen, die in den ersten Jahrhunderten nach der Völkerwanderung als Kriegswaffe in Gebrauch waren, so gelangt man bei jedem Tritt auf das ungewisse Feld der Hypothese. Aeltere Sculpturen aus dieser

Fig. 1.

fern entlegenen Kulturepoche, auf denen man zuweilen den Abbildungen solcher Hörner, anscheinend aus Elfenbein oder Wallrosszahn, begegnet, haben uns zu der Ansicht geführt, dass die Kriegsdrometen in dem besagten Material, meist ohne Reliefdarstellung, glatt und einfach gehalten waren und zwar in der gebogenen Gestalt, wie die Spitze des Elephantenzahns gewöhnlich gefunden wird. Eine solche Gestalt zeigt auch jenes glatte Blashorn auf dem runden Rande einer Büchse in Elfenbein aus dem Schatze zu Xanten mit Reliefdarstellungen geziert, die offenbar als Reminiszenz an die untergegangene klassische römische Kunst gelten können. Diese höchst merkwürdige „Capsa,"[1] die wir hier unter *Fig. 1.* in Abbildung veranschaulichen, gibt im Basrelief eine männliche Figur zu erkennen, die ein Horn bläst, dessen Gestalt und Beschaffenheit der Form jener „cornua eburnea" nahe kömmt, wie man sie einfach und reicher sculptirt im Mittelalter häufiger antrifft.[2]

Nachdem die Stürme der Völkerwanderung in Europa ausgetobt und das Christenthum unter den rohen Naturvölkern die Früchte der Gesittung und Kultur zu verbreiten begonnen hatte, da stürmten, abermals wieder von Osten kommend, neue Horden Barbaren an die Thore Europas heran, die, auf ihren Feldzeichen den Halbmond tragend, sich als Christenfeinde zur Lehre Mahomeds bekannten. Arabien, Syrien und Aegypten gehorchten schon den Befehlen Muhomeds, und hatten bereits die arabischen Kalifen von Bagdad in Spanien sich heimisch zu machen begonnen, als dem weitern Vordringen der Moslim durch den Sieg Karl Martels für immer ein Ziel gesetzt wurde. Die Mauren, über die Pyrenäen auf das südliche Spanien zurückgedrängt, betrachteten dasselbe von jetzt als erobertes Kalifat, und es währte nicht lange, so gelangten, namentlich in Andalusien und Sevilla arabische Künste und Wissenschaften zur grossen Blüthe und Entwickelung, während das übrige Europa sich kaum noch von den Nachwehen der Stürme und Völkerkriege zu erholen vermochte. Durch das Einwandern und Heimischwerden der Araber in Spanien war auch für Europa einerseits durch Vermittlung der Mauren in den Kalifaten von Granada, Sevilla, Almeria und andererseits durch Vermittlung der gewerbthätigen und kunstfertigen Sarazenen, die später in Sizilien und Unteritalien festen Fuss fassten, der Orient und seine Schätze eröffnet worden, und es gelangten durch die ausgedehnten Handelsverbindungen dieser betriebsamen Orientalen, die an den für den Handel sehr gelegenen Punkten des südlichen Europas Platz genommen hatten, die Erzeugnisse und Produkte des Orients jetzt häufiger auf die Handelsplätze des Abendlandes.

Wir würden befürchten müssen, den Raum, der uns für diese Abhandlung zugewiesen wurde, bedeutend zu überschreiten, wenn wir einer Vorliebe für mittelalterliche Sculpturwerke in Elfenbein nachgebend, hier ausführlicher nachzuweisen versuchen wollten, welcher rege Handelsverkehr schon zur Zeit Karls des Grossen zwischen dem Morgen- und Abendlande bestanden habe. Wir beschränken uns darauf, hier anzugeben, dass durch maurische und sarazenische Kaufleute, denen sich auch schon frühzeitig phönizische und syrische Juden beigesellten, vornehmlich drei morgenländische Erzeugnisse auf den grossen Weltmarkt Europas eingeführt

[1] Diese elfenbeinerne Büchse, die heute im Schatze zu Xanten am Niederrhein aufbewahrt wird, dürfte aus der Zeit unmittelbar vor dem Untergange der römischen Weltherrschaft herrühren und vielleicht in frühchristlicher Zeit schon als Custode zur Aufbewahrung der Eucharistie benutzt worden sein. Im Spätmittelalter ist sie zweifelsohne als „pixis" zur Aufbewahrung von Reliquien verwendet worden.

[2] Vergl. die abgewickelte Abbildung dieser merkwürdigen Sculpturen in dem grössern Bildwerke von E. Aus'm Weerth: „Kunstdenkmäler des christlichen Mittelalters in den Rheinlanden" Taf. XVII, Fig. 1. Leipzig T. O. Weigel 1854.

wurden, die hier sehr gesucht waren. Es waren das: gewebte Seidenstoffe, Perlen und Edelsteine und Elfenbein. Namentlich war es das letztgenannte Material, das in grösseren Quantitäten im frühen Mittelalter, des gehäuften Verbrauchs wegen, durch die ebengedachte orientalische Vermittelung auf den grössern Handels- und Stapelplätzen Italiens und Spaniens dem Occidente zum Verkaufe feilgeboten wurde. Gleichwie der Luxus in der ausgearteten Spätzeit der Imperatoren das kostbare Material des Elfenbeins dazu verwandte, um auf verschwenderische Weise Sitz- und Ruhbänke, ja sogar die Betten und besonders die Wagen damit zu belegen und auszustatten, so kamen zu den verschiedenen profanen Zwecken, zu welchen man in der karolingischen und namentlich in der späteren Ottonenzeit das noch immer theure Elfenbein benutzte, auch noch besonders die Bedürfnisse der verschiedenartigen Gefässe und Geräthe des Cultus, die die Nachfrage nach Elfenbein um die angegebene Zeit im Abendlande bedeutend steigerten. Es wurde nämlich in der angedeuteten Epoche das Elfenbein nicht nur zur Verzierung verschiedener kirchlicher Gebrauchsgegenstände in kleinern Quantitäten angewandt, sondern aus demselben Materiale pflegte man mehrere liturgische Gefässe in ihrer Ganzheit herzustellen. Aus dieser ferne liegenden Epoche, in welcher die Communication mit dem christlichen Abendlande grösstentheils durch die industriellen geschäftsfleissigen Mauren und Sarazenen vermittelt und unterhalten wurde, gelangten bei jenen grösseren Quantitäten von Elfenbein, die dem Abendlande jährlich zugeführet wurden, auch jene ausgehöhlten Elephantenzähne in Form von Blashörnern in den Occident, die man heute noch vielfach in den Schätzen älterer Kirchen, so wie in öffentlichen Sammlungen antrifft. Einen ziemlich haltbaren Beleg für die eben aufgestellte Angabe glauben wir darin zu finden, dass die meisten heute noch vorfindlichen Elfenbeinhörner mit sculptirten Ornamenten so ziemlich ein und dasselbe Stylgepräge zur Schau tragen, wodurch sie sich, auch weniger geübten Augen gegenüber, als: „cornua transmarina" zu erkennen geben dürften. Bei den meisten dieser „tubae olifantine" tritt auch dem weniger Scharfsichtigen die eigenthümlich orientalische Formation der Basrelief an diesen ausgehöhlten Elephantenzähnen auffallend entgegen. Der Sachkenner jedoch, der Gelegenheit hatte, romanisirende Formen des Abendlandes vor dem X. Jahrhundert mit orientalischen Gebilden aus derselben Epoche zu vergleichen, wird bei Besichtigung dieser gesehnitzten Ornamente zu der Annahme sich gedrängt fühlen: die Sculpturen dieser Hörner aus Elfenbein dürften in jenen Ländern ihre Anfertigung und Ausstattung gefunden haben, in welchen der Träger dieser Schutz- und Vertheidigungswaffe, der Elephant, als heimisch angetroffen wird. Als solche Länderstriche dürften die fernliegenden Gebiete am Euphrat, Ganges und Indus und die Gebietstheile des nördlichen Afrika gedacht werden. Eine andre Hypothese, die über Herkommen und künstlerische Ausarbeitung dieser stattlichen, meist reich sculptirten Elfenbeinhörner mit Fug aufgestellt werden könnte, ginge dahin: das dieselben durch persische, arabische und griechische Handelsleute in der fern entlegenen ebengedachten Heimath der Elephanten angekauft und durch diese Ankäufer den Elfenbeinschnitzern ihrer Heimath überliefert worden seien, die dann diese Elephantenzähne durch Aushöhlung zu Hörnern umgestaltet und meist mit phantastischen figuralen Ornamenten sculptirt hätten. Auch das kann als wahrscheinlich zugegeben werden, dass schon vor dem X. Jahrhundert durch sarazenisch-maurische Handelsleute diese „cornua transmarina" den grössern Handels- und Industrieplätzen Italiens und Spaniens zugeführt worden seien, und dass nach ihrer Einführung selbst im Occidente diese Elephantenzähne entweder durch christliche oder muselmännische Beinschnitzer als Instrumente des Krieges oder der Jagd künstlerisch umgestaltet worden seien. Dass viele Gründe diesen beiden Annahmen das Wort reden, wird derjenige zugeben müssen, der Gelegenheit hatte, mehrere der heute noch vorfindlichen reich sculptirten „buccinatoria" näher in Augenschein nehmen zu können. Es tragen nämlich die meisten der originellsten und oft bizarren Ornamente dieser in Relief sculptirten Blasinstrumente einen durchaus fremdartigen Formentypus zur Schau, der auffallend zuweilen an persische, arabische und maurische, zuweilen aber auch an frühchristliche Bildungen aus einer fernentlegenen Zeit erinnert, die genauer zu präcisiren die Archäologie bis heute noch nicht den Versuch gemacht hat. Fast sämmtliche Ornamente, die wir auf diesen sculptirten Elfenbeinhörnern vorfanden, gehören theilweise der Thierwelt, theilweise den Gebilden der Pflanzenwelt an. Diese gemischte Anwendung von phantastischen Formationen der animalischen zugleich mit denen der vegetabilischen Schöpfung nannte man schon in früherer Zeit „Arabeske" und deutet diese Bezeichnung solcher eigenthümlichen Gebilde auf das Vaterland hin, dem sie ihre Entstehung zu verdanken hatten, das heisst, nicht nur auf jenes Arabien im engern Sinne, das auch heute noch geographisch diesen Namen führt, sondern überhaupt auf jenen orientalischen Ländercomplex, wo die Lehre des Propheten als Siegerin gebietend aufgetreten ist. Nach diesen allgemeinern Andeutungen über den Ursprung und das Herkommen der frühmittelalterlichen „cornua eburnea" sei es uns gestattet, im Folgenden auf einige der merkwürdigern Blashörner in dem ebengedachten kostbaren Materiale des Elfenbeins hinzuweisen und dieselben durch Zeichnung zu veranschaulichen. Vielleicht dürften nach unserem Vorgange andere geübtere Forscher sich veranlasst sehen, ihre gesammelten Notizen über sculptirte Elfenbeinhörner der Oeffentlichkeit zu übergeben und auf diese Weise den jetzt noch dunkelen geschichtlichen Ursprung dieser merkwürdigen, bisher nur wenig erklärten Gebrauchsgeräthe aufzuhellen.

Als eines der ältesten Blashörner, das eine ziemlich glaubwürdige Tradition in die karolingische Epoche versetzt, nennen wir hier jenes merkwürdige Horn in Elfenbein, das heute noch in dem so reichhaltigen Schatze der Münsterkirche zu Aachen aufbewahrt wird (Fig. 2). An der untern Oeffnung dieses Jagdhornes zeigt

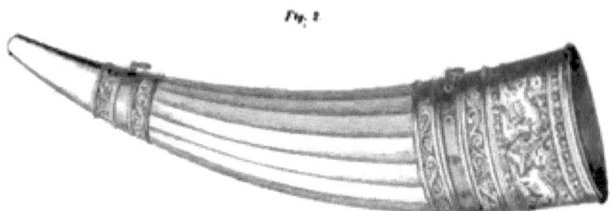

Fig. 2

sich eine breite tiefsculptirte Umrandung, deren Ornamente theilweise der Pflanzen-, theilweise der Thierwelt angehören. Es dürfte schwer halten, die Thiergebilde, die viermal in derselben Form wiederkehrend, sich an der obern Randeinfassung befinden, einer bestimmten der bekannten Thiergattungen zuzuschreiben. Am meisten Aehnlichkeit dürften dieselben mit einer Hirschkuh oder mit der Gestalt eines Rindes haben. Einige haben geglaubt, diese Thierbildungen aus dem deutschen Norden herleiten zu sollen, indem sie darin nicht ohne Grund den „Elk" erkannt haben, wovon in den Nibelungen sich öfters Andeutungen vorfinden. An den meisten frühromanischen Hörnern, die uns zu Gesicht gekommen sind, sind Scenen einer Jagd dargestellt, die vorliegenden Thierfigurationen sind jedoch nicht als integrirende Theile einer solchen Jagd zu betrachten, sondern das männliche und weibliche Thier derselben Gattung sind vom Sculpteur als in der Brunstzeit befindlich aufgefasst und dargestellt. Charakteristischer als die fremdartigen Formationen dieser Thiergebilde dürften jene Laubornamente befunden werden, von welchen diese „bestioli" als von Arabesken umgeben sind. Nach genauer Besichtigung einer grossen Zahl von gewebten Seidenstoffen, die ihren orientalischen Ursprung durch eingewirkte arabische Inschriften offenkundig an den Tag legen, sind wir in der Lage mit ziemlicher Sicherheit die nicht gewagte Behauptung aufstellen zu können, dass diese charakteristischen Ornamente von einem orientalischen Sculpteur componirt und ausgeführt seien, der, wie es scheint, die Ornamente solcher „cornua sufflatilis" in einfacher schlichter Technik, fast handwerksmässig zu halten gewohnt war. Wir machen aufmerksam auf die eigenthümliche ächt orientalische Formation der schmälern Einfassungsränder, mit welcher auf beiden Seiten die mittlere sculptirte Einfassung abgerandet wird. Zwei breitere Abfassungsränder befinden sich auch noch an jener Stelle, wo der Beinschnitzer einen tiefern Einschnitt offen gelassen hat. Innerhalb dieser Fuge befindet sich ein breiter, mit Edelsteinen garnirter Metallrand, der dazu dient, um an einem Ringe die Kette mit dem reich ornamentirten Tragbande (balteus) zu befestigen. Offenbar rühren diese beiden silbervergoldeten Metallringe, deren schmälerer sich an dem untern Mundstücke befindet, zu beiden Seiten des Hornes, desgleichen auch der obere silbervergoldete Einfassungsrand, aus einer spätern Kunstepoche, wie die kleinen eingegossenen Vierpässe deutlich zu erkennen geben, womit der obere schmale Rand ornamentirt und belebt ist. Auch die Fassung der Edelsteine auf den breitern Ringen zeigen deutlich an, dass diese Einfassungs- und Befestigungsränder gegen Mitte des XIV. Jahrhunderts als reichere Zierden an den besagten Stellen hinzugefügt worden sind. Hinsichtlich der formellen Beschaffenheit des vorliegenden

Jagdhornes fügen wir noch hinzu, dass der orientalische Sculpteur es für gut gefunden hat, die eigentliche Bauchung seines „cornu aufflatile" in kleinere Flächen abrundeten, so dass aus der ursprünglich runden Bauchung eine polygone entstanden ist. Noch verweisen wir auf die offenbar orientalische Ausprägung jener sculptirten Ornamente in dem erhaben geschnitzten Bandstreifen, die auf beiden Seiten der silbervergoldeten Umfassungsringe ersichtlich sind. Diese frühromanischen Pflanzenornamente, mit charakteristisch gebildeten Blättern, dürften wohl einen karolingischen Typus erkennen lassen und viele Analogie zeigen mit dem in Goldblech getriebenen schönen Laubwerken und Arabesken, die auf beiden Seiten der Scheide jenes berühmten Kaiserschwertes vorkommen, das als Geschenk Harun-al-Raschids an Karl den Grossen beglaubigt ist. Auch auf die interessante Ornamentation des Gürtels (balteus) machen wir aufmerksam, der offenbar als spätere ornamentale Zuthat durch seine Details zu erkennen gibt, dass er zu einer und derselben Zeit mit den silbervergoldeten obenbeschriebenen Einfassungsrändern seine Entstehung gefunden habe. Es ist nämlich auf einem schmalen Bandstreifen von genauer Sammt, in Breite von 5½ Centimeter ein höchst merkwürdiges Legendarium ersichtlich, das in gothischen Minuskelbuchstaben viermal wiederkehrt und lautet: „dein eyn." Denselben Spruch hat der Goldschmied auf den beiden Schliessen dieses Gürtels, in geschlungenen Spruchbändern, gravirt angebracht. Es sind über diese originelle Sentenz in Form eines Rebus in letztern Zeiten mehrere Conjecturen aufgestellt worden, die mehr oder weniger an Unwahrscheinlichkeit kränkeln. Wenn wir veranlasst würden, unsere Ansicht über diesen Spruch geltend zu machen, so würden wir unsere Meinung dahin äussern: dass dieser Spruch in Beziehung gesetzt werden müsse mit der ehrwürdigen Tradition, die an diesem Horne haftet, und dürfte dann darin zu erkennen sein, die Existenz derselben im XIV. Jahrhundert, welcher zu Folge man damals schon annahm, dass dieses Horn „Olefant" der Person des grossen Kaisers angehört habe. Es würde demnach, auf Karl Bezug nehmend, die Inschrift zu deuten sein „dein eyn", nämlich Dein (des Kaisers) Eyn (Horn). Was das Herkommen des Aachner Hornes anbelangt, so genüge hier der Hinweis, dass der Sage nach Harun-al-Raschid Karl dem Grossen, unter andern reichen Gaben des Orients, auch dieses Horn übersandt habe. Karl der Grosse habe beim Empfang dieses prächtigen Hornes den Wunsch ausgedrückt: den Träger einer solchen stattlichen Waffe in Wirklichkeit zu besitzen. Deswegen habe ihm der ebengedachte Perserfürst ein Jahr darauf den einzigen Elephanten zum Geschenk übersandt, den er damals besessen habe. Dieser kolossale Vierfüssler mit Namen Abulabaz langte wirklich, von einem Juden Isaak geführt, am 20. Juli 801 in der Kaiserpfalz zu Aachen an und hielt daselbst, unter grossem Zulauf der Neugierigen seinen Einzug. [1]

Floss [2] in seinem schätzbaren Quellenwerke führt an: das ebenbeschriebene Horn Karls des Grossen habe schon früh eine grosse Berühmtheit erlangt und er folgert das aus dem Umstande, dass andere deutsche Kirchen sich später gerühmt hätten: ein Horn Karls des Grossen zu besitzen. Dahin ist zu rechnen ein Horn in der Marienkirche zu Hildesheim [3] und andere.

Mit diesem merkwürdigen elfenbeinernen Horn zu Aachen, dessen Form und Tradition auf die karolingische Kunstepoche hinzuweisen scheint, setzen wir in Verbindung jenes interessante Horn, das heute noch im städtischen Museum zu Angers als eine grosse Merkwürdigkeit aufbewahrt wird. Es verräth die grösste Formverwandtschaft mit dem karolingischen Horn zu Aachen, dahin ist zu rechnen nicht nur die fast gleiche Grösse und Ausdehnung, sondern auch die polygone Abkantung der mittleren Bauchung des Hornes, desgleichen die vollständig verwandte ornamentale Eintheilung und Anordnung der einzelnen Theile, am meisten aber der verwandtschaftliche Charakter der sculptirten Laubornamente in den hochaufstehenden Randeinfassungen.

Godard Faultrier hat eine kurze und ungenügende Beschreibung dieses merkwürdigen Hornes aus dem städtischen Museum zu Angers gegeben. [4] Man glaubt, dass dieses Horn in einer grössten Länge von 60 Centimeter und einen grössten Durchmesser von 74 Millimeter an der untern Oeffnung, aus der Kathedrale,

[1] Vergl. Einhard annales ad a. 802 bei Pertz script. Tom I. S. 190, und annales Laureshame (Lorsch im Rheingau), ebendaselbst S. 39. Desgl. Einhard vita Karoli C. 16. Pertz script. tom II. S. 457.

[2] Geschichtliche Nachrichten über die Aachener Heiligthümer von Dr. Floss. Bonn 1855. Seite 147.

[3] Ueber das Hildesheimer Horn vergl. Dr. Kratz „der Dom zu Hildesheim" 2. Thl. Seite 14 Taf. 3.

[4] Vergl. Revue de l'art chrétien, dirigé par M. l'abbé J. Corblet. Janvier 1856. Paris, pag. 76 und 2°, woselbst auch eine Abbildung dieses Hornes sich befindet.

von Angers stamme, indem in einem Inventar der dortigen Reliquien es unter Artikel 41 heisst: „un cor de matière d'y ivoire dont, selon la tradition, saint Lezin s'estoit servi avant d'etre évêque d'Angers. On le conserve en mémoire de ce saint."

Ueber die bildliche Darstellung dieses merkwürdigen Hornes, dessen Ursprung wir ebenfalls dem Orient vindiziren, sind von mehreren französischen Archäologen gewagte symbolische Deutungen aufgestellt worden. Abbé Corblet hat eine einfachere naheliegende Erklärung mit Glück in neuester Zeit versucht und erkennt derselbe in dieser Darstellung eine Jagdscene, wie solche meistens auf diesen Hörnern ersichtlich sind. Der König der Thiere, der Löwe, wird von Jagdhunden angefallen in dem Momente, wo der Jäger sich beeilt, den tödtlichen Stoss zu wagen. Eine andere Figur, sitzend auf einem Dromedar, bläst auf einem Elfenbeinhorn das Hallali über den eben errungenen Sieg. Bei dem Schalle desselben ergreifen die andern grössern Thiergruppe des Waldes bestürzt die Flucht. Wir werden dieser sich aus dem Object von sich selbst ergebenden Erklärung Beifall schenken, bis es einem spätern Forscher gelingen dürfte, eine bessere, auf mehr Wahrscheinlichkeitsgründen gestützte, aufzustellen.

Mit dem früher beschriebenen karolingischen Horne im Domschatze zu Aachen und dem ebengedachten „cornu" sind unbedingt hinsichtlich der künstlerischen Ausarbeitung nach der Zeitfolge nach in Verbindung zu setzen zwei grossartige Blashörner mit interessanten Sculpturwerken in Elfenbein, die sich bis auf diese Stunde noch im reichhaltigen Domschatze von St. Veit in Prag erhalten haben. Wir müssen eingestehen, dass uns nicht nur die Aehnlichkeit und Verwandtschaft der sculptirten Ornamente überraschte, sondern auch die technische Ausarbeitung der beiderseitigen figuralen Darstellungen grosse Analogie bekundeten. Auch die Grösse dieser beiden Prager Hörner stimmt so ziemlich mit der obenbezeichneten Grösse des Hornes „Oliphant" in Aachen zusammen. Es dürfte schwer sein, die figürlichen natur-historisch gestalteten Basreliefs des reichern dieser Prager Hörner (Taf. XXV. A.) erschöpfend zu deuten und zu beschreiben.

Wir wollen im Folgenden in kurzen Umrissen eine Erklärung derselben versuchen. Durch 11 grössere und kleinere vorspringende Ringe oder Bänder, mit sculptirten Laubornamenten, wird das reichere der beiden Prager Hörner in 10 ungleich grosse Abtheilungen eingetheilt. In zweien dieser Fugen der tieflagenden Ringe ist ziemlich roh je ein massives Band von Schmiedeeisen eingefügt, das beweglich gehalten den Zweck hat, eine starke Eisenkette ohne künstlerische Ausbildung an Ringen zu befestigen. Diese eiserne Kette, die den kriegerischen Gebrauch des vorliegenden Hülfshornes hinlänglich bekundet, hat eine solche Ausdehnung, dass das Horn über die Schulter gelegt und so bequem an dieser Kette unmittelbar über der linken Hüfte getragen werden konnte. Sämmtliche vorspringenden Ringe zeigen ein und dasselbe Laubornament vertieft sculptirt, das in seinen Bildungen an das klassische Acanthusblatt zu erinnern scheint. Nur der breitere Abfassungsrand an der untern weiten Oeffnung des Hornes lässt ein anderes bestimmter ausgesprochenes Ornament erkennen, das in schlangenförmiger Windung jenes frühromanische Blatt zum Vorschein treten lässt, wie man es in dieser Gestalt an Sculpturen vor dem X. Jahrhundert häufig antrifft. Von dem grössten Interesse für die archäologische Wissenschaft sind jene figürlichen Darstellungen auf den mittleren breitern Abtheilungen der vorliegenden „tuba", die durch die eben erwähnten Ringe gebildet werden (Fig. 3.). Wie es uns scheinen will, und wie es ein Vergleich mit andern verwandten Darstellungen nahe legt, soll in dieser als Basrelief sculptirten Scene ein Hipodrom veranschaulicht werden. Darauf hin ist nicht nur das Viergespann zu deuten, das nach alt klassischer Auffassungsweise im angestrengten Galopp abgebildet ist, sondern auch die fast klassisch gebildeten römischen Wagen, in denen ein Wagenlenker, wie immer stehend, Platz genommen hat. Dass diese Darstellung möglicher Weise eine Wettfahrt veranschaulichen soll, ist zu entnehmen aus der jedesmaligen Stellung des Wagenlenkers, der, in bedeutendem Vorsprung vor seinem Rivalen, zu demselben seinen Blick hinwendet und die Weite des gewonnenen Vorsprunges zu bemessen scheint. Auf der einen Darstellung hat derselbe sogar zu seinem Nachfolger gewendet die Hand als Sieger erhoben, gleichsam um demselben anzudeuten, dass er das Ziel erreicht und so das „bravum" errungen habe. Das Ziel des Hipodroms scheint auf dem hintern Rücken des Hornes durch eine eigenthümliche Architektur bezeichnet werden zu sollen, bestehend aus einer niedern Mauer von Quadersteinen, die anscheinend von drei Säulen überragt wird. [1] Ein nicht minderes Interesse beanspruchen die animalisch belebten Ornamentationen,

---

[1] Ein solcher Wagenführer in römischer Tracht und Darstellungsweise am Viergespann abgebildet befindet sich analog in einem

die auf den beiden äussern Bändern der vorliegenden Kriegswaffe zum Vorschein treten. Von kleinern Ringen „orbicula, rotae" als Medaillons abgegränzt, erblickt man fabelhafte animalische Gestaltungen, die offenbar

Fig. 3.

der Thierfabel angehören und nach Weise der Alten vielleicht einen allegorischen Gedanken vertreten. Die spätern Physiologen des Mittelalters haben bekanntlich diese Thierbilder zu moralisch christlichen Zwecken benutzt und weiter entwickelt. So erscheint in frühmittelalterlicher Darstellungsweise in dem breitern obern Ringe der sagenhafte gryfo, halb Vogel, halb Vierfüssler, wie er eben eine Hindin als Beute erfasst hat. Auch der Kampf eines Gladiators mit einem Thierungeheuer, ähnlich einem Bären, ist in demselben Ringe als Basrelief zur Darstellung gebracht. In dem untern schmälern Bandstreifen begegnet man der fremdartigen Darstellung einer geflügelten Sphinx und gleich darneben der Kampfscene eines Fechters mit dem Bucentaur.[1] Bei Besichtigung der vorliegenden „tuba" drängen sich dem forschenden Blicke unabweislich die Fragen auf: wann und wo dürfte dasselbe entstanden sein? Hinsichtlich der ersten Frage darf man wohl mit ziemlicher Sicherheit die Antwort geben: es gehöre dieses merkwürdige Blasinstrument dem ersten Jahrtausend der christlichen Zeitrechnung an. Schwieriger dürfte es jedoch sein, das Jahrhundert genauer zu präsiren, in welchem diese Sculptur entstanden ist. Sowohl das eigenthümliche Viergespann, desgleichen der zweiräderige „currus," so wie die „tunika" der Wagenlenker verrathen noch deutliche Reminiscenzen an den Untergang der klassisch römischen Kunst, wie man sie in der vorkarolingischen Kunstepoche nach den Verwüstungen der Völkerwanderungen, wenn auch kümmerlich und entstellt, in vielen Nachklängen im Occidente antrifft. Die einfassenden Ringe, die abwechselnd als Medaillons eine Thierfigur, abwechselnd ein Pflanzenornament umgeben, finden wir in vollkommen übereinstimmender Analogie in den ältern gewebten Seidenstoffen wieder und dürften diese rad- oder kreisförmig gemusterten Seidenstoffe zu rechnen sein zu den „palliis holoscriis cum orbiculis," zu den „pallia scutata oder rotata cum historia gryfonum," wie Anastasius Bibliothecarius an vielen Stellen seiner „vita Romanorum Pontificum" sie zu benennen pflegt. Es sind dabei heute nur noch selten anzutreffende, schild- oder radförmig gemusterte Seidenstoffe, die aus der Frühzeit der orientalisch byzantinischen Seidenfabrikation vom VIII—XI. Jahrhundert herrühren.[2]

Nach Vergleich des vorliegenden prachtvoll sculptirten Elfenbeinhornes mit den übrigen heute noch erhaltenen ähnlichen „cornua," desgleichen nach sorgfältiger Betrachtnahme der vielen scenerirten Bildwerke

kostbar gewebten Seidenstoffe dargestellt, den wir mit Abbé Martin übereinstimmend, unbedingt der karolingischen Kunstepoche zuweisen. Vgl. Melanges d'Archéologie par A. Martin et Cahier, tom II.

[2] Da wir in dem vorliegenden im geschichtlichen Zusammenhange eine Uebersicht über das Vorkommen und den Gebrauch der heute noch vorfindlichen sculptirten „cornu eburnea" geben wollen, so kann es nicht unsere Absicht sein, das vorliegende höchst merkwürdige Horn monographisch zu beschreiben und seine vielen allegorisch physiologischen Reliefs erschöpfend zu deuten. Es wird das einer spätern Detailbeschreibung vorbehalten bleiben müssen.

[3] Vergl. darüber die nähere Beschreibung dieser figurirten Seidengewebe in der I. Lieferung unseres Werkes „Geschichte der liturgischen Gewänder" Seite 3—16 u. Taf. I.

dieser Kriegswaffe im Vergleich mit einer grossen Zahl von ähnlich dessinirten Sculpturengeweben aus der karolingischen Kunstepoche würden wir, einem gewissen Stylgefühle nachgebend, keinen Anstand nehmen, das vorliegende „cornu sufflatile" dem IX. Jahrhunderte zu vindiziren. Wenn gleich auch sämmtliches Blätterwerk eine strenge Stylisirung verräth, wie man es in langgezogenen Blättern namentlich in Italien an Sculpturen der Kapitäle. Wulsten und Sockel antrifft, so haben doch im Ganzen genommen die Laubornamente an dem vorliegenden Horn nicht jenen expressiv romanischen Charakter, den man in verwandten Sculpturen aus der Ottonenzeit diesseits und jenseits der Berge antrifft, vielmehr scheint uns unter byzantinischem Einflusse im Orient das vorliegende Blashorn die Entstehung gefunden zu haben, wo durch leichtere Communication solche grössere Elephantenzähne aus dem Osten, dem Lande der Serer, stammend, in Menge auf Handelswegen zugeführt wurden. Eine gleiche Ausdehnung hat auch ein zweites einfacher sculptirtes Blashorn, das sich ebenfalls vereint mit dem ebenbeschriebenen reicher sculptirten in dem Schatze des Domes zu Prag erhalten hat. Dieses einfachere „cornu" hat hinsichtlich seines Gebrauches dieselbe Einrichtung, indem es gleich dem ebenbeschriebenen an einer massiven schweren Kette von Eisen befestigt, vermittels eiserner Ringe die sich zu einer Kette formiren, über der linken Schulter als Kriegsinstrument getragen werden konnte. Es liegen keine Gründe vor, die zur Annahme nöthigen, dass dieses zweite Horn früher oder später, oder in einem andern Lande als das obengenannte, reichverzierte „cornu eburneum" angefertigt worden sei. Auch sein Ursprung möchte, wie das vorherbeschriebene Horn, ins orientalische Sculptur in das IX. Jahrhundert zu versetzen sein. Auf den breiten Bändern lässt sich ein dreifaches System der Ornamentation erkennen. Auf den untern vorspringenden sculptirten Rändern ist eine zierliche Handverschlingung an zwei Stellen ersichtlich, wie sie in diesen originellen Verschlingungen bereits in der Frühzeit des Mittelalters in angelsächsischen Miniaturen und Initialen und auch später noch bei den Miniaturen der karolingischen Kunstepoche in vielen Variationen anzutreffen ist. Das untere Mundstück dieses Hornes ist glatt und ohne Ornamentation gehalten, desgleichen auch die mittlere Bauchung. An der äussern breitern Ausmündung des Hüfthornes gewahrt man den einfassenden eisernen Ring, umgeben von zwei ornamentalen Rändern, wovon der schmälere eine einfache Laubguirlande als Basrelief zeigt. Wie es dem Anschein hat, nimmt man in dieser Laubornamentation abwechselnd die Frucht des Maulbeerbaumes wahr, wodurch ebenfalls eine Hindeutung auf den Orient gefunden werden dürfte. Die äussere Ausmündung des Hornes wird umzogen von einem breiteren Rande, der ebenfalls als Basrelief, ziemlich unbeholfen sculptirt, eine Jagdscene erkennen lässt. Noch machen wir darauf aufmerksam, dass die schmälern Abtrennungsrändchen dieses einfach sculptirten Hornes mit den sogenannten Eier- und Perlstaben verziert sind, die aus dem klassischen Rom stammend, in der karolingischen Kunstepoche vielfach angetroffen werden.[1]

Wie und durch wen gelangten diese beiden merkwürdigen Hörner in den St. Veits-Schatz. Wir haben bereits früher an anderer Stelle Gelegenheit genommen, darauf hinzuweisen, dass Karl IV. der Luxemburger, bekanntlich der eifrigste Raritäten- und Reliquiensammler seines Jahrhunderts, seine bevorzugte Moldaustadt Prag, als deutsches Rom während seiner langen Regierungszeit mit Schätzen aller Art auszustatten, bedacht genommen habe. Und in der That, die äusserst inhaltreichen Schatzverzeichnisse im Prager Domarchiv[2] liefern den faktischen Beweis, dass in den Tagen Karl IV. und seines Sohnes Wenzel unstreitig unter den damaligen Domschätzen des Occidentes der Schatz von St. Veit auf dem Hradschin eine der ersten und hervorragendste Stellen eingenommen habe. In dem umfangreichen Schatzverzeichnisse von 1378, das uns in Abschrift vorliegt, lesen wir in der Abtheilung „rubrica armorum" wie folgt:

„Gladius sti. Stephani, regis Hungariae cum manubrio[3] eburneo."

„Vexillum magnum quod fecit B. Ludmilla."

„Lorica sancti Wenceslai, vexillum sancti Georgii albi et rubri coloris, donatum Ecclesiae per D. Imperatorum."

---

[1] Dieselben Ornamente des Perl- und Eierstabes sind auch ersichtlich an den einzelnen Quadratoren der alten Bronzethüren des Domes zu Aachen, die nachweislich von Karl dem Grossen herrühren.

[2] Wir werden einer derselben im Auszug mit erläuternder Anmerkung und Abbildung in den „Mittheilungen der K. K. Central-Kommission zur Erhaltung der Baudenkmale" veröffentlichen.

[3] Handhabe. Griff.

„Cornua tria sive tubae sufflatiles eburneae."

„Clyppeus cum aquila nigra, circumdatus argento deaurato, quem donavit Imperator Ecclesiae Pragensi."

In dem heute trotz der vielen Beraubungen und Plünderungen der drei letzten Jahrhunderte noch reichhaltigen Schatze zu Prag fanden wir unter andern Kunstwerken und Reliquien von dem gebefreudigen Karl IV. herrührend auch das obengedachte Schwert des h. Stephan, Königs von Ungarn, mit reich sculptirter Handhabe in Elfenbein, ferner das Banner des h. Georgs und das Panzerhemd des h. Wenzeslaus. Desgleichen auch die zuletzt aufgeführten „cornua eburnea," die wir oben des weiteren beschrieben haben. Das dritte Horn, wovon das Schatzverzeichniss spricht, ist heute nicht mehr vorhanden.

Es unterliegt nicht dem geringsten Zweifel, dass diese beiden Blashörner als Merkwürdigkeiten auf den vielen Zügen von Karl IV. aufgefunden worden sind, dass er ferner diese Seltenheiten als unwiderstehlicher kaiserlicher Bittsteller zum Geschenke erhielt und dieselben dem Schatze jener Kirche einverleibt habe, deren Bau er nicht nur mit aller Kraftanstrengung fortsetzte und im Chortheile vollendete, sondern die er auch zur Würde einer Metropolitankirche erheben liess.

Bei Gelegenheit, als wir den Prager Domschatz im Auftrag der K. K. Centralkommission zur Erhaltung der Monumente in seinen einzelnen Bestandtheilen ausführlicher beschrieben haben, fanden wir in einer altern Chronik eine merkwürdige Stelle, die über das Herkommen dieser beiden ebenbeschriebenen Hörner folgende interessanten Data enthielt.[1] Auf derselben Reise, als Karl IV. bei der Sedisvacanz des Churtrierer Stuhles nach Trier kam und daselbst mit eigener Hand im Beisein des Kapitels vier namhafte Partikel von dem h. Kreuze lostrennte, sei er auch den Rhein herunter nach Kloster Nonnenwörth, auf der Rheininsel gleichen Namens gelegen, gekommen und habe dort jene Hörner von Elfenbein vorgefunden. Auf seinen Wunsch habe er dieselben zum Geschenk erhalten und seien das jene Hörner gewesen, die seit den Zeiten Held Rolands daselbst aufbewahrt worden seien. Eine unverbürgte Tradition füge hinzu, dass jene „cornua sufflatilia" es gewesen wären, die Roland in der mörderischen Schlacht bei Roncesvalles unmittelbar vor seiner Verwundung noch einmal mit aller Macht geblasen habe.[2] Inwiefern dieser interessanten Tradition Gewicht beizulegen sei, lassen wir dahin gestellt sein. Dass aber bis auf den heutigen Tag die Sage vom Helden Roland am Rheine und namentlich bei Nonnenwörth und der darüber befindlichen Bergruine Rolandseck sich im Volke erhalten hat, ist Thatsache.[3] Auch lässt sich nicht in Abrede stellen, dass die vielen sculptirten Ornamente, wie oben angedeutet wurde, für die karolingische Kunstepoche massgebend sein dürften und also mit der eben vernommenen Tradition nicht im Widerspruche stehe.

An diese eben beschriebenen Hörner aus dem Domschatze zu St. Veit in Prag dürfte sich dem Alter und den verwandten Sculpturen nach anreihen jenes historisch merkwürdige und reich geschnitzte Hüfthorn, das noch heute zu Jászberény in Ungarn aufbewahrt wird. Eine ziemlich verbürgte Tradition schreibt dieses interessante Kriegswaffe dem Anführer der Jaszygen zu, dessen Schaaren mit den andern Horden der Ungarn und Avaren in den Niederungen des Lechs von der Macht Otto des Grossen so geschlagen wurden, dass seit diesen Tagen die östlichen Grenzen Deutschlands von den Magyaren und Slaven nicht mehr bedroht wurden. Vor seinem tödtlichen Hinsinken soll der Ueberlieferung nach der Anführer der Jaszygen zum letztenmal mit fürchterlichem Schall sein Kriegshorn geblasen haben, um die Seinen, wenn auch vergeblich, zum letzten Kampfe zu ermuthigen. Nach dem eben beschriebenen reicher geschnitzten Tuba aus dem Domschatze von St. Veit dürfte dieses Jaszygenhorn hinsichtlich seines Formenreichthums eine der hervorragendsten Stellen unter den heute noch vorfindlichen frühmittelalterlichen Hörnern einnehmen. Wie immer weht der Volks-

---

[1] Wir können nicht mit Sicherheit angeben, ob wir diese Notiz bei dem böhmischen Chronisten Dalbin oder bei Hagek in chron. bohem. oder im Phosphorus septicornus von Pessina de Czechorod vorgefunden haben.

[2] Bekanntlich soll der Legende nach Karl der Grosse diese schauerlichen Töne des Hornes als Nothsignale in Aquitanien vernommen haben und darauf seinen Kampfgenossen, wenn auch zu spät, zu Hülfe geeilt sein.

[3] Bekanntlich gehörte Held Roland zur Tafelrunde Karl des Grossen. Eginhard, der Geheimschreiber Karls, nennt ihn an der Stelle, wo er über die Geblsmhuen in der mörderischen Bergschlacht bei Roncesvalles berichtet: „Hruodlandum, britanici limitis praefectum." Die anmuthige Sage von Held Roland und seiner schönen Hildegund hat A. Koplsch im Liede wieder neu gefeiert.

glaube solche historische Ueberbleibsel möglichst alt und interessant darzustellen, und so wird auch dem Jazygenhorn nachgesagt, dass es noch als Kriegswaffe der Hunnen aus den Tagen der Völkerwanderung herrühre und sich unter den Schätzen jenes fürchterlichen Etzels befunden habe. Die weite Oeffnung umgibt ein breiter Zierrand, acht bänderartig umschlungene Rundungen enthaltend, innerhalb deren sich die Gestalten zweier Löwen, eines Centaurs, eines Adlers, eines Hahns, eines Vogels mit einer Traube im Schnabel und zwei sitzende nackte Figuren befinden, deren jede, gleichsam in unbeholfener Nachahmung des bekannten antiken Dornauszichers, den einen ausgestreckten Fuss mit beiden Händen hält. Nach einem kurzen Zwischenraume folgt ein schmälerer Bandstreifen mit mäanderartigen Verzierungen, und auf diesen in vier Reihen figuralische Darstellungen, welche die gesammte Mittelfläche einnehmen, und am oberen Ende wieder mit zwei Bandstreifen, deren geometrische Ornamente an antike Formen mahnen, abschliessen. Die erwähnten vier Reihen enthalten in übersichtlicher Zusammenfassung nachfolgende Darstellungen. a) Aus dem Thore eines Kastells läuft ein Pferd, ein Reiter mit dem Schwert bewaffnet und drei Männer zu Fuss, von welchen der vorderste, ein Pfeilschütze mit einem Falken, verfolgen einen Hirsch, an dessen Geweihen Trauben hängen, vor ihm erschlägt ein Mann einen Löwen. b) In der zweiten Reihe erblickt man die innere Fläche einer ausgestreckten Hand, von Laubranken umschlossen. Ferner vier Centauren, von denen je zwei im Kampfe begriffen scheinen und zwei Männer, links und rechts von ihnen je ein Hahn. c) Die dritte Reihe besteht aus einer Weintraubenranke, und einem Adler mit ausgebreiteten Flügeln zwischen zwei Greifen. d) Die letzte Reihe endlich zeigt einen Harfenspieler, einen Mann, der Opferrauch anzuschüren scheint, hierauf tanzende Männer mit Scheiben und Schwertern und mehre Gaukler.

An das eben beschriebene Jazygerhorn reiht sich das dermalen im Privatbesitze befindliche Elfenbeinhorn an, welches einen Bestandtheil der im Jahre 1858 zu Krakau veranstalteten Ausstellung archäologischer Gegenstände bildete. Es hat die gewöhnliche Form dieser Hörner (Fig. 4. u. 5.), jedoch mit minder reicher Ausstattung. Nur an der Mündung ist ein ornamentaler Bandstreifen angebracht mit viereckigen gezahnten Feldern, welche unter einander durch eine Zickzackschnur verbunden werden. In der Mitte der Krümmungsfläche erblickt man eine 12" lange Eidechse, deren Schweif sich ein wenig krümmt. Auf dem Kopfe der Eidechse liest man die nach den Schriftcharakteren später zugesetzte Inschrift: A° DCCC. XII. Das gesammte Horn, zu den grösseren dieser Gattung zählend, misst 2' 5" in der Länge, der Durchmesser der grösseren Oeffnung beträgt 3". [1]

Die sculptirten Elfenbeinhörner, die wir im Vorhergehenden in grösseren Umrissen skizzirt haben, dürften, wie wir das nachzuweisen versucht haben, sämmtlich dem ersten Jahrtausend der christlichen Zeitrechnung angehören. Diese Elfenbeinhörner, die schon vor dem Zeitalter der Ottonen, meistens aus dem Orient stammend, im Occidente vielfach zu Kriegs- und Jagdzwecken eine ziemliche Verbreitung gefunden hatten, mehren sich zu verschiedenen profanen und auch kirchlichen Zwecken, um ein Bedeutendes vornehmlich in den beiden Jahrhunderten, die unmittelbar dem gefürchteten Jahr Tausend folgten. Die Gründe, weswegen im XI., XII. und dem Beginne des XIII. Jahrhunderts solche Prachthörner im Occidente häufiger angetroffen werden, sind nicht in weiter Ferne zu suchen, sondern dürften dem Umstande zuzuschreiben sein, dass durch die Kreuzzüge der Orient mit seinen Wundern dem Abendlande, dessen Ritter und streitbare Männer 200 Jahre hindurch in grossen Schaaren der „terra sancta" zueilten, erschlossen wurde. Diese Kreuzritter brachten nicht nur als Erinnerung an Jerusalem und seine heiligen Stätten eine grosse Zahl jener „reliquiae transmarinae" in die Kirchen ihrer Heimath zurück, sondern auch Kunst- und Luxusgegenstände des Orients, und unter diesen wurden vornämlich Elfenbeinsculpturen und mit phantastischen Thiergestalten reich durchwebte Seidenstoffe über Meer den aufblühenden Handelsplätzen Italiens zugeführt. [2] Unter den Luxus- und Schaugeräthen,

---

[1] In zugenügender Weise findet sich dieses interessante Horn abgebildet in dem 1. Hefte des Bilderwerkes: Ungarns Vergangenheit und Gegenwart von N. Szerelmey Pesth. Eine grössere Abbildung, welche der vorstehenden zu Grunde gelegt wurde, enthält Molzaw Schrift: Notitia Cornu Leclis Jaszberény asservati. Vindob. 1788.

[2] Vergleiche v. Eitelbergers Aufsatz in den Mittheilungen der K. K. Centralcommission z. Erf. u. Erhalt. d. Baudenkmale Jahrgang 1859. S. 37.

[3] Welche unermessliche Schätze des Orients dem Heere der Lateiner bei der Eroberung von Constantinopel 1704 als Beute

die der Orient dem Occident in der Periode der Kreuzzüge übermittelte, bildeten vornämlich diese abentheuerlichen, mit phantastischen Thiergestalten reich belebten Elephantenzähne einen gesuchten Artikel, und

Fig. 4. u. 5.

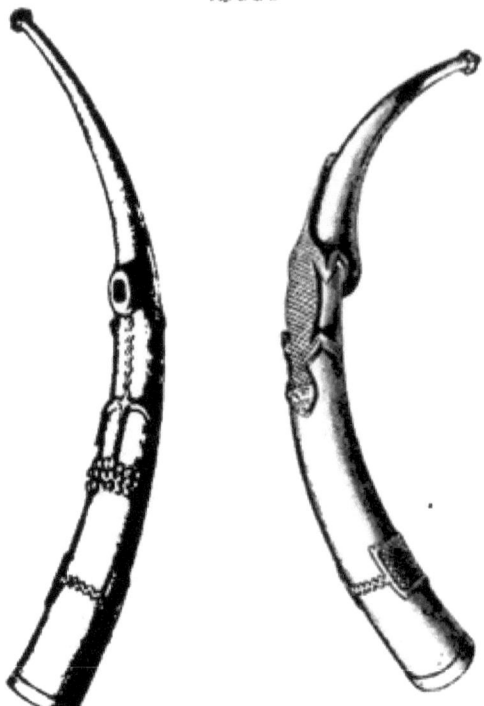

es erklärt sich so, wie nach Ablauf der Kreuzzüge in den Schätzen grösserer Kirchen des Occidentes, auch solche Blashörner vorfinden. Gross ist heute noch die Zahl solcher mit Reliefs belebten Elephantenzähne, die durch Durchbohrung und Aushöhlung zu Blashörnern umgestaltet worden sind, wie sie sich, aus der eben angeregten Epoche herrührend, heute noch in öffentlichem und Privatbesitze als merkwürdige Kunstwerke erhalten haben. Als ein solches orientalisches Luxusgeräth, das in den Tagen der Kreuzzüge in Europa eingeführt worden ist, ist auch jenes merkwürdige reich sculptirte Elfenbeinhorn zu betrachten, das sich heute noch in der an Kunstwerken aller Art so reichhaltigen Ambraser-Sammlung in Wien vorfindet

anfielen, ersieht man in der Chronik des Mönches Otto von St. Blasien, vergleiche auch darüber G. de Ville-Hardouin, Hist, de la conquête de Constantinople ch. CLXXI et CLXXII, ferner Wilhelm de Tyr arch. Hist. lib. V, Cap. XXIII (gesta Dei per Francos) pag. 713. lin. 5.

(Taf. XXV. B). Dieses interessante Hüfthorn bekundet in seinen vielen originellen Ornamenten durchaus einen orientalischen Ursprung, indem der bei weitem grössere Theil der Bauchung mit einem charakteristischen Gemisch von Formen belebt ist, die theilweise der animalischen, theilweise der vegetabilischen Schöpfung angehören, ein System der Ornamentation, wie es unter dem Namen „Arabesken" nur zu deutlich auf ein orientalisches Vaterland hinweist. Ausser den mythischen Thieren, dem geflügelten Greifen und andern, kommt auch, meistens von umfassenden Ringen umgeben, das kleinere Jagdwild, als: Hase, Taube, Wohler zur Darstellung. Sämmtliches Pflanzenwerk, das energisch geschnitzt erhaben aufliegt, verräth in seinen vielgestaltigen Formationen Anklänge an romanisirende Bildungen, die in grosser Abwechslung der Formen auch im Abendlande ihren Kurs hatten. Namentlich ist für den Ursprung dieser Hörner beachtenswerth die häufig vorkommende, durchaus orientalische Blattbildung in Form der „Fleur de lis" („Franzisa, Franeisca"), die auf der vorliegenden Zeichnung jene gedoppelten Gestalten von Vögeln überragt, die in der Nähe der ersten Bandverschlingung der obern Erweiterung des Hornes ersichtlich sind.[1] Auch diese Bandverschlingung, die an vier Stellen des Hornes als Abtrennungsstreifen der vorkommen, wo in der Vertiefung ehemals metallene schiebbare Umfassungsringe angebracht waren, enthalten für uns einen deutlichen Hinweis auf orientalischen Ursprung dieses Luxusgeräthes. Merkwürdiger Weise verrathen jene kriechenden Thiere in gebückter Stellung unmittelbar aus obern breiten Rande des Hornes viele Analogien mit jenen naturhistorisch belebten Reliefs, wie sie an demselben Stelle an dem Elfenbeinhorn im Schatze zu Aachen ersichtlich sind. Täuscht uns nicht ein unwiderstehliches Stylgefühl, so möchten wir das in der Zeichnung unter Nr. X veranschaulichte Horn der Ambraser Sammlung der Mitte des XII. Jahrhunderts zuschreiben.

Bei den engen Grenzen, die der vorliegenden Abhandlung gesteckt waren, haben wir uns darauf beschränken zu müssen geglaubt, vornämlich auf jene sculptirten Blashörner hinzuweisen und sie näher zu beschreiben, die in verschiedenen Kronländern des Oesterreichischen Kaiserstaates, aus der romanischen Kunstepoche stammend, sich heute noch vorfinden. Der Vollständigkeit wegen fügen wir hier noch hinzu, dass, abgesehen von den vielen in englischen Kunstkabineten vorfindlichen ähnlichen Blashörnern auch in die königlichen Museen zu Berlin sich noch fünf grössere Elfenbeinhörner mit reichsculptirten Reliefs gerettet haben.[2]

Das erste und älteste dieser Hörner dürfte wohl noch der karolingischen Zeit angehören. Dasselbe zeigt auf seiner Oberfläche erhaben hervortretend der Quer nach aneinander anschliessende Kreise, welche als Medaillons Jagdscenen von Löwen, Hirschen und anderem Edelwild umschliessen. Die Gewandung der Jagenden verräth noch unverkennbare Reminiszenzen an die untergegangene Antike.

Das zweite Horn gehört zu jenen Hüfthörnern, die, offenbar orientalischen Ursprungs, von zierlichem Rankenwerk ganz überdeckt, auf der Oberfläche eine Menge phantastischer Thiergestalten, von Kreisen umfasst, zeigen, die weniger in der Wirklichkeit existiren, sondern mehr als freie Bildungen der reichbegabten Phantasie eines morgenländischen Sculpteur zu betrachten sind. Dieses interessante Horn ruht wahrscheinlich, mit einem reich sculptirten dazu gehörigen Kästchen, aus der ehemaligen Kunstsammlung des zu Heidelberg verstorbenen Speyrer Domherrn von Wambol her, und dürfte ehemals dem Domschatz von Speyer angehört haben. Vielleicht hat dieses Horn und das dazu gehörende Kästchen zu jenen Schätzen gehört, die aus dem Kloster Limburg 1058 nach Speyer geschenkt worden sind.

Das dritte „cornu suffiatile" im königlichen Museum zu Berlin ist hinsichtlich seiner vielen unnaturlich entwickelten Ornamente dem vorhergedachten sehr ähnlich.

Ein viertes grosses Horn in Elfenbein befindet sich daselbst, dessen mittlere Bauchung polygon abgekantet ist und solche Facetten zeigt, wie dieselben am oben beschriebenen Horne im Schatze zu Aachen ersichtlich

---

[1] Dieses Lilienornament, das seit dem XII bis in die letzten Jahrhunderte in der Kleinkunst des Occidentes eine so anhaltende und gehäufte Anwendung fand, war schon vor dem VIII. Jahrhundert im Orient ein beliebtes stereotypes Ornament, das ursprünglich sehr einfach entstanden ist aus der Zusammenfügung zweier in der Mitte getappter oder geschlitzter Blätter.

[2] Der Generaldirektor der königlichen Museen, Geheimrath Dr. von Olfers, hatte die Gewogenheit, in einem längern Schreiben uns zur Abfassung der vorliegenden Arbeit seine umfangreichen Forschungen über den angeregten Gegenstand mitzutheilen. Wir haben diese schätzbaren Fingerzeige in der vorliegenden Arbeit gewissenhaft benutzt und bewiesenen von im Folgenden darauf nach den speciellen Angaben des ebengedachten gelehrten und merkwürdigen forstliteraturen ausbeutende Ausstellungen über den Befund und das Alter des „cornu eburneus" des Königlichen Museen zu Berlin noch hinzuzufügen. Vergl. auch hierzu die Angaben in Kuglers Beschreibung der in der königlichen Kunstkammer vorhandenen Kunstsammlung, Berlin 1838.

sind. Am Mund-tück und zu der untern breitern Oeffnung erblickt man zierliche Schnitzarbeiten von Thier- und Pflanzenornamenten. Auch gewahrt man am äussern Mündungsrande eigenthümlich geschnitzte Charaktere, die den gothischen nahe kommen. Ueber Zeit und Herkommen dieses Hornes hat sich bis jetzt noch nichts Bestimmtes feststellen lassen.

Ein fünftes daselbst befindliches Elfenbeinhorn gehört der Spätzeit des Mittelalters an; es ist dasselbe ebenfalls mit sculptirten Thierornamenten verziert, und ist ausserdem geschmückt mit dem portugiesischen Wappen und dem Kreuze des Christusorden. Der „sphaera armillaris" nach zu urtheilen, womit dasselbe verziert ist, dürfte dieses Horn der Zeit des Königs Don Manuel oder seines unmittelbaren Nachfolgers angehören, indem bekanntlich diese Fürsten diese „sphaera armillaris" als Symbol annahmen.

Bevor wir diese Angaben über die heute noch vorfindlichen ältern „cornua eburnea" zum Abschluss bringen, sei es anzudeuten gestattet, welchen Gebrauch man im Mittelalter, namentlich zu kirchlichen Zwecken, mit solchen mehr oder weniger reich sculptirten Hörnern gemacht habe.

Der jüngere Isidorus, Bischof von Hispalis, Rhabanus Maurus, Durandus und andere Liturgiker des Mittelalters berichten einstimmig, dass die Glocken, die sie „Vasa aenea, signa, campana," und die kleinern derselben „nola" nannten, im mittlern Italien und zwar in der Provinz Campanien (daher auch der Name), und zwar in der Stadt Nola erfunden und zuerst kirchlich in Gebrauch genommen worden seien.

Der berühmte Bischof Paulinus von Nola, ein Zeitgenosse des h. Hieronymus, der im V. Jahrhundert zu Nola zwei grössere Kirchen baute, die er selbst ausführlich beschrieben hat, erwähnt jedoch an den betreffenden Stellen mit keiner Sylbe dieser „signa, campana" in Erz gegossen. Otte, in seinem neuesten Werke über die Glocken,[1] nimmt an, dass die Einführung der „signa ecclesiae" erst in das VII. Jahrhundert zu verlegen und dass die allgemeine Einführung derselben der Berge erst in die karolingische Epoche anzusetzen sei. Auf welche Weise wurden die Gemeinden zu bestimmten Zeiten zum öffentlichen Gottesdienst versammelt in jenen Tagen, als die „campanae", die heutigen Glocken, noch nicht eingeführt waren? Bei dem obengedachten Schriftsteller und Andern ist das Weitere zu ersehen, wie die griechische Kirche vermittelst eines hölzernen Instrumentes zum Anschlagen, das die Griechen σταυρος ξυλον und im Neugriechischen σημαντρα μεγαλα nennen, die Gläubigen zum öffentlichen Gottesdienste versammelt haben. In der lateinischen Kirche bediente man sich anderer Instrumente, wodurch den Umwohnenden das Zeichen zum Beginn des Gottesdienstes gegeben wurde. Es kommen aber auch bei ältern Schriftstellern mehrfache Angaben vor, dass man vor Einführung der „signa" in Metall durch das Blasen auf Hörnern den Beginn des Gottesdienstes der Nachbarschaft ankündigen liess. Viele[?] dieser ältern Hörner scheinen, wie auch die Tuba des Jehovadienstes, deren wir Eingangs erwähnten, in lang gezogener Form in edlem Metall angefertigt worden zu sein. Es liegen keine Gründe vor, die der Annahme entgegentreten können, dass man in den Jahrhunderten, die unmittelbar der konstantinischen Epoche und der öffentlichen Einführung des christlichen Kultus folgten, sich einfacher oder reicher geschnitzter Hörner in Elfenbein bedient habe, vermittelst welcher der „buccinator" von erhöhetem Orte herab der Gemeinde den Beginn der kanonischen Tageszeiten oder anderer kirchlicher Andachtsübungen bekannt gegeben habe. Neben dem kriegerischen Gebrauche solcher ausgebildeter Elephantenzähne und neben ihrer Anwendung auf der Jagd hat man zweifelsohne derselben sich auch, wie oben angedeutet wurde, zu religiös-kirchlichen Zwecken bedient. Ja noch in späterer Zeit, als der Orden des heiligen Benedict sich diesseits und jenseits der Berge in zahlreiche Niederlassungen ausgedehnt hatte, scheint neben dem Gebrauch der Glocken sich das „cornu eburneum" noch längere Zeit und zwar bis ins XII. Jahrhundert hin im kirchlichen Gebrauche erhalten zu haben. So bestand in grössern Klöstern und Abteien noch lange die Sitte, dass der „hebdomedarius," der auch noch zuweilen den Namen „buccinator" führt, der Klostergemeinde das Zeichen gab, wann die Matutina, die verschiedenen Horen und der Frühgottesdienst begann und zwar pflegte er, weil das Zeichen nur der Klostergemeinde galt, mit seinem Blashorn das Quadrum des Klosters an den Zellen vorbei zu durchwandern, um durch Blasen in abgesetzten Stössen den Anfang des kirchlich vorgeschriebenen „officium horarum diurnarum" anzugeben.

Nachdem der Gebrauch der Glocken schon vor dem X. Jahrhundert fast in allen Kirchen des Occidents

---

[1] Glockenkunde von H. Otte. Seite 3 u. s. Leipzig 1858.

[2] Vgl. die Angaben des Abtes Climacus vom Berge Sinai. (scala paradisi gr. 1s. Bibl. patr. ed. Paris 1654. 3. 241).

allgemeiner eingeführt worden war, blieb es lange noch kirchlicher Gebrauch, den Beginn der kirchlichen Tageszeiten, desgleichen den feierlichen Gottesdienst in den letzten drei Tagen der Charwoche vermittelst Blashörner von den Dächern der Kirchen und den Thürmen herab bekannt zu geben. In vielen Kirchen Frankreichs schienen noch bis zur französischen Revolution die aus uralter Zeit her vorfindlichen Blashörner in Elfenbein zu dem eben angedeuteten Zwecke in den kirchlichen Trauertagen der Passionswoche vom Thurme herab anstatt der Glocken in Gebrauch gewesen zu sein.

Wann dieser Gebrauch, die gottesdienstlichen Versammlungen durch das Blashorn des Thürmers in den Zeiten des „parucern" zu verkünden, in Deutschland abgekommen ist, wissen wir nicht. Heute hat sich in vielen Kirchen des Abendlandes der uralte und, wie es erscheint, von der griechischen Kirche entlehnte Gebrauch erhalten, den Anfang des Gottesdienstes in den letzten drei Tagen der Charwoche durch ein Instrument von Holz zu verkünden, das entweder durch Drehung einen dumpf knarrenden, weithin vernehmlichen Ton von sich gibt, oder das durch Anschlagen zweier beweglichen Klöpfel von Holz auf ein entgegenstehendes Brett ein knarrendes Geräusch verursacht. Ein fernerer Gebrauch, den man in den späten Tagen des Mittelalters von diesen einfachen und reich sculptirten Elfenbeinhörnern als Prachtgeräthe des Orients machte, bestand darin, dass man dieselben, die vielfach als Geschenke nach dem Absterben einzelner Kreuzfahrer in Besitz der Kirche kamen, an der untern und obern Oeffnung durch angebrachte silberne Kapseln verschloss, und sie so zu Behältern zur Aufbewahrung von Reliquien umgestaltete, deren grosse Zahl, namentlich im XIII. und XIV. Jahrhundert, durch den frommen Glauben der damaligen Zeiten bedeutend vermehrt worden war. Bei grössern Processionen und feierlichen Bittgängen pflegten dann solche Hörner mit reich verzierter Fassung und mit Reliquien verschiedener Heiligen gefüllt entweder in den Händen oder an kunstreich gezierten Gürteln um den Hals getragen zu werden.[1] Diese kleineren sculptirten Elfenbeinhörner, die kirchlicher Seits als Reliquiarien vielfach in Gebrauch genommen wurden, kommen zu derselben Zeit für den besagten Zweck in den Schatzkammern grösserer Kirchen des Abendlandes vor, wie auch für dieselben Zwecke ein verwandtes Produkt des Orients, jene geräumigen und weisslich glänzenden Straussenei er kirchlicher Seits als Reliquiarien ihre Anwendung fanden. Deswegen finden wir auch in ältern Schatzverzeichnissen zugleich mit der Anführung der „cornua eburnea" auch die vielen Anführungen der „ova struthionis."[2] Diese Straussenei er, als Reliquienbehälter, waren in der Regel mit einem Fuss oder Ständer von edlem Metall versehen und befand sich oben eine Oeffnung als Deckverschluss, die ebenfalls durch die Kunst des Goldschmiedes verziert war. Mit diesen Hörnern, die theilweise als seltsame Prunk- und Blashörner, theilweise auch als Reliquiarien aus dem Oriente in die Kirchen des Occidents in der Periode der Kreuzzüge zahlreich eingeführt wurden, sind auch noch zu rechnen jene verwandten „arcula eburnea," die mit Reliquien von heiliger Erde gefüllt, von den Pilgern in das Abendland in Menge heimgeführt wurden. Solche in Elfenbein und Wallrosszahn, gleichfalls wieder mit Arabesken reichsculptirte Kästchen, die zugleich mit den eben beschriebenen geschnitzten Elfenbeinkästchen über Meer gebracht wurden, haben wir als augenfällige Gegenstände zu diesen Elfenbeinhörnern in vielen Kirchenschätzen des Abendlandes zahlreich angetroffen.[3] Dass die meisten dieser elfenbeinernen Reliquienkästchen mit ihren originellen fremdartigen Sculpturen, die den Relief der Elfenbeinhörner sehr verwandt sind, grösstentheils aus dem Orient stammen und von arabischen, persischen und ägyptischen Beinschnitzern angefertigt worden sind, beweisen zur Genüge die Naschbünschriften oder auch Kufen, die sich auf denselben vielfach vorfinden.[4] Noch fügen wir hier, hinsichtlich des kirchlichen Gebrauchs, den im späten Mittelalter diese früher als Blashörner benutzten Kunstobjekte des Orients fanden, hinzu, dass altern Inventaren zu Folge auch in solchen Hörnern die heiligen Oele vom Diözesanbischof am Gründonnerstag feierlich geweiht wurden. Zu diesen „olea sacra" zu verschiedenen kirchlichen Gebrauchszwecken gehören bekanntlich: das „oleum infirmorum," das „oleum catechumenorum"

---

[1] Wir haben in letzten Jahren mehrere solcher Reliquienhörner in Augenschein zu nehmen Gelegenheit gehabt. So befindet sich auch in der Schatzkammer des St. Servatius zu Maestricht ein ähnliches Reliquienhorn mit kunstreich verzierter Umfassungen.

[2] Sogar im IX. Jahrhundert ist der Gebrauch solcher „ova struthionis camelorum" nachweisbar, indem schon Leo IV. einer römischen Kirche zwei solcher Straussenei er schenkte. Vgl. Anast. Biblioth. vita Rom. Pont. Leo IV. a. Chr. 847.

[3] So besitzt der Stiftsschatz zu Xanten, die Kirche zu Werden, das städtische Museum zu Köln und die Gereonskirche daselbst mehr Reliquiarien in Form von viereckigen länglichen Elfenbeinkästchen mit figuren und ornamentalen Sculpturen.

[4] Vgl. die 1. Lieferung unseres Werkes „das heilige Köln" Taf. I. Fig. 2 und 3 und Seite 4 und 9.

und das „sanctum chrisma". Es diente also das eine Horn zur Aufnahme des zu weihenden Oeles für die letzte Oelung der Kranken, das zweite für das Chrisam und das dritte zur Aufnahme des Oeles für den kirchlichen Gebrauch bei den Täuflingen. Es leuchtet ein, dass die Goldschmiedekunst alles aufbot, um Deckverschluss, Ständer und Fussstück dieser Hörner passend auszustatten. Bei der Detailbeschreibung der vielen Kunstwerke, die heute noch der Domschatz von Gran zu besitzen sich rühmt, fanden wir auch noch drei grössere Hörner mit kunstreich verzierten silbervergoldeten Ständern und Deckverschlüssen, die heute noch als „vasa sacra" kirchlich im Gebrauche sind, vor.[1] Dieselben sind als Pracht- und Schaugefässe für die Feste des „Ordens vom Drachen", eine Stiftung Kaiser Sigismunds in Ungarn, angefertigt worden und erst später zu obigen Zwecken in kirchlichen Gebrauch übergegangen. Es liegt nicht im Bereiche der vorliegenden Abhandlung, auch die vielen Hörner in den Kreis unserer Forschung zu ziehen, die im Mittelalter zu den verschiedenartigsten Profanzwecken in Gebrauch waren und die vielfach durch die Kunst des freien Goldschmiedegewerkes auf's Reichste ausgestattet waren. Zu dieser Kategorie[2] mittelalterlicher Hörner gehören vornämlich die Blas- und Trinkhörner. Diese „cornua" des spätern Mittelalters bestanden nicht immer aus Elfenbein, sondern es wurden auch die Hörner des Büffel, des Einhorns und anderer Zweihufer dazu verwendet. Zu diesen Blashörnern sind zu rechnen jene vielen zierlichen kleinen Hüfthörner, meistentheils in Elfenbein sculptirt, die in den Glanztagen des Ritterthums beim edlen Waidwerke ihre Anwendung fanden, und jene einfachen Thürmerhörner, deren sich der Thurmwart in festen Schlössern und auf den Bellfrieden der Städte bediente, um Kriegs- und Feuersgefahr bei Tag und bei Nacht den Umwohnenden zu verkündigen. Zu den Trinkhörnern gehören jene bekannten und reichverzierten Greifenklauen des Mittelalters, die sich heute noch als Meisterwerke mittelalterlicher Goldschmiedekunst in öffentlichen und Privatsammlungen zahlreich erhalten haben. Ferner noch jene Prachthörner in kostbaren und zierlichen Fassungen, die als Prunk- und Schaugefässe bei Turnieren, Gelagen und glänzenden Hoffesten im Mittelalter als Tischzierden nicht fehlten.

---

[1] Vgl. die Abbildung und ausführliche Beschreibung derselben in unserer Abhandlung der Schatz der „Metropolitan Domkirche zu Gran" im III. Bande des Jahrbuches der Centralcommission z. Erh. d. Baudenkmäler, redigirt von Dr. Heider. Wien 1858. Seite 150.

[2] Vgl. die nähern Angaben in dem Werke von Gesellschaft dictionnaire iconographique unter der Vokabel: olifant, cornet, cornua.

Der romanische Dom zu Gurk in Kärnten

Carl Haas.

Taf. XXVI—XXIX.

Nach den Aufnahmen des Architekten J. Lippert.

— — —

Mehr als irgend ein deutsch-österreichisches Denkmal des romanischen Styles ist der Dom zu Gurk in weitern Kreisen bekannt. Schon vor einigen Jahren, als v. Quast zuerst die Aufmerksamkeit der Archäologen auf diesen Bau lenkte,[1] folgte ihm das ungetheilte Interesse der Fachgenossen.

Mehrfach wurde seitdem von kundigen Händen versucht, diesem in seiner Erhaltung und namentlich in der Ausbildung einiger Details prachtvollen Monumente eine historische und archäologische Würdigung zu geben.[2]

Nach v. Quast's trefflicher und lebendiger Darstellung ist über den Bau wenig mehr neues zu sagen, die vorliegende Arbeit kann daher nur einigen Werth durch die systematische Darstellung mit Beihülfe der ausführlichen Aufnahmen und durch tieferes Eingehen auf manche bisher weniger berücksichtigte Einzelheit erhalten.

In überraschender Erhaltung stellt sich der Gurker Dom dem auf der Strasse von Zwischenwässern und Strassburg Nahenden dar. Mauern mit Thürmen flankirt umschliessen ein geräumiges Viereck, an dessen einer Seite der Dombau ziemlich nahe an die Strasse gerückt, sich auf massiger Anhöhe erhebt.

Schon der erste Anblick zeigt den konstruktiven Gedanken des Baues, ja aussen scheinbar klarer, als wir ihn beim Eintritt erhalten.

Drei Altarnischen treten aus der etwas nüchternen hohen Abschlusswand des Langhauses in reicher Durchbildung entgegen. Seitlich zeigt sich die grosse Wandfläche dadurch gerechtfertigt, weil sie in gleicher Höhe mit dem Mittelschiffe das Querschiff bildet. Dieses jedoch tritt in der Grundfläche nicht hervor, sondern in gleicher Flucht mit ihm zieht sich das Nebenschiff, ziemlich niedrig gehalten, bis zur Westseite fort, wo es sich dem Doppelthurmbau anschliesst.

Ueber dem Pultdache des Nebenschiffes erhebt sich nun in gleicher Höhe mit dem Querschiffe das Mittelschiff. — Kräftige Profilirung der Friese und zierliche Details an dem Giebel des Querbaues, endlich die prachtvolle, warme Färbung des edlen Materials, welches an der Strassenseite vom Kalkanstrich befreit blieb, wirken zusammen, um den ersten Eindruck zu einem höchst erfreulichen, anregenden, zu machen.

— —

[1] Zuerst im deutschen Kunstbl. 1850—1851, dann abgedruckt bei Otte, Grundzüge der Archäologie 1853, pag. 89 und an einigen a. O.

[2] So früher v. Ankershofen in den Mitth. der k. k. Centralcommission, Jahrg. 1856, pag. 22 u. 279, 1857 pag. 294 und Hebenlander ebend. p. 299.

Fassen wir nun, ehe wir in die weitere Beschreibung eingehen, die Bedingungen ins Auge, welche der Architekt der Gurker Kirche seinem Entwurfe zu Grunde legen musste.

Es galt für die Stifterin, die später zu dem Range der „Seligen“ erhoben wurde,[1] einen geeigneten Denkmalsbau zu liefern, es musste Rücksicht genommen werden, einen besondern Raum für die Nonnen, und einen ebenso reservirten für die Chorherren und Kleriker zu schaffen, endlich noch die Basilika, welche zugleich Kathedrale war, demgemäss in grösserer Anlage für die höheren kirchlichen Feierlichkeiten herzustellen.

Es war also eine ziemlich verwickelte und interessante Aufgabe, welche uns in einer, wie mir dünkt, sehr glücklichen Lösung vorliegt.

Noch müssen wir ins Auge fassen, dass die eigentliche Vorschule für derartige Bauten in dem heimischen Lande eine nicht sehr ausgebreitete war, und wenige Beispiele bisher vorlagen.

Hingegen hiesse es einen von uns nicht getheilten Standpunkt einnehmen, wenn man die Eigenthümlichkeit, der specifisch österreichischen, und hier besonders der kärntnerischen Baugruppe übersehen, und jedes und alles mit dem zufälligen Zusammentreffen einzelner Aehnlichkeiten mit entlegenen deutschen Bauten abthun wollte.

Diese Eigenthümlichkeit näher zu bestimmen, müssen wir nach den Grundbedingungen baugeschichtlicher Entwicklung überhaupt forschend vorgehen. Vorzugsweise werden massgebende Versuche und dadurch hervorgebrachte Nachwirkungen an grösseren Anlagen zu suchen, diese aber in jenen Zeiten entweder an einer Stiftskirche, welche mehr oder minder durch gewisse Ordenstraditionen modificirt wird, oder an Kathedralen zu finden sein. Wenn nun anderswo ein lebensfrisches Volk durch die rastlose Bemühung, bischöfliche Kirchen in Städten zu errichten, und durch das nationale Bewusstsein in Zeit der Noth getrieben, darinnen eine Schranke gegen das Umsichgreifen der Feudalität sucht, fehlt dieser bedeutsame Faktor kunstgeschichtlicher Thaten bei uns.

Die geringe Entwicklung des heimischen Städtelebens der in Frage kommenden Zeit des XI. und XII. Jahrhunderts ist ein wohl zu berücksichtigender Umstand. Die meisten unserer südwestlichen Bischofsitze sind an Punkten errichtet, welche entfernt von den Mittelpunkten politischer Entwicklung liegen.

Darin zeigt sich aber ein bedeutsames Moment, dessen eingehende Betrachtung hier zu weit führen dürfte, dessen Wirkungen aber mit Berücksichtigung des nationalen Wesens und Strebens jener Zeit auf nicht abzuweisende Thatsachen führen.

Hierdurch bleiben die Kathedralen, von denen in dieser Periode die eigentliche Entwicklung der Baukunst ausgeht, bei uns in einer einfacheren, lediglich dem religiösen Streben gewidmeten Haltung und der grossartige Reigen, den die bildende Kunst in Ausschmückung des vaterländischen Bischofsitzes mit Anwendung aller Kulturentwicklung ihrer Epoche anderswo eröffnet, muss bei uns fehlen.

Wir werden daher hier keine jener lebensfrischen Schöpfungen finden, woran Volkswitz, Laune und gehässiges Bürgerthum seinen Theil hat, sondern ein streng kirchliches Bestreben und eine oft sogar verspätete Nachwirkung religiöser Cyklen und Anschauungen.

Das eine Element fehlt und das andere wirkt in ungestörter beschaulicher Ruhe fort. Daher eine oft nur lokale Entwicklung durch scheinbar geringfügige Umstände hervorgerufen, daher auch kein Ueberbieten durch Prachtbauten, wie solches da entsteht, wo städtisches Bewusstsein und höherer Klerus um die Palme der würdigsten Anlage des Gotteshauses ringen.

Es werden diese Wahrnehmungen uns zugleich die innerösterreichischen Denkmale von vornherein verständlich machen und uns erklären, dass diese vorgeschobenen Posten der deutschen Baukunst in bescheidener Entwicklung und mit Aufnahme mancher Eigenthümlichkeit angrenzender Kunstweisen, je nach ihrer geographischen Lage, ihr Entstehen auf einem oft erst jüngst verheerten Boden fanden.

Hier ist noch zu betrachten, dass die eigentliche Kulturepoche für diese Strecken mit dem XII. Jahrhundert beginnt, einer Zeit, in welcher bekanntlich die Architektur aus den Händen der klösterlichen Bauleute in die der Laien überging, und da ist es denn begreiflich, dass die Schultradition in dem nächsten Kreise wirkend wird. Unter sich sind nun die Denkmale auf natürlichem Wege, durch das Uebergehen der Werkleute von einem Bau zum andern, zu manchem Gemeinsamen in Anordnung und auch Ausschmückung

---

[1] Vgl. Acta Sanct. Juni V. Bd. p. 450.

der Details gekommen. Damit soll aber nicht geläugnet werden, dass die lebendige Verbindung mit den Punkten, von wo die Kunstthätigkeit für die österreichischen Länder ausgegangen, und diese finden wir in der Gesammtentwicklung des süddeutschen Vaterlandes, gelöst worden wäre. Es wird also überhaupt bei der Architekturgeschichte, wenn nicht in wohlfeiler vornehmthuender Weise alles zum importirten Abklatsch fremder Idee gestempelt werden soll und andererseits wuchernder Land- oder Stadtpatriotismus sich nicht ins Abenteuerliche verlieren will, ein doppelter Gesichtspunkt nothwendig sein.

Der allgemeine, von welchem aus das beste Erbtheil jeweilig verarbeitet und benützt, in tonwellenartigen Nachwirkungen betrachtet wird, und der besondere, wo wir berücksichtigen, wie in den einzelnen Ländern innerhalb allgemeiner Stylgesetze den vorliegenden Bedürfnissen und Mitteln Rechnung getragen wird.

Im ersten Fall tritt die, wenn der Ausdruck erlaubt ist, kosmopolitische Wirkung der allgemeinen transalpinen Kunstentwicklung ins Mittel, im zweiten aber die auf den Architekten einwirkenden lokal-nationalen Elemente. Wie schwierig es ist, diese verborgenen und oft verwischten Spuren mit Wahrheit anzugeben, ist allen denen bekannt, die mit redlichem Wollen sich die Aufgabe gestellt haben, zu dem Erkenntniss unserer heimathlichen Kunstgeschichte mitzuhelfen.

Zum grossen Nachtheile für dieses Studium sind die ältesten Denkmalbauten, welche den Ausgangspunkt gegeben haben, spurlos verschwunden, und wir stehen den bereits durchgebildeten erhaltenen eben deshalb in einer noch keineswegs festen Stellung gegenüber.

Wagen wir es nun, die bisher auf eigenen Wegen gewonnenen Resultate auf die Gefahr hin, solche als verfrüht bezeichnet zu hören, hier in Kurzem niederzulegen, so ergibt sich als selbständiger und lokaler Charakter, ausser der bereits eben angeführten streng kirchlichen Richtung, ungefähr Folgendes:

Die Anlage der gewöhnlichen romanischen Basiliken mit und ohne Querschiff ist ziemlich gleichmässig vertreten. So war das Augustinerstift Eberndorf von 1106 und die Cistercienserkirche Viktring 1202 und die beinahe gleichzeitig entstandene Stiftskirche zu St. Andrä im Lavantthale von 1212—1218, endlich Gurk selbst mit Querschiffanlagen versehen, während die Kirche der Benediktiner zu Millstadt 1122, die der Augustiner zu Seckau von 1160 und die Kirche zu Villach von 1230 keines enthielten. Von diesen zeigen die meisten Pfeilerbau, nur Seckau den Wechsel von Säulen und Pfeilern, Emporen zwischen den Thürmen, die sich gegen das Schiff zu durch Bogen öffnen, erscheinen in einer ganz besonders beliebten Weise, wie überhaupt in den österreichischen Bauten. Bei allen diesen Denkmalen ist die strenge, schulgemässe Durchbildung nur in der allgemeinen räumlichen Disposition zu finden und neben genialem Entwurfe erscheint nüchterne Technik, so weit konstruktive Bedingnisse zu erfüllen sind. Uebergrosse Sorgsamkeit und Materialverschwendung gibt sich überall zu erkennen, wo eine Wölbung gesichert werden soll, die überhaupt gern vermieden wird. Die Ausbildung des Handarbeiters ist eine grosse, namentlich im Ornamentalen, obwohl sehr lange beim Kapital der Säule namentlich die Ausladung der Voluten über die senkrechte Linie der Deckplatte nicht gewagt wird. Die Säule überhaupt mit ihrem aus Trommeln hergestellten Schaft ist eine seltene und ungewöhnliche Erscheinung. Wo die Säule erscheint, so namentlich an Portale, werden, wenn es das Material erlaubt, möglichst lange Cylinder gewählt, so dass der Schaft aus 2—3 derselben besteht. Wo es die Dimensionen begünstigen, wie in der Krypta zu Gurk, erscheinen auch für freistehende Säulen monolythe Schäfte in Anwendung.

Das Material dieser Bauten ist schöner Kalk- und Sandstein, wie solchen in reicher Fülle das Gebirge bietet. Ziegel werden erst zur gothischen Zeit und auch da nur partiell angewendet.

Die grosse Nettigkeit der dekorativen Arbeit, welche ein wirkliches Gefühl des Steinmetzen in den meisten Fällen verräth, ist eine Erscheinung, die innig mit dem noch heute bekannten Geschick des Alpenbewohners zu plastischer Arbeit zusammenhängt. Aus derselben Quelle stammt die übergrosse Fülle späterer Altarwerke der gothischen Zeit.

Mit besonderer Vorliebe hierbei erscheinen auch symbolische Elemente aufgenommen, die ebenfalls dem empfänglichen Gemüthe des Volkes, welches auch Sagen und Mährchen in seinen Bergen lange bewahrt, mehr zusagen, als dem Bewohner der grossen Flachländer.

Die ausserhalb einwirkenden Einflüsse lassen sich meist auf die Gebundenheit der räumlichen Eintheilung durch Ordensregel in Klosterkirchen und auf die durch die Nähe Oberitaliens einwirkende lombardische Sitte äusserer Portalvorhallen, wie z. B. Gurk einst besass, endlich einiger formeller Verwandtschaften zurückführen.

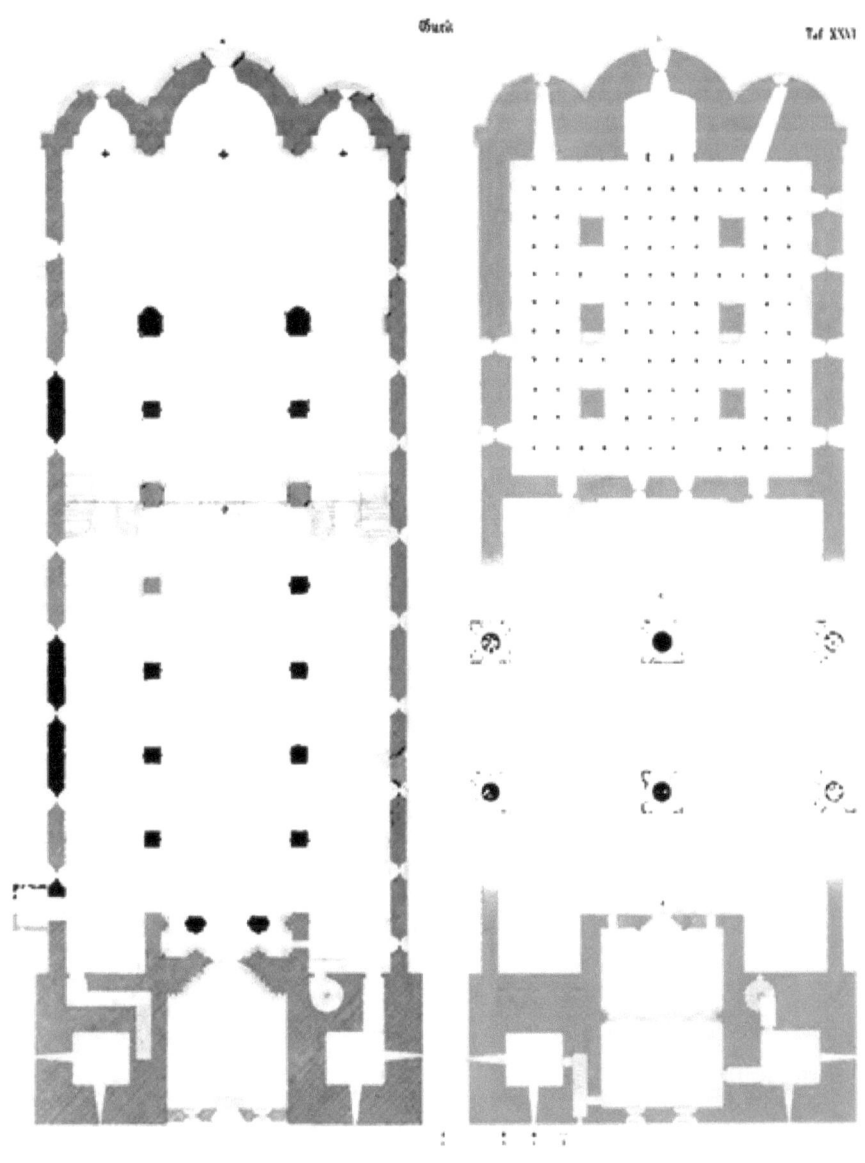

Die geschichtlichen Notizen, welche wir zu dem vorliegenden Falle mitbringen, sind ziemlich dürftig, so weit wir uns auf die gewiss gediegene Vorarbeit der einheimischen Forscher verlassen müssen.[1] — Einiges, ziemlich wesentliches, bringt in älterer Aufschrift, der Bau selbst.

Die seit dem Jahre 1015 bereits Wittwe gewordene Gräfin Hemma von Friesach verlor in wildem Knappenaufruhr 1036 ihre Söhne, und der Welt entsagend, stiftete sie mit reichem Besitze dasselbe ausstattend, in einem schon im IX. Jahrhundert[2] urkundlich vorkommenden Orte ein Kloster für Nonnen und Cleriker des Augustiner-Ordens. Balduin, Erzbischof von Salzburg, dessen weiter Sprengel nach der im Jahr 811 geschehenen Begrenzung der Aquilejenser und Salzburger Diöcese hieher reichte, weihte die erste Kirche im Jahr 1042. Dieser erste Bau hatte also die doppelte Aufgabe einer Klosterkirche für Mönche und Nonnen zu erfüllen. Von demselben aber ist uns keine Spur erhalten. Schon im Jahr 1071, nach der ersten Kirchweihe also 49 Jahre, wurde durch Erzbischof Gebhard das neue Bisthum Gurk errichtet, und von Kaiser Heinrich IV. zu Regensburg am 9. Januar 1072 diese Umwandlung des Stiftes Gurk in ein Bisthum mit 70 Nonnenpfründen, und 20 Chorherren unter selbständigen Pröbsten bestätigt. Keine Erwähnung des Kirchenbaues erscheint bis zum Jahr 1174, wo nach einer Haustradition Bischof Heinrich I. die Gebeine der Stifterin Hemma in die Gruftkirche, wo sie noch gegenwärtig ruhen, aus dem Friedhofe übertragen liess.[3]

Wir müssen also, da durchaus keine Nachricht einer spätern Erneuerung auch nur traditionell bekannt ist, und der bauliche Charakter auch hiermit im Einklange steht, den Unterbau eines unter den Bischöfen dieser Periode neu errichteten Domes, namentlich die Gruftkirche als im Jahr 1174 vollendet annehmen.

Rasch muss nun der Bau vorgeschritten sein, so dass er in den Jahren 1203—11 schon bis zur Höhe des Nonnenchores, und im Jahr 1216 auch im Langhause vollendet war. In diese Zeit fallen nämlich, und zwar nach Ankershofen scharfsinniger Bemerkung, in das Jahr 1203 eine Stiftung auf einen, am Nonnenchor in Errichtung begriffenen Altar, und in das Jahr 1216 eine Stiftung zur Weihungsfeier des zwischen Langhaus und Presbiterium aufgerichteten Kreuzaltars.[4] Nun ist eine lange Lücke, innerhalb welcher nichts von nothwendigen Herstellungen u. s. w. verlautet.

Im Jahr 1589 erst finden sich wieder Verträge über die Einwölbung des Langhauses mit dem noch heute bestehenden Tonnengewölbe mit Stichkappen, und von 1598 eine Schrift, nach welcher der in Klagenfurt ansässige Maler Anton Plumenthal sich zur Bemalung der drei Abseiten gegen 216 fl. verpflichtet.

Baubeschreibung.

Die Basilika (Taf. 26 a) besteht aus einem dreischiffigen Langhaus mit zwei an der Westseite desselben vorgelegten Thürmen, die durch eine Portalvorhalle getrennt werden, über welcher die westliche Kirchenwand aufsteigt.

Nach innen ist die Vorhalle in's Mittelschiff durch einen kleinen dreijochigen Zubau, zwischen welchem und der äussern Vorhalle ein prachtvolles Portal angeordnet ist, verlängert. Nach Osten fortschreitend folgt dem Langhause ein erhöhtes dreischiffiges Presbiterium, in gleichem Breitenverhältnisse, wie die Kirchenschiffe, dann weitet sich dasselbe, durch das Wegfallen eines Pfeilers der Längenrichtung, zu einem Querhause aus, welches jedoch in der Aussenmauer nicht vortritt, und nun folgen drei Chornischen, welche den drei Schiffen in der Achse entsprechend, den östlichen Abschluss bilden.

---

[1] Siehe Ankershofen a. a. O. und dessen Regesten d. Herz. Kärnten.

[2] Siehe Juvaria Anhang XXXIX. p. 96, wo Ludwig der Deutsche am 864 in loco vocato Korka eine Curia der Kirche zu Salzburg als Eigenthum gibt.

[3] Eine von dem verdienten Historiker, Freiherrn v. Ankershofen, als zuletzt verworfene Notiz einer Kirchweihe vom Jahr 1072 von Wigeleus Hund. Metrop. Salisb. p. 6 ist auch hier nicht berücksichtigt. S. d. Mitth. d. C. C. Jahrgang 1856, Seite 23.

[4] 1216 stiftete Probst Otto einen Jahrtag auf den Kreuzaltar und 23. August 1216 bestätigt Bischof Ulchath eine Stiftung des verstorbenen Bischofs Walther zu Gunsten einer Seelenmesse, auf einem in Errichtung begriffenen Altar, über dem Thore des Münsters, westlich zwischen den Thürmen. — Siehe darüber die Aufsätze von Ankershofen in den Mitth. d. C. C. Jahrg. 1856, Seite 22 und 272.

Der Raum unterhalb des Presbiteriums, des Querhauses und der mittleren Chornische ist zu einer geräumigen Gruftkirche benützt, zu welcher im Innern der Kirche neben den zum Presbiterium aufwärts führenden Stufen, beiderseits eine Stiege abwärts den Zutritt gestattet.

Die Kirche misst in der ganzen Länge von der Eintrittsthür der äussersten Vorhalle bis an das östliche Ende der mittleren Absis 198 Fuss; die ganze Breite beträgt im Lichten 64 F., also ungefähr das dreifache Verhältniss der Länge gegen die Breite. Das Mittelschiff hält in der Breite von einer Pfeilerachse zur andern 5 Klafter. Die Seitenschiffe 3° 1½ F.; so ergibt sich ein wohlgeordnetes rythmisches Verhältniss der einzelnen Dispositionen.

Das Material der Kirche besteht aus Quadern von feinem krystallischem Kalkstein, der, wie schon v. Quast bemerkt, dem parischen Marmor in der äussern Erscheinung vollkommen entspricht. Von prachtvollem Eindruck zeigt sich dieses herrliche Baumaterial an der Aussenseite, wo eine satte Goldfarbe durch die Witterungseinflüsse entstanden ist, und am Portale, wo es an den Schäften „polirt", den vollkommensten Marmoranblick gewährt. Die Bearbeitung der Quadern ist sehr sorgfältig und das Gefüge sehr rein. Sie erscheinen einen Zoll breit vom Rande glatt und fein behauen, während die übrige Fläche mit einem Zahnhammer behauen ist, dessen Zähne an der Spitze ⅛ Zoll von einander standen.

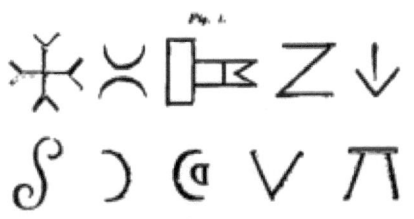

Fig. 1.

Der nebenstehende Holzschnitt Fig. 1 zeigt die auf denselben vorkommenden Steinmetzzeichen. An der südlichen Seitenwand findet sich neben dem dort befindlichen Seitenportale die Inschrift:

HIC . EXVL . WIDO I . . . .
PSENS . CEPIT . OPVS . NA · ·

und weiter westlich am Thurme die mir unklaren Worte:

EROTIGER . FIDLIS . Q (?)
VEIDO . RINNA ;

beides die romanische Majuskel des späten XII. Jahrhunderts zeigend.

Wenn wir nun den äussern Aufbau betrachten, so zeigt sich überall der bereits vollkommen durchgebildete romanische Styl.

Fig. 2.

Die Westseite ist ziemlich schmucklos. Zwei Thürme, welche sich zu ansehnlicher Höhe erheben, gehören in ihrem Aufbau allerdings dem romanischen Style an, ohne jedoch in ihrem Äussern ein besonderes Detail desselben behalten zu haben. Namentlich die grossen Rundbogenfenster sind durchaus erneuert und moderne Zwiebeldächer bedecken die Thürme gegenwärtig. — Dass sie einst grosse Doppelrundbogenfenster enthielten, und zwar in romanischer Weise, zeigt die Abbildung der Kirche auf einem ältern Conventssiegel (Fig. 2). [1]

Von diesen Fenstern ist nur ein kleines an der nördlichen Seite des südlichen Thurmes erhalten. Es zeigt zwei halbrunde Oeffnungen, welche durch einen abgefasten Schaft, ohne eigentliches Kapitäl, mit einer ausladenden Deckplatte und einer attischen Basis versehen, getheilt werden.

[1] Das Siegel befindet sich an mehreren Urkunden des Gurker Archivs. Die früheste derselben, welche mir zu Gesicht gekommen, war eine Urkunde Heinrich's, Bischof von Gurk, d. Waltenstein XI. Kalend. Octobris 1252. Archiv von Gurk. D. Nro. 102. — Es

Dieses Siegel ist auch noch deshalb interessant, weil es uns die jetzt fehlende Anordnung einer äussern Portalvorhalle, welche mit selbständiger Bedachung und, wie es scheint, seitlichen Eingängen versehen war, beweist. Diese bedeutsame und seltene Anordnung fehlt gänzlich, und es ist nur mehr an ihre Stelle der grosse, rechteckig gegliederte Rundbogen, welcher die einstige Fortsetzung der eigentlichen Portalhalle bezeichnet, übergeblieben. Eine Füllmauer, welche durch eine Thüre mit darüber befindlichem Fenster und zwei Seitenfenster durch Maasswerk des XIV. Jahrhunderts verziert, durchbrochen wird, schliesst gegenwärtig diesen Raum nach aussen ab (Fig. 3).

Darüber steigt nun die Schlusswand des Mittelschiffes empor, wird nur im ersten Stockwerke durch ein kleines Rundfenster und zwei halbrund geschlossene grosse Fenster unterbrochen, und schliesst oben, die

Fig. 3.

Thürme verbindend, ähnlich, wie die östliche Schlusswand, jedoch ohne Friesverzierung, mit einer horizontalen Linie ab; darüber erhebt sich das niedrige Satteldach.

Diese Anordnung hat etwas Besonderes, jedoch durchaus Monotones und Unschönes, welches jedoch wohl einst durch nun verschwundene Friesverzierungen und namentlich durch die äussere Portalvorhalle gemildert wurde.

---

ist von weissem Wachs, rund, 2½ Zoll im Durchmesser. Ringsum läuft in der Majuskelschrift des XIII. Jahrhunderts die Legende S . CAPITVLI . SANCTE . MARIE . GVRCENSIS . ECCLIE., von zwei Linien, einer glatten und einer perlartig gestrichelten umgeben. Nach innen umschliesst eine dritte schmale Linie die Siegeldarstellung. Unter einem abgestuften Kleeblattbogen ist die Halbfigur der heiligen Jungfrau Maria mit dem Kinde am rechten Arm, welches auf dem leider etwas beschädigten Exemplare des Siegels einen Apfel (?) aus der Hand der Mutter empfängt, während seine Rechte eine Falte (?) auf der Brust hält. (Die segnende Handhaltung kann ich hier durchaus nicht finden.) Der über dem Kleeblattbogen befindliche Platz des Siegels wird durch die Seitenansicht der Kirche eingenommen. Deutlich ist die romanische Basilika bezeichnet. Zwei Thürme mit zwei Reihen rundbogiger Doppelfenster und niedrigem pyramidalem Dach, vortretend der Portalverbau mit einem Schrägdache, dann das hohe Mittelschiff sammt dem niedrigen Seitenschiffe, beide durch Rundbogenfenster durchbrochen; das Querschiff oben mit einem Dreipass, darunter mit zwei Rundbogenfenstern, auf dem Giebel mit einer heraldischen Lilie, endlich die Apsis mit deutlicher Modellirung als halbrund bezeichnet. Der Hintergrund des Ganzen ist ein rautenförmiges Teppichmuster. Zeit der Arbeit, dem Style nach, Ende des XIII. Jahrhunderts. — Ein zweites Rundsiegel stellt in minderer Arbeit die Façade der Kirche dar, aber zum Theil verdeckt durch eine weibliche Halbfigur. An einer Urkunde von 1309. Gurk. Archiv. D. 99.

Gegenwärtig betritt man die Kirche durch die oben erwähnte gothische Thüre und es zeigt sich nun hier gleich eine Ueberfülle von Pracht und eine Sorglichkeit der Ausführung, verbunden mit verständiger Anordnung, welche namentlich nach der nüchternen Westfaçade von wirklich überraschender Wirkung ist.

Der Raum dieser ersten Vorhalle ist mit einem rundbogigen Tonnengewölbe überspannt und mit Malerei frühgothischer Zeit bedeckt. Den Beschauer fesselt vor Allem der Reichthum des wahrhaft so zu nennenden Prachtportales (Fig. 4, 5).

Es nimmt fast den ganzen Raum der dem Eingange gegenüberliegenden Schlusswand ein.

Fig. 4.

Seine Anordnung ist etwas abweichend von der gewöhnlichen. Beiderseits an der Stirnseite erhebt sich ein Säulenpaar, durch einen kleinen Rundbogen verbunden. Darüber steigt ein Rundbogen, der die Portalwölbung concentrisch mit dem Tonnengewölbe der Vorhalle umzieht, empor.

Darunter nun schrägt sich das eigentliche Portal in sieben reich verzierten Absätzen ein. In jedem derselben steht ein schlankes Säulchen, abwechselnd stärkeren und schwächerem Durchmessers.

Die Absätze, welche dazwischen hervortreten, sind ebenfalls an den Kanten abwechselnd durch Hohlkehlen eingetieft, oder es ist die Kante zu einem Rundstab ausgemeisselt.

Alle Flächen dieser aufsteigenden Absätze sind mit reichem Blätter- und anderem Schmuck bedeckt, der nur die Schäfte der Säulchen und die erwähnten Rundstäbe frei lässt.

Diese Ornamentik gehört in ihren Details zu der zierlichsten, die wir in dieser Gruppe finden. Einzelnes wiederholt sich aus dem Ornamentkreise der benachbarten Basilika von Seckau. In gewöhnlicher Weise gehen auch hier die Profilirungen der Absätze am Fusse und unter dem gemeinsamen Kämpfer in scharfe rechtwinklige Ecken über.

Im Aufbau folgen nun über den Säulchen zierliche Kapitäle, welche kelchförmig gebildet und mit doppelt übereinander gestelltem, überhängenden gestielten Blattwerk geschmückt sind; daneben stehen auffallend stumpf die mit Blätterornament belegten Kämpfer der Absatzpfeiler und nun zieht sich in geringer

Ausladung über Alles ein gemeinsames Gesimse, welches über Schäfte und Absätze, sich jedesmal verkröpfend, den horizontalen Abschluss nach oben bildet; es überdeckt auch die zwei an der Stirnseite der Portalwand angeordneten Säulenpaare, hört jedoch dann in den Ecken auf, ohne sich an den Wänden der Vorhalle fortzusetzen. Seine Gliederung ist die einer gestürzten attischen Basis.

Die Basis der Säulchen ist die attische und erscheint namentlich bei dem vorgelegten Säulenpaare noch ziemlich schwungvoll, während sie an andern Kirchentheilen in Gurk bereits stark gedrückt ist.

Fig. 3.

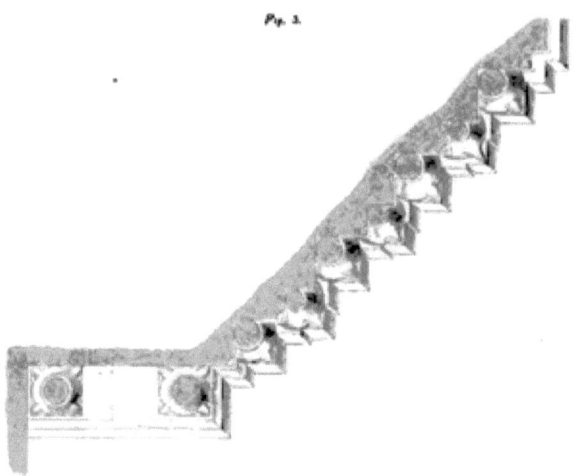

Eckblätter in zierlicher Ausbildung bedecken dieselbe da, wo der Uebergang in die Plinthe zu vermitteln ist, also bei den vier vorgelegten Säulchen, welche ganz frei vortreten, auf vier Seiten. Bei den Portalsäulchen, welche nur halb vortreten, wie gewöhnlich auf der dem Beschauer zugekehrten Ecke. Dasselbe Profil verkröpft sich auch, jedoch ohne Eckblätter, unter den Pfeilerabsätzen, und die ganze Anordnung erscheint dann noch durch einen gemeinsamen Untersatz, welcher die Form eines langgestreckten gestürzten Karnieses hat, getragen. Der Oberbau folgt genau den Linien des Aufbaues, und in gleicher Stärke wie die Schäfte verbinden oben Rundstäbe in wechselndem Durchmesser je zwei gegenüberstehende Säulchen, während ebenso daneben die Abschrägung und Profilirung der Absätze mit gleicher Ornamentirung der Flächen sich fortzieht.

Das Bogenfeld ist leer.

Die Eigenthümlichkeiten des Portales bestehen in den vorgelegten Säulenpaaren, welche auch abweichend hiedurch sehr schöne Knäufe haben, in der einzig dastehenden, fast barocken Ueberdeckung derselben mittelst des geschwungenen Halbkreisbogens, dessen Profilirung über den äussersten Säulen jedesmal geradlinig sich als Kämpfergesims fortsetzt, endlich in der beinahe schüchternen Durchbildung der Knäufe an den innern Portalsäulchen, welche sonst bei den meisten österreichischen Bauten so reichlich bedacht sind, dass ihre Voluten sich fast berühren.

Die technische Durchführung ist ausgezeichnet. — Die Schäfte erscheinen wie schon bemerkt polirt. — An dem Ganzen ist keine Spur ehemaliger Bemalung zu entdecken.

Den eigentlichen Verschluss bildet eine Thüre, deren Flügel am obern Theile mit romanischem Laubwerk und figürlichen Darstellungen in kleinem Maasstab verziert sind. Auf die nähere Beschreibung derselben, so wie auf die malerische Ausschmückung der Vorhalle werden wir später eingehen.

Dieser äusseren Portalvorhalle folgt nun die zweite innere. Ihre Breite ist die der äusseren, ihre
Ausdehnung in der Längenrichtung aber sehr gering, und sie erscheint in einem Mittelraum, welcher ein
ziemlich schmales Rechteck bildet und beiderseits zu einem kleinen Quadrat eingetheilt.

Rechts und links bildet dann eine Verlängerung der Mauer den Abschluss, während die sonstige Theilung
durch zwei freistehende Pfeiler mit vorgelegten Halbsäulen und durch in die Ecken eingelassene Säulchen

 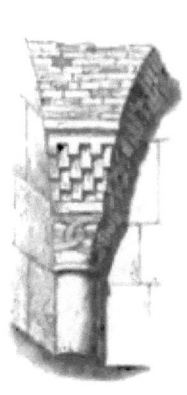

Fig. 6.　　　　　　　　　　　　　　*Fig. 7.*

bewirkt wird. Ueberdeckt ist dieser dreigetheilte Raum, mit Ausnahme des mittleren, durch grätige Kreuzgewölbe, in gleicher Scheitelhöhe mit der äusseren Vorhalle, und die ganze seltene Anordnung ist nur
getroffen, um als Unterbau zur Verlängerung der über beiden Vorhallen im ersten Stockwerke angelegten
Empore zu dienen.

Die Details der in dieser zweiten Halle angebrachten Halbsäulen sind etwas trocken, und obwohl vollkommen in den Grenzen romanischer Ornamentik, schon einigermaassen willkürlich gehalten. Fig. 6.

Die Höhe derselben ist die der Portalsäulchen, daher die den Pfeilern vorgelegten bei ihrem grösseren
Durchmesser etwas schwerfällig erscheinen.

Die Ecksäulchen erhalten einen kämpferartigen Aufsatz zur Aufnahme der Kreuzgewölbe, welche ohne
zurückzusetzen, auf dem Obertheil dieser Kämpfer aufsitzen (Fig. 7. 8). Das mittlere Kreuzgewölbe hat
hier zwei Rundstäbe, die sich durchkreuzend die Diagonalrippen bilden.

In eigenthümlicher Anordnung erscheint nun die Anlage der bereits mehrerwähnten Empore des sog.
Nonnenchores. (Grundriss derselben Taf. 26, Fig. d.)

Ueber eine schmale, dunkle Stiege erreicht man diese obere Halle, die sowohl durch ihre seltene Anlage,
als durch die ausgezeichnete malerische Verzierung zu den interessantesten Partieen des Gurker Domes gehört.

Den Raum zwischen den Thürmen vollständig einnehmend, breitet sich diese Empore auch über die
innere Vorhalle aus, und bildet so zwei, durch einen Gurtbogen geschiedene längliche Vierecke.

An der Westseite erhalten dieselben Licht durch das bereits oben erwähnte kleine Rundfenster und die beiden seitlichen Rundbogenfenster; an der Ostseite öffnet sich die Wand gegen das Mittelschiff zu durch einen grossen Rundbogen, dem zwei Säulchen, welche eine fussbreit vortretende viereckige Einfassung tragen,

Fig. 8.

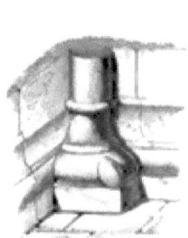

Fig. 9.

vorgelegt sind. Beiderseits sind dann drei gekuppelte Rundbogen über Säulen angeordnet, so dass die Aussicht gegen das Mittelschiff möglichst freigegeben war.

Der Gurtbogen, welcher die Empore in zwei Theile scheidet, sitzt jederseits auf der Deckplatte einer kurzen, dem Mauerpfeiler vorgelegten Halbsäule auf. Das Kapital (Fig. 9) dieser Säulen ist von edler Bildung und zeigt schön stylisirtes romanisches Blattwerk; die Basis derselben, welche sich um die Mauerpfeiler verkröpft, ist die attische. Die Eckhülsen sind hier spielend in Affenköpfe verwandelt (Fig. 10).

Fig. 10.

Gegenwärtig überspannen kuppelartige Gewölbe, deren Textur durch die reiche Bemalung verdeckt ist, die zwei Räume.

Da aber neben der Deckplatte der Kapitäle und in den Ecken Konsolen angebracht sind (siehe Fig. 9), und die Gewölbanfänge hinter deren Oberfläche beginnen, dieselben somit gar keinen Zweck erfüllen, so glauben wir nicht zu irren, wenn wir hier anfänglich vorgelegte Zierrippen vermuthen, welche später als die malerische Ausschmückung der Empore beabsichtigt wurde, weggenommen worden sind. Eine ähnliche Anordnung, bei welcher jedoch die Diagonalrippen tragend sind, treffen wir auch bei Seckau.

Die Besprechung der reichen Polychromie und der Wandmalerei dieser Empore auf später versparend, schreiten wir nun in der Betrachtung nach Aussen weiter.

War die Westseite der Kirche mit den beiden Thürmen eine im gegenwärtigen Zustande kahle und interesselose, so ändert sich nun der Eindruck, wenn wir uns zu dem südlichen Seitenschiffe [1] aussen begeben (Taf. 28).

----

[1] Die nördliche Seite der Kirche ist geputzt, mit Kalkanstrich bedeckt und jedes Schmuckes beraubt.

Zwar auch hier beginnt nur eine mässige Dekorirung.

Zierliche Rundbogenfriese begleiten Haupt- und Nebenschiff. Am ersteren ist oberhalb desselben ein einfaches Gesims, aus Platte und Kehle bestehend (Fig. 11), an letzterem über den Rundbögen eine wech-selnde Dekoration von Zickzackornament mit aufgesetzten Kugeln und Zahnschnitten angebracht (Fig. 12).

Fig. 11.   Fig. 12.

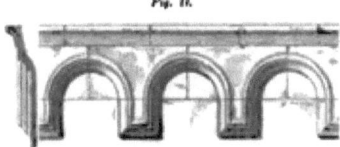 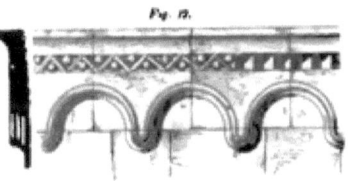

Die Profile des Bogenfrieses sind mässig unterschnitten, und die Schenkel desselben am Mittelschiff rechteckig am Seitenschiff abgerundet, zusammenstossend.

Die Fenster, welche an beiden Schiffen angebracht sind, erscheinen in ziemlich geringem Höhenverhältnisse, und sind ganz einfach abgeschrägt. Ungefähr in der Mitte des Seitenschiffes ist ein kleines Portal, welches jedoch schon längere Zeit ausser Gebrauch gekommen ist.

Dieses besteht aus drei rechtwinkligen Abstufungen, deren mittelster eine Halbsäule vorliegt, neben welcher dann die beiden andern Absätze als Pfeiler behandelt erscheinen.

Die Deckplatte und der Schaftring umzieht sie oben gemeinsam, die Säulchen haben Würfelkapitäle, welche eine sehr flach gehaltene Verzierung zeigen.

Schaft und Pfeiler ziehen sich dann in denselben Verhältnissen als Archivolt herum. Das Bogenfeld ist hier, oberhalb des wagrechten Thürsturzes, mit einer Sculptur, welche die Form des spätromanischen Styles zeigt, bedeckt.

Es ist Christus mit Kreuznimbus als Halbfigur, die rechte Hand segnend, nach lateinischem Ritus, in der linken ein offenes Buch, auf welchem die Worte:

eg | llo
o. | oti
um | um = egu sum Hostium. [1]

Rings herum läuft die Inschrift:

cui . dextera . cor . pia . mite † intranti . rite . per . . . . .
etir . eih . te tartni † etiv . auesap . od.

Die untere Zeile mit verkehrten Buchstaben also so zu lesen: Intranti rite per (me) do parcus vite † Intrat et hic rite cui dextera, cor pia mite. Die Schrift ist die Majuskel des späten XII. Jahrhunderts, so wie auch die daneben befindliche, schon früher erwähnte Aufzeichnung des exul wido zeigt.

Noch ist zu bemerken, dass das Basament der Säulchen und Pfeiler, so wie auch das des Seitenschiffes, der spätern Erhöhung des Terrains halber, gegenwärtig verdeckt, also nicht bestimmbar ist.

Fig. 13.   Fig. 14.

Der Bogenfries des Seitenschiffes zieht sich in einer selten zu treffenden Anordnung ohne Unterbrechung auch an dem Aufbaue des Querhauses fort, hier aber durch oberhalb aufgesetzte, in ihren Details sehr

[1] Nach Evang. Johannes X. V. 9.

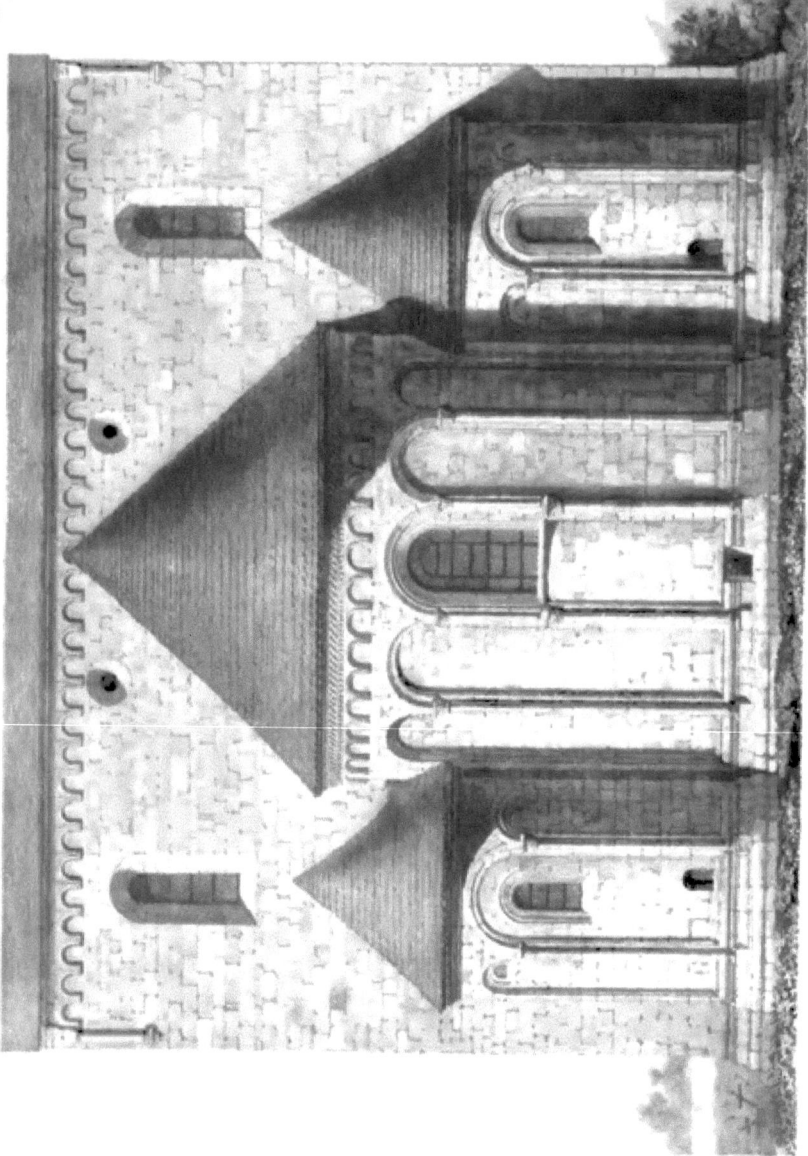

anmuthige Ziergesimse (Fig. 13, 14) begleitet. Ebenso bleibt die Eintheilung der untern Fenster dieselbe; oberhalb des Bogenfrieses jedoch, wo die Höhenrichtung des Querhauses beginnt, erscheint namentlich die Stirnseite desselben in zierlicher Weise gegliedert. Zwei nicht sonderlich vortretende Pilaster an den Ecken, und drei schlanke Halbsäulchen gliedern diese Flächen in vier Langfelder. Von den Pilastern ausgehend und auf dem Würfelkapitäl der zwei Säulchen aufsitzend, bekrönt ein dem Giebeldreieck folgender aufsteigender Rundbogenfries das Ganze.

Das mittlere Halbsäulchen steigt mit seinem Kapitäl noch etwas höher als die beiden seitlichen und trägt sodann einen aus einem Rundstab gebildeten Kreis, innerhalb dessen ein kleines Fenster ausgebrochen ist. Zwei schlanke Rundbogenfenster geben dem Querhause in diesem oberen Theile das nöthige Licht; sie sind so einfach wie jene der Langseiten behandelt. Das Bogenfries ist auch an den Seiten des Querhauses fortgesetzt und an den Ecken mit zierlichen kurzen Säulchen mit Würfelkapitälen, die auf Konsolen aufsitzen, flankirt.

Unmittelbar aus dem Querhause entspringen an der Ostseite die drei Chornischen, und hier ist nun ein überraschender Reichthum von Ausschmückung angewendet (Taf. 29). Abgesehen davon, dass die dem Verkehr entzogene Lage der Ostseite ihre vortreffliche Erhaltung begünstigte, ist auch die Detaildurchführung eine ebenso brillante als verständige.

Die mittlere Chornische tritt dem Mittelschiffe, dessen Längenrichtung sie eigentlich beschliesst, an Breite und Höhe bedeutend über die der Nebennischen gehalten vor. Die Dächer der Nebennischen reichen nur etwas höher als das Gesimse der Mittleren.

Aber auch in den Einzelnheiten ist die Mittelnische reichlicher ausgestattet. Gemeinsam ist allen Dreien die Anordnung eines mittleren Fensters, die schön gegliederte, wenn auch steile Basis, welche sie umzieht, [1]

Fig. 13. Fig. 14.

und die Gliederung durch Pfeiler, denen Halbsäulchen vorgelegt und welche durch Rundbogen oben verbunden sind. Gemeinsam ist ihnen noch, dass die Basis der vorgelegten Säulchen in den Sockel eingelassen ist, so dass die Plinthe organisch aus der Gliederung desselben entwächst (Fig. 15); während dann Pfühl und Hohlkehle wie Verkröpfungen des Sockels erscheinen.

[1] Hierin steht die Gurker Kirche dem kaum 50 Jahre älteren Dom zu Seckau voran, welcher einen höchst dürftigen, unentwickelten Sockel zeigt. In reicher Durchbildung dagegen verwandt ist der Sockel an den Chornischen zu Sanct Paul im Lavantthale.

Während aber das obere Gesimse bei den seitlichen Chornischen nur aus einigen horizontalen Gliederungen besteht, ist an der Mittleren ein Bogenfries mit rechteckig zusammenstossenden Schenkeln, darüber
ein Rautenband, und als Bekrönung ein zierliches Würfelfries, über welchem dann erst noch die horizontale
Gliederung der Nebennischen sich wiederholt, angeordnet (Fig. 16). Ausserdem ist die Zahl der vorgelegten
Säulchen, welche bei den Nebennischen vier beträgt, an der Hauptnische sechs, und das Fenster dadurch
bedeutsam betont, dass die unter demselben aufschiessenden Säulchen unter der Fensterbank ein Kapitäl

Fig. 17.

haben, auf welchem dann wieder zwei schwächere Säulchen, also
recht zur Begrenzung des Fensters geschaffen, aufsitzen; die Fenster-
laibung selbst ist durch eine Hohlkehle und einen umlaufenden
Rundstab profilirt (Fig. 17).

Die Kapitäle dieser Chornischensäulchen gehören zu den edelsten dieser Zeit.

Besonders bemerkbar gemacht zu werden verdient der Umstand,
dass der Bogenfries der Mittelnische, abweichend von der gewöhnlichen Weise, welche denselben aus Platten zusammensetzt,[1] hier
aus Keilsteinen zusammengefügt erscheint. Oberhalb des Fensters,
an der Hauptnische, ist ein Basrelief ausgehauen (Fig. 18). Es stellt
einen auffallend stilisirten Löwen dar, unter dessen Tatzen ein Thier

Fig. 18.

sich befindet, mit dem Kopf eines Vogels und mit Flügeln versehen, jedoch vier Füsse und einen gespaltenen
Schweif weisend. Die Erklärung des Thieres und der ganzen symbolischen Darstellung ist unschwer.

Es ist der Basiliscus[2] und die Vorstellung versinnbildlicht den Löwen vom Stamm Juda. Christus,
der über den Widersacher (hier blos der Basiliscus) in theilweiser Beziehung auf den Bibelspruch, Psalm.
XC.,[3] triumphirt.

[1] Gurk, Nebennischen und Langhaus, Serkau und die meisten Österr. u. dent. Bauten, s. Essenwein in d. Mitth. d. Cent.-Comm.
Jahrg. 57, S. 56.

[2] Siehe über dieses fabelhafte Thier: Grässe, Beiträge zur Literatur, und Sagen des Mittelalters 1850, S. 56, wo auch die
bezügliche Literatur gesammelt ist.

[3] Psalm. XC. Vers 13. Super aspidem et Basiliscum ambulabis et conculcabis leonem et draconem. Siehe auch Helder's Thier-
symbolik, S. 50, wo auch Beispiele verwandter Thiere in obiger symbolischer Auffassung gegeben sind; hierzu fügen wir ein dem
österreichischen Kaiserstaate angehöriges, im Dom zu Triest in der östlichen Chornische befindlich, Christus erscheint aufrecht
stehend, die rechte Hand segnend erhoben, in der linken das Buch des Lebens, die Füsse auf Basilisk und Aspis gestellt. Monath.
des XI.—XII. Jahrhunderts. Unten läuft die Inschrift:
      MAIESTATE DEVM LIQVET HVNC REGNARE PERÆVVM.
      AMBVLAT SIC CHRISTVS SVP. ASPIDEM ET BASILISCVM.
Vergl. Haas: die Mosaiken der Chornischen im Dom zu Triest. Mitth. d. k. k. Centralcomm. IV. Bd. 7. Heft.

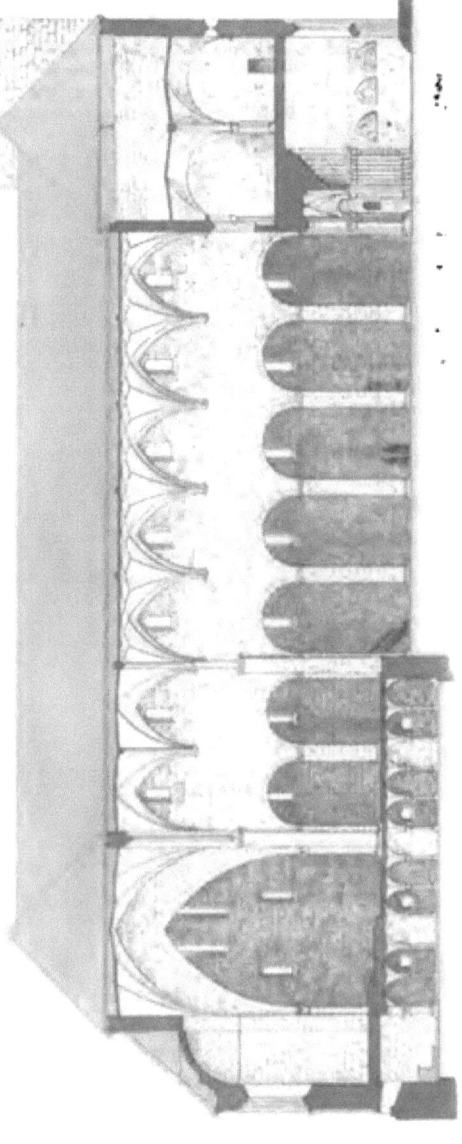

Diese Vorstellung steht in vollkommenem Einklang mit der Bedeutsamkeit ihrer Stellung an dem Aeussern der Altarnische. Hinter den Chornischen steigt nun die schlichte Wand des Querhauses, zugleich die östliche Schlusswand der Basilika empor; ihr horizontaler Abschluss ist durch einen Bogenfries, den an den Ecken die bereits erwähnten vorgekragten Säulchen einfassen, betont — sonst durchbrechen zwei kleine Rundfenster und zwei grössere Rundbogenfenster, den Seitenschiffen entsprechend, die übrigens kahle Fläche.

Hier fehlen die Gliederungen der Stirnseite des Querbaues, wie überhaupt sonst am ganzen Bau, was auch v. Quast besonders bemerkt, bei sonstiger Ausschmückung die gewöhnliche gleichartige Gliederung grösserer Flächen durch Lisenen mangelt.

Wenn wir nun zur Betrachtung des Inneren fortschreiten (Taf. 27), erscheint dasselbe allerdings gegen die so reich geschmückten Chornischen und das brillante Portal kahl und leer. Viel trägt schon beim ersten Anblick der Umstand hierzu bei, dass die wenigen Gliederungen noch zum Ueberfluss durch weisse Kalktünche verschmiert sind.

Vier freistehende Pfeilerpaare, welche auf quadratischer Basis sich erheben, theilen das eigentliche Langhaus in drei Schiffe. Das mittlere, welches sich zu den Seitenschiffen in seinem Durchmesser wie 5 : 3 verhält, steigt bedeutend in die Höhe, gewinnt dadurch selbständige Oberlichter, und war einst, da jede Anlage zu Gewölbstützen an diesen Pfeilern mangelt, flach gedeckt. Die gegenwärtige Wölbung ist eine späte.

Die Pfeiler haben ein einfaches Gesimse, welches der gestürzten attischen Base nachgebildet ist, und darüber schlingen sich rechteckige Archivolten, auf denen dann die Mittelschiffwand ruht. Diese ist ohne Gliederung, und blos die Fensteröffnungen brechen den monotonen Eindruck.

Die Laibungen der Archivolten sind in gleicher Höhe mit dem Rundbogenscheitel der Fenster in den Nebenschiffen, so dass auch in dieser Beziehung der volle Zutritt des Lichtes dem Mittelraume gesichert war.

Die Nebenschiffe sind ebenfalls mit späten Gewölben versehen und dürften früher gleiche Ueberdeckung wie die ursprüngliche des Mittelschiffes gezeigt haben.[1] Da am Dachraum die äussere Mauer des Mittelschiffes Spuren sorgfältiger Bearbeitung bis ziemlich weit unter dem gegenwärtigen Pultdache der Seitenschiffe zeigt, so ist zu vermuthen, dass die ältere Bedachung eine mehr gesenkte war als die heute erhaltene.[2]

Gegen Osten tritt nun beiderseits ein massiver kreuzförmiger Pfeiler und an den Seitenwänden eine Pfeilervorlage auf, die in der Querrichtung der Schiffe unter sich durch Bögen verbunden sind.

Gegen das Mittelschiff erhebt sich die Vorlage des Kreuzpfeilers zu ansehnlicher Höhe, und es ist gegenwärtig ein schwacher Pfeiler auf dem Kämpfer des Pilasters aufgesetzt, während früher wahrscheinlich ähnlich dem in der Längenrichtung wiederholten massiven Pfeiler, der das Quadrat, welches sich im Mittelschiffe des Presbiteriums bildet, begrenzt, einst auch hier ein breiter Gurt in gleicher Stärke mit dem untern Pilaster sich über das Mittelschiff spannte.

Unter diesen durchstreichenden Bögen erhebt sich nun durch einen der Anlage nach den Lettnern[3] (Lectorien) verwandten Aufbau gehoben und begrenzt der Kirchenboden, und hier erscheint nun, durch zwei Treppen zugänglich, die Anlage eines Presbiteriums (Fig. 19).

Die eben erwähnten Kreuzpfeiler umschliessen, vereint mit zwei entsprechend starken, in der Längenrichtung angelegten Pfeilern, ein grosses Quadrat.

---

[1] Obgleich die Seitenschiffe mit Rücksicht auf die Stellung der Pfeiler im Mittelraume eine vollkommen quadratische Eintheilung erhalten, ist doch kein Anzeichen erhalten, dass dieses zur Anlage von Kreuzgewölben in romanischer Zeit benützt worden wäre.

[2] Räthselhaft erscheint die Anlage einer jetzt vermauerten rundbogigen Thüre, welche oberhalb der Gewölbe des südlichen Seitenschiffes im Dachraume in die Seitenmauer des Querhauses führt.

[3] Zu dieser Ansicht berechtigt die ausgesprochene Absicht, diesen Raum nur durch zwei Treppen zugänglich zu machen, und sonst, da er als Chorraum für die Regularen diente, vom Schiff und der Gemeinde ganz abzuschliessen. Noch heute besteht der Kreuzaltar, der an den meisten alten Anlagen dieser Art als sogenannter Laienaltar in Uebung erscheint, an der dem Schiffe zugewandten Seite der Hofsitzung, an derselben Stelle, an welcher er schon im Jahr 1114 erwähnt wird. Allerdings fehlt der eigentliche Aufbau und die Pulte des Lectoriums, allein gerade an diesen Stellen haben spätere Renovationen schonungslos gearbeitet. Dürfte eine Vermuthung Platz finden, so würden wir in den durch gleichzeitige Spitzbögen getragenen Holztafeln der Vorhalle, welche der Gründerin Lebenslauf darstellen, Theile eines ehemaligen Lectorien-Aufbaues finden, ähnlich wie uns in Viollet le-Duc (Diction. III vol. p. 233 u. f.) einige aufgeführt werden.

Zwischen ihnen läuft in gleicher Höhe mit den Schiffarkaden, aber durch die eben berührte Erhöhung des Bodens von gedrückterem Verhältniss als im Langhaus, durch einen Mittelpfeiler getragen, die Arkadenstellung fort.

Fig. 9.

Daneben ziehen sich in derselben Breite wie im Langhause die Seitenschiffe fort.

Ueberdeckt ist dieses zweijochige Presbiterium ebenfalls in späterer Zeit, doch haben hier die Rippen ein anderes Profil, und ihre Fusspunkte sind um einige Fuss höher als die im Langhause. Wenn wir auch noch das Profil des Quergurtes betrachten, welcher die letzten zwei Pfeiler verbindet, mit seiner der Gothik nahen Zeichnung, so ist die Vermuthung wohl nicht ungegründet, dass die erwähnte Wülbung von 1589 nur das Langhaus betroffen, und die Einwölbung des Presbiteriums so wie des Querhauses einer früheren Zeit angehört.

Für das Langhaus ist im Mittelschiffe der Beweis vorliegend, dass dasselbe nur einmal und zwar zur oben angeführten Zeit eingewölbt wurde. Es haben sich nämlich am Dachboden der Kirche, über dem jetzigen Gewölbe an der Querwand, die sich über dem ersten Abschlussbogen des Mittelschiffes gegen das Presbiterium erhebt, die Spuren der ehemaligen Bemalung und zwar einer Wandbemalung im Charakter des XVI. Jahrhunderts, wie die Details an Wappen etc. etc. zeigen, erhalten. Also zu so später Zeit war noch diese Quermauer dem Anblicke von der Kirche aus frei, bis die sicher datirte Wülbung erfolgte.

Diese späte Wölbung besteht nun aus einem spitzbogigen Tunnengewölbe mit Stichkappen, das Gewölbe oberhalb des Presbiteriums aber aus zwei durch einen Mittelgurt getrennten oblongen Gewölbefeldern, deren Rippen ein sternartiges Gewölbe bilden; hinter diesem letzten Pfeilerpaar ist nun in der ganzen Breite der Kirche durchstreichend, zwischen Presbiterium und Chornische, das Querhaus eingeschoben.

Dieser Anlage zu lieb ist eine Stütze weggelassen und die Arkaden des Mittelschiffes mit der Schlussmauer durch einen mächtigen Spitzbogen verbunden.

v. Quast nimmt an, dass hier früher eine Säule die Arkaden bis zur Chornische fortgeleitet und später, bei Errichtung des Querhauses, die Anlage des grossen Spitzbogens, mit Beseitigung der unteren Stütze und des darauf ruhenden Wandtheiles, geschehen sei.

Nach reiflicher Betrachtung an Ort und Stelle können wir dieser Meinung nicht beipflichten, sondern halten den gegenwärtigen Spitzbogen für einen zur Zeit des Hochbaues, der immerhin dem Anfange des XIII. Jahrhunderts angehören wird, errichteten. Die Formen des Querhauses an der Aussenseite sind, wie v. Quast selbst zugibt, nicht viel jünger als die des Langhauses, das Querschiff hätte aber durchaus keine Bedeutung gehabt, wenn dasselbe, welches im Plane nicht ausladend gedacht ist, auch im Aufbau getrennt worden wäre, abgesehen, dass dann die hohen Fenster des Querhauses unnütz geblieben wären, und überdiess bei der Schmäle der Seitenschiffe die beträchtliche Höhe derselben einen ganz und gar unschönen Eindruck hervorgebracht hätte, welcher dem gebildeten Auge des Architekten, der den Gurker Dom baute, unmöglich zuzumuthen ist.

Unterhalb des Spitzbogens sind dem Pfeiler und der Abschlusswand Halbsäulen vorgelegt, welche deutlich beweisen, dass dieser Raum zur Ueberwölbung bestimmt war. Ihre Deckplatten treten weit vor, die Schenkel des grossen Bogens liegen mit regelmässigen Keilsteinen auf, und die ganze Parthie hat einen ursprünglichen Charakter, der von einer spätern, gewaltsamen Aenderung keine Spur zeigt. [1]

----

[1] Allerdings steht unserer Ansicht scheinbar die Anlage des mächtigen Pfeilerpaares in der Krypta, dessen Existenz v. Quast als Beleg seiner Hypothese anführt, entgegen, allein wir glauben, dass der Rhythmus der Anlage bei einer so brillanten Specialität.

Die Kapitäle dieser Säulen gehören, wie schon v. Quast bemerkt, zu den edelsten, die die romanische Kunst geschaffen (Fig. 20, 21, 22).

Zwei dem Würfelkapitäl verwandt, und zwei mit Phantasie- und Lauborumament geschmückt, zieren sie diesen Raum und geben so auch inneo jenen schon bei Betrachtung des Aeussern gewonnenen Eindruck des Fortschrittes der Detailsdurchbildung gegen die Ostseite.

Fig. 70.　　　　　Fig. 21.

Fig. 22.

Die Basen, welche diesen Säulen angehören, sind auffallend flach und namentlich die Eckblätter in einer schematischen Form angebracht, welche mit der Durchbildung der Kapitäle contrastirt.

Von den Chornischen, die nun folgen und die Basiliken gegen Osten beschliessen, ist wenig mehr hinsichtlich ihrer Ausstattung zu sagen. Ohne Unterschied sind sie durch vorgebaute Altäre verdeckt, und nur an der mittlern, wo der Zugang hinter diesem Aufbau möglich ist, sind noch Spuren einer ehemaligen Bemalung, jedoch auch aus später Zeit.

Das Kämpfergesimse, welches oberhalb der vorgelegten Halbsäulen angebracht ist, zieht sich in gleicher Höhe um die Halbkuppel der Chornische herum.

wie die Krypta von Gurk, von selbst die massiven Pfeiler, welche gegen Westen die auf ihnen senkrecht aufsitzenden Pfeiler des Langhauses tragen müssen, auch da fordern, wo sie factisch blos zur Aufnahme der Gurtbogen der Kryptagewölbe dienen. So konnte die Eintheilung fortgeführt werden, welche beim Wegbleiben der Pfeiler ein Säulengesimse erfordert hätte.

Mittelalterl Denkm des österr Kaiserstaates II 41

Der Mittelraum des Querhauses bildet wiederum ein Quadrat, ähnlich dem des Presbiteriums, und hat, da die Scheitel der besprochenen grossen Spitzbogen unterhalb der Mauerbank des Aufbaues liegen, desshalb

Fig. 22.

noch eine Füllmauer über sich tragen und dadurch den Gewölberaum des Querhauses theilen, eine selbständige Einwölbung, die aus einem grossen, auf Tragsteinen aufsitzenden Sterngewölbe besteht, welches gegenwärtig keine Rippen zeigt. (Fig. 23. Das Kämpfergesims des nördlichen Pfeilers im Querhause mit dem Ansatz des oberhalb entspringenden Gurtbogens und dem Tragstein für die Schenkel des Sterngewölbes.)

Begeben wir uns nunmehr über die Stiegen zum Presbiterium abwärts, so finden wir beiderseits neben denselben die zur Krypta führende Treppe. Eine einfache, rundbogige Thüre gibt den Einlass, und abwärts dringend stehen wir alsbald in der, in ihrer Anlage wahrhaft überraschenden Gruftkirche (Taf. 26 b u. c).

Versuchen wir es, dem ersten Eindruck gerecht zu werden, so ist er gewiss ein phantastischer; die schlanken Säulchen mit ihren einfachen Formen erhalten in ihrer Ueberzahl eine viel belebtere Gestalt, und die überhöhten Rundbogen, welche sie verbinden, vergeistigen den Eindruck der lastenden Schwere, welcher uns gewöhnlich in Gruftkirchen beschleicht.

Wie ein magisches Netz umschlingt uns diese Anlage, wir fürchten uns, in diesem Labyrinthe zu verirren.

Der ganze innere Raum entspricht dem Oberraume des Presbiteriums, Querhauses und der mittelsten Chornische; es ist somit ein grosses Quadrat, dem östlich der durch ein Kreissegment geschlossene, viereckige, kleine Altarraum vorliegt.

Von West nach Ost sind nun massive Pfeiler beiderseits je drei angeordnet, welche im grossen drei Schiffe bilden; diese in den Dimensionen der Oberkirche, so wie die Pfeiler ebenfalls den obern Gewölbstützen senkrecht entsprechen.

Nur das vorderste Pfeilerpaar hat über sich keinen Pfeiler zu tragen, und hier muss die Meinung wiederholt werden, welche oben in der Notiz ausgesprochen wurde, dass uns diese Anlage durchaus aus den entwickelten Gründen nicht als Beweis der ehemaligen Existenz einer oberhalb entsprechenden Säule, sondern als dem Rythmus des Ganzen anpassend und nothwendig um den Grundgedanken der Dreitheilung durchzuführen erscheint.

Diese dreischiffige Anlage wird nun der Länge nach durch je 10 Säulchen[1] und zwar in gemessenen Abständen, zwölfmal durchzogen; dadurch bilden sich 137 fast quadrate Rechtecke, welche jedesmal durch ein Kreuzgewölbe überdeckt werden.

Die Pfeiler, welche genau einem solchen Rechtecke an Flächenraum entsprechen, nehmen auch den Platz von vier Säulchen ein, wodurch dann der ganze Raum in 143 fast regelmässige Quadrate eingetheilt ist, und da diese Säulchen untereinander nach allen Seiten als Gewölbe-Widerlagen dienen, so ist dem entsprechend auch an den vier Ecken jedes Pfeilers zur Aufnahme der hintreffenden Gewölbeschenkel eine Console vorgekragt. So zerfällt das Ganze in drei grosse Schiffe, deren jedes seitliche wieder drei und das mittlere fünf Schiffe enthält.

Es ergeben sich so 96 freistehende Säulchen, und da der Gurtbogen vor dem Tonnengewölbe des Presbyteriums durch zwei gekuppelte Säulenpaare getragen wird, im Ganzen gerade hundert Säulchen, welche

---

[1] Wo diese an die Stelle der Pfeilerecken eintreffen, werden sie von denselben vertreten, daher viermal nur 4 Säulchen erscheinen.

diese merkwürdige Anlage vereint mit den 6 massiven Pfeilern als Deckenstützen verzieren. Die einzelne Säule als solche, ist in einfacher aber gefälliger Form construirt (Fig. 24); über eine ziemlich steile attische Base mit eiförmigen Eckklötzchen erhebt sich in merklicher Verjüngung der monolythe Schaft. — Ein Würfelkapitäl mit einem Kämpfer, welcher die Details der gestürzten, attischen Base hat, bekrönt denselben. Oben sitzen dann auf der ganzen Breite der Ausladung die Schenkel der Bogen auf.

Fig. 24.

Da nun die Säulchen nicht in reinem Quadrate gegen einander gestellt sind, so wurde eine ungleichartige Erhöhung der Scheitel, der sie verbindenden Gewölbe nothwendig. Diese sind daher stark stechend, und erscheinen als fast hufeisenartige Rundbogen in der Querrichtung, und da sie keine reinen Kreuzgewölbe sind, als Spitzbogen im Durchschnitt.

Eine interessante Beigabe bilden zwei romanische Altartische, einfache Platten auf kurzen Würfelsäulchen, welche vor zwei Pfeiler stehend, sich erhalten haben. Licht erhält die ganze Anlage durch, an beiden Seiten angebrachte, ziemlich hoch liegende, breite aber kurze Rundbogenfenster, und von Osten aus, durch die Rundfenster unter der mittleren Chornische, und durch zwei schmale Schlitze unter den Seitennischen.

Die Erhaltung des Ganzen ist hier eine vorzügliche, und selten wird eine Gruftkirche in solcher Vollständigkeit und noch in vollem Gebrauche zu finden sein. Zwar ist der Hauptschmuck derselben das Grab der heiligen Hemma, in seinem Aeussern gegenwärtig eine Erneuerung aus der Zopfzeit, aber noch wallen zu ihren irdischen Ueberresten fromme Beter.[1] Es sei uns vergönnt hier mit wenigen Worten auf die Bestimmung unserer und der Krypten überhaupt einzugehen, um so mehr, da neben der, von gewiegten Sachkennern geführten Klage[2] über den geringen Grad von gründlicher Erkenntniss über die Bestimmung und den wahren Zweck der Gruftkirchen unsere Meinung einige Beachtung verdienen dürfte.

Nach unserer Ansicht ist der Kryptenbau eine fortlaufende Reihe von Entwicklungen durchgegangen, welche ihren Anfang in den düstern Räumen der Katakomben nehmen. Von dort als confessio[3] unter dem Hochaltar der römischen Basilika erscheinend, werden sie im frühromanischen Styl, der ja bekanntlich sich an die altchristliche Basilika lehnt, in gleicher Weise benützt, um den geweihten Ueberresten frommer Stifter und Märtyrer als Stätte zu dienen.

Ausgedehnter und namentlich über den Alpen in reicher Durchbildung angelegt erscheinen sie, weil hier nicht bloss die bevorzugte Schaar der Christlichen, sondern auch die gesammte Menge der Gläubigen, den Zutritt zu diesen Orten erhält.[4]

Als mit dem gothischen Styl ein neues Leben Welt und Kunst durchdrang, als die treibenden Ideen die frühere Richtung zu verlassen beginnen und auch in der Architektur alle Linien aufwärts streben, erscheint ausnahmsweise hie und da[5] traditionell die Anlage einer Krypta; aber das grosse gemeinsame Princip kennt diese dunkeln Räume nicht mehr, und die Gruftkirchen verschwinden. Grüfte, bloss zur Bestattung Verstorbener, kommen zwar in allen Zeiten vor, in geringerer und grosser Ausdehnung,[6] aber sie haben mit der Anordnung der Gruftkirchen nichts gemein.

[1] Eine nicht uninteressante Beschreibung ihres Grabes, wie dieselbe im Jahre 1465, bei Anwesenheit der wegen des Canonisations-Processes ernannten päbstlichen Commissäre, bestand, enthalten die Acta Sanct. d. Bolland. V, Juni Bd. p. 507.

[2] Franz Kugler. Kleine Schriften. II. Bd. p. 614.

[3] Ueber die confessio und ihre Beziehung zum christlichen Altar, der sich theilweise aus ihr entwickelt hat (d. h. insofern als die confessio, wo die Reliquien aufbehalten wurden, öfters mit der Mensa, auf welcher das heilige Opfer gelesen wurde, in eins zusammenfiel), siehe Laib und Schwarz. Studien über die Geschichte des christlichen Altars. 1857. p. 13 u. folg.

[4] Gleichzeitig hörte aus natürlichen Gründen die vielfachen Trennungen und Schranken für Büsser, Katechumenen u. s. w. auf, es ist die neue Gestaltung der kirchlichen Gewalt, welche auch diese Veränderungen, unscheinbar zwar, jedoch aus gleichen Gründen, hervorruft. In enger Verbindung steht die Ausbildung der Krypta zur eigentlichen Gruftkirche mit dem ganzen Charakter der cisalpinischen Baurichtung, die auch die carvirten (?) und reponirenda muss hervorrief, die im Süden auffallend selten sind.

[5] Bisweilen in kleineren Anlagen, so z. B. in der Kirche zu Lieus in Tyrol (Mitth. C. C. Bd. II. p. 173) oder in Verbindung einer Karneranlage mit dem Kirchengebäude, so in Maria Buch bei Judenburg — Jakobskirche in Leoben, beide in Steiermark u. s. O. Siehe auch die oft angeführte Stelle der Grabbeschreibung, welche sich hierher bezieht. Titurel. 84.

[6] Ich sogar eine bedeutende Erhöhung des Presbyteriums nach sich ziehend, so z. B. in Göss in Steiermark, einem ehemaligen

Diese erscheinen, die obige Herleitung von der alten confessio rechtfertigend, immer unter dem Altar-raume, dehnen sich oft bis unter das ganze Presbyterium, seltener auch unter das Querschiff aus. [1]

Oft, was allerdings in Gurk nicht der Fall ist, erscheinen Bänke rings umlaufend, [2] welche während dem Trauergottesdienst zum Sitze dienten. Ein besonderes Kennzeichen bleibt jedenfalls der Altar, der die Gruft-kirche zur solchen macht.

In reicheren Anlagen und dann auch mehrere Altäre zur kirchlichen Feier angeordnet, so finden wir in Gurk, dessen Krypta eine der grössten in Oesterreich [3] ist, noch gegenwärtig zwei alte Altäre, und es ist nach der Anlage zu vermuthen, dass einer das Grab der heil. Hemma dem allgemeinen Herkommen gemäss in dem viereckigten Chorraum der Krypta sich befand, während dann wahrscheinlich an jedem Pfeiler ein, also im Ganzen sechs Altäre sich erhoben. Vielleicht gelingt es später einmal aus archivalischer Forschung Belege für diese allerdings etwas gewagte Meinung beizubringen. [4] Fassen wir das früher Gesagte zusammen, so werden für diese unter dem gewöhnlichen Ausdruck „Krypta" zusammengeworfenen unterirdischen An-lagen, drei verschiedene Gruppen sich ergeben.

1. Die Gruftkirche, die eigentliche Krypta, welche als untrügliches und zugleich nothwendiges Charak-teristikum einen oder mehrere Altäre enthalten muss. [5] Todtenfeier mit Messe verbunden ist ihre Bestimmung.

2. Die seltene Anlage der unterhalb des Altars angebrachten Grufträume, welche von Aussen sichtbare Reliquien der Heiligen bergen und als direktes Nachbild der altchristlichen confessio erscheinen. Beispiele derselben sind nur ausserhalb Oesterreich vereinzelt zu treffen.

3. Die eigentliche Gruft, welche in den verschiedensten räumlichen Verhältnissen nur zur Bestattung diente, jedoch keinen Altar enthält. Hierher gehören in zweiter Reihe die meisten unter den sogenannten „Karnern" angelegten Grüfte, die bis jetzt überall Krypta genannt werden, eigentlich aber nur „Beinhäuser" sind, wie in Oesterreich der lokale Ausdruck klingt. Die alte Etymologie hat der Erklärung auch hier schon lange den rechten Weg gezeigt: Carnaria ad reponenda ossa mortuorum. [6]

Also bloss die Todtengebeine, nicht aber die Leiche selbst, werden dort hinterlegt, und die Bestattung wird besonders vorgenommen. Die Gruft aber erscheint nur in besonderen Fällen wirklich zu architektonischen Combinationen Anlass gebend, so in den Stiften und Klöstern, seltener für Dynastien; und die in den Kirchen so zahlreichen sogenannten Gruftsteine bedecken zumeist nur ein einfaches Grab, das in der Erde oft sogar ohne Seitenmauer ausgehöhlt ist, und in welches die Leiche mit und ohne Sarg bestattet und mit der Erde wieder vollkommen bedeckt wird, so dass der Grabstein auf dieser festen Unterlage ruht — Ausnahmen sind schon selten.

Was von der Leichenfeier angeregt, die mittelalterliche Kunst geschaffen, die ganze Reihe der offenen Friedhofkapellen (die sogenannten fanaux Frankreichs), von denen auch Beispiele in Oesterreich [7] vorkommen, bis zu den ewigen Lichtern, alles dies näher zu betrachten, würde uns hier zu weit führen und wird an anderem Orte versucht werden.

— —   ——

Benedictinerinnenstift, dessen ursprünglich romanische Kirche einem Neubau des XIV. und XV. Jahrhunderts Platz machen musste. Allerdings stammen jedoch hier die westlichen Gewölbe aus der ersten Neuzeit.

[1] Vergl. damit Schnaase, Geschichte der bildenden Kunst, Bd. IV, 1. Abth, pag. 140 Eine Ausnahme seltener Art, eine im Westende der Kirche angelegte Krypta romanischer Zeit, befindet sich im Dom zu Krakau.

[2] Vergl. beispielsweise die Abbildung der Krypta zu Kirchenberg aus dem XII. Jahrhundert. Mittelalterliche Baudenk. Nieder-sachsens, Herausgegeben v. Archit.-Verein in Hannover, 1857. II. Heft. Ebenso findet sich die Sitzbank in der Krypta zu Ardscher im Erzherzogthum Oesterreich. Jahrbuch der Cent. Com. II. Bd, pag. 104.

[3] Gleichfalls romanische Krypten finden sich in Kärnten auch in Eberndorf und der Spätzeit des Styls angehörig in Lieding bei Strassburg.

[4] Der Bericht v. 1465, welcher in den Art. Sanct. l. c. abgedruckt, erwähnt vier Altäre, deren einer der heil. Hemma geweiht.

[5] Wo diese durch Ungunst der Zeit auch verschwunden sind, deuten noch bisweilen erhaltene Accessorien auf den einstigen Bestand. So zum Beispiel die auch in anderer Beziehung sehr interessante Piscina in der Krypta zu Martinsberg in Ungarn, siehe Köttberger in dem Jahrbuch d. C. C. I. Bd, p. 103.

[6] Vergl. über diese Karner den oft citirten Aufsatz Heider's i. Mitth. d. Cent. C. I. S. 53 u. ff

[7] Eine solche Friedhofkapelle in sehr zierlicher Bildung steht neben der gothischen Kirche zu Neustift in Steiermark.

Das Innere des Domes [1] enthält noch einige Grabdenkmale, deren zwei interessantern wir mit kurzen Worten gedenken wollen.

Das eine derselben finden wir bei dem südlichen Ausgang der Krypta. Es ist die Grabplatte eines Bischofs aus der Zeit des spätromanischen Styls. Leider fehlt jede Inschrift.

Die Arbeit ist eine vortreffliche, das Costüm höchst genau und sicher behandelt, ebenso das Gesicht sehr ausdrucksvoll gebildet. Die niedrige Mitra ist seitwärts gestellt, und es liegt nun ziemlich nahe, die Figur dieses Reliefs mit der zu besprechenden Wandmalerei im Nonnenchor zu verbinden.

Auch dort erscheint ein Bischof, dessen Mitra seitwärts gestellt ist, und da bei beiden die Arbeit auf das XIII. Jahrhundert weist, so dürfte der Glaube der Identität beider Persönlichkeiten nicht zu gewagt erscheinen.

Ein zweiter Grabstein aus eben der Zeit, welcher schon ziemlich vertreten ist, findet sich beim Aufgang zum Nonnenchor im nördlichen Seitenschiff.

Die Inschrift besagt, dass es Dietrich II., Bischof in Gurk war, dessen einfaches Grabmal wir hier am Aufgange der Empore, die er so reich verzieren liess, vor uns haben.

Die mit Recht so gerühmte malerische Ausschmückung des Gurker Doms zerfällt in zwei Theile: in die der Portalvorhalle, und in die Wandmalerei des sogenannten Nonnenchores.

Den Wandmalereien der Portalvorhalle wurde vor nicht langer Zeit [2] eine eingehende, aus warmem Kunstgefühl hervorgegangene Beschreibung zu Theil.

Wir verweisen daher in Hinsicht der einzelnen Details auf dieselbe, und erlauben uns hier nur einzelne Berichtigungen nachzutragen. Die Anordnung der Malereien ist folgende: Das Portal selbst umgibt ein rundbogiger Streif, dessen Mitte oben mit ausgezackter Umfassung das Brustbild des segnenden Christus enthält; darunter beiderseits in kleinen Streifen die Apostel. Das Tonnengewölbe der Vorhalle ist tief blau, mit goldenen Sternen, die plastisch aus Stucco gebildet sind, besetzt. Den Mittelpunkt des Gewölbescheitels nimmt ein rautenförmiges, durch Halbkreise ausgebauchtes Feld ein, die bekannte auch auf Glasmalereien beliebte Medaillonform. Darin das Lamm mit der Auferstehungsfahne. Von vier Seiten des Medaillons strahlt Blumenschmuck aus, wodurch dasselbe, wie schon Quast in seiner Beschreibung erwähnt, sich zum Kreuze gestaltet. Die Seitenwände der Halle zeigen nun in drei Reihen übereinander, welche sich auch zum Theile an der westlichen Füllwand fortsetzen, Begebenheiten der heil. Geschichte in frühgothischer Malerei des XIV. Jahrhunderts. An der nördlichen Wand sind Begebenheiten des alten, an der südlichen die des neuen Testamentes dargestellt. Vom Portale ausgehend finden wir nördlich: Gott Vater bei der Erschaffung der Welt — die Erschaffung Evas — der Sündenfall — die Vertreibung aus dem Paradiese — Abel und Kains Opfer — der Brudermord Kains. Zweite Reihe: Die Juden, das Opferlamm stehend geniessend. An der Wand die Aufschrift Thau — Josephs Geschichte in mehreren Bildern folgt nun; wahrscheinlich stellt das erste Bild Joseph, seine Traumgeschichte erzählend, dar, die Traumdeutung Josephs folgt, und das letzte Bild zeigt Jakob, auf seinem Sterbelager seine Söhne segnend.

Die folgenden Felder und auch die der dritten Reihe sind arg beschädigt und zum Theile bedeckt. Theilweise erkenntlich erscheint noch Noe unter dem Weinstocke schlafend, während der eine Sohn ihn entblösst, der andere ihn bedeckt. — Darunter die Vertreibung des Philister mittelst des Eselskinnbackens. An der Westwand ebenfalls nur theilweise kenntlich — Arons blühender Stab — und eine Darstellung der Hölle mit zottigen Teufeln.

Die an der südlichen Wand befindlichen Darstellungen sind, ebenfalls von der gegen Osten liegenden Seite derselben ausgehend: Die Verkündigung — die Geburt des Herrn mit den zur Anbetung nahenden Hirten, Maria in einer den älteren Darstellungen dieses Gegenstandes nachgeahmten Weise, in liegender Stellung — die Anbetung der heil. drei Könige — die Beschneidung des Herrn — die Taufe im Jordan — die Versuchung des Herrn — stark beschädigte Vorstellung, wahrscheinlich eine Krankenheilung — (an der

[1] v. Quast führt in seiner Beschreibung des Gurker Doms l. c. ein schön stylisirtes Antipendium an, welches ich trotz Nachsuchens und eifriger Nachfrage nicht entdecken konnte. Das am Hochaltar befindliche ist im völligen Barockstyl, wie der Altar selbst.

[2] Schellander. Beschreibung der Wandmalerei der Cathedrale in Gurk in Kärnten. Mitth. der C. C. II. Bd. p. 299.

Mittheilungen. Organ. des kaiserl. Kärntenerstanes. II. 42

Füllmauer befindlich) die Heilung des Gichtbrüchigen — die Austreibung eines Teufels — die Erweckung des Lazarus, in der bekannten mumienhaften Darstellungsweise — Christus die Händler aus dem Vorhofe des Tempels austreibend — die Fusswaschung — die Verklärung Christi am Berge Tabor. Die unterhalb befindliche dritte Reihe ist so stark beschädiget, dass ausser einer Vorstellung der Gefangennehmung Christi und der Oelbergsscene, nichts kennbar ist.

Ausserdem bedecken auch sechs spitzbogige Tafeln mit bemalten Reliefs aus Holz, die dem frühen XVI. Jahrhundert angehören dürften, und Scenen aus dem Leben der heil. Hemma enthalten, einen grossen Theil der Wände.

Im Interesse der Wandmalerei ist deren Entfernung und Aufstellung an einem anderen Platze dringend zu befürworten.

Was nun den Inhalt dieser Vorstellungen betrifft, so sehen wir auf den ersten Blick, dass hier ein neuer Beleg für die im Mittelalter gebräuchliche Verzierung der Kirchenvorhallen mit Gegenüberstellung von Vorstellungen des alten und neuen Testamentes, nach Art der Biblia pauperum, vorliegt, wenn auch nicht in strenger typologischer Weise.

Wir müssen aber bedenken, dass die eigentliche strenge Form typologischer Gegeneinanderstellungen in jener Zeit, welcher die in der Vorhalle befindliche Wandmalerei angehört, bereits einer mehr willkührlichen Platz macht.

Die Bilder gehören dem Style nach unzweifelhaft dem Ende des XIV. oder Anfang des XV. Jahrhunderts an;[1] dahin weisen auch die Spruchbänder mit ihrer gothischen Minuskel. Ein zweites Kunstwerk, welches ebenfalls typologische und symbolische Vorstellungen enthält, sind die Schnitzereien an den Thürflügeln des Prachtportales.

Die Anordnung derselben ist in folgender Weise:

Nördlicher Flügel:

Obere Reihe: Apostel mit Spruchband	Engel mit Spruchband	Engel mit Spruchband	Apostel mit Spruchband.
	Christus.		
Apostel w. o.	Engel w. o.	Engel w. o.	Apostel w. o.
Untere Reihe: Taube mit Nimbus	Taube m. N.	Heiligenfigur mit Nimbus ohne besondere Charakteristik.	Heiligenfigur ebenso.
	Heil. Geist als Taube.		
Taube m. N		Heiligenfigur ebenso	Heiligenfigur ebenso.
Engel mit Regenbogen- flügel	Engel wie nebenstehend.		

Südlicher Flügel.

Simson, die Thore von Gaza tragend	Christi Auferstehung	Jonas vom Wall- fische ausgeworfen.
Abraham Isak opfernd (stark beschädigte Dar- stellung)	Christus am Kreuze	Die Erhöhung der Schlange in der Wüste.

---

[1] Einzelnes erscheint als Imitation eines älteren Vorbildes, wie denn überhaupt ein eigenthümliches Anklingen an den Minia- turenstyl bemerkbar ist.

Der Prophet mit	Christus Einzug	Darstellung des
dem Osterlamm	in Jerusalem:	himmlischen Jerusa-
die Thürpfosten	Ueber dem Rock	lems, Mauern
bestreichend	des Zöllners	mit Zinnen, hinter
	reitend auf der	welchen Heilige
	Eselin	mit Nimben stehen.

Die vierte Reihe scheint Veränderungen erlitten zu haben.

Einzelne Figur	unkenntliche Figur rechts,	Christi
unterhalb mit	davon drei Engelsköpfe	Himmelfahrt
Wolken bedeckt	mit Flügel übereinander,	
	vor der Figur drei	
	Krüge oder Vasen (Lampen)	
	in jeder derselben eine	
	Flamme brennend.	

Die Deutung der auf dem nördlichen Flügel befindlichen Vorstellung gestaltet sich am einfachsten folgendermaassen:

Die obere Reihe zeigt uns Christus in der Herrlichkeit zwischen den Engeln und Aposteln: in ähnlicher Weise umgeben bekanntlich oft in Bogenfeldern über Portalen dargestellt.

Die zweite Reihe zeigt eine aussergewöhnliche Composition, deren vollkommene Deutung uns bis jetzt nicht gelungen ist. Wie oben Christus nimmt hier den Mittelpunkt der heil. Geist ein in der gewöhnlich symbolischen Taubengestalt. (Fig. 25.)

Die drei taubenartigen Vögel, welche ebenfalls Nimben tragen, dürften als Darstellungen von Heiligen aufzufassen sein;[1] vielleicht liegt hier eine Anspielung auf die Stifterin der Kirche zu Grunde.

Fig. 25.

Gezwungene Erklärungen dieser jedenfalls eigenthümlichen Composition vermeidend, deren vollkommene Deutung wir gewandten Federn überlassen, wenden wir uns zu dem südlichen Flügel. Hier tritt eine vollständige typologische Zusammenstellung zu Tage. Den Mittelpunkt nimmt Christus ein, beiderseits erscheinen alttestamentarische Vorbilder. In der dritten Reihe bei Christi Einzug in Jerusalem ist schon eine etwas willkührlichere Zusammenstellung, das Paschalamm und der Einzug in Jerusalem sind auch auf dem Verduner Altar in typologischer Beziehung zusammen gereiht: die Darstellung des himmlischen Jerusalems ist aber hier nicht mehr typologisch, sondern willkührlich wegen ihrer innern Verwandtschaft dazu gesellt.[2]

Die vierte Reihe enthält wieder Anomalien, Christi Himmelfahrt und die Himmelfahrt Elias (oder die Hinwegnahme Enochs) zeigt ebenfalls das oben erwähnte Emailwerk, unklar jedoch bleibt die mittlere Vorstellung. — Der Styl dieser Schnitzereien ist der spätromanische: die Figuren sind ziemlich bewegt, durch das Alter und äussere Einflüsse jedoch stark abgenutzt. Das Laubwerk ist in gutem Styl gehalten und geschmackvoll vertheilt.

Fügen wir zu dem bis jetzt Betrachteten noch eine kurze Anzeige, der in der westlichen Füllwand, bezüglich der dort angebrachten Fenster, erhaltenen Glasmalereien bei, so wird sich das Bild des durch die

[1] Vergl. Didron Annales. XIV. 73. Oder sollten, da Einiges offenbar weggebrochen ist, im Zusammenhang mit jetzt fehlenden Tauben, die obigen eine Darstellung der 7 Gaben des heil. Geistes gebildet haben? —

[2] Arneth und Camesina das Niello Antipendium zu Klosterneuburg. Wien 1844. Nach unserer Meinung sind die Tafeln des hier berührten aus Verdun stammenden Altarwerkes keine Niello's, sondern Emails und zwar emaux incrustées (de basse taille).

prachtvolle, bereits früher beschriebene architektonische Ausstattung wirklich überraschenden Eindruckes vervollständigen.

Diese Fenster enthalten zum Theil frühgothische in Medaillons eingeschlossene, zum Theil spätere Glasmalereien.

Das Maaswerk über dem Portale enthält zu oberst

Mond		Sonne
	Matheus, Lucas, Markus, Johannes	
Maria mit dem		Christus als
Christuskinde		Eccehomo.

Das Fenster südlich davon:

St. Oswaldus, St. Ursula,
St. Augustinus, St. Katharina,
St. Briccius.

Die bis jetzt angeführten gehören zu den älteren der hier befindlichen Glasbilder. Neben St. Briccius ist eine späte, heraldische Glasmalerei.

Das nördliche Fenster enthält dann:

St. Andreas, St. Cäcilia,
St. Gregorius, St. Radegund.
St. Elisabeth und wieder ein Wappen mit der Jahreszahl 1531.

In glühenden Farben schmücken diese, grösstentheils wohlerhaltenen Malereien, das edle gothische Maaswerk, und vollenden so den überaus prächtigen Eindruck der Vorhalle. Reinigung und dadurch ermöglichte genaue Untersuchung der Wandmalereien dürfte noch manches Neue hervorbringen, manche schwankende Bezeichnung feststellen.

Bei der Seltenheit erhaltener Wandmalereien überhaupt, und dem eigenthümlichen Interesse, welches sich dadurch mit diesen verknüpft, weil sie zugleich ein Beispiel der so häufig erwähnten und selten mehr zu findenden malerischen Ausstattung der Kirchenvorhallen, der sogenannten Paradiese, bilden, ist es im Interesse aller und jeder Kunstforschung überhaupt, die allgemeine Aufmerksamkeit auf dieselben zu lenken, und zu eingehenden Studien darüber aufzufordern.

Ein kunstgeschichtlich noch höheres Interesse haben die Wandmalereien, welche sich in der im ersten Stocke gelegenen Halle, dem sogenannten Nonnenchore, erhalten haben.

Schon v. Quast hat auf die Bedeutsamkeit derselben aufmerksam gemacht, und den Inhalt derselben ziemlich genau angegeben.

Die neueste Beschreibung derselben hat einiges Dankenswerthe beigebracht. Wenn wir nun in dem nachfolgenden es nochmals versuchen, in etwas eingehender Weise den Inhalt derselben mitzutheilen, so geschieht es, weil wir einestheils in manchem abweichender Ansicht von dem bisher Gebrachten sind, und weil wir anderntheils so glücklich waren, einiges nicht Unerhebliches neu aufzufinden. Zum leichtern Verständniss der Gruppirung dieser Wandbilder dient dabei folgender Holzschnitt (Fig. 26), welcher in den zwei mittleren Vierecken (B und I) im Grundriss die Eintheilung der Gewölbmalereien, und von den Bogenwänden A, H, L, M, K, G sammt den dazu gehörigen untern Langfeldern den Aufriss darbietet. Wir beginnen mit der gegen Osten zu gelegenen Stirnwand A. Sie enthält die reichste und best erhaltenste Parthie des Ganzen. Sie zerfällt in das Bogenfeld A und in ihre untere Abtheilung, welche inmitten einen grössern Rundbogen enthält, der von Halbsäulen gestützt ist, und unter welchem sich einst ein Altar befand. Diese ganze Anordnung tritt, von einer rechtwinkligen Mauer umschlossen, fast um einen Schuh aus der innern Wandfläche heraus, und dadurch bilden sich zu beiden Seiten dieses Bogens zwei Bogenwickel a und b.

Der Mittelpunkt des Ganzen ist nun oben in A die Darstellung der heil. Jungfrau mit dem Kinde auf dem Schoosse. Mit Recht hat schon v. Quast das segnende Christuskind als die Hauptperson erkannt. Auch die gleich zu erwähnende Inschrift spricht es deutlich aus.

Er ist die Darstellung Christi, wie sie schon Durandus als eine der hauptsächlichsten anführt, thronend am Schoosse der Jungfrau, seine Hand ist segnend gebildet. Maria umfasst ihn mit der linken und herzt ihn mit der rechten Hand am Kinn. Sie trägt ein weisses Kopftuch, ihre Gewandung ist blau, darunter ein weisses Unterkleid und schwarze Schuhe an den Füssen, welche auf einem runden Kissen ruhen. Der Thron, auf welchem sie sitzt, steht unter einem rundbogigen, durch zwei Säulen mit frühgothischen Kapitälen gestützten Vorbau, welcher über Stufen

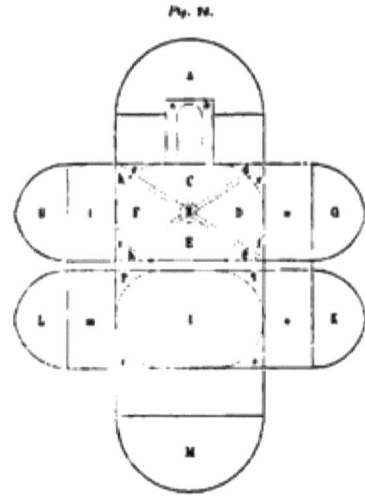

Fig. 14.

erhöht ist. Beiderseits sind den Stufen abwärts folgend noch drei solche Rundbogenstellungen angeordnet, innerhalb welcher jedesmal eine weibliche Figur mit Nimbus und mehrere derselben mit Kronen versehen, dargestellt ist.

Sie tragen alle Inschriftbänder in den Händen, die jedoch zum Theil sehr undeutlich geworden sind. Auf der linken Seite des Thrones ist die Inschrift der ersten Figur „turbata est in sermone eius."[1] die der zweiten „virum non cognoscu"[2] u. s. w. An den Stufen sind an jeder Seite 6 Löwen mit Nimben angebracht. Hinter dem Throne der heil. Jungfrau erscheinen beiderseits je eine kleinere Figur, welche die Rücklehne derselben stützt. Sie sind den Beischriften nach zwei Tugenden, und zwar Karitas und Casti (tas). Oberhalb unter der Archivolte schweben 7 Tauben, welche die Darstellung in einem Halbkreis umgeben, die 7 Gaben des heil. Geistes. Oberhalb der Bogenstellung erscheint der übrige Raum von 6 Propheten mit unleserlichen Spruchbändern eingenommen. Die bereits oben erwähnte, auf die Mitteldarstellung bezügliche Inschrift beschliesst den ehemaligen Altarvorbau nach oben, und ist vertieft in den Mörtel eingedrückt und vergoldet, sie lautet: „ECCE . THRON‘. MAGNI . FULGESCIT . REGIS . ET . AGNI‘.[3]

Die zwei darunter befindlichen Bogenzwickel a und b enthalten jeder eine dedicirende Bischofsgestalt in vollem Ornat, doch ist bei dem in a befindlichen die Mitra seitwärts gestellt, während dem der in b abgebildete sie am Kopfe trägt. Sie halten in ihren Händen Inschriftbänder; das in a befindliche ist sehr beschädigt, und zeigt nur mehr den Anfang der Legende: SCT . ET . INO . . . . NELEAS . NOSTRA . R . . . . . .

Das Inschriftband in b zeigt ziemlich leserlich die Worte: SIS . MEMOR . ORO . PIA . DIETRICI . VIRGO . MARIA.

Oberhalb dieser beiden läuft ein schmales Inschriftband, gerade an der Kante des Vorbaues, und hier erhalten wir nun die Erklärung der beiden bischöflichen Figuren.

Oberhalb des in a befindlichen, den schon v. Quast mit Recht als einen nur gewählten, jedoch nicht bestätigten Bischof bezeichnet, steht: OTTO . ELECTUS. Oberhalb des zweiten: DIETRIC‘. EPISCOPUS. COSECRATUS . HUIVS . ECLESIE . SECUND.

Da die beiden übrigen Schildwände H und G fast ganz verblichen sind, so wenden wir uns gleich zu den Kuppeldarstellungen.

---

[1] Lucas T. 29.

[2] Lucas T. 34.

[3] v. Quast theilt dieselbe ganz richtig mit in Otto's Grundzüge p. 75, wir verstehen daher die diessfalsige rügende Bemerkung Ankershofen's in d. Mitth. d. Cent.-Comm. Bd. I, p. 25 nicht.

Einigermaassen weisen bei G die Stuckornamente auf eine Figur mit Nimbus am Throne sitzend, und ein Gefäss, das beinahe auf die Anbetung der heiligen drei Könige schliessen lassen könnte.

Die Kuppeldarstellung zerfällt in ein mittleres kleines Feld B, von dem aus durch 4 Streifen, welche bis in die Ecken sich fortsetzen, der ganze obere Raum in 4 grosse Felder getheilt wird. Eine rings umher laufende, theilweise erhaltene Inschrift begrenzt den Raum horizontal nach unten, und da sich das Gewölbe in den 4 Ecken ziemlich tief herabsenkt, so entstehen 8 kleine Bogenzwickel, welche gerundete Figuren enthalten; sie sind auf unserem Plane mit c, d, e, f, g, h, i, k bezeichnet.

Den Mittelpunkt in B nimmt nun ein Kreuz ein, um welches herum in den 4 Ecken die 4 Paradieses-Flüsse durch Engel dargestellt sind, welche aus Gefässen Wasser ausgiessen. Dieses fliesst in 4 Bändern an den Graten des Gewölbes herab, und bildet so die Theilung der einzelnen Felder. [1] Rings umher ist die Inschrift stellenweise erhalten: „HII . FUNDUNT . FLUMEN . . . . . MESS . . . . .''

Die 4 Felder stellen Darstellungen aus dem irdischen Paradiese vor. In C, oberhalb des Thrones, ist die Erschaffung des Menschen; Adam steht in einem Garten zwischen Bäumen, inmitten der reich mit Früchten beladene Baum des Lebens; Gott Vater steht vor ihm, die Rechte ermahnend aufgehoben, in der Linken ein Spruchband, welches zum Theil lesbar die Worte enthält: . . FFCI . . . . . AI . HOMINE . AD . INM . . . . GI . . ME . . . . F. . SIMILITUDINE . NO . . [2]

Die beiderseits befindlichen Bogenzwickel zeigen in c einen nackten Seraphim mit 6 Flügeln, welcher in der einen Hand eine Tuba hält und in der andern eine flaschenartige Lehmmasse, darüber steht die Legende: HIC HOMO PLASMA F . .

In d ist ein ebenso gebildeter Engel, welcher ebenfalls die Tuba hat, mit der andern jedoch eine Scheibe hält, auf welcher ein Kopf befindlich, oben steht: PLASMATUS VIVI . . .

Das grosse Gewölbefeld D zeigt in einer einfachen Composition das Gebot Gottes an die ersten Menschen, nicht vom Baume der Erkenntniss zu essen, welcher inmitten steht. Die darunter befindlichen Gewölbzwickel e und f stellen, obwohl sehr stark verblichen, 2 Evangelisten vor, welche an ihrem Pulte schreibend gedacht sind; es ist das eine Auffassung, die ganz an jene der gleichzeitigen Miniaturen erinnert.

In E, der Hauptdarstellung des Erlösers am Throne gegenüber, ist nun der Sündenfall. Inmitten steht der verhängnissvolle Baum, um welchen die Schlange geringelt ist, welche Eva einen Apfel darreicht. Eva selbst überreicht dem Adam, welcher rechts vom Baume steht, einen zweiten Apfel. Die Figuren haben, wie überhaupt das Ganze, eine sehr lebhafte individuelle Zeichnung; im Uebrigen ist die Haltung einfach, und die Schlange natürlich gebildet.

Von den unterhalb befindlichen Gewölbzwickeln zeigt sich bei g eine eigenthümliche und schwer zu deutende Darstellung eines Engels, welche so wie die gegenüberliegenden Seraphim gebildet, auf einen Dreizack gespiesst, einen Fisch trägt. Oberhalb steht: MILLE . SEQUES . ASTUS. (?)

Der andere Bogenzwickel H ist ganz erloschen, sowie auch leider das Gewölbefeld F.

Die darunter befindlichen Bogenzwickel k, i enthalten wieder Evangelistenfiguren, jedoch arg beschädigt.

Mit Ausnahme der durch beide Abtheilungen des Nonnenchores fortlaufenden untersten Medaillonreihen, auf welche wir zuletzt kommen werden, ist nun die östliche Abtheilung erschöpft. Der zwischen ihr und der westlichen liegende Gurtbogen, welcher die beiden Halbsäulen verbindet und so die Theilung des Ganzen vollbringt, ist in seiner untern Fläche mit der Darstellung der Jakobsleiter bemalt, auf welcher Engel ab- und aufwärtssteigen; inmitten oben ist der Herr mit dem Buche des Lebens; diese Composition hat etwas unendlich Einnehmendes und Anmuthiges, diese geräuschlos hin- und hergleitenden Engelfiguren machen einen Eindruck, welcher an die stille Seligkeit des Kindes an der Weihnachtskrippe erinnert.

Das Kuppelgewölbe der westlichen Abtheilung zeigt nun eine grosse Composition, die in bedeutsamer Weise in ihrem Mittelpunkte das Lamm Gottes zeigt. Die Schildwände dieser Abtheilung enthalten in K die Darstellung der heiligen drei Könige zu Pferde, in weisse Mäntel gehüllt. Der frühen Zeit angemessen erscheint noch kein Mohr unter ihnen. Es sind lebensgrosse Figuren in belebter Haltung, mit

---

[1] Ganz so also, wie die Schilderung des Paradieses sagt. Genesis II. 10.

[2] Corrupt. nach Genesis I. 26.

Kronen auf dem Haupte; die darunter befindliche Inschrift ist nur am Anfang und Ende lesbar: CASP ....
..... BALTHASAR.

Die gegenüber liegende Schildwand L zeigt den Einzug des Erlösers in Jerusalem; er sitzt auf einem Esel, oben am Baume ist der Zöllner und eine zweite Figur nimmt Palmenzweige von demselben Baume. Unter den Füssen des Thieres ist ein weisses Gewand ausgebreitet, die Jünger folgen dem Herrn, und freudig erregtes Volk mit ausgeprägt jüdischem Typus eilt ihm entgegen.

Der westliche Schildbogen M wird durch ein Rundfenster und zwei kleinere rundbogige Fenster zum Theil durchbrochen; inmitten unter den Rundfenstern ist Christus in einer Aureole. Es ist die Verklärung Christi, seine Rechte segnet, seine Linke hält ein Scepter, über ihm sind zwei Engel, welche das Rundfenster gleichsam haltend umschweben, und über denselben Gott Vater als Halbfigur, die rechte, wahrscheinlich segnende Hand, verwischt, in der linken ein unkenntliches Spruchband.

Unterhalb erscheinen Moses und Elias, dann liegende Figuren der Jünger, welche bis in das unter der Bogenwand befindliche Langfeld reichen; bemerkenswerth ist hier noch eine unterhalb Christi befindliche Figur in geistlicher Kleidung, die ein langes, leider nicht mehr ganz lesbares Schriftband hält:

WIRIC' . CANTC' . . . SECD . . . . .
DNE . HIV . XPE . NE . . . . DESIDERIV . MEV.
ONORE . SCE . . . ENTRICIS . . VS . . O . PSS . . . . HOC . LOCO.

Das Kuppelgewölbe I zeigt im Mittelpunkte das Auferstehungslamm. Es ist umgeben von den bekannten Symbolen der Evangelisten. Jedes derselben ist auf einem Thurme an dessen Spitze angebracht, und diese Thürme theilen, wenn wir sie bis zu ihrem Unterbau abwärts verfolgen, sowie jenseits die 4 Paradieses-Flüsse, die Grundfläche in 4 dreieckige Schilder; unter sich stehen die Thürme in Verbindung durch eine mit Zinnen und Edelsteinen geschmückte Quadermauer. Ueber dieser Mauer erhebt sich dann in jedem Gewölbedreieck ein Kleeblattbogen mit Architektur daneben; drei Apostel erscheinen unter jedem derselben, sie tragen Rollen in den Händen. Petrus den Schlüssel; die sie bezeichnenden Inschriften sind nur bei Matthäus und Petrus leserlich. Die Pforten der Thürme stehen weit offen, und neben jedem Thurm erscheinen als Wächter Engel mit der Weltkugel und Lanze (Stab).

In dem nördlichen Felde ist noch die Sonne als strahlenumgebende Scheibe, im südlichen der Mond mit einigen Sternen angebracht. Die 4 Gewölbezwickel p, q, r, s zeigen nun 4 Propheten [1] mit ihren Sinnbildern, und zwar bei p Ezechiel (?) mit einer Schriftrolle, auf welcher zu lesen ist: VIDI PORTAM CIVITATIS AD ORIENTEM POSITAM. [2]

Bei r Jeremias, einen Stab in der linken Hand; auf seiner Schriftrolle ist zu lesen:

VIRGAM . VIGILANTEM EGO VIDEO. [3]

Zwischen beiden Darstellungen, offenbar zu der des Ezechiel gehörig, zeigt sich eine offene Thüre, um welche eine Gestalt schwebt. In q sehen wir dann wieder Ezechiel mit dem Doppelrade daneben, sein Inschriftband trägt die Aufschrift: VIDEO QUASI ROTAM ET IN MEDIO ROTE. [4]

Endlich in s noch einmal Jeremias, vor welchem eine Figur auf einer Töpferscheibe einen Klumpen formt, mit der Legende: DE SCEDI IN DOMUS (sic) FIGVLI IPE FECIT OP SVPER . ROTA . . . . [5]

Es bleibt nun nur noch übrig, der Medaillons, welche die Langfelder unter den Schildwänden schmücken, und der Glasmalerei, die in das Rundfenster eingesetzt ist, zu gedenken.

Letzteres, jüngst restaurirt, zeigt eine Darstellung der Kreuzigung mit einer Legende, welche durch den Restaurator verkehrt und ganz sinnlos versetzt wurde; die Darstellung bietet sonst weiter nichts Besonderes,

---

[1] Eigentlich nur zwei Propheten, Jeremias und Ezechiel, erscheinen, jeder doppelt, mit zwei seiner Prophezeihungen dargestellt. Auf diese beziehen sich auch die Attribute; es ist daher unrichtig, wenn in den bisherigen Beschreibungen von „vier Propheten mit ihren Sinnbildern" gesprochen wird. S. Mitthl. d. Cent.-Comm. II. 194. — Aehnlich auch v. Quast s. a. O.
[2] Dieser Spruch ist in der heiligen Schrift nicht enthalten, dürfte sich aber auf Ezechiel XL. im Allgemeinen beziehen.
[3] Jeremias I. 6, 11.
[4] Corrupt nach Ezechiel I. 16.
[5] Jeremias XVIII. 3; etwas willkürlich verändert.

Die erwähnten Medaillons schmücken beiderseits den unter den grossen Darstellungen befindlichen Raum, sind mit Ornament verziert und in Verbindung gebracht, welches aus 4 Blättern und Kreisen besteht, und vertieft in den Mörtel eingedrückt, eine Vergoldung birgt, die jetzt zwar grösstentheils zerstört ist, welche einst aber von sehr brillanter Wirkung gewesen sein muss. Ueberdiess sind Reste von polychromer Verzierung neben den Medaillons und Kapitälen sowohl an den Halbsäulen als an den Archivolten der östlichen Stirnwand in reicher Auswahl zu bemerken.

Die Medaillons nun, auf welche ich zurückkomme, enthalten etwas über Lebensgrösse gehaltene Brustbilder von Kirchenvätern an der nördlichen Seite in m und l, und von weiblichen Heiligen in o und n. Es sind einfache, mit Würde gedachte Gestalten; mitunter sind die Umschriften noch kenntlich, so in m, wo die Namen SERVATIVS - AVGVSTINVS - GREGORIVS - CYRILLVS, oder in o, wo der Name CLARA sich erhalten hat.

Die Tracht der männlichen Heiligen ist meist die bischöfliche, mit niederer Mitra und faltenreicher Casula.

Der Styl dieser Compositionen und die Zeichnung des Einzelnen verräth eine geübte Hand, die mit sichererem Pinsel zeichnet und die Contouren mit vollen Strichen farbig ausfüllt. Farbe überhaupt wird nicht gescheut, sondern kräftig gehandhabt und das Ganze, durch das Tiefblau des Hintergrundes verbunden,

Fig. 27.

muss bei der reichen Vergoldung der plastisch vortretenden Nimben, Gewandsäume etc. einst einen überraschend farbenprächtigen Eindruck gewährt haben. Das Material scheint Harzfarbe. Unter den Vergoldungen befindet sich ein sehr feiner Stuck, sonst dient ein ziemlich fester Mörtel als Unterlage.

Der ganzen Dekorirung analog, waren auch am Fussboden der Empore Thonplatten mit eingedrückten Ornamenten als Pflasterung verwendet (Fig. 27).

Diese einst so gebräuchliche Verzierung von kirchlichen Räumen gehört zu den am seltensten erhaltenen. Fast überall hat die alte Bodenbeplattung mit ihren oft farbigen und inkrustirten Thonfliesen der monotonen Schachbrettmode von schwarz- und-weissen Tafeln oder noch einförmigeren Steinplatten weichen müssen. Desto interessanter sind die hier erhaltenen, welche zu den zierlicheren ihrer Art gehören. Sie sind einfach mit Stempeln gepresst, ohne Spur von Emaillirung.

Der Inhalt dieser Wandbilder ist ein ziemlich klarer. Wir haben es zwar hier mit keiner Composition zu thun, die sich in fest geschlossenen typischen Kreisen bewegt, sondern mit einem Epos, welches aus begeistertem und frei gebildetem Sinne entstammend, durch kunstbefähigte Hände festgehalten wurde.

Die oben angeführte Inschrift über dem mit ziemlicher Gewissheit als Stifter der Malereien anzusehenden Bischof, gibt uns mit Bestimmtheit die Mitte des XIII. Jahrhunderts.[1] Dieses ist die Zeit der höchsten Blüthe mittelalterlicher Symbolik. Tiefe Gedanken und reiche Bezüge durchdringen auch die Gurker Malereien. Was sie vor andern auszeichnet, ist das Einführen von bei uns selten vorkommenden Persönlichkeiten in den Kreis der Darstellungen, deren geistiger Schöpfer sich dadurch als einen mit der theologischen Literatur seiner Zeit in weitem Kreise wohl Bewanderten bekundet. Der Zweck, die Oertlichkeit, in welcher sich die Malereien befinden, als Aufenthalt Gott geweihter Personen, zu geistlichen Uebungen vereint, setzt wieder ebenfalls einen bereits gebildeten Kreis voraus, für den zu wirken und welchen zu erheben sie bestimmt waren.

Hier galt es nicht, durch Gegeneinanderstellung biblischer Vorgänge das Volk auf die Geheimnisse der christlichen Lehre aufmerksam zu machen und durch die Darstellung der Hölle den Unbussfertigen zu

---

[1] Bischof Dietrich II, wie er ausdrücklich auf der Nachschrift genannt wird, regierte vom Jahr 1256 — 1279. Vergl. Ankershofen in den Mitthl. d. Cent.-Comm. I, 36.

schrecken, sondern es ist vielmehr in den Malereien des Nonnenchores das Bestreben ersichtlich, in gehobener Stimmung, und im „Anerkennen tadellosen Lebenswandels" der entsagenden Schaar die Herrlichkeiten und den Preis des künftigen Lebens zu zeigen. Es sind fast durchaus Glanzmomente, welche uns entgegentreten, sowohl in den historischen als allegorischen Darstellungen.

Der reiche Medaillonsfries, welcher die Wände unten umfliesst, zeigt theils fromme Gelehrte und Kirchenväter, theils Gott geweihte Frauen. Ueber denselben in den Schildwänden sind es lauter Darstellungen der Herrlichkeit und Macht des Erlösers. Die drei Könige, welche den Herrn der Welt aufsuchten, sein Einzug in Jerusalem, an den Stirnwänden die Verklärung, und gegenüber der Erlöser selbst auf dem Schoosse der Jungfrau thronend, zeigen, wie absichtlich die Darstellungen vermieden sind, welche an die schmerzvollen Leiden des Erlösers erinnern.

Namentlich auf die Darstellung des Erlösers auf dem Schoosse der Jungfrau gründet sich unser Ausspruch hinsichtlich der Anwendung einer in dieser Zeit selten vorkommenden Vorstellung. Die unter den Rundbogenstellungen neben der göttlichen Mutter befindlichen weiblichen Figuren in reicher Tracht, meist mit Kronen, sind gleich den über ihnen befindlichen Propheten als weibliche Prophetinnen zu betrachten, es sind die Sibyllen, die begeisterten Seherinnen des Alterthums, von denen das Mittelalter behauptete, dass sie zu verschiedenen Zeiten von der Ankunft und dem Leben des Erlösers geweissagt hatten. [1] Sie bilden einen ganz eigenthümlichen Kreis künstlerischer Darstellung, und ihre Anwendung hier ist eben doppelt bedeutungsvoll, da sie neben dem Throne der Allerhöchsten stehend als Frauen in dem für fromme Nonnen geweihten Chore den Ehrenplatz neben und vor den anerkannten Propheten erhalten, die oberhalb erscheinen.

Von eigenthümlichem Interesse sind die 12 Löwen, welche auf den Stufen des Thrones befindlich, als dessen Wächter erscheinen. Wohl in einer ähnlichen Auffassung wie bei dem bekannten Portale zu Strassburg, wo Salomo's Thron ebenfalls von Löwen, nach den Worten der heiligen Schrift (II. Chron. 9, 17, 19 und I. Reg. 10, 18) umgeben erscheint. Fiorillo, Gesch. d. zeichn. Künste in Deutschland I. 362. Vergl. auch Heider, über Thier-Symbolik. Wien 1849, S. 38. In Gurk erscheinen die Löwen mit Nimben. Sollte an ihre Beziehung mit den 12 Aposteln gedacht sein?

Die zwei Gewölbebilder sind das irdische Paradies und das himmlische Jerusalem.

Ersteres, mit allem Reichthum der symbolischen Anschauung in den Einzelheiten durchgeführt, namentlich in Bezug auf die 4 Paradiesesflüsse, welche in den Gewölbezwickeln in wirkliche Berührung mit den Evangelisten treten, zu sagen ist, erscheint in einer selten zu findenden Anordnung zunächst dem Altare dargestellt, auf welchem das Sühnopfer für die Schuld der ersten Menschen vollbracht wird.

Letzteres, das himmlische Jerusalem, ist ziemlich getreu nach den Worten der Offenbarung Johannis dargestellt, und erscheint in dem Reichthum der malerischen Wirkung als erhebendes Vorbild und Preis für die durch die Schuld verlorene und durch Christus wieder erlangte Seligkeit der ersten Menschen.

In bedeutsamer Weise schlingt sich zwischen dem irdischen und himmlischen Paradiese das anmuthvolle Bild der Engelsleiter. Kaum war es möglich, diese Räume für ihre Bestimmung würdiger auszuschmücken.

---

[1] Vergl. Piper, Myth. u. Symb. der christl. Kunst, der über dieses Thema weitläufige und gründliche Nachweisungen liefert. Interessant ist es, dass die bildende Kunst keine Rücksicht auf die gelehrte Kritik genommen hat und trotz aller Beweise ihrer erdichteten Herkunft noch im XVI. und XVII. Jahrhundert sie mit Vorliebe, namentlich in Schlössern abbildete; so z. B. in Rieggersburg, Daroeck etc.

[2] Bekanntlich wurden die 4 Ströme als Zeichen der 4 Evangelisten aufgefasst. Vergl. nebst v. a. Didron Ann. Vol. 17, p. 265, und zwar ist diese symbolisirende Darstellung seit den Zeiten der altchristlichen Kunst in Uebung gewesen. Vergl. des Paulinus Beschreibung einer solchen biblischen Vorstellung:

„Petram superstat ipse petra Ecclesiae
De qua sonori quattuor fontes meant
Evangelistae, viva christi domina.
Paul. Epist. XXXII. p. 264. (ed. Muratori).

Hiermit wäre geschehen, was wir beabsichtigten: nämlich eine ausführliche Anzeige dieses merkwürdigen Bilderreigens zu geben. Für das Studium desselben ist im Interesse der vaterländischen Kunstgeschichte, sowie der christlichen Iconographie überhaupt, auf das Wärmste zu wünschen, dass genaue Abbildungen der Basis zu einer eingehenden monographischen[1] Behandlung geben, und zugleich durch ihre Veröffentlichung die gewonnenen Resultate den wissenschaftlichen Kreisen, die sich hierfür interessiren, mitgetheilt werden mögen.

---

[1] Künftigen Bearbeitern zur Notiz erwähnen wir, dass eine kaum stundenweit entlegene Kapelle in den Bergen bei Gurk, nach einer freundlichen Mittheilung des hochwürdigen Herrn Dechants Schellander zu Gurk, einem die Motive unserer Malereien wiederholenden Bildercyklus enthält, dass ferner die derselben Zeit angehörigen Wandbilder in der Kapelle am Petersberg zu Friesach (s. Haas Andeutung u. s. K. in Mitthl. d. Cent.-Comm. II.) Einzelnes aus Gurk entlehnen und überhaupt grössere Bildreihen in benachbarten romanischen Bauten nachgewiesen werden können; so z. B. die leider übertünchten Wandmalereien der Friedhofkapelle zu Marein bei Neumarkt.

Benedig

Die Einfassungen der Cisternen (puteali, vere) in Venedig

von

R. v. Eitelberger.

Taf. XXX.

Jedem Reisenden, der vom Kontinente her nach Venedig kommt, springt sicher nicht leicht etwas so sehr in die Augen, als die zahlreichen Cisternen mit ihren Einfassungen und ihren metallenen Verschlüssen, und die friulanischen Wasserträgerinnen, die in ihrem eigenthümlichen Costume zwei Kupferkessel mit Stangen auf den Achseln tragend sich immer zu bestimmten Stunden dort einfinden, wo gutes und hinlängliches Wasser in den Cisternen z. B. im Hofe des Dogenpalastes vorhanden ist. Diese Cisternen, — puzzi nennen sie die Venetianer, vera, puteali, putheale die alten Urkunden — (vera ist noch im heutigen venetianischen Dialekte speziell die Einfassung) — sind begreiflicherweise keine spezifisch venetianische Erfindung, sondern bekanntermassen die natürlichste und einfachste Art, Wasser zu sammeln und aufzubewahren, und seit uralter Zeit im Oriente, in Italien und dort natürlich ganz besonders in Uebung, wo es, wie in Venedig, kein Quellwasser und kein trinkbares Flusswasser gibt. Die Griechen und die Römer verstanden es, die Einfassungen dieser Cisternen kunstvoll herzustellen. Das prachtvolle Peristomion von Korinth mit figuralischem Schmucke im archaistischen Style, das römische Puteal in S. Giovanni Laterano, ein Beispiel der putealia sigillata, deren Cicero (ad. Att. 1. 10.) erwähnt, sind bekannt und beweisen, dass die Kunstform dieser Brunneneinfassungen, wie sie heut zu Tage in Venedig auftreten, auf einer uralten Uebung im Völkerleben des Südens beruht.

Die heut zu Tage in Venedig existirenden Cisternen sind in Form einer Pyramide gegraben, mit der breiten Basis nach Unten, überzogen mit reiner Thonerde. In den Wasserbehälter cassone wird gereinigter Meersand gegeben, der in Venedig dem Flussande vorgezogen wird. Aus der Mitte des Sandes erhebt sich eine Röhre aus Ziegeln, die mit einem aus reiner Thonerde und aus Meersand gebildeten Cement verbunden sind. Durch diese tropft das Wasser des Wasserbehälters in die Röhre und auf den Boden derselben, die aus einem Steine gebildet ist. Ober dieser Röhre und dem Wasserbehälter gehen zwei engere Einfassungen, aus Ziegeln, welche die Cisterne schliessen und pilele genannt werden. Gegenwärtig befinden sich in Venedig 180 Communalcisternen mit einer Capacität von 41.470 Cub.-Met. und 6046 Privatcisternen mit einer Capacität von 408.269 Cub.-Met. Gutes Cisternenwasser liefern aber nur 2212 Privat- und 116 Communalcisternen. Der Vortheil einer solchen Wasserversorgung, die unabhängig von dem Festlande ist, hat sich für Venedig in den Ereignissen der Jahre 1848 und 1849 gezeigt.

Die älteste Venetianer-Urkunde, in welcher einer Cisterne erwähnt wird, ist eine Schenkungsurkunde vom J. 1048. Es heisst darin: „sicut est eadem domo murata fundata usque ad suam celsitudem, cum sua volta et camminata, nec non culma cum suis porticis seu curte, cum putheo et putheale, nec non vera sua etc." Der Chronist von S. Salvator, der Mönch Grazio bringt eine Urkunde von 1280, und erläutert das Wort vera durch pigna — „eruit vera seu pigna" heisst es daselbst — woraus hervorgeht, dass putheus putheale die Cisterne selbst, vera oder pigna die Cisterneneinfassung im venetianischen Dialekt bedeutet.

Die Gesetze über die Cisternen reichen bis in das 14. Jahrhundert zurück. Hr. S. Seguso gibt über dieselben folgende Aufschlüsse. Die ältesten recht-geschichtlichen Nachrichten datiren vom 3. Nov. 1303, und finden sich in den Büchern „Magno e Capricorno." Durch diese Gesetze waren die Procuratoren von S. Marco verpflichtet, die Pozzi und den Hof des Palazzo mit dem Miethzins der der Comune gehörigen Häuser im Stand zu erhalten. Im Jahr 1324 wurde neue Vorsorge getroffen über die öffentlichen putei. Am 21. Aug. 1325 verbot der Maggior Consilio Unrath in die Nähe der Pozzi zu werfen und gab den Capi's der Sestiera in dieser Beziehung Anordnungen zu treffen, Strafen zu verhängen u. s. f. Derselbe grosse

Fig. 1.

Rath verordnete in dem Jahr 1325 am 3. Dez., dass mit öffentlichen Geldern keine weiteren Pozzi mehr gegraben werden dürfen, dass die bisher gemachten den Bedürfnissen genügen, und dass keinem der Capi der Sestiera es zustehn solle, zu diesem Zwecke irgend ein Geld zu erheben. Im J. 1332 wurden die Pozzi in Palazzo durch den Gostaldo Ducale Giustino restaurirt. Im J. 1372 wurden die Emissäre der Carraresen gevierteilt, welche die Brunnen vergiften wollten. Im J. 1451 wurde verboten, auf dem Campo S. Giovanni in Oleo zu machen ein „cimeterium vel aliud nisi puteum." Ein Gesetz vom J. 1495 wendet sich wieder gegen jene, welche die Pozzi zerstören.

Die Zahl der Pozzi war an manchen Orten grösser, als es heut zu Tage der Fall ist. In der Nähe der alten schon 1156 aufgegebenen Kirche am Markusplatze S. Geminiano — eine andere Kirche gleichen Namens wurde später an der Stelle gebaut, wo heut die Procurazie nuove stehen — stund ein Pozzo; zwei andere, die man 1194 ebendaselbst errichten wollte, wurden wegen ungünstigem Baugrund nicht ausgeführt. Eine besondere Tiefe hatte der Pozzo am Campo di S. Salvatore. Dort stund ein Feigenbaum, der als Grenze für alle jene diente, welche zu Pferde ankamen, da es für gewisse Stunden verboten war, zu Pferde am Markusplatze anzukommen. Damals war noch das alte System von Brücken zwischen den Inseln aufrecht, das gestattete, diese zu Pferde zu passieren. Der Brunnen und Feigenbaum von S. Salvatore werden noch erwähnt in der Geschichte der Verschwörung des Bajamonte Tiepolo i. J. 1310. Der Pozzo des Klosters S. Salvatore wurde 1337 errichtet und 1360 geschmückt, durch den Prior Francesco de Grazia, „fecit elevare puteum et aptare banchas de creta, fecit fieri gradus circa puteum et portari sabulum multum et desuper salizare per totum." In der Nähe der Scuola della Misericordia war schon 1327 ein Pozzo; der Pozzo der Confraternità della Carità, welche heut zu Tage den Bedürfnissen der Akademie dient, wird schon 1343 in einem Dokumente erwähnt. Im Jahr 1425 wurden durch eine Gesellschaft 30 Pozzi an verschiedenen Orten errichtet; der Pozzo am Campo S. Polo ist vom J. 1452, der ausserordentlich schöne Pozzo im Renaissancestyl am Campo di S. Giovanni e Paolo wurde 1471 errichtet. 1492 der im Kloster S. Maria dei Servi. Als im J. 1529 die Vollendung des Pozzo von S. Stefano verordnet wurde, ist von den Provedittoren der Commune festgestellt worden, „di metter un barcaruol per tutti li traghetti della Città mit der Bestimmung, dass der durch diese Barkarolen eingehende Geldbetrag für die Pozzi von S. Stefano, S. Margarita, S. Giacomo dell' Orio und S. Felice zu verwenden sei. Um so viele neuentstandene Cisternen hinlänglich mit Wasser zu versorgen, wurde beiläufig dreissig Jahre später die Anordnung getroffen, Wasser aus der Brenta zu holen und damit die Pozzi zu füllen. Das Wasser wurde auf Barken (burchie) geführt und der Preis für jede derselben auf 10 venet. Lire bestimmt, im J. 1756 auf 12 L. v. 6 Sobli erhöht, und für grössere Barken (pente) auf 16 Lire festgestellt. Heut zu Tage zahlt die Commune für jede aus der Brenta (Seriola) Wasser führende Barke 14, 50 lir. austr. Die Barken sind für diesen Gebrauch besonders gebaut und mit einem Stempel versehen.

Nach einem Gesetze vom J. 1536 waren von dem Gebrauche der Pozzi die Luxusgewerbe (speziell werden die tintori, barbieri, tripperi, pistori, pelizzeri, lavandere, saponeri und Luganegheri genannt) ausgeschlossen.

Die Cisternen hatten öfters durch Stürme und das dadurch herbeigeführte Einströmen von Meerwasser zu leiden, so im J. 1625, 1628 u. s. f.

Ein eigenthümlicher Gebrauch fand in alten Zeiten statt. Früh Morgens und Abends, zur Vesperzeit gab die Glocke einer jeden Pfarrkirche einen Schlag, und es beeilten sich dann die Einwohner zu den Pozzi zu gehen, und so lange diese geöffnet waren, daraus Wasser zu holen. Gegenwärtig ist er nur in einigen Pfarreien in Uebung, in andern ganz ausser Uebung gekommen. Den Fremden fällt in Venedig am meisten die Uebung auf, welche bei den Pozzis im Dogenpalast stattfindet. Dort sieht man früh Morgens die zahlreichen friulaner Wasserträgerinnen versammelt, welche das Oeffnen der Brunnen erwarten. Die Aufsicht über die Pozzis und die Benützung derselben haben gegenwärtig meist Handwerker, die capi di contrada, in früheren Zeiten aber Nobili, die Capita contractarum, judices et inquirentes, auch Geistliche, und später auch Nachtsdelate; letztere übten den Dienst gegen eine Geldentschädigung.

Bevor wir einige Notizen über die Kunstform der Brunneneinfassungen geben, bemerken wir, dass es nun Lido natürliche Brunnen gibt (bei S. Nicolò 21 Fuss entfernt vom Meere), und dass in Venedig der Versuch gemacht wurde, Brunnen zu graben. Den ältesten machte 1496 der Maestro Bassan „inzeniero" aus Verona.

Die Kunstform der Brunneneinfassungen, vere, so stereotyp in ihren Hauptlinien, ist doch schon aus der Rücksicht sehr interessant, als sich in ihr alle Baustyle und alle Jahrhunderte erhalten haben. Von der frühromanischen angefangen, die noch theilweise in das Formenchaos der longobardisch-fränkischen Zeit zurückgreifen, durch die romanische, gothische und Renaissanceperiode bis zur Barokkenzeit und unserem sehr nüchternen Jahrhundert sind alle Style fast mit allen Variationen vertreten. Leider sind viele von diesen alten Putealen entweder zerstört oder in das Ausland gewandert. Die Kunstliebhaberei warf sich auf diese Monumente mit besonderem Eifer, das Puteale, das wir unseren Lesern vorführen, befindet sich in einem Hofe bei San Samuel. Ausserdem aber zählt Hr. Seguso noch mehrere andere auf, die in derselben Richtung, theilweise mit einer Beimischung maurischen Geschmackes gearbeitet sind, als im Palazzo Loredan bei S. Luca, aus parischem Marmor, im Palazzo Morosini auf S. M. Formosa, Randramio auf S. M. Maddalena, Orseni bei S. S. Apostoli, Corte Moceniga bei S. Samuele, dei Cuoli in der Calle degli Sensi zu S. Antonio, und im Cortile S. Chiara auf Murano. Unter den Renaissancearbeiten ist ohne Zweifel der schönste auf dem Campo S. Giovanni e Paolo. Die berühmtesten sind ohne Frage jene, welche im Hofe des Dogenpalastes stehen. Der schönste vom Jahr 1559 ist ein Werk des Alfonso Alberghetti, der andere minder bedeutende und etwas überladene ist ein Werk des Nicolò de Conti vom J. 1556. Er hat im Innern des Puteale folgende Inschrift: Deus, fortuna, labor, ingenium; Nicolaus de Comitibus Marci filius conflator tormentorum illustrissimae Reipublicae Venetiarum 1556. [1]

_____

[1] Die in diesen Zeilen enthaltenen Notizen sind folgenden Werken entnommen: A. e. L. Seguso „Delle vere da pozzo Venezia 1859. Seguso gazz. uff. di Venezia 1. und 2. April 1858. L. Sagredo „delle consorterie delle arti edificative etc." Venezia 1856.

Die Liebfrauenkirche zu Wiener-Neustadt in Niederösterreich.

Von

Dr. Ed. Freiherrn v. Sacken.

Taf. XXXI—XXXVI.

---

4. Geschichtliche Nachrichten.

Die sechs Meilen südlich von Wien gelegene Kreisstadt Wiener-Neustadt ist, wie auch schon der Name andeutet, jüngeren Ursprungs, der sich — was bei wenigen Orten der Fall ist — genau bestimmen lässt. Auf der weiten Ebene, auf der die Stadt liegt, dürfte an ihrer Stelle zwar schon in sehr früher Zeit ein kleiner Ort bestanden haben — wie auch die Sage meldet und es sich herausstellt, wenn man die wahrscheinliche ursprüngliche Situation und Begrenzung betrachtet — aber erst der Babenberger Herzog Leopold V. (VI.), nachdem er in Folge vorausgegangenen Vertrages v. J. 1189 durch den Tod des letzten steierischen Herzogs Ottokar VI. (8. Mai 1192) Steiermark erworben hatte,[1] gab dem Platze als Grenzpunkt eine Bedeutung. Nachdem er nämlich von dem Reichstage zu Worms, wo er von Kaiser Heinrich VI. mit Steiermark belehnt worden (24. Mai 1192) zurückgekehrt war, versammelte er im J. 1194 seine Ministerialen bei Fischa[2] und es wurde die Stelle des heutigen Neustadt auf damals noch steierischem Boden als ein zur Grenzveste gegen Ungarn sehr geeigneter Platz befunden, denn die benachbarte Veste Pitten, früher Hauptort der besonderen Grafschaft Pitten, welche seit dem Tode des Grafen Eckbert III. (vor Mailand 1158) zu Steiermark gehörte, dessen Grenze bis zur Ländertheilung zwischen Ottokar von Böhmen und Bela IV. von Ungarn i. J. 1254 die Piesting bildete, hatte ihre Wichtigkeit gegen die Einfälle der Ungarn verloren. Sofort wurde der Bau der neuen Stadt begonnen; die Ummauerung soll aus dem Lösegelde für die Befreiung des in Oesterreich in Gefangenschaft gerathenen Königs Richard von England bestritten worden sein.[3] Die Zeit der Entstehung Neustadts ist daher in das Jahr 1194 zu setzen. Den neuen Ansiedlern wurden besondere Freiheiten und Privilegien gegeben, auch die Marktfreiheit, die früher der dem Stifte Formbach gehörige Markt Neunkirchen besessen hatte, hieher übertragen.[4] Herzog Leopold VI. war den Neustädtern sehr gewogen, bestätigte die früher ertheilten Gnaden und mehrere hier ausgestellte Urkunden dieses Fürsten (1204, 1217, 1227, 1226) bezeugen dessen oftmaligen Aufenthalt in Neustadt,[5] wo ihm auch von seiner Gemahlin Theodora sein dritter Sohn Friedrich geboren worden sein soll. In einem Gnadenbriefe v. J. 1210, der den Neustädtern wahrscheinlich zur Belohnung der treuen Dienste gegen Emmerich von Ungarn, der 1198 die Grenze verwüstete, verliehen wurde und die Erneuerung der Bürgerrechte, sowie das Ausmass des Burgbannes

---

[1] Meiller, Regesten der Babenberger S. 64, Nr. 77 und 80. Pertz, Monum. Germaniae histor. SS. IX. Chron. Admont. p. 587, C. Garstens, 594, C. Claustroneoburg 619.

[2] Das (Leipolds) facta conventione prope vischa cum ministerialibus enim de nova civitatis edificatione et nostri loci Neunchkirchen permutatione — — — heisst es in der zu Fischa i. J. 1194 ausgestellten Urkunde wegen des Tausches eines Jochs Schilten mit dem baierischen Kloster Formbach am Welsgebirg. Meiller, Regesten S. 76, Nr. 72.

[3] Enenkel, Fürstenbuch bei Rauch, Script. rer. austriac. I. 233, danach C. Praedicat. Vind. bei Pertz. I c. 526.

[4] Rauch. l. c. I. 215 und Monumenta boica XXIX. 511.

[5] S. Meiller, Regesten S. 93, 120, 139, 144.

enthält, wird Neustadt „porta et clausura" der herzoglichen Länder genannt. [1] Im J. 1233 wurde hier der Friede zwischen Andreas von Ungarn und Herzog Friedrich II. geschlossen. [2] Als dieser 1237 von Kaiser Friedrich II. in die Acht erklärt worden und aus seinem Lande geflohen war, blieb ihm nur Starhemberg und Neustadt treu; hierher begab er sich nun und schlug in einem Ausfalle das kaiserliche Heer unter dem Burggrafen von Nürnberg, der nebst den Bischöfen von Freising und Passau gefangen wurde, in die Flucht. Der Herzog lohnte die geleistete Hülfe und beharrliche treue Anhänglichkeit der Bürger durch einen ihnen wesentliche Rechte und Privilegien einräumenden Gnadenbrief (1239), ihm folgte ein zweiter (1244), der die Mauth- und Zollgebühren im Handel nach Steiermark, Italien und Ungarn in einer sehr vortheilhaften Weise ordnete, [3] und 1247 erhielt Neustadt einen kaiserlichen Gnadenbrief. [4] Des Herzogs Schwester feierte hier ihre Hochzeit mit dem Landgrafen Heinrich von Thüringen (1239). Bei dem grossen Einfalle der Mongolen leistete die Stadt muthvollen Widerstand, bis die Schaaren bei dem Herannahen des gegen sie aufgebotenen Heeres abzogen.

Die deutschen Ordensritter hatten schon vor 1236 zu Neustadt ein eigenes Ordenshaus, das reich begütert war. Hier bestand, wie in Wien und Enns, eine eigene Münzstätte, in welcher einseitige Pfennige geschlagen wurden. [5] Als Ulrich von Liechtenstein auf seinen berühmten Fahrten hieher kam, wurden glänzende Turniere gehalten (1227, 1240) und Neustadt war eine der vier österreichischen Städte, wo alle Jahre ein grosses Turnier statt fand.

Aus allen diesen Zügen geht hervor, dass Neustadt schon in der ersten Hälfte des XIII. Jahrhunderts eine bedeutende, wohl bevölkerte Stadt war, die von den Landesfürsten häufig besucht und ausgezeichnet, mit Privilegien und Rechten wohl ausgestattet wurde. — ein Umstand der in Bezug auf die wahrscheinliche Gründung der Liebfrauenkirche um so mehr zu beachten ist, als uns über diese urkundliche Daten fehlen. Ausserhalb der Stadtmauern vor dem Neunkirchnerthore stand eine Pfarrkirche St. Ulrich, das dem Erzstift Salzburg unterworfen war; als Pfarrer an derselben erscheint Marquard (um 1220), 1240 Leitprand, Archidiakon von Kärnten und der 1295 verstorbene herzogliche Protonotar Gottfried war auch hier Pfarrer. [6] Verschiedenen Andeutungen zufolge scheint diese Kirche ziemlich klein gewesen zu sein. Es ist aber bei dem schnellen Emporblühen Neustadts zu Anfang des XIII. Jahrhunderts und dem nur bei rascher Zunahme der Bevölkerung zu erklärenden Aufschwung sehr wahrscheinlich, dass man bald an die Gründung einer grösseren Kirche im Innern der Stadt dachte. Bei der ausserordentlich grossen Bauthätigkeit dieser Zeit, die so viele Kirchen schuf, dürfte es eine gegründete Vermuthung sein, dass Herzog Leopold VI., genannt der Glorreiche, der, wie oben gezeigt wurde, sich Neustadt so gnädig erwies, es oft zu seinem Aufenthalt wählte und bevorzugte, dessen Baulust manche schöne, noch erhaltene Denkmale bezeugen, [7] die in ihrer Anlage bedeutend grosse, jedenfalls zur Hauptkirche der Stadt bestimmte Liebfrauenkirche im ersten Viertel des XIII. Jahrhunderts gründete. Es wird später gezeigt werden, dass die Bauformen des jetzigen älteren Theiles derselben ganz mit dieser Annahme in Einklang stehen.

Ob es bereits diese Kirche war, welche Ulrich von Liechtenstein 1227 und 1240 besuchte, und wo die

----

[1] Das sehr merkwürdige Stadtrecht von Neustadt wird von Würth (österr. Zeitschr. für Rechts- und Staatswissensch. 1847, Heft III—V wo es vollständig abgedruckt ist) und von Gaupp deutsche Stadtrechte des Mittelalt. II. S. 257 in der Zeit zwischen 1221 und 1230 gesetzt und Herzog Leopold VI. als dessen Urheber angenommen; Meiller dagegen (Archiv f. Kunde österr. Geschichtsquellen Bd. X. S. 107) hält es für nicht älter als aus dem Ende des XIV. Jahrhunderts. Die derzeitige Fassung wenigstens scheint erst dieser Zeit anzugehören.

[2] Peetz, Mon. Germ. hist. SS. IX. 178.

[3] Meiller, Archiv X, 104—131. Eine angebliche goldene Bulle Kaiser Friedrichs II. v. J. 1237, die Neustadt als freie Reichsstadt erklärt, scheint nicht echt zu sein. Hormayr Archiv 1826, S. 313, dagegen Böhmer, Regesta imperii 1198—1254, S. 1715.

[4] Böhmer, Additam. II, ad Reg. Imp. 1246—1313, S. 425.

[5] Diess lässt sich aus einer Urkunde König Rudolphs I. v. J. 1277 folgern. S. Chmel, Oesterr. Geschichtsforscher I. 470.

[6] Kurz, Collect. script. rerum hist. monast. eccles. II. 150, Peetz SS. IX, 718.

[7] Er gründete 1206 die Cistercienser-Abtei Lilienfeld, deren Bau bis zu seinem Tode 1230 vollendet war, 1221 die Kirche St. Michael zu Wien (Meiller, a. a. O. S. 12b, Nr. 17), 1224 die Minoriten in Wien; er erweiterte diese Stadt und erbaute die neue herzogliche Burg an der Stelle der noch gegenwärtig stehenden.

Leiche des in der Schlacht gegen die Ungarn gefallenen letzten Babenberger-Herzogs Friedrich II. 1246 beigesetzt war, ist nicht mit Bestimmtheit anzugeben, aber wahrscheinlich.

Ueber die Geschichte dieser ersten Bauführung ist nichts näheres bekannt, aber es ist kaum zu bezweifeln, dass die Kirche 1259 stand, zu Ehren der heiligen Maria geweiht;[1] sie wurde aber neuerdings von Johann Bischof von Chiemsee[2] im Jahre 1279 zu Ehren der h. Jungfrau und des h. Ruprecht, des Landespatrons von Salzburg geweiht. Sie war die Stadtpfarrkirche (St. Ulrich scheint die Pfarre der Vorstädte gewesen zu sein), und der an ihr angestellte Pfarrer hatte die Obliegenheit fünf Priester, Diakon und Subdiakon zu erhalten. Im Laufe der Zeit machten die frommen Bürger Neustadts verschiedene Stiftungen für Kapellen und Altäre; 1338 wurde der zu Neunkirchen verstorbene Bischof Johann von Lavant in der Liebfrauenkirche auf Kosten der Bürgerschaft feierlich begraben.[3]

Weiter ist nichts von den Schicksalen der Kirche bekannt bis gegen die Mitte des XV. Jahrhunderts, als die Stadt durch Kaiser Friedrich III., der sie besonders liebte und bevorzugte, ihre Glanzperiode erreichte. Die unterbrochene Treue der Bürger bei vielen Anlässen bestimmte den Kaiser zu dem Versuche, diese Stadt, in der er sich so oft aufhielt, über Wien zu erheben; er zeichnete sie durch vielfache Begünstigungen und Gnaden aus. 1433 brannte ein grosser Theil der Stadt ab, die auf dem Platze stehende Nicolaikapelle und die vor dem Wienerthore gelegene Vorstadt wurden von den Flammen zerstört. Die wiederholten Trostbriefe,[4] besondere Vorrechte und Gerechtigkeiten, die ertheilt wurden „weil diese Stadt mit grosser erlärmlicher Brunst in harte und wüstliche Verderben gefallen ist," (1448) bezeugen die grosse Verheerung, die der Brand angerichtet hatte. Vielleicht wurde dabei auch der Chor der Liebfrauenkirche beschädigt oder zerstört, denn nicht lange nachher begann dessen Neubau.

Friedrich stiftete im J. 1444 an der Burgkapelle bis zur Erbauung einer neuen Kirche eine Propstei von weltlichen Chorherrn (für 11 Canoniker, Dechant und Propst) gleich den Chorherrn zu St. Stephan in Wien; im darauf folgenden Jahre wurde diesem Kapitel auch die Kirche St. Ulrich übergeben. Es scheint Friedrichs ursprüngliche Absicht gewesen zu sein, die Canonie an der Liebfrauenkirche zu errichten, die sich aber wahrscheinlich nicht in geeignetem Zustande befand und erst einen Neubau erwartete.

Dass der Neubau des Querschiffes und des Chores (das Schiff blieb vom alten Bau stehen) wirklich bald rauf begonnen wurde, beweist das an der Brüstung des Zubaues am nördlichen Flügel des Querschiffes befindliche Jahrzahl 1449, welcher Theil also damals schon vollendet war und zwei Inschriften im Querschiffe nennen Niklas Ottenthaler, die erste Mal 1439—1443, die zweite Mal 1447—1452 Bürgermeister von Neustadt war, als Leiter und Vollbringer des Baues.[5] Dieser scheint übrigens ziemlich langsam von Statten gegangen zu sein, denn es finden sich an verschiedenen Stellen des Neubaues auch die Jahreszahlen 1467, 1473 und 1486, die sich freilich theilweise auf bauliche Ausschmückungen beziehen.

Im Jahre 1450 sollte die Propstei von der Burg und St. Ulrich an die Liebfrauenkirche übertragen und diese zur Collegiatkirche erhoben werden und es ertheilte auch der in Wien anwesende Cardinallegat St. Angeli seine Zustimmung, allein es kam nie zur Ausführung,[6] sondern das Chorherrnstift an der Burg übte an der Pfarrkirche einstweilen das Verweseramt. Kaiser Friedrich betrieb bei seiner zweiten Reise nach Rom 1468 beim päpstlichen Stuhle die Errichtung von drei Bisthümern (Wien, Neustadt und Laibach), die Canonisation des Markgrafen Leopold und die Gründung eines neuen Ritterordens zur Vertheidigung der Kirche. Durch

---

[1] Diese Angabe hat Raim. Duellius (De fundatione templi cathedralis Austriaco-Neapolitani, Neubk. 1755) einem Pergamentcodex, den er nicht näher bezeichnet, entnommen. Zur Bewirkung jedes Missverständnisses muss aber bemerkt werden, dass die im Urkundenbuche des Landes ob der Enns II, 597 enthaltene Urkunde v. J. 1315 wegen der ecclesia Niwenstat, sich nicht auf Wiener-Neustadt, sondern auf Neustadt im Viertel ob dem Wienerwalde bezieht.

[2] Er erscheint als Zeuge in einer goldenen Bulle Rudolfs I. v. 14. Februar 1279 (Böhmer, Reg. imperii 1246—1313 S. 96, Nr. 474). Im selben Jahre erhielt er das Bisthum Gurk (Hansiz, German. sacra II, 309).

[3] Böhmer, Fontes rer. Germ. I 482.

[4] Chmel, Material. z. österr. Gesch. I, 336. S. auch Chmel, Gesch. Friedrichs IV I, 161, 292, 218, 229 u. a. a. O.

[5] Die meisten Schriftsteller über Neustadt setzen demzufolge den Umbau zu spät an, indem sie denselben zwischen 1457 und 1459 geführt wissen wollen, eine Zeit, die überdiess bei der Gesammtzeit des Baues jedenfalls zu kurz ist.

[6] S. ausführlich darüber: Böheim in den Beiträgen z. Landeskunde Oesterreichs u. d. Enns IV, 17 ff.

eine papstliche Bulle vom 1. Jänner 1469 [1] wurde das Bisthum zu Neustadt in's Leben gerufen und die Frauenkirche zur Kathedrale erhoben. Der erste Bischof war Peter Engelbrecht (zu Rom 1477 consecrirt, gest. 1491); er weihte im Dom, dessen Bau und Einrichtung also noch nicht vollständig abgeschlossen war, die Altäre des h. Kreuzes, der h. Dorothea und der drei Könige. [?] (1483). Im nämlichen Jahre, in dem das Bisthum errichtet wurde, bestätigte Papst Paul II. dem Kaiser zu Gefallen auch die Stiftung des Georgs-Ordens zu Mühlstatt in Kärnten, allein er konnte sich hier nicht recht halten: um ihm neuen Glanz zu verleihen und Einkünfte zuzuwenden, versetzte ihn der Kaiser nach Neustadt und erwirkte zwei päpstliche Bullen Sixtus IV. (1479 und 1480), welche die Vereinigung des Ordens mit dem Bisthum anordnen. Im Kriege mit Mathias Corvinus von Ungarn wurde die alte St. Ulrich-kirche, zu der die Chorherren aus der Burg seit 1470 übersiedelt waren, zerstört (1485). Da die Geistlichkeit ohne Bestimmung war und doch erhalten werden musste, so kam Friedrich auf den Gedanken sie auch an die Domkirche zu versetzen (1491). Dies wurde die Quelle langer Streitigkeiten. Die Canoniker nämlich sollten zwar ihre Regel behalten, aber das Ordenskleid der Georgsritter anziehen, dafür sollte der Bischof aus ihnen gewählt werden: allein die Pröpste weigerten sich der Verschmelzung mit dem Ritterorden und zwei Jahre später (1493) sah sich der Kaiser veranlasst zu erklären, die dem Georgsorden inkorporirte Domkirche habe sich demselben nicht nützlich erwiesen, daher sie den Chorherren allein übergeben werde. Aber der Streit dauerte mit Erbitterung fort, denn der Georgsorden, dessen Haltlosigkeit sich immer mehr herausstellte, wollte seine Rechte auf die Kirche und deren Einkünfte nicht aufgeben; beide Parteien griffen zu allen Mitteln, jede wollte die andere verdrängen und sich in den alleinigen Besitz der Einkünfte setzen. Das Bisthum blieb unbesetzt und wurde durch die Pröpste administrirt. [?] Endlich wussten die Georgsritter sich bei König Maximilian so in Gunst zu setzen und gegen die Chorherren zu agitiren, dass auf des Königs ausdrücklichen Befehl die Kathedrale mit allen Stiftungen neuerdings dem Orden eingeantwortet wurde. Obwohl der Papst alle mit dem Bann bedrohte, die für diese Abtretung und Verkürzung der Chorherren wirken würden, so blieb Maximilian doch fest; im folgenden Jahre übernahmen die Ritter den Dom und die Canoniker gingen fort, wohin ist unbekannt. Ein Offizial des Georgsordens übte nun die Rechte des Domkapitels aus bis zur Wahl des trefflichen Bischofs Dietrich Kraminer [4] (1516). Bald aber zeigten sich die vielfachen Gebrechen des Ritterordens, so dass er auf Anlangen des Bischofs Faber von Wien ganz von der Kirche entfernt und diese mit ihren Besitzungen und Einkünften dem Bisthume zuerkannt wurde.

Schon beim Entstehen der Frauenkirche hatte der Pfarrer mit seinen Geistlichen das Chorgebet zu verrichten; diese Verpflichtung ging auf die Georgsritter über. Nach ihrer Entfernung bestand hier kein Domkapitel, sondern der Bischof hatte nebst seinem Offizial nur fünf Beneficiaten bis Bischof Christoph Royas de Spinola 1692 wieder ein Collegium von sechs Kanonikern gründete. Derselbe Bischof, sowie sein Nachfolger Franz Anton Graf von Buchheim liess viele Restaurationen und Modernisirungen an der Domkirche nach dem Geschmacke ihrer Zeit vornehmen. Einiges hatte schon der berühmte Cardinal Melchior Klesel, der hier Bischof war, gethan und 1508 die hübsche, aber zum Baustyl der Kirche nicht passende Kanzel machen lassen. Den unglücklichen Gedanken der Uebertünchung, welche das Innere des ehrwürdigen Bauwerkes seines alterthümlichen Ansehens beraubte, führte 1719 der Kirchenmeister Ferdinand Dänkl aus.

Bei der Reorganisation der kirchlichen Eintheilung Oesterreichs unter Kaiser Joseph II. kam i. J. 1785 das Bisthum von hier nach St. Pölten im Viertel ob dem Wiener-Walde. So ist nach einem mannichfaltigen Wechsel verschiedener geistlicher Körperschaften die Kathedrale wieder zur blossen Stadtpfarrkirche mit einem Propste als Vorsteher geworden.

Wenn auch über die Baugeschichte selbst keine bestimmten urkundlichen Daten vorliegen — nicht einmal alte Kirchenrechnungen sind erhalten, — so ergibt sich doch schon aus den geschichtlichen Andeutungen,

---

[1] Feil in Schmidl's Kunst und Alterth. in Oesterreich, S. 7.

[?] Kirchliche Topographie XII, 226.

[?] Ferd dem Tode des Bischofs Augustin Girbinger 1493 durch fünf Pröpste: Johann, Bernhard, Aegydius, Sebastian und Paul. Böheim, Chronik von Wiener-Neustadt I. 191.

[4] Ueber seinen Grabstein s. unten, S. 153.

das zwei Hauptbauperioden zu unterscheiden sind, nämlich die erste bald nach der Gründung Neustadts in der ersten Hälfte des XIII. Jahrhunderts, die zweite unter Kaiser Friedrich III. um die Mitte des XV. Jahrhunderts.

B. Beschreibung der Kirche.

Diese erwähnten zwei Bauperioden im XIII. und XV. Jahrhundert lassen sich an der gegenwärtigen Kirche auf den ersten Blick unterscheiden, denn das Schiff mit den beiden Thürmen ist im spät-romanischen Style (Uebergangsstyle) mit vorherrschend romanischem Detail, Querschiff und Chor im spät-gothischen Style, der hier aber besonders edel und reich mit mancher interessanten Eigenthümlichkeit erscheint, erbaut.

Das Schiff.

In der Massenhaftigkeit des Mauerwerkes, in der Gestalt der Pfeiler, in den Gliederungen und fast durchgehends im Charakter der Ornamentation folgt es den Traditionen des romanischen Styles, während die Maassverhältnisse und die Form der Gewölbe einen weiteren Schritt bezeichnen.

Die Länge des dreitheiligen Schiffes beträgt 156 Fuss bei 65 Fuss Breite; das Mittelschiff mit 28 F. 6 Z.

Fig. 1.

ist um ein Drittel breiter als die südliche Abseite (18 F. 9 Z.), die nördliche ist noch etwas schmaler (17 F. 9 Z.). Die Höhe des Mittelschiffes — 62 Fuss — kommt beinahe der Breite der ganzen Kirche gleich und übertrifft etwas das Doppelte der Mittelschiffsbreite. Die Abseiten mit 31 F. Höhe sind um die Hälfte niedriger.

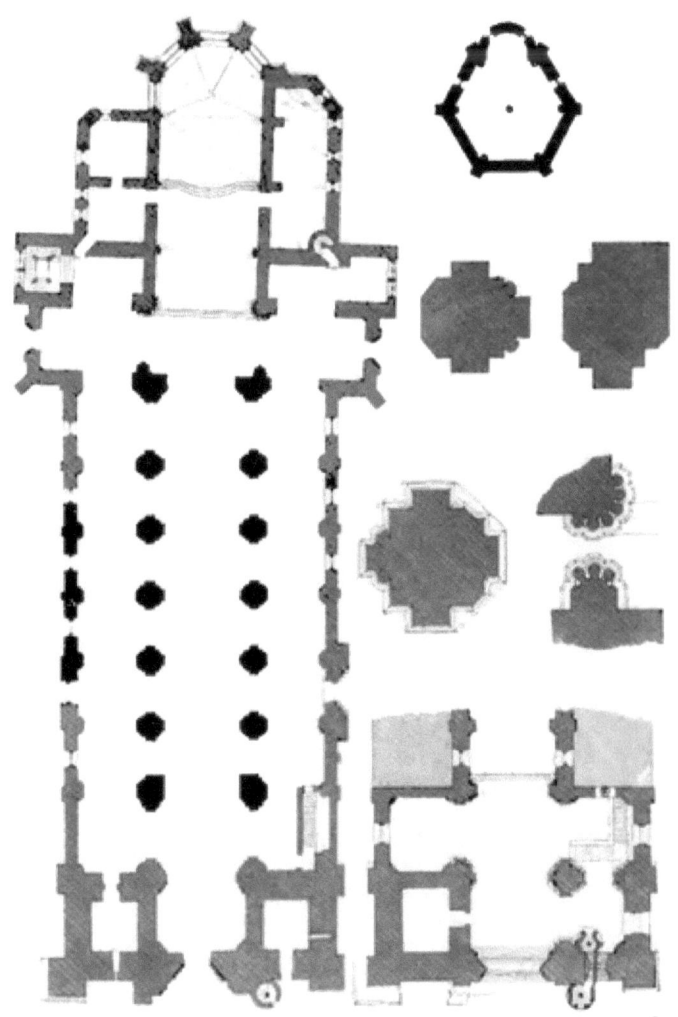

Ingolstadt

Durch zwei Reihen von je sieben Pfeilern wird das Langhaus in acht Travées getheilt (S. den Grundriss, Tafel XXXI, a); diese bilden aber nicht mehr, wie gewöhnlich bei den Gewölbebauten des eigentlich romanischen Styles im Mittelschiff Quadrate, sondern bei der durchschnittlichen Pfeilerdistanz von 16½ Fuss Rechtecke, die in einem Verhältniss der Breite zur Länge erscheinen fast wie 3½ : 2, welches bei früh gothischen Bauten in Deutschland häufig angetroffen wird. Die Pfeilerdistanzen sind übrigens fast alle verschieden, besonders lang ist das zweite und das letzte Joch, welche sich daher mehr dem Quadrate nähern.[1]

Die Gewölbe zeigen durchaus den entschiedensten Spitzbogen, der im Mittelschiff als ein reiner erscheint (d. h. aus dem gleichseitigen Dreieck construirt), in den Abseiten aber etwas hoch, indem die Widerstandslinie zu den Bogenschoen im Verhältnisse von 7 : 8 steht (s. den Querdurchschnitt Fig. 1). Noch schärfer gestaltet sich der Spitzbogen bei den Arkadenbögen wegen der geringeren Pfeilerdistanz bei gleichem Auflager mit den Gewölbebögen.

Die schwerfälligen, breiten Gewölbrippen zeigen noch ganz den Charakter echt romanischer Bauten, indem sie vorne nicht den für die Uebergangs- und spätere Zeit so charakteristischen Rundstab haben und jeder classischen Gliederung entbehren. Die Quergurte des Mittelschiffs sind breite, starke Bänder mit abgefasten Kanten, die fast eben so breiten Rippen haben eine Einziehung zwischen zwei Fasen (Fig. 2); nur die beiden westlichen Travées, die überhaupt der jüngste Theil des Baues zu sein scheinen, sind mit gleichen Quer- und Kreuzgurten versehen, an deren Kanten Rundstäbchen laufen (Fig. 3). Ganz einfach sind die Gurt- und Gratbögen der Abseiten, von achteckiger Grundform, bloss abgekantet (Fig. 4).

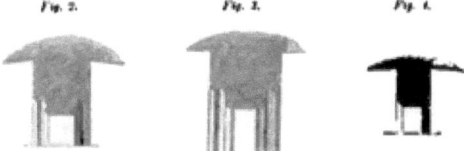

Fig. 2.   Fig. 3.   Fig. 4.

Von sehr eigenthümlicher Form sind die Pfeiler (Tafel XXXI, d); sie zeigen in ihrer Gliederung einen auffallenden Mangel von Halbsäulen als Gewölbediensten, indem nur für die Rippen des Mittelschiffs neben den Wandpfeilern, die, dem Pfeilerkern vorgelegt die Quergurten tragen, solche hinauflaufen. Ungewöhnlich ist die achteckige Grundform der Pfeiler, die auf der Seite gegen die Abseiten hervortritt; während eine Pilastervorlage und zwei Halbsäulen als Gewölbedienste des Mittelschiffs angeordnet sind und ebenfalls rechteckige Vorlagen die breitlaibigen, ungegliederten Arkadenbögen stützen, hat der Pfeiler gegen die Abseiten zu die Form eines halben Achtecks, dessen Seiten den Gewölbegurten entsprechen, die sie tragen. Wäre der Pfeiler hier verkröpft, so wäre die Gliederung ganz organisch und eine harmonischere Verbindung zwischen den breiten Bändern der Gurten und ihrer Stützen als bei Halbsäulen, in der hier angewandten Weise aber ist eine zu grosse Einfachheit, um auf vollendete Durchbildung Anspruch machen zu können. Eine solche einfache Pfeilerbildung finden wir in der am Schluss des XI. Jahrhunderts stammenden Kirche zu Sangershausen,[2] eine der zu Neustadt noch ähnlichere aber mit gänzlicher Vermeidung von Halbsäulen und in entschiedenerer Polygongestaltung in der interessanten Benediktiner-Abteikirche zu Trebitsch in Mähren,[3] welche überhaupt manchen Vergleichungspunkt mit der Liebfrauenkirche darbietet.

Die Kapitäle sind ganz einfach, ausgebaucht und bis auf eines — am vordersten Pfeiler der nördlichen Reihe, welches mit Knospenblättern und Sirenen mit doppeltem Fischschwanz verziert ist (Fig. 5) ganz glatt (Fig. 6). Sie ziehen sich, den Verkröpfungen folgend, um den Pfeiler herum, ausser der Seite gegen das Mittelschiff zu wegen der hier hinauflaufenden Dienste. Die Decksimse sind wenig gegliedert, mit breiter

[1] Der Uebergang des romanischen in den gothischen Styl bekundet sich im allgemeinen weniger in den Details als vielmehr in den Maassverhältnissen, die daher sehr zu beachten sind.

[2] Puttrich, Denkm. der Baukunst in Sachsen II. 2. Abth. Serie Eisleben, Nr. 5 b.

[3] S. oben S. 77.

Hohlkehle, ohne die gewöhnlich bei Bauten dieser Periode vorkommenden Wulste. Die Sockel der Pfeiler scheinen ganz einfach zu sein, sie sind fast vollständig von dem später erhöhten Pflaster der Kirche bedeckt.

Fig. 5.   Fig. 6.

An den Umfangsmauern ruhen die Gewölbe der Abseiten auf ähnlichen Wandpfeilern von der Form eines halben Achtecks.

Eine reiche und schöne Ornamentik entwickelt sich an den Gurtträgern des Mittelschiffes; die Kapitäle derselben zeigen theils das spätromanische Knospenkapital mit fein gerippten schilfartigen Blättern (Fig. 7), mitunter statt der Voluten mit Blumen versehen und von einem frei behandelten Laubkranze umgeben (Fig. 8).

Fig. 7.   Fig. 8.

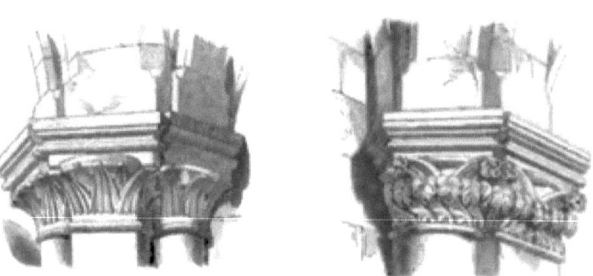

theils zwei Reihen einzelner agleiartiger oder lanzettförmiger Blätter (Fig. 9) und hierin ist eine entschiedene Annäherung an die früh-gothische Verzierungsweise der Kapitäle zu erkennen, bei der das streng stylistisch behandelte, typische Blattwerk lebensvolleren, der Natur entnommenen und nachgebildeten Motiven weicht. Ebenso sind von den Gewölbeschlusssteinen des Mittelschiffes einige mit verschiedenartig verschlungenen Drachen geziert (Fig. 10), andere mit Aestchen von Eichenlaub oder Nesselblättern, wenige mit linearem Ornament (Fig. 11).

Das Mittelschiff hat acht Joche, die Abseiten haben nur sieben, da hier das erste auf jeder Seite den Unterbau des nicht vorspringenden Thurmes bildet. Die Westseite zeigt eine eigenthümliche Anlage, nämlich der ganzen Breite der Kirche nach eine Empore (Taf. XXXI, b) die mit dem Bau organisch verwachsen ist, und ein Joch jeder Abseite und zwei des Mittelschiffes einnimmt, indem sie auch das von den Thürmen eingeschlossene Travée desselben begreift. Das Pfeilerpaar, welches zugleich die Ecken der Thürme bildet und das erste freistehende

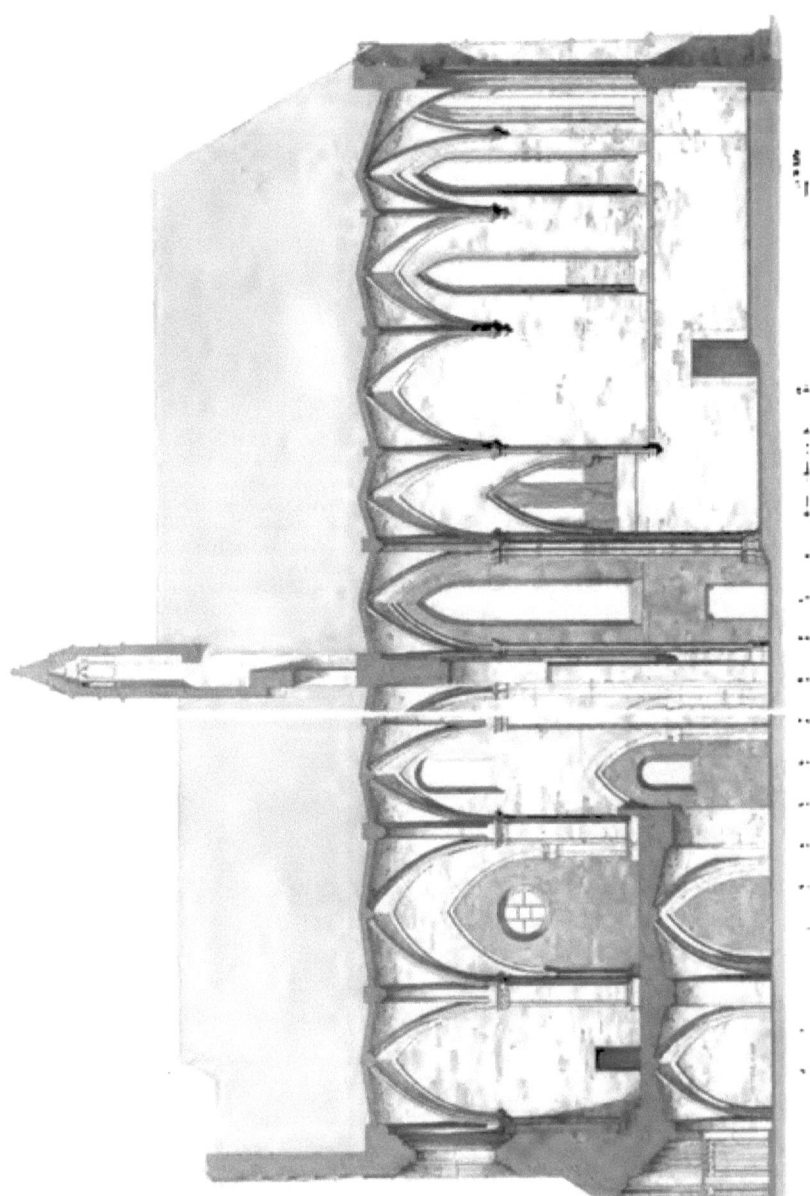

Paar und desshalb massenhafter, letzteres mit besonderen Verstärkungen versehen (s. den Grundriss Taf. XXXI,
a und e); die Halle, auf welcher die Empore ruht, hat Gewölbe in scharfen Spitzbogen, deren breite, schwere Gurten
bei der geringen Scheitelhöhe von 18 Fuss am Pfeilerkörper bis auf den Fussboden herablaufen, indem schon

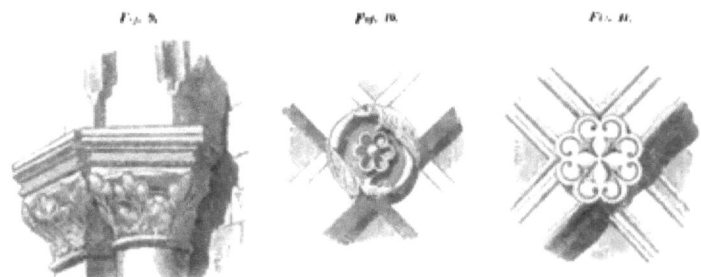

Fig. 9.   Fig. 10.   Fig. 11.

hier die Bewegung des Bogens beginnt (s. den Längendurchschnitt Tafel XXXII). Dadurch werden die Pfeiler
sehr massenhaft; auf ihnen stehen dann die gegliederten Pfeiler, welche die Wölbung tragen und so die
dreitheilige Empore bilden, welche an den Seiten 15 Fuss über die Höhe der Abseiten emporgeführt ist.
Diese Pfeiler, reicher verkröpft als die übrigen (Taf. XXXI, e) haben auch gegliederte Basen, und ähnliche
Decksimse über den einfachen Kapitälen. Der Raum unter dem südlichen Thurme ist zur Empore gezogen
(Taf. XXXI, b). Ein sechseckiges Treppenthürmchen, im XV. Jahrhundert angebaut, dessen Thüre mit geschweiften Spitzbogen übersetzt ist, enthält den Aufgang in den Thurm. Die Empore bildet nur im Mittelschiff eine offene Bühne, gegen die Abseiten ist sie durch Mauern abgeschlossen; die an der Südseite hat
gegen die Abseite hin eine Art Fenster aus zwei durch eine Mittelsäule mit Blattkapitäl und breitpfühliger
Basis getrennten Bogenöffnungen bestehend (Fig. 12). Zwei Thüren — über einer die Jahrzahl 1469 — führen
auf die Dächer der Abseiten. Ein grosses Rundfenster von 12 Fuss Durchmesser, von reichem Stabwerk ein-

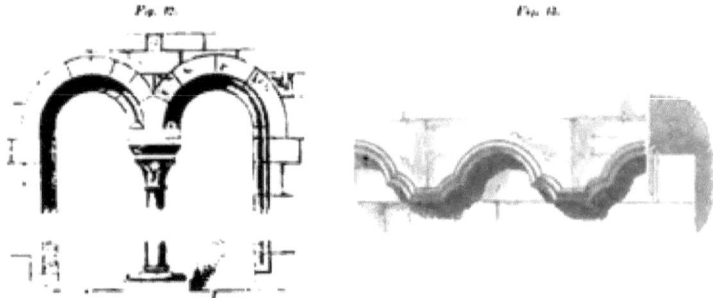

Fig. 12.   Fig. 13.

gefasst, an der westlichen Stirnmauer angebracht, erhellt die Empore; unter demselben läuft ein eigenthümlicher, gebrochener Rundbogenfries (Fig. 13).

Gegenwärtig dient die Empore als Orgelchor, ihre ursprüngliche Bestimmung ist aber nicht klar. Schon
im frühen Mittelalter findet man an der Westseite der Kirche häufig Emporen, namentlich über den Vorhallen.

Die Loggien an mehreren romanischen Kirchen Oberitaliens, wie zu Verona, Cremona u. s. w., scheinen aus den Loggien der Basiliken, wie wir sie in S. Ambrogio in Mailand sehen, hervorgegangen zu sein. Ueber den Vorhallen kommen Emporen auch in deutschen Kirchen vor, so zu Paulinzelle, wo sie einen geräumigen Saal bildet, der sich durch Arkaden gegen das Schiff öffnet,[1] und zu St. Jakob in Regensburg. Besonders in den sächsischen Ländern trifft man, namentlich in Klosterkirchen am Westende eine mit dem Schiff in unmittelbarer Communikation stehende Halle, auf der eine Empore angebracht ist, so in der aus dem XI. Jahrhundert stammenden Kirche des Nonnenklosters zu Frose, in den Klosterkirchen von Drübeck, Dobrilug, Gernrode,[2] gewöhnlich in dem von den Thürmen eingeschlossenen westlichsten Travée des Mittelschiffes. Eine ähnliche Anlage zeigen auch die Kirchen Maria auf dem Kapitol in Köln, Bursfelde an der Weser, König-Lutter bei Braunschweig, die Klöster Gandersheim, Lippoldsberge u. a. Bei Schloss-kirchen, wie zu Querfurt, Wechselburg,[3] oder Spitalkirchen u. dgl., z. B. zu Klosterneuburg bei Wien,[4] St. Jakob in Böhmen[5] Enzersfeld in Oesterreich wurde eine auf Säulen ruhende Bühne eingebaut, deren Bestimmung als Oratorium für die Vornehmen wohl kaum zu bezweifeln ist. Seltener und, so viel mir bekannt, nur in Stiftskirchen kommen grosse, auch die Seitenschiffe umfassende Emporen vor, wie zu St. Patroklus in Soest,[6] zu Hecklingen,[7] und zu Trebitsch in Mähren;[8] letztere hat in ihrer Anlage mit der zu Neustadt die meiste Aehnlichkeit. In Klosterkirchen ist eine solche Einrichtung leichter erklärlich, denn obwohl der hohe Chor der für die Geistlichkeit bestimmte Raum zum Chorgebete war, so ist es doch nicht unwahrscheinlich dass Sänger, Psalmisten und die geringere Geistlichkeit auf der Empore der Westseite Platz nahmen, um den Wechselgesang auszuführen.[9] Vielleicht durften auch vornehmere Personen auf der Bühne an dem Gottesdienste Theil nehmen, während der übrige Raum der Kirche den Laien verschlossen blieb, wie dies bei Klosterkirchen gewöhnlich war.[10]

Auffallender erscheint ein so grossartiger, planmässiger Einbau in einer Stadtkirche, die ohne Zweifel zur Pfarrkirche bestimmt war, denn dass eine Stiftung von Chorherren oder Mönchen beabsichtigt gewesen und nicht zu Stande gekommen wäre, ist wohl nicht anzunehmen, da doch gewöhnlich die Stiftung dem Bau der Kirche oder wenigstens deren Vollendung voranging. Der im XIII. Jahrhundert schon ziemlich allgemeinen Orgel wegen führte man keinen so massiven Bau aus und an einen grösseren Sängerchor ist bei dem damaligen Zustande der Musik kaum zu denken. Es mochte wohl hier der Ehrenplatz für den Magistrat und die angesehenen Bürger sein. An manchen Orten benützte man ähnliche Einbauten zur Aufbewahrung von Urkunden und Büchern,[11] und hier mag vielleicht, wenigstens der durch Mauern abgeschlossene Raum eine ähnliche Bestimmung gehabt haben. Gewiss ist, dass die wichtigen Privilegien und Urkunden in oder nahe bei den Thürmen verwahrt waren, denn i. J. 1555 wurden bei einem Einbruche in den Thurm der Kirche die goldenen Bullen, mit denen die Stadtfreiheiten versehen waren, abgerissen.[12]

Das Aeussere des Schiffes (Tafel XXXIII) hat einen vorherrschend romanischen Charakter; am Mittelschiff sind den Pfeilern im Innern entsprechend Lisenen als Mauerverstärkungen angebracht, zwischen denselben der Rundbogenfries und das bei den österreichischen Bauwerken gewöhnlich vorkommende Zahnschnittsverzierung (Fig. 14). Die Rundbogenfenster haben die Verglasung in der Mitte und sind nach aussen und besonders nach innen stark angeschrägt um möglichst viel Licht aufzufangen und im Innern zu verbreiten.

[1] Puttrich, Denkm. der Baukunst des Mittelalters in Sachsen, Ser. Schwarzburg, Taf. 11.
[2] Puttrich II, Ser. Stolberg. — I, Ser. Schwarzburg. — I, Ser. Anhalt.
[3] Puttrich, II, 2, Abth. Ser. Lisleben und I, 1. Abth.
[4] Heider in den Mittheil. der Central-Commission I, 223.
[5] Wussel ebend. II, 155.
[6] Lübke die mittelalterl. Kunst in Westphalen, Taf. IV.
[7] Puttrich, a. a. O. I, Ser. Anhalt Nr. 36.
[8] S., oben S, 70.
[9] Ein solcher Raum hiess Odeion oder Doxale (weil hier Gottes Lob gesungen wurde). S. Kreuser, d. christl. Kirchenbau I, S, 94.
[10] S. die Einleitung zu Heiligenkreuz, I. Bd, dieses Werkes S, 7 und Jahrbuch der k. k. Central-Commission II, S, 110.
[11] Die Empore über der Innern Vorhalle des Domes zu Gosar diente als Reichkammer. Lübke, a. a. O, S, 79.
[12] Böheim, Chronik von Wiener-Neustadt, II, S, 50.

Das erste Travée jeder Abseite erscheint wegen der hier eingebauten höheren Empore bis zur Hälfte der Lichtgaden des Mittelschiffs gehoben. Einfache, 1 Fuss vortretende Strebepfeiler bilden bei den nur 3 Fuss dicken Umfassungsmauern der Abseiten Verstärkungen als Widerlager der Gewölbe; sie sind an der Nordseite einfach pyramidal bedacht mit einer dreitheiligen Blume auf der Spitze, an der Südseite bloss mit einer schrägen Platte. Das Profil der Verdachung zeigt schon Schrägen mit unterschnittener Hohlkehle (*Fig. 15. 16*). Die unter

Fig. 14.   Fig. 15.   Fig. 16.

dem Dachsimse der Abseiten sich hinziehenden Friese sind verschieden, denn während die Nordseite einen Rundbogenfries mit Kugeln (Kugelfries) hat, [1] (*Fig. 17*) zeigt die südliche Abseite einen aus starkem Wulst gebildeten Spitzbogenfries. (*Fig. 18*) der einzige Theil, an dem sich ein Bestreben bemerkar macht, den Spitzbogen nicht bloss constructiv sondern auch ornamental anzuwenden. [2] Ueber beiden Friesen läuft wieder der Zahnschnitt hin. Die Fenster der Abseiten, die ohne Zweifel im Rundbogen bedeckt waren, sind erweitert und im Zopfstyle verziert; sie wurden daher auf der Abbildung restituirt.

Fig. 17.   Fig. 18.

Die westliche Stirnmauer des Mittelschiffes bildet einen Giebel, der mit einem abgetreppten Rundbogenfries verziert ist (Taf. XXXIV); auf der Spitze unter dem Simse sieht man einige phantastische Thiere, wie sie an der Façade namentlich süddeutscher romanischer Kirchen öfter vorkommen (z. B. St. Stephan in Wien, St. Jakob in Regensburg), nämlich zwei verschlungene Drachen, rechts ein aufsteigender Löwe, links ein Basilisk, im obersten Rundbogen ebenfalls ein Drache auf romanischem Laubwerk. — symbolischer Weise hieher auf die Dachspitze verbannte feindliche Ungeheuer. Die Facade enthält das mit einem kleinen Vorbau versehene Hauptportal.

Dieses hat an den seicht abgetreppten Gewänden auf jeder Seite fünf Halbsäulen (*Fig. 19*), durch rundbogige Wulste verbunden. Die breitpfuhligen Basen sind mit Eckblättern, die schwerfälligen Knospenkapitäle mit wenig gegliederten, sehr hohen Deckimsen versehen, Wandecken und Architrave sind ausgehöhlt und von zwei Stäben eingefasst, nur die vorderste Ecke zeigt ein Rautengitterwerk mit durchlaufendem Stab. Offenbar später (wahrscheinlich im XV. Jahrhundert) verändert erweisen sich die beiden äussersten, dünnen Säulchen des Vorbaues, ohne Kapitäle, mit polygonen Deckplatten, einen Spitzbogen, der die äussere Umrahmung des Portals bildet, tragend. Letzterer gehört, wie seine Profilirung mit gratigen Stäben und seine Verbindung mit dem übrigen Mauerwerk zeigt, ebenfalls einer späteren Restauration an und ist nicht ursprüng-

---

[1] Einen ähnlichen Fries findet man an der Kirche zu St. Ják in Ungarn (s. I. Band, Taf. X), ebenso neben dem Osterbon des Domes von Bamberg.

[2] Aehnlich an der früh-gothischen Klosterkirche zu Roda. (Pottrich, II. Ser. Altenburg, Nr. 1?.

lich, wie dies an dem ebenfalls sonst rundbogigen Portale zu St. Ják in Ungarn [1] der Fall ist. Im halbkreisförmigen, jetzt leeren Tympanum befand sich ursprünglich wohl ein Relief. Kaum unter der Tünche
kenntlich erscheinen die Spuren eines Gemäldes, die thronende Maria darstellend, auf jeder Seite derselben

Fig. 19.

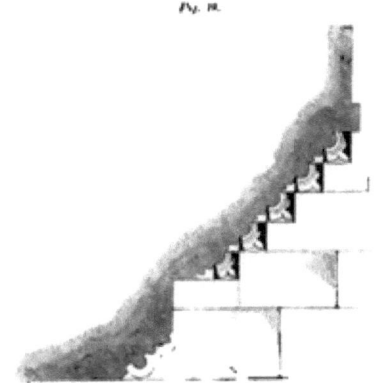

ein Engel. So viel sich aus den schwach sichtbaren Contouren muthmassen lässt, war es ein Werk des
XV. Jahrhunderts.

Sowohl auf der Süd- als auf der Nordseite des Schiffes befinden sich Seitenportale. Ersteres verdient wegen seiner reichen Ornamentirung besondere Aufmerksamkeit (Taf. XXXV). Um eine grössere Tiefe
für dasselbe zu gewinnen, wurde ein 3 Fuss vorspringender, 24 F. breiter Vorbau (das Profil *Fig.* 20) angebracht. Die Gewände sind dreimal rechtwinklich abgestuft (*Fig.* 21) mit schlanken Säulen in den Ecken,

Fig. 20.   *Fig. 21.*   *Fig. 22.*

welche die für den Uebergangsstyl charakteristische Modifikation der attischen Basen — breiten Pfühl und
tiefe, sehr schmale Hohlkehle — aber noch Eckblätter zeigen und mit stark ausladenden Kapitälen, theils
aus schwerem, schneckenförmig umgebogenem Blattwerk gebildet, theils mit Verschlingungen ganz frei

    [1] S. I. Band, Tafel XI. Auch das rundbogige Hauptportal des St. Stephansdomes zu Wien hat als äusersten Bogen einen ge-
drückten Spitzbogen, der aber später eingesetzt zu sein scheint.

gearbeiteter Aussehen überkleidet, versehen sind. Die gegliederten Decksimse treten so kräftig vor und die rundbogigen Wulste, welche die gegenüber stehenden Säulen verbinden, springen gegen diese so weit zurück, dass man vermuthen möchte, sie hätten als Basis für Figuren oder Halbfiguren (etwa der Evangelisten) in ähnlicher Art wie beim Portale des Wiener Domes gedient.[1] Die Bogenfriese und, was ein besonders schönes, brillantes Ansehen gewährt, ihnen entsprechend, die Mauerecken, sind reich verziert. Mit feinem Gefühle wurden die grösseren Ornamente aussen angebracht, die leichteren gegen innen zu: ein gegliederter Bogenfries, am obern Theile von einem diamantirten Bändchen eingefasst, bildet die äusserste Umrahmung; eine Zickzackverzierung (gegliederter Spitzzahnfries), wie wir sie ähnlich am Portale zu St. Ják, an der Jacobskirche zu Regensburg, am Ostchore des Bamberger Domes und am Portal der Leonhardskirche zu Frankfurt a. M. antreffen, ist am zweiten Bogenfriese, ein rechtwinklig gestelltes Rautengitter mit an der Kante durchlaufendem Stab (wie zu St. Stephan in Wien, an der Dreikönigskapelle in Tuln, zu St. Ják und Lébeny in Ungarn) am dritten angebracht. Besonders zierlich sind die Blattausläufer der Mauerecken-Ornamente. Eine dergleichen reiche Verzierungsweise der Mauerecken ist an deutschen Kirchen selten, und findet sich z. B. in den sächsischen Ländern nur am Portale zu Treffurt[3] und selbst da ziemlich einfach, dagegen in prachtvoller Weise mehrmals an Bauwerken der österreichischen Länder (Tuln, Ják, Lébeny in Ungarn, Tischnowitz und Trebitsch in Mähren.[3]

Fig. 22.

Einfacher ist die Eingangspforte der nördlichen Abseite, in einer breiten, nur 16 Zoll vorspringenden Vorlage, die oben schräg bedacht, in der Mitte mit einem Gesimse versehen ist, das in seiner Hohlkehle einzelne, neben einander stehende, schneckenartig umgebogene Blätter enthält. Die Anschlagmauern stufen sich nur einmal ab und haben auf jeder Seite ein an Basen und Decksimsen gekuppeltes Säulenpaar mit Knospenkapitälen und Eckblatt an der Basis (Fig. 22); ein hoher Aufsatz über den Kapitälen ist wieder mit einzelnen Blättern verziert, die sich an die des Gesimses an der Vorlage anschliessen. Leider werden die Bogenfriese durch die moderne Vorhalle verdeckt. Am Thürsturz gewahrt man auf einer Seite einen

schreitenden Löwen (leo rugiens quaerens quem devoret[4]) (*Fig. 23*), auf der andern zwei gegen einander gekehrte Drachen mit verschlungenen Schwänzen.

Die Thürme (Taf. XXXIV).

Diese treten gegen die Umfassungsmauern des Schiffes nicht vor und nehmen den Raum der beiden westlichen Joche der Abseiten ein. Sie steigen in sechs Geschossen auf, die durch wenig vortretende Gesimse, unter denen sich allenthalben der gegliederte Rundbogenfries und die Zahnschnittverzierung hinziehen, markirt sind; die Ecken fassen nach oben verjüngte Mauerverstärkungen ein. Bis auf geringe Variationen sind beide Thürme gleich. Die Fenster sind im untersten, hohen Geschosse kreisrund, im zweiten rundbogig mit zierlichen Säulchen an den abgetreppten Gewänden oder mit Stäben eingefasst; im vierten Stockwerke hat der nördliche Thurm ein rundbogiges, durch eine Mittelsäule untertheiltes Schallloch, der südliche zwei spitzbogige neben einander, im fünften sind dieselben wieder im Rundbogen bedeckt. Das oberste, sechste Geschoss ist bei beiden Thürmen aus viel späterer Zeit, was nicht nur die Verschiedenheit des Materiales und des Steinschnittes, sondern auch die entschieden gothischen Bauformen bezeugen. Die grossen Schallöffnungen sind spitzbogig, an den Giebelschenkeln Wasserspeier angebracht, alle Gesimse gothisch profilirt. Ueber den vier Giebeln gehen die Thürme durch acht kleinere Giebel ins Achteck über, zwischen diesen steigt die gemauerte achtseitige Pyramide empor. Der nördliche Thurm ist nur vom Innern der Kirche aus zugänglich, der südliche hat eine Thüre, die

[1] Mölly, das Westportal des Domes zu Wien.

[2] Puttrich, Denkmäler der Baukunst in Sachsen.

[3] Sehr reich in dieser Art geschmückt ist das Portal von St. Jacob zu Coesfeld in Westphalen (Kallenbach und Schmitt Christl. Kirchenbaukunst des Abendlandes Taf. XIV, 4). Der Zickzackfries ist bekanntlich den englischen Bauten eigen.

[4] Vgl. Heider, über Thiersymbolik, S. 19 ff.

wohl nicht mit dem Baue gleichzeitig, aber ohne Zweifel aus dem Mittelalter ist, mit Eisenstreifen beschlagen, die Rundbogen bilden, unter ihnen lilienartige Verzierungen, alles mit Nägeln besetzt (*Fig. 24*). Der Aufgang auf den Thurm findet durch ein zierliches Treppenthürmchen statt, welches mit einem zweiten im Innern auf der Empore angebauten in Communication steht (Taf. XXXIV und Taf. XXXI. b). Ersteres steigt in vier Geschossen auf, von denen die drei ersten rund, das oberste achteckig ist. Die Gesimse mit Schrägen und unterschnittener Hohlkehle, die spitzbogigen Fenster an vier Seiten, (das Profil *Fig. 25*) mit einfachem aus

Fig. 24.

starken Rundstäben gebildetem Masswerk, das pyramidale Helmdach, die in Spitzbogen bedeckte Thüre bezeichnen dieses Thürmchen als einen frühgothischen Bau, etwas aber nicht viel jünger als das Kirchenschiff; dass es erst später zugebaut wurde, beweist der Umstand, dass dadurch das ursprüngliche Rundfenster des Thurmes unterbrochen wurde und theilweise verlegt werden musste; die Bauformen des Stiegenthürmchens deuten aber auf die zweite Hälfte des XIII. Jahrhunderts, da noch alle Details schwer sind. Was den Kunstcharacter des spätromanischen Schiffes anbelangt, so bringt das Innere durch die hohen Dimensionen und die kühne Bogenführung eine grossartige Wirkung hervor. Bei strengem Festhalten des constructiven Gedankens erscheint das dekorative Element ganz untergeordnet und es herrscht hier eine auffallende Einfachheit, die nicht einmal dem durch den üblichen Schmuck an Friesen, Lisenen u. dgl. belebten Aeusseren entspricht. Die Halle unter der Empore macht den Eindruck schwerer Massenhaftigkeit, die aber

in dem oberen Raume glücklich gelöst erscheint. Mit der wahrscheinlich ziemlich gleichzeitigen Kirche St. Michael in Wien (nach 1221) zeigt sich in den Verhältnissen und im Character des Ornamentes einige Verwandtschaft, aber letztere ist bei weitem reicher in den Gliederungen und im ornamentalen

Fig. 25.

Schmuck.[1] Mit der Kirche des Klosters Lilienfeld (1202—1230) hat die Liebfrauenkirche die eigenthümlichen Ansätze der Gewölbgurten ober den Deckgsimsen der Pfeiler, sowie das Profil der Quergurten gemein. Das südliche Portal erinnert in seiner reichen Decoration und im Zickzack-Ornament auffallend an englisch-normannische Bauwerke, z. B. die Portale von Ockendon und South-Weald in Essex,[2] von Caen u. a., die fast dieselben Bogenfriese zeigen.

Als Erbauungszeit kann, alle Merkmale zusammengehalten, wohl ohne Bedenken die erste Hälfte des XIII. Jahrhunderts angenommen werden; es scheint wie gewöhnlich beim Chore begonnen worden zu sein, denn der westliche Theil dürfte nach den Bogenprofilen zu schliessen der jüngere sein.

Querschiff und Chor.

Es ist ein auffallender Umstand, dass diese beiden Theile im XV. Jahrhundert schief an das Schiff angebaut wurden, so dass ihre Achse gegen die des Schiffes bedeutend gegen Süden abweicht und mit ihr einen Winkel von zehn Graden bildet[3] (Taf. XXXI. b). Leider wird die Einheit des Bauwerkes durch diesen wahrscheinlich wegen Schadhaftigkeit des ursprünglichen Chores geführten Neubau gestört. An und für sich zeigt dieser aber eine gewisse einfache Eleganz.

Das Querschiff ist schmal, denn es besitzt nur die Breite der alten Abseiten bei der Höhe des Mittelschiffs. Die Bogen, welche die Flügel von der Vierung trennen, entspringen aus Bündeln von drei Dreiviertelsäulchen (Taf. XXXI. f). Die Gewölbe der Flügel sind einfache Kreuzgewölbe mit einer Mittelrippe, die auf kurzen, von zierlichen Consolen getragenen Wandsäulchen ruht.

An das Querschiff stossen beiderseits etwas niedrigere Anbaue (Taf. XXXIII), die zwei Geschosse haben, das

[1] In constructiver Beziehung, namentlich der Form des Spitzbogens lassen sich die älteren Theile von St. Sebald in Nürnberg vergleichen.

[2] Kallenbach und Schmitt, a. a. O. Taf. XVIII.

[3] Eine solche Abweichung der Achse des Chores gegen die des Schiffes hat auch die Kirche Maria-Stiegen in Wien, die Pfarrkirche zu Spitz in Niederösterreich, die Domkirche zu Bautzen u. A.

untere bildet eine gegen das Querschiff zu offene Kapelle, darüber eine Empore, die sich in weiten, reich gegliederten Bogen gegen dieses und gegen den Chor öffnet (das Bogenprofil *Fig. 26*). Die Gewölbe der niedrigen Kapellen sind durch eine moderne Ueberkleidung unsichtbar, die Kreuzgewölbe ober den Bühnen haben nach den Seiten hin, wo kein offener Bogen ist, eine Theilungsrippe. Sehr schön sind die Brüstungen der Emporen gegen das Querschiff mit Masswerk geschmückt, sowie die Mauern zwischen diesen und den auf Engelsgestalten ruhenden Bogen der Kapellen (*Fig. 27*). An der am nördlichen Kreuzesarme sind die gemalten Wappenschilde von Oesterreich, Kärnten, Tyrol, Habsburg, Burgau, Pfirt, Steiermark, Krain, Oberösterreich, Elsass, der windischen Mark und Portenau angebracht, darüber die bekannte Devise Kaiser Friedrichs III., mit der er alles, was sein war und was durch ihn ausgeführt wurde, zu bezeichnen pflegte: A. E. I. O. V.[1] und die Jahrzahl 1449 in Stein ausgehauen. Letztere dürfte die Zeit der Vollendung dieses Theiles bezeichnen. Hiermit stimmen die beiden hier angebrachten Inschriften überein:

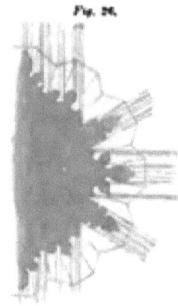
Fig. 26.

niclas ottenthaler

luder des paws, dabei das Monogramm (*Fig. 26*), und:

niclas ottenthaler

die zeit burgerm . . .

verbringer

des paws, darunter ein unausgefüllter Wappenschild.

Ottenthaler aber war zwei Male Bürgermeister von Neustadt, das erste Mal 1439—1443, dann wieder 1447—1452. Die Vollendung fällt also in seine zweite Amtsverwaltung. An diese Kapellen mit den Emporen

Fig. 27.

sind weiter kleine, niedrige, fast quadratische Hallen angebaut, von denen die an der Nordseite zur Stiege, die auf die Empore führt, benützt ist, die südliche eine Kapelle bildet, mit einem Netzgewölbe bedeckt, dessen

---

[1] Ein mit diesem Siglen versehener Becher Friedrichs III. in der k. k. Ambraser-Sammlung hat dabei die, wie es scheint, authentische Auslegung desselben: Aquila Ejus Juste Omnia Vincit (Sacken, die k. k. Ambraser-Sammlung II, S. 175). Man zählte über 40 verschiedene Deutungen auf (Kühler, Münzbelustigung III, S. 169). Im Handbuche des Kaisers finden sich folgende Auslegungen von ihm selbst: „Austriae Est Imperare Orbi Universo" und „Alles Erdreich Ist Oesterreich Unterthan (Lambeccius, Diarium itin. Cellens. p. 14.) Chmel: Gesch. K. Friedrichs IV. und Max I." I. 577, 578.

Rippen in den Ecken auf Consolen ruhen, welche die Evangelistensymbole darstellen; am Schlussstein sieht man einen trefflich gearbeiteten Engel, der das Wappen von Neustadt in den Händen hält. Jede dieser Hallen besitzt ein breites viertheiliges Fenster (das Profil *Fig. 28*), mit reichem Fischblasenmuster im Bogenfeld.

Der Bogen, welcher das Querschiff vom Chore trennt, ist breit und mehrfach gegliedert; die Mauerecke ist hier beiderseits mit sechs Säulchen besetzt (Taf. XXXI g.), mit Kapitälen ohne Blattschmuck und polygonen Decksimsen. Die Rippen des ersten Chortravées ruhen auf einem Bündel von drei Halbsäulchen, die bis zum Fenstergesimse herablaufen und unter demselben consolenartig abgeschrägt sind (*Fig. 30*), die der übrigen

Fig. 28.   *Fig. 29.*   *Fig. 30.*

auf Consolen, wodurch grosse leere Wandflächen entstehen, die ein kahles, nüchternes Ansehen hervorbringen, besonders da die hohen Fenster nicht sehr breit sind, mit einfacher Gliederung der Gewände. Die Rippen zeigen eine schöne Gliederung im Wechsel von Stäben und Hohlkehlen; die Schlusssteine enthalten das Lamm mit der Auferstehungsfahne und die segnende Hand Gottes. An den Kappen sind wieder im Geschmacke Friedrich III. Wappenschilde angebracht: der Doppeladler mit einem Bande auf dem A. E. I. O. V. und die Jahrzahl 1467 steht, dann Ungarn, [1] Portugal, [2] Kärnten, Krain, Oesterreich, Steiermark, Oberösterreich, Elsass, endlich des Kaisers Monogramm. An der Schlussmauer unter dem Fenster sieht man eine von drei Spitzbogen bedeckte Nische (*Fig. 31*), deren Bedeutung an dieser Stelle mir nicht klar ist; eine Cathedra für die Session scheint es nicht gewesen zu sein, auch wäre diess nicht der Platz für eine solche.

Fig. 31.   *Fig. 32.*

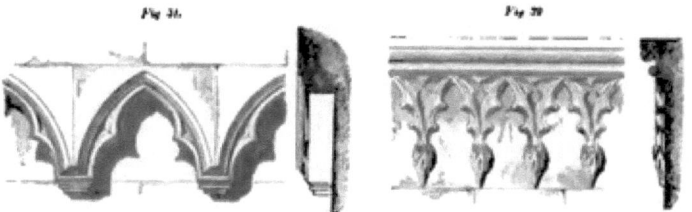

Die Fenster des Chores sind ohne Maasswerk, nur die zweitheiligen der Abschlussmauern haben in den Bogenfeldern einfaches, unschönes Stabwerk. Sowohl am Chor als am Querschiff ist — vielleicht in der Absicht, dadurch eine gewisse Gleichheit mit dem älteren Schiffe herzustellen — ein sehr zierlicher Spitzbogenfries unter dem Dachsimse angebracht (*Fig. 32.*); es sind sehr spitze Zackenbogen, auf Consolchen ruhend, die über den Seiten kleine Giebel haben. Die in vier sich verjüngenden Geschossen aufsteigenden Strebepfeiler

[1] Das Wappen von Ungarn unter den Wappen K. Friedrichs erklärt sich daraus, dass der Kaiser kraft des Oedenburger Friedensschlusses, 19. Juli 1463 den Titel eines Königs von Ungarn führte. (Pray, Annal. Hungar. III, 283).

[2] Dieses Wappen bezieht sich auf Friedrichs i. J. 1467 verstorbene Gemahlin Eleonore von Portugal, deren prachtvoller, von der Meisterhand Niclas Lerch's gearbeiteter Grabstein sich in dem 1444 von Friedrich gestifteten Cistercienserkloster zu Neustadt befindet.

sind an den drei freien Seiten gegiebelt (*Fig. 33*). Ueber dem Scheidbogen erhebt sich ein kleines, sechseckiges Thürmchen mit dreiseitig vortretenden Strebepfeilern an den Ecken, im geschweiften Spitzbogen übersetzten Schalllöchern und pyramidalem Helmdach. Das an den südlichen Flügel des Querschiffes

Fig. 33. angebaute runde Treppenthürmchen (mit der auf das Kirchendach führenden Stiege) hat um das mit einer Kreuzblume geschmückte Kegeldach kleine Giebel, um wenigstens oben die polygone Form zu bewahren. Am Kapellenanbau der Nordseite sind mehrere Wappenschilde, unter diesen das Wappen der Familie Neydeck und das der Stadt angebracht, nebst den Jahrzahlen 1486 und 1487.[1]

In jeden Flügel des Querschiffes führt eine Thüre; die der Nordseite hat auf jeder Seite drei Säulchen mit unverzierten Kapitälen, achteckigen Deckplatten und hohen polygonen Sockeln; die der Südseite ist ähnlich, nur sieht man an den Kapitälen Blattwerk. Verschiedene moderne Zuthaten verunzieren diese hübschen Seitenportale.

Sakristeien.

Auf jeder Seite des Chores befindet sich eine mit diesem gleichzeitig erbaute Sakristei (s. den Grundriss); die an der Nordseite besteht aus zwei viereckten Räumen. Der erste bildet ein Quadrat, welches seltsamer Weise mit einem achttheiligen Kreuzgewölbe bedeckt ist, dessen gratig profilirte, stark vortretende Rippen auf Consolen ruhen. Bei dieser Ueberwölbung entstehen in den Ecken kleine dreieckige Felder, in die aus zwei Kappen bestehende, mit einer Mittelrippe versehene (halbe) Kreuzgewölbe eingespannt sind;[2] diese Lösung ist sehr eigenthümlich und bei Bauwerken dieser Zeit ganz ungewöhnlich, bewirkt aber eine sehr gleichmässige Vertheilung des Druckes auf die Umfangsmauern. Auch am Gewölbe des zweiten Raumes bemerken wir eine merkwürdige Construction; es sind nämlich hier zwei einfache Kreuzgewölbe angeordnet; die Quergurte aber, die bei der geringen Höhe des Gewölbes auf die Thüre, durch welche dieser Raum mit dem ersten communicirt, treffen und hier keinen Anlaufspunkt finden würde, theilt sich vom Schlussstein aus in zwei Aeste, an welche die Rippen der beiden Kreuzgewölbe stossen und die neben der Thüre auf Consolen

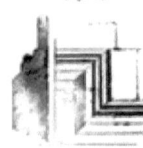

Fig. 34. ruhen. Ueber dieser zweiten Abtheilung der Sakristei befindet sich ein Stockwerk, ursprünglich wohl zur Schatzkammer (Gerkammer) bestimmt, gegenwärtig Oratorium.

Die an die Südseite des Chores angebaute grosse Sakristei entstand erst, als die Kanoniker von St. Ulrich an die Domkirche, an der sich schon Georgsritter befanden, versetzt wurden (1491), denn an der Schlusswand bezeichnet folgende Inschrift die Erbauung: **Caspar Holzer, berzeit Kirchenmeister und verbringer difes Baus au S. Kollmanstag 1491**. Wahrscheinlich wurde jedem Orden seine eigene Sakristei zugewiesen. Der oblonge Raum ist mit zwei Seiten des Achtecks geschlossen und mit ungleichen Sterngewölben, deren Rippen eigenthümliche Figuren bilden, bedeckt.

Die Fenster haben runde Kleeblattbogen und das um den ganzen gothischen Bau laufende Sockelgesims fällt hier ab (*Fig. 34*).

Sculpturwerke.

Einen zwar nicht dem Baustyle des Schiffes entsprechenden aber an und für sich sehr bedeutsamen Schmuck bilden die trefflich aus Holz geschnitzten und bemalten, lebensgrossen Figuren der Apostel, welche an den Pfeilern des Schiffes auf Consolen stehen und offenbar aus der Zeit des Chorbaues und der Ausschmückung der Kathedrale unter Friedrich III. herrühren. Unter jedem Standbild hängt ein Bild mit der Halbfigur eines Propheten, dem Namen des oberhalb befindlichen Apostels und dessen Spruch aus dem apo-

---

[1] In diese Jahre fällt die langwierige Belagerung und Einnahme der Stadt durch Mathias Corvinus.

[2] Ueber die ähnliche Ueberwölbung eines quadratischen Raumes mit einem achtkappigen Gewölbe im Chor der Stiftskirche zu Trebitsch in Mähren, s. oben S. 83 und Essenwein, die Entwicklung der Pfeiler- und Gewölbesysteme in der kirchlichen Baukunst, Jahrbuch der k. k. Central-Commission (Bd. 3. S. 99).

stolischen Symbolum und einer darauf Bezug habenden Stelle aus dem dargestellten Propheten. Wegen ihres Kunstwerthes verdienen diese Bildwerke eine nähere Beschreibung.

Zu beiden Seiten des Scheidbogens sieht man die **Verkündigung** in getrennten Figuren. **Maria** steht beim Betschemel, zu ihren Füssen ein Lindwurm (die Schlange, der der Kopf zertreten wird), in der Linken das Gebetbuch haltend, die Rechte, wie erschrocken, halb erhoben; vom Hinterhaupte fällt der weite Mantel in reichen, stark gebrochenen Falten herab, das fein geschnittene Gesicht ist voll jungfräulicher Anmuth (Taf. XXXVI. a). Der **Engel** mit Alba und Pluviale bekleidet, ein schöner Jüngling mit reichem Haupthaar hält die Rechte segnend ausgestreckt, in der Linken das Scepter mit der Schedula, auf der die üblichen Worte: Ave gracia plena stehen. Das darunter befindliche Gemälde zeigt den Propheten Malachias in Halbfigur von ernstem Ausdruck, ungemein lebendig, in kräftiger tiefer Farbe. Oberhalb der 26. Vers des 1. Kapitels aus Lucas: „missus est gabriel angelus a deo ad virginem desponsatam ioseph." unterhalb die bedeutungsvolle Prophezeiung Malachias (III. 1): „Ecce ego mitto angelum meum et praeparabit viam ante faciem meam et statim veniet ad templum suum dominator quem vos quaeritis et angelus testamenti quem vos vultis."

Petrus, eine edle, lebensvolle Gestalt, im Buch blätternd, einen grossen Schlüssel im Arm. An der Console, auf der er steht, ist das Wappen der windischen Mark angebracht. Auf dem Bilde darunter steht: „Credo in deum patrem omnipotentem et creatorem celi et terre." Der Prophet **Jeremias**, ein bärtiger Greis von sprechender Gebärde, darunter die auf den Spruch Petri bezügliche Stelle: „Patrem vocabis me, qui formavit omnia, ipse est deus."

Johannes, eine schöne, plastische Figur, den Kelch segnend. Wappen der Console Habsburg. Das Bild: „David rex filius Yzay de bethrem: Dominus dixit ad me filius meus es tu ego hodie genui te" (Psalm 2). Der unbärtige König mit gelber Stirnbinde ist seitwärts gewendet, die Rechte wie sprechend erhoben. Der Spruch des Johannes ist hier von der Tradition abweichend: „Et in iesum christum filium eius unicum" (eigentlich der Spruch des Andreas).

Jacobus major im Pilgerkleid, mit weitem Mantel, dem Muschelhut auf dem Kopfe, ein Schwert und den Pilgerstab in den Händen: „Qui conceptus est de spiritu sancto natus ex maria virgine." Bild: Isaias in ernste Betrachtung versunken, gesenkten Blickes: um den Kopf ein faltenreiches grünes Tuch: „Ysaias filius Amos de Jerusalem. Ecce virgo concipiet et pariet filium et vocabitur nomen eius emanuel te. VII. 14). Wappen an der Console: Tirol.

Andreas auf das schräge Kreuz, das er im Arme hält, deutend, eine Gestalt voll grossartiger Würde: „Passus sub poncio pilato crucifixus mortuus et sepultus." [1] Bild: Zacharias mit schwarzem Haar und Bart, begeistert aufblickend: „Et aspicient ad me quem confixerunt" (c. XII. 10). Wappen: Burgau.

Philippus, ein Käppchen auf dem Kopfe, in der Linken Buch im Beutel, in der Rechten den Kreuzstab (durch dessen Vorhalten die Götzen umstürzten) eine Feldflasche hängt am Gürtel, der Mantel fällt von der rechten Schulter herab; ohne Spruch. [2] Bild: Ozeas, warnend, ein langes rothes Tuch wallt vom Haupte herab: „Ero mors tua o mors morsus tuus ero inferne" (c. XIII, 14). Wappen: Oesterreich.

Matthäus, himmelwärts blickend, ein weites blaues Tuch über den Kopf gezogen, mit der linken Hand fasst er den Mantel, in der rechten die Lanze. Das Bild fehlt.

Thomas, die Hand wie zweifelnd erhoben, den Kopf seitwärts gewendet, mit kurzem Bart, das Oberkleid über die linke Schulter geschlagen. Bild fehlt.

Bartholomäus mit Messer und Buch, eine der trefflichsten Figuren: „Credo in spiritum sanctum." Bild: „Johel filius phatul est interpretatus incipiens Effundam de spiritu meo super carnem" (II. 18). Seine Mütze hat am Saum hebräische Buchstaben. Wappen der Console: Kärnten.

Jacobus minor, glaubensvoll und innig hinblickend, er fasst mit den Händen die Enden des langen Mantels, unter dem das Schwert sichtbar wird: „Sanctam ecclesiam catholicam." [3] Bild: „Micheas memoravit in heredis christi: Nos ambulabimus in nomine dei nostri in eternum et ultra" (IV, 5). Wappen: Oberösterreich.

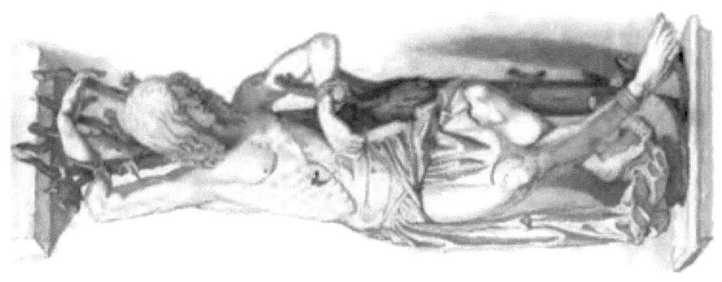

Simon: er hat den weiten Mantel über den Kopf gezogen und blickt sinnend vor sich hin, in der Rechten ein aufgeschlagenes Buch: „Sanctorum communionem, remissionem peccatorum." [1] Bild: Tobias, ein Greis mit gelbem Turban: „In die tribulacionis peccata dimittis hys qui invocant te" (III, 13). Wappen: Elsass.

Judas Thaddäus, alt, mit Keule und offenem Buche: „Carnis resurrectionem." Bild: „Job vir simplex et rectus ac timens deum. In novissimo die de terra surrecturus sum et in carne mea videbo deum meum" (XIX, 25, 26). Der kahlköpfige Greis zeigt einen schmerzlichen, gutmüthigen Ausdruck; am Saume des rothen Kleides hebräische Buchstaben.

Matthias, den Kopf in die Kapuze des Mantels gehüllt, in den Händen ein Buch und das Beil: „Et vitam eternam. Amen." Bild: „Daniel quem liberavit dominus de lacu leonum. Evigilabunt alii in vitam alii in obprobrium ut videant semper" (XII, 2). Voll Hingebung aufblickend, die Rechte gegen Himmel gläubig erhoben, sehr ausdrucksvoll. Wappen der Console: Pürt.

An einem Pfeiler sieht man ferner einen heiligen Sebastian, an den Baum gebunden, von drei Pfeilen durchbohrt in schmerzhaft gebogener Stellung, ein sehr ausgezeichnetes Kunstwerk von hoher Vollendung (Tafel XXXVI, b). Der Kopf mit langen Locken ist höchst edel, von gemässigtem Ausdruck, die Zeichnung ist durchaus verstanden, fein und streng, die Detaildurchführung meisterhaft. Am Baumstamme sieht man ein dreitheiliges Wappen: Zwei Sterne im blauen, unten eine Bügelkrone im schwarzen Feld.

Diese Sculpturwerke sind von hoher künstlerischer Bedeutung; in den lebensvollen Gestalten herrscht Schwung und Fülle, die Köpfe zeigen jenen freien, männlich ernsten Ausdruck und eine gewisse Kühnheit und selbstbewusste Würde, welche die Werke der Schulen der oberdeutschen Reichsstädte bezeichnet und für das freie Bürgerleben daselbst, gegenüber dem Ausdrucke tief innerlichen Seelenlebens der von der Eyk'schen Schule mehr influenzirten Werke der rheinischen Schulen, charakteristisch ist. Die Bewegungen sind natür-

Fig. 35.

lich und frei, dabei doch plastisch gerundet, Haare und Bart in reichen, zum Theil ganz rund gearbeiteten Locken, die Gewandmotive verstanden, aber überreich, die Falten der malerischen Wirkung wegen scharf und tief eingeschnitten. Es ist eine nahe Verwandtschaft mit den Arbeiten des Veit Stoss zu erkennen, denen die Apostel an Grossartigkeit der Auffassung und edler Durchbildung kaum nachstehen dürften. Der Künstler hat sein Monogramm am Fussgestelle des Jacobus minor angebracht (Fig. 35).

An der nördlichen Wand des Chores scheint ein riesengrosses Bild des heil. Christoph gemalt gewesen zu sein; denn unter der Tünche kam folgende grosse, mehr als zwei Klafter lange Inschrift bei einer Restauration i. J. 1858 zum Vorschein: **Anno domi 1493 an Sambtag nach Sand Gorgenlag hat unser Allergnädigßter Herr der Römisch Kayser Fridrich der dritt des Namens den Sand Cristoffen machen lassen u. s. i. u. u.** Ober dieser Inschrift, wo also das angegebene Christophbild gewesen sein dürfte, ist gegenwärtig das Oratorium ausgebrochen.

Es ist dieser Ort für das Bild dieses Heiligen ungewöhnlich, indem es sonst gewöhnlich an der Aussenseite (wie in Lichtenwörth, Offenbach, Heiligenstadt, Spitz, Siebing, Schwallenbach u. a. a. O. in Niederösterreich) angemalt, oder beim Eingang angebracht ist (in Köln, Amiens, Kreghingen, Bern u. s. w.), denn es sollte den eintretenden Christen ermahnen, Christum im Herzen und sein Joch zu tragen, wie ihn Christophorus trug,[2] und es war im Mittelalter allgemein verbreiteter Volksglaube, dass der Anblick dieses Heiligen am selben Tage vor Krankheit und jähem Tode schütze;[3] er musste daher an einem Orte angebracht sein, wo er von Allen gesehen werden konnte,[4] was im Chore nicht der Fall war.

Der an der Abendseite links dem Eintretenden stehende Taufstein aus rothem Marmor hat die Gestalt eines Kelches oder schlanckiger Grundform, an den Seitenflächen sind abwechselnd Löwenköpfe und in Arabesken auslaufende Menschenköpfe, ein blindes Röhrchen im Munde, aus Bronce gegossen und sehr fleissig und rein ciselirt, angebracht. Auf einer dabei befindlichen Steinplatte steht: hic est fons unice regeneracionis 1472 in gothischen Minuskeln.

Noch ist zu erwähnen eine zwischen die Strebepfeiler des Chores eingebaute Kapelle, im Flachbogen

---

[1] Der erste Theil des Spruches kommt eigentlich dem Matthäus zu.
[2] Dusevel, Notice historique et descript. de l'église cathedrale d'Amiens p. 33.
[3] Vgl. Kreuser, der christliche Kirchenbau I. 6, 160.
[4] Molanus, de pictur. et imag.

bedeckt, an den Seiten Fialen, oberhalb Kleeblattblenden, in derselben auf einer Halbsäule mit sehr schönem, distelblattartigen Laubkapitäl die Halbfigur des leidenden Erlösers von guter Arbeit; an der Seite: augustin monhayt 1485. Ferner in einer Nische (an der späteren Halle der Thüre des südlichen Kreuzarmes) die Halbfigur des Ecce homo von empfundenem, schmerzlichem Ausdruck, darunter in Minuskeln des XV. Jahrh. der Name des geschickten Künstlers: fecit Thomas Strayff. Dieses gute Bildwerk wurde 1597 von Wolff Lindprunner erneuert, der auch hier sammt Frau und Kindern begraben liegt.

Grabsteine.[1]

Von hervorragendem Interesse und Kunstwerth ist unter den mancherlei schönen Grabdenkmalen der Deckel von der Tumba der Kinder Herzogs Ernst des Eisernen (*Fig. 36*). Die Tumba, 8 Fuss lang,

Fig. 36.

4 Fuss breit, 3 Fuss 8 Zoll hoch, stand noch im vorigen Jahrhundert am Eingang des Chores, gleich ober den Stufen hinter dem Gitter, mit dem dieser abgeschlossen war, in der Mitte. Die Seitenflächen waren in Felder getheilt, welche acht Wappenschilde enthielten, von denen jedoch nur fünf mit den Wappen von Habsburg, Elsass, Burgau, Altösterreich und Portenau ausgefüllt waren. Gerade unter dem Denkmal befand sich eine Gruft, bei deren Eröffnung unter Maria Theresia die Reste von fünf hier beigesetzten Kindern aufgefunden wurden. Es sind zufolge der handschriftlichen Necrologien Alexandra, Rudolph, Leopold (gest. vor 1424), Anna (gest. 1429) und Ernst (gest. 1432), Kinder Herzogs Ernst des Eisernen mit seiner zweiten Gemahlin Cimburgis von Masovien.[2] Die Tumba wurde bei einer neueren Restauration cassirt und es ist nur mehr der sehr schön gearbeitete Deckel derselben vorhanden. Dieser zeigt in einer Umrahmung von der Form eines gespitzten Ostereies den österreichischen Bindenschild, von zwei Löwen getragen, von dem alten Stechhelme bedeckt, auf dem die geschlitzte in Arabesken auslaufende Helmdecke liegt und der Helmschmuck (Cimier) der Habsburgischen Fürsten, der grosse Pfauenbusch prangt, der hier von zwei kleinen, sehr lieblichen Engeln gehalten wird. Ausserhalb der Umrahmung sieht man vier stehende phantastische Figuren mit Menschenköpfen und Thierleibern ohne Vorderpranken; in den Ecken die Wappen von Steiermark, Kärnten, Krain und Tirol. Die Umschrift ist in sehr schwülstigem Latein, das damals für schön galt, abgefasst.

Jllustris, principis, domini, clarissimi, vitio, Arnesti, grati, archiducio, austrie, nati, hic, requiescunt, et. anni. domini crescunt. ab. m. et quadrupler c. binum. X. I. quoque dupler,

(d. h. des erlauchten Fürsten und Herrn berühmten Stammes (Rehe) Ernst, des geliebten Erzherzogs von Oesterreich

[1] Am nördlichen Pfeiler der Halle unter dem Orgelchore ist folgende Inschrift mit schwarzer Farbe auf den Putz geschrieben: Anno domini m cccxxviii x kl Januarii o Her mannus Gingisher magister et primator huius ecclesie nec non fundator altaris etc. ept. crsta p. ec. Die Buchstaben sind spätgothische Minuskeln und die Inschrift gehört ohne Zweifel in das XV. Jahrhundert. Entweder wurde hier die Inschrift eines (vielleicht im alten Chore befindlich gewesenen) Grabsteines interimistisch oder des Andenkens wegen angeschrieben, oder — was nach der Fassung wahrscheinlicher ist, die Jahrzahl hiess ursprünglich mcccxxxviii und zwei c, für die es nach hinlänglich Raum ist, sind verblichen und wurden bei dem Auffrischungen, welche die Inschrift augenscheinlich erfahren, in ihren Spuren nicht mehr erkannt und ausgelassen.

[2] S. Heergott, Taphographia (Tom. IV. der Monumenta dom. Austr.) I. p. 230 und II. Tab. XII.

Kinder ruhen hier und die Jahre des Herrn sind angewachsen auf tausend, viermal hundert, zweimal zehn und zweimal eins (1422).

Die Arbeit dieses Denkmales ist vortrefflich, die Durchführung ungemein zart, und von jenem Schwung, der Rundung und Vollendung, welche nur grossen Künstlern eigen sind. Der ganze Charakter bezeugt, dass es in der zweiten Hälfte des XV. Jahrhunderts, ohne Zweifel erst nach Vollendung des Chores gefertigt wurde. Das früher ober der Gruft bestandene, dem vielleicht auch die Inschrift entlehnt wurde, mochte dem Kaiser Friedrich III. nicht schön und würdig genug für seine Geschwister bedünken, daher er die neue Tumba machen liess. Diess bezeugen auch die Wappen, welche theilweise von Ländern sind, die Erzherzog Ernst nicht besass und auch für seine Kinder i. J. 1422 nicht erwarten konnte, wie Tirol, Elsass, Burgau. Die Meisterschaft der Ausführung dieses Wappensteines und der Vergleich mit den herrlichen Grabdenkmalen Friedrichs III. im Wiener Dome und seiner Gemahlin Eleonore in Neustadt, die von dem berühmten Niclas Lerch gefertigt sind, macht es sehr wahrscheinlich, dass auch jener von diesem Künstler gearbeitet wurde. [1]

Auch der Grabstein des 1530 verstorbenen Bischofs Dietrich Krammer zeichnet sich durch seinen Kunstwerth aus; der Kopf ist sehr lebendig, die Gewandung reich ornamentirt und trefflich behandelt. Das Kreuz der mit den Armen aufgenommenen, unten abgerundeten Casel zeigt geschmackvolle Blattornamente, die hohe, mit Edelsteinen besetzte Mitra die Verkündigung in Relief; auf dem über die Casula gelegten Humerale sind die Buchstaben A. M. gestickt. In der Rechten hält der Bischof das Evangeliarium mit schönen Deckelbeschlägen, in der Linken das Pastorale, dessen Krümme in einen Granatapfel endigt; am gothisch verzierten Knauf desselben der Ecce homo und Heilige, auf der Bursa des Sudariums das Schweisstuch Christi erhoben. Unten ist das Wappen von Neustadt und das des Bischofs (Kreuz und Jagdhorn) und die einfache Inschrift: „Bischof Dyetherich" angebracht.

An der Südseite des Schiffes aussen sieht man einen kleinen Oelberg, der genau nach dem Kupferstiche von Martin Schongauer sehr gut gearbeitet ist.

Die Grabkapelle (Karner).

Der ehemalige Friedhof war an der Südseite der Kirche und auf demselben befindet sich, wie diess so häufig in Oesterreich der Fall ist, eine abgesonderte Kapelle,[2] die den Namen „Karner"[3] führte und dem heil. Michael geweiht war. Die Kapelle stand bis 1776 in Gebrauch. Ein hier bestandenes Beneficium wurde i. J. 1489 in die Nicolaikapelle übertragen. Der Priester Johann Puschmann vermachte dem Karner St. Michael 1613 ein Kapital von 4000 fl., damit in demselben für ihn jährlich ein Requiem und am Fest der Erscheinung Michaels ein Amt gehalten werde. Noch im Jahre 1763 wurde die Gruft unter der Kapelle erneuert.[4] Eben das Bestehen der Gruft (ossarium) macht die Bestimmung des Baues als Grabkapelle unzweifelhaft.

Der ursprüngliche Bau besteht aus einem Hauptraume von sechseckiger Grundform (Taf. XXXI, b), mit Giebeln über den Seiten und aus einer halbrunden Apsis gegen Osten (Fig. 37). Die vortretende Gliederung der Giebel besteht aus zwei durch eine tiefe Hohlkehle getrennten Rundstäben. Bei einer späteren Restauration, dem Aufsetzen eines neuen Kranzgesimses und Daches wurden die Spitzen der Giebel weggenommen und der Raum zwischen diesen mit Mauerwerk ausgefüllt, wodurch die gegenwärtige abnorme Form des Obertheils der Kapelle entstand. Zwei gegen innen stark eingezogene Rundbogenfenster erhellten den Raum, der mit

---

[1] Der Kaiser liess ihn 1487 von Strassburg, wo er Werkmeister des Baues war, kommen, wahrscheinlich um das Grabmal seiner Gemahlin anzufertigen. Er machte auch bei Lebzeiten des Kaisers dessen im Wiener Dome befindliches, prachtvolles Grabmal, ohne es jedoch zu vollenden. Er starb im selben Jahre wie Friedrich III., nämlich 1493, und wurde in der Liebfrauenkirche begraben. Sein Grabstein ist leider spurlos verschwunden; er soll zuletzt im Zimmer des Kirchendieners als Ofenunterlage gedient haben. Die Inschrift desselben theilt Raim. Ursellius (De fundat. templi cathedral. Austriaco-Neapolitani p. 32) folgendermassen mit: „Anno Dom. mero taulitz am tag vor St. Janat. hier, starb der kunstreich Meister Niclas Lemb der Chayser Fridrich Grabstein gehauen hat und scheit. Werkbmeister des grossen baus zu Strassburg und daselbs Burger."

[2] Ausführliches über diese Kapellen s. Heider's in den Mittheil. der k. k. Central-Commiss., s. Erforsch. d. Baudenkm. I (1856). Seite 53, ff.

[3] Diese Benennung hat sich an manchen Orten, wie in Pulkau, Zellerndorf, Hartberg bis auf den heutigen Tag erhalten.

[4] Weiskern, Topographie von Niederösterreich II S. 19; er nennt die Kapelle ausdrücklich „die alte Begräbnisskirche."

einem sechskappigen Kreuzgewölbe bedeckt war, dessen vorne mit einem derben, wenig gratigen Rundstabe versehene Rippen (Fig. 37) in den Ecken auf Dreiviertelsäulen ruhen. Die Kapitäle derselben zeigen das schwere, volutenartig überhängende Blattwerk, das für den spätromanischen Styl so charakteristisch ist. Wenig vortretende einfach bedachte Strebepfeiler an den Ecken dienen zur Verstärkung der Gewölbewiderlager. An der mit einer Halbkuppel bedeckten Apsis sieht sich aussen unter dem aus Rundstäben gegliederten Dachsimse ein Fries von einzelnen Blättern, die oben beiderseits schneckenartig umbiegen, hin (Fig. 38). Wir

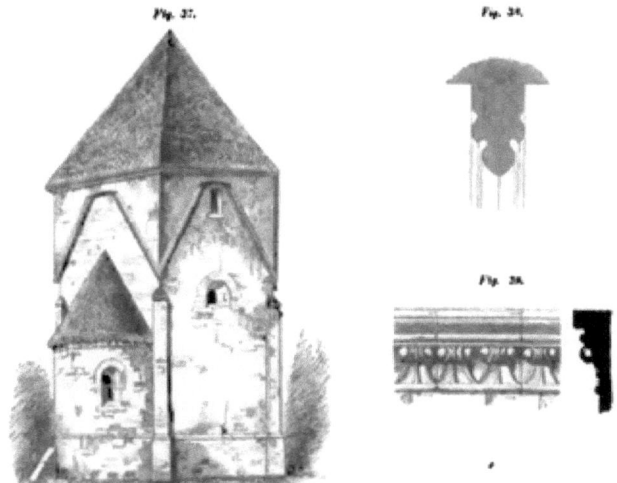

Fig. 37.   *Fig. 38.*

Fig. 39.

finden dasselbe Ornament an der Vorlage des nördlichen Seitenportales der Kirche und am Schlusse des fünften Geschosses des nördlichen Thurmes. Es ist nach diesen Merkmalen nicht zu bezweifeln, dass die sechseckige Kapelle sammt der Apsis ziemlich gleichzeitig mit der Kirche erbaut wurde.

Einer späteren Zeit gehört der Zubau eines oblongen Raumes — aus Bruchsteinen, während die ursprüngliche Kapelle ganz aus Quadern besteht — an. Er zeigt in seinen gegiebelten, in drei durch Wasserschläge getrennten Absätzen emporsteigenden Strebepfeilern, sowie in den zweitheiligen Fenstern, deren Bogenfelder mit Zackenbogen, Drei- und Vierpässen ausgefüllt sind, und im Profile der im Spitzbogen geführten Gewölbrippen, ausgebildete gothische Formen und dürfte nach diesen zu schliessen der ersten Hälfte des XV. Jahrhunderts angehören.

Ein rundes Treppenthürmchen an der Südseite mit gemauertem Kegeldach ist dadurch ausgezeichnet, dass es unten consolenartig abgetreppt ist. [1]

An der flachen westlichen Schlussmauer sieht man folgende Inschrift: † Anno dm. m. cccc. xii Ist angesengt die Freithof (maur egidi) und ist volpracht barbare virginis XC †.

Gegenwärtig dient die im Innern ganz umgestaltete Kapelle als Wohnung und als Magazin, die einfache Gruft unter dem sechseckigen Raume als Vorrathskeller.

---

[1] Aehnlich wie die Apsis der runden Friedhofkapellen zu Kuenring in Oesterreich und bei Mein in Steiermark, und wie so der Curie zu Naumburg (Puttrich, a. a. O. I. 2. Abth. Bl. 27).

Personen- Orts- und Sach-Register.

Band I und II.